Dietrich Schulze-Marmeling / Werner Steffen
Borussia Dortmund
Der Ruhm, der Traum und das Geld

Der Borussia zum 85. Geburtstag.

„Wir haben alle unseren Weg gemacht,
und sicher lag das auch am Sport. Der
Fußball hat uns geformt. Uns Disziplin
beigebracht, Teamgeist. Vor allem die
Erkenntnis: Allein bist du eine Pflaume."

Helmut „Jockel" Bracht,
Deutscher Meister mit dem BVB
1956, 1957 und 1963

Dietrich Schulze-Marmeling / Werner Steffen

Borussia Dortmund

Der Ruhm, der Traum und das Geld

Mit Fotos aus dem BVB-Archiv von Gerd Kolbe

VERLAG DIE WERKSTATT

CIP-Titeleintrag der Deutschen Bibliothek

Schulze-Marmeling, Dietrich:
Borussia Dortmund : der Ruhm, der Traum und das Geld ;
der Borussia zum 85. Geburtstag / Dietrich Schulze-
Marmeling/Werner Steffen. Mit Fotos aus dem BVB-Archiv
von Gerd Kolbe. – Göttingen : Verl. Die Werkstatt, 1994
   ISBN 3-89533-110-4
NE: Steffen, Werner:; Ballspielverein Borussia 09 <Dortmund>

Der Verlag dankt allen Sponsoren, die das Erscheinen dieses Buches
freundlicherweise unterstützt haben:
Bosch/Telenorma, Gerling-Konzern, KFZ-Sachverständiger Wagener,
Bauunternehmung Kesting, Volksbank Hagen, ITAV Handelsgesellschaft.

2   3   1996   1995

Titelfoto: Sven Simon
Gesamtherstellung: Verlag Die Werkstatt GmbH
ISBN 3-89533-110-4

Inhalt

Anhang: Punkte, Tore, Spieler

Stimmen zum Spiel ─────────

▷ „Wenn im Westfalenstadion der Rasen gemäht wird, stehen hinterher 20 Mann zusammen und erzählen, wie es gewesen ist."
Max Merkel

▷ „Ich hatte in Dortmund eine Superzeit und mehr Freunde als in München."
Michael Rummenigge, ehemaliger Bundesligaprofi bei Borussia Dortmund und Bayern München

▷ „Derzeit gibt es nicht eine Rekordmeldung mit finanziellem Hintergrund aus der Fußball-Bundesliga, die ihren Ursprung nicht in der Umgebung des Westfalenstadions hätte."
„Frankfurter Rundschau" v. 14.7.1993

▷ „Einen Bundesligaverein aufzubauen, dauert sehr lange – ihn zu ruinieren, geht von heute auf morgen!"
Ex-BVB-Präsident Reinhard Rauball, zweifacher Retter des Klubs

▷ „Während beim Reviernachbarn Schalke 04 mit gefühlsduseliger Traditionstümelei ein Schuldenberg von 18 Millionen Mark angehäuft wurde, regiert in Dortmund kühler Geschäftssinn. Die Borussia der neunziger Jahre wirkt wie ein geschickt restauriertes Haus: die Fassade aus der Gründerzeit, die Innenarchitektur nüchtern und modern."
„DER SPIEGEL"

▷ „Man kann 0:3 gegen Jena verlieren, aber man muß sich die Lunge aus dem Halse rennen."
BVB-Präsident Dr. Gerd Niebaum nach der peinlichen 0:1-Heimniederlage gegen den Zweitligisten FC Carl Zeiss Jena im DFB-Pokal 1993/94

▷ „Das Publikum hier in Dortmund ist sehr wach. Die bekommen alles mit, lesen jede Zeitung, jede Aussage wird seziert. Da darf ein Spieler keine großen Fehler machen."
BVB-Trainer Ottmar Hitzfeld

▷ „Wir haben bewiesen, daß auch Millionäre Fußball spielen und leidenschaftlich kämpfen können."
Matthias Sammer nach dem 2:1-Sieg des BVB 1994 bei Inter Mailand

▷ „BVB: Arbeit statt Schönheit."
„Kicker"-Schlagzeile vom 11.4.1994

▷ „Der Fußball lebt doch von der Abwechslung, von der Spannung, davon, daß der Zuschauer am Samstagmittag noch nicht weiß, was am Nachmittag passiert. Die Menschen im Ruhrgebiet zum Beispiel, die hätten es verdient, daß eine ihrer Mannschaften mal wieder Meister wird."
Otto Rehhagel, Trainer von Werder Bremen

▷ „Denkt an die Menschen, denkt an die gemeinsame Region, an ihre Probleme – ihr könnt heute viele glücklich machen."
Appell von Gerd Niebaum an die Spieler vor dem DFB-Pokalfinale 1989

▷ „Borussia Dortmund ist ein Lebensgefühl, ein Stück ideeller Besitzstand eines jeden. Borussia Dortmund ist mehr als das Konsumieren eines Unterhaltungsprogrammes."
Gerd Niebaum

▷ „Hier lebt die ganze Stadt, die gesamte Region mit und für Borussia. Das ist einmalig."
Ottmar Hitzfeld

▷ „Den Übergang von Montanindustrie und Brauereiwesen zur Dienstleistungs- und Technologiegesellschaft hat man bei der Borussia konsequent mitvollzogen (...) Wenn vor dem Spiel der Triumphmarsch aus 'Aida' ertönt, verschmelzen die verschiedenen Kulturen selbst heute noch zu einem einzigen Rausch."
Helmut Böttiger, Feuilleton-Redakteur der „Frankfurter Rundschau"

▷ „Jeder weiß, daß im Fußball ein Titel nicht erkauft werden kann. Erfolg muß man sich erarbeiten. Und auf diese Weise wollen wir solch ein Ziel erreichen. Wann und ob das sein wird, kann ich beim besten Willen nicht sagen."
Gerd Niebaum

▷ „Grau is alle Theorie, maßgebend is auffen Platz."
„Adi" Preißler, BVB-Spieler in den 50er Jahren

Eine Dortmunder Fußball-Legende: Norbert Dickel, der Held des Dortmunder 4:1-Sieges über Werder Bremen im DFB-Pokalfinale 1989. (Neben ihm: „Teddy" de Beer.)

Borussia ist mehr als Fußball

„Tief im Westen, wo die Sonne verstaubt,
ist es besser, viel besser, als man glaubt."
Herbert Grönemeyer, Sänger und Bochum-Fan

„People think that football is about winning. It isn't. It's about glory".
Danny Blanchflower, nordirische und britische Fußballegende

Revierderby in Dortmund. Bereits Stunden vor dem Spiel rollt die Blechkarawane aus allen Himmelsrichtungen in Richtung Westfalenstadion. Am Autobahnkreuz Kamen vereinigen sich die Münsterländer mit den Ostwestfalen aus Gütersloh und Bielefeld. Aus Richtung Norden halten sich Blau-Weiße und Schwarz-Gelbe in etwa die Waage, während aus Richtung Osten Schwarz-Gelb klar dominiert. Am Autobahnkreuz Unna stoßen Hamm, Soest, Arnsberg und Paderborn hinzu. Auch hier bestimmt Schwarz-Gelb das Bild. Ebenso beim Tross aus dem Süden, den Sauer- und Siegerländern, die über das Westhofener Kreuz in die Westfalenmetropole einfallen. Aus Richtung Westen gibt hingegen Blau-Weiß klar den Ton an.

Der Einzugsbereich der beiden Traditionsklubs Borussia Dortmund und Schalke 04 erstreckt sich über das gesamte Gebiet Westfalens und einige angrenzende Regionen. Wenn es die Kapazität der Stadien zuließe, könnten Dortmund und Schalke zu ihren Derbys mühelos 80.000 Menschen und mehr mobilisieren. Obwohl es mittlerweile 31 Jahre her ist, daß einer der beiden Klubs den Titel des Deutschen Meisters gewinnen konnte.

In Dortmund selbst hat der Spieltag allerdings bereits am Montagmorgen begonnen – wie immer. Das Spiel vom Freitag oder Samstag wird ausgewertet, um anschließend erste Prognosen für den kommenden Spieltag anzustellen. Der einzige Tag, an dem man sich vom BVB erholen kann, ist hier der Sonntag.

Arbeiterregionen haben es an sich, daß dort die Wettleidenschaft besonders ausgeprägt ist. In Dortmund wetten aber längst nicht mehr nur die Arbeiter. So laufen unter der Woche in den Betrieben und Büros unzählige

Privatwetten, die alle nur ein Thema haben: Wie spielt die Borussia am Wochenende? In Dortmund benötigt man nicht die Dauerberieselung durch SAT.1, RTL, DSF oder Eurosport. Der BVB sorgt für genügend Gesprächsstoff, und die Fans leben mit ihrem Verein nicht nur am Spieltag. Der BVB ist der Puls der Stadt, verkörpert das Lebensgefühl einer ganzen Region. Geht es dem BVB gut, dann ist auch die Stimmung in der Stadt entsprechend. Geht es dem BVB schlecht, dann werden auch alle anderen Probleme offenkundiger. Es gibt in dieser Stadt keine BVB-freien Zonen.

Die Südtribüne, die wohl berühmteste Stehtribüne des deutschen Fußballs, ist bereits eine Stunde vor dem Anpfiff prall gefüllt. Seit dem Umbau der Nordtribüne befindet sich hier die einzige Stehmöglichkeit im Westfalenstadion. Das Gros der restlichen Plätze wird erst während der letzten halben Stunde vor dem Anpfiff eingenommen. Das Epizentrum der Südtribüne ist der berühmt-berüchtigte Block 13, wo die „Kutten"-Fans stehen, die u.a. aus dem Norden der Stadt ins Westfalenstadion ziehen. Doch auch auf der Südtribüne ist das Publikum viel gemischter als weithin angenommen. Hier stehen nicht nur Nordstädtler bzw. „Hoeschianer" und andere Malochertypen, sondern auch Studenten, Angestellte, Linke und Alternative. Ob man auf der Südtribüne steht oder aber sonstwo sitzt, ist nicht unwesentlich eine Frage des Alters und natürlich auch eine Glaubensfrage. In keiner anderen Ecke des Stadions herrscht so viel Leidenschaft und Kreativität wie auf der Südtribüne. Wer sie betritt, sollte sich nicht gerade in Schale werfen. Denn die Südtribüne ist ständig in Bewegung, weshalb – zumal bei dem Gedränge – so mancher Bierbecher einen unfreiwilligen Abnehmer findet.

Auch ein Teil der gegenüberliegenden Nordtribüne ist bereits prall gefüllt. Dies ist seit dem Umbau zur Sitztribüne nicht immer so. Aber heute ist der alte „Erzfeind" Schalke 04 zu Gast. Und der hat einen starken Anhang mitgebracht, der sich auch nicht von den teuren Sitzplatzkarten abschrekken läßt. Zu dieser Stunde werden vor dem Stadion noch die letzten Schwarzmarktkarten verkauft, zu horrenden Preisen. Seit einigen Jahren herrschen in Dortmund neapolitanische Zustände. Aufgrund der großen Zahl von Dauerkarten, die ihre Besitzer wie Visitenkarten präsentieren, gibt es um die verbleibenden ca. 14.000 Tickets stets ein erbittertes Gerangel. Egal, wer ins Westfalenstadion kommt, ob Uerdingen oder Bayern, Freiburg oder Hamburg – für die Saison 1994/95 wird jedes Spiel ausverkauft sein. Manche Fans warten in diesen Tagen schon um 5 Uhr früh vor der Geschäftsstelle, um eine der begehrten Karten zu ergattern.

Normalerweise feiert sich die Südtribüne bis zum Aufwärmen der Spieler vor allem selbst. Heute, im Spiel gegen Schalke, ist dies anders. Mit der Nordtribüne liefert man sich heftige Schlachtruf- und Gesangsgefechte. 45 Minuten vor dem Anpfiff betritt die bei Revierderbys wohl unvermeidliche Bergwerkskapelle den grünen Rasen. Reminiszenz an vergangene Zeiten, denn in Dortmund gibt es heute keine einzige Zeche mehr.

Der erste Höhepunkt wird erreicht, als Dortmunds Keeper Stefan Klos, ein lokales Eigengewächs aus dem nördlichen Stadtteil Eving, aufs Spielfeld läuft, um vom Co-Trainer eingeschossen zu werden. „Stefan, Stefan..." skandiert die Südtribüne. Klos bedankt sich, in dem er der Südtribüne applaudiert. In Dortmund wissen die Spieler, was sie ihren Fans schulden. Die Südtribüne ist der 12. Mann und jede Saison für einige Punkte gut. Gellendes Pfeifkonzert hingegen, als wenige Minuten später Klos' Kollege Jens Lehmann die Katakomben des Stadions verläßt, um sich in die Höhle des Löwen zu begeben.

Gute zehn Minuten später betreten auch die restlichen Akteure der beiden Mannschaften das Feld. Wieder die gleichen Reaktionen: Frenetischer Beifall für die eigene Truppe, gellende Pfiffe und Haßgesänge für die Blau-Weißen. Letzteres deutlich stärker als bei anderen Gegnern.

Einige Minuten vor dem Anpfiff verziehen sich die Spieler wieder in ihre Kabinen. Auf der Südtribüne macht sich derweil eine nervöse Stimmung breit. Die Spannung steigt, von Ausgelassenheit keine Spur. Obwohl dies immer so ist, ist es heute doch irgendwie anders als bei den vorausgegangenen Heimspielen dieser Saison. Die Angst, sich gegen den alten Rivalen zu blamieren, der als vermeintlicher „David" ins Westfalenstadion gekommen ist und eigentlich nur gewinnen kann, beschleicht die Fans genauso wie die Spieler. Lieber verliert man daheim gegen Uerdingen, als ausgerechnet gegen Schalke.

Eine kleine Gruppe von Fans versucht, die Nervosität dadurch zu bekämpfen, daß sie einen Joint kreisen läßt. Während des Spiels werden unermüdlich neue gebaut. Die Duftwolke zieht die Ränge hoch, weshalb ein anderer BVB-Fan, ohne den Blick vom Spielfeld auch nur einen Millimeter abzuwenden, in den nächsten 90 Minuten seine Kommentare und Flüche zum Spiel immer wieder mit der Frage unterbrechen wird: „Ja, verdammt noch einmal, wer kifft denn hier schon wieder?"

Zugleich ist die Atmosphäre aber auch spürbar aggressiver als sonst. Als Schalkes Faktotum Charly Neumann sich auf dem Spielfeld der Südtribüne nähert, fliegt ein Kanonenschlag in seine Richtung.

Es folgt der Auftritt des Norbert Dickel, des ehemaligen Borussen-Torjägers, der heute Stadionsprecher der Borussen ist. Bevor Dickel die Mannschaftsaufstellungen verlesen kann, wird er zunächst einmal von der Südtribüne ausgiebig gefeiert. „Norbert Dickel, jeder kennt iiihn, den Held von Berliiin", singen die Fans, die des Sportinvaliden Tore im Pokalfinale von 1989 nie vergessen werden. Von den BVB-Spielern muß Dickel nur die Vornamen nennen. Den Rest brüllen die 16.000 auf der Südtribüne. Die Aufstellung des Gegners versucht er hastig hinter sich zu bringen, begleitet von Pfiffen und „Arschloch"-Rufen, die natürlich nicht Dickel, sondern den blauweißen Akteuren gelten. Die verbleibenden Minuten vor dem Anpfiff verstreichen mit dem Absingen des Liedes „Heja-BVB". Die nervtötende Lautsprecheranlage, über die das Lied abgespielt wird, ist dabei auf der Südtribüne kaum zu vernehmen. Die Fans singen lauter. Und ohnehin benötigen sie keine Vorgaben „von oben". Die Fans auf der Südtribüne sind Regisseure und Schauspieler in einem. Ein echtes Volkstheater.

Unter dem Jubel ihrer Fans betreten die beiden Mannschaften das Spielfeld. Auf der Nordtribüne qualmt eine Rauchbombe vor sich hin. Vereinzelt fliegen Leuchtraketen über das Spielfeld. Wer noch nie bei einem Revierderby war, mag geschockt sein ob so viel „Aggressivität". In Wirklichkeit ging es früher viel rüder zu. Schlägereien sind heute eher die Ausnahme.

Mit dem Anpfiff ist es wieder da, dieses flaue Gefühl in der Magengegend und die ewige Frage: Warum tust du dir das hier eigentlich an? Warum bleibst du nicht einfach zu Hause, mit dem Ohr am Radio. Oder du rufst die Zwischenstände, am besten überhaupt nur den Endstand per Videotext ab? Was viele Fußballbanausen nicht wissen: Ein Fußballspiel ist nur in äußerst seltenen Fällen ein Vergnügen, das man unbeschwert genießen kann. Jedenfalls wenn man Partei ergreift. Ein Vergnügen ist es nur dann, wenn die eigene Mannschaft früh und deutlich in Führung geht und auch danach noch das Spiel bestimmt. Ansonsten möchte man das Spiel auf wenige Minuten reduziert wissen, obwohl man Eintritt für die volle Spielzeit zahlt.

Wie oft habe ich schon gedacht, ich zahle noch fünfzig Mark drauf, wenn der Idiot von Schiedsrichter nur endlich abpfeifen würde. Einen Großteil der neunzig Minuten möchte man sich häufig schenken. In diesem Spiel gleich die ersten zwanzig Minuten, einschließlich der Schalker Führung. Und genauso fast die gesamte 2. Halbzeit. Erst, weil Schalke den Ausgleich schafft und die Borussen sich unverständlicherweise zurückziehen. Dann, nach dem Lichtblick in der 72. Minute, als der BVB den Führungstreffer erzielt, das nervtötende Warten auf den Schlußpfiff. Denn daß dieser

Sie feiern und sie leiden: Die BVB-Fans auf der Südtribüne.

Führungstreffer zugleich der Siegtreffer ist, wissen wir zu diesem Zeitpunkt ja noch nicht...

Der Vergleich von Fußball und Theater ist irgendwie idiotisch; eine Kreation von Leuten, die vom Fußball und dessen Faszination keine Ahnung haben. Bei einem Theaterstück weiß ich in der Regel schon vorher, wie es enden wird. Zumindest wissen es die Schauspieler und ihr Regisseur. Leidenschaft spielt beim Theaterbesuch kaum eine Rolle. Nichts ist wirklich unvorhersehbar, alles ist einstudiert und hundertfach geprobt. Fußball ist völlig anders. Beim Fußball gibt es keine auswendig gelernten Rollen, Fußball ist und bleibt zu einem Gutteil Improvisation und Intuition. Keiner der Beteiligten, nicht die Trainer, nicht die Spieler, nicht die Fans, weiß bis zum Schlußpfiff, wie es ausgehen wird.

Nach dem Spiel macht sich spürbar Erleichterung breit. Es ist mal wieder überstanden. Der BVB hat das Prestigeduell gewonnen, aber eigentlich benötigt man nach einem derartigen Spiel eine Pause von mindestens 14 Tagen. Stattdessen erwartet einen bereits eine Woche später das nächste Prestigeduell. Die Mannschaft muß zum Karlsruher SC reisen, mit dem noch einige Rechnungen offen sind. Auch weil dessen Trainer und Präsident die Dortmunder „Millionentruppe" wiederholt kritisiert haben. Seitdem die Sammers, Riedles und Co. in Dortmund spielen, die sogenannten „Millionarios", ergeht es den BVB-Fans ein wenig wie den Bayern. Für sogenannte „Überraschungen" können nur noch die anderen sorgen, nicht mehr die Dortmunder. Nicht nur die Mannschaft, sondern auch die Fans stehen nun permanent unter Druck. Vorbei die Zeiten, wo schon ein UEFA-Cup-Platz eine positive Überraschung war. Wer glaubt, aufgrund des Erfolgs seien BVB-Spiele heute unbeschwerter zu genießen als noch in den 70er und 80er Jahren, täuscht sich gewaltig.

Es ist das ewige Leiden des Fans. Einerseits ist er „geil" auf Fußball, fiebert dem Wochenende entgegen, aber wenn es dann soweit ist, gibt es immer wieder diese Momente, in denen er seine Anwesenheit beim Spiel verwünscht. Während der Winter- und Sommerpause sehnt man sich den Beginn der Rückrunde bzw. der neuen Saison herbei. Die unbeschwerteste Zeit ist zweifelsohne die der Vorbereitung. Der Ball rollt wieder, aber die Resultate haben keine Konsequenzen. Irgendwann wird natürlich auch dies langweilig, aber wenn es dann endlich richtig losgeht, beginnt auch wieder diese aufreibende Spannung und Nervosität. Mag sein, daß es auch am Verein liegt, bei dem Emotionen schon immer eine besondere Rolle gespielt haben und der schwierige Jahre hinter sich hat. Wenn ich all die Spiele, die ich mit dem BVB erlebt habe, Revue passieren lasse, dann habe ich in den vergangenen 28 Jahren erheblich mehr gelitten als gejubelt. Dies gilt selbst für die bislang recht erfolgreichen Jahre der Ära Niebaum.

Die Fans auf der Südtribüne waren nicht nur die ersten im Stadion; sie sind auch die letzten, die seine Ränge verlassen. Während die auswärtigen BVB-Fans die Parkplätze überfluten, verteilen sich die Einheimischen auf ihre Stammkneipen, von denen einige Schwarz-Gelb geflaggt haben.

Der Sonntag dient der Erholung von den Strapazen des Samstags. Aber am Montag geht es bereits wieder weiter: Erst die Auswertung der Wetten bildet den eigentlichen Abschluß eines Spieltags. Der Sportteil der Tageszeitung wird eingehend studiert, begleitet von der bangen Frage: Wer fällt für das kommende Spiel aus? „Expertenrunden" diskutieren, neue Wetten werden geschlossen. Es beginnt wieder alles von vorne.

Als Borussia Dortmund 1966 als erste deutsche Vereinsmannschaft einen Europapokalwettbewerb gewann, galt der Fußball noch weithin als ein vor allem proletarisches Phänomen; im Ruhrgebiet insbesondere praktiziert von den Nachfahren der Immigranten aus dem Osten, unschwer an den polnischen Endungen ihrer Familiennamen auszumachen.

Für jemanden, der einem akademischen Elternhaus, dazu noch westfälischem Pohlbürgertum entsprang, also weder mit der Arbeiterschaft noch mit der Ostimmigration etwas zu tun hatte, war der Fußball auch Mitte der 60er Jahre noch etwas, was er mehr oder weniger „illegal" betreiben mußte. Heute will jeder zweite Mittelständler, daß sein Sohn eines Tages in das Trikot mit der Nummer 10 schlüpft und Lothar Matthäus oder Andy Möller nachahmt. Fußball ist schick geworden, auch und gerade die Borussia. Die Zeiten, in denen man den BVB nur mit Stahlkochern und Bierkisten verband, gehören der Vergangenheit an.

Fußball war für mich nicht nur die Befreiung vom elenden Turnen, sondern auch von den sozialen Zwängen des eigenen Milieus. Es war der Fußball, dem ich meine Begegnung mit dem anderen Ende der Stadt und der proletarischen Kultur zu verdanken hatte. Und die Borussia hat hierbei eine wichtige Rolle gespielt.

Mit dem Triumph von 1966 erfuhr der Fußball im Umkreis von Dortmund einen Boom, der auch in die Straßen der Mittelschichten vordrang. Die nun folgenden sozialen und kulturellen Veränderungen im Fußball – repräsentiert durch Bayern München und Borussia Mönchengladbach – taten ein Übriges. Was den BVB anbetraf, so wurde dieser Prozeß allerdings unterbrochen durch Jahre des Niedergangs, in denen sich der Verein der allgemeinen Situation im Ruhrgebiet anpaßte: Der BVB und das Revier wurden zu Synonymen für Abstieg, Krise und Perspektivlosigkeit. Die 1:11-Niederlage des BVB bei den Bayern in der Saison 1971/72 hatte Symbolwert: Der Süden war ganz oben, der Westen ganz unten.

Heute genießt der Fußball im Ruhrgebiet eine größere gesellschaftliche Anerkennung denn je zuvor, gefördert durch seine Entwicklung zu einem Teil der Unterhaltungsbranche, aber auch durch die jüngsten Erfolge der Borussia, die im starken Kontrast zum außerhalb des Potts gepflegten Image der Region stehen. Der „neue" BVB ist ein gesellschaftliches Ereignis. Das Westfalenstadion ist keine Kampfbahn mehr, sondern eine „Fußball-Oper" und „Erlebniswelt".

Der BVB ist wieder wer, aber an die Stelle der Schlebrowskis, Kwiatkowskis und Kelbassas, Kinder der Region, sind die auswärtigen „Kosmopoliten" Povlsen, Chapuisat und Cesar getreten. Wenn der Wandel eine Heimat hat, dann liegt sie im Ruhrgebiet. Keine andere Region wurde in den letzten hundert Jahren so zahlreichen und massiven Veränderungen unterworfen wie das Ruhrgebiet. Die Ära von Kohle und Stahl ist vorbei, aber der Fußball ist den Menschen geblieben – wenngleich mit verändertem Outfit.

Der Pokalsieg 1989, die Vizemeisterschaft 1992 und die erfolgreiche UEFA-Cup-Kampagne 1993 haben in Westfalen einen neuen schwarz-gelben Boom ausgelöst. Ursache ist nicht nur der Erfolg als solcher, sondern auch das TV. Schwarz-Gelb ist stets präsent. So wie meine Generation 1966 Schwarz-Gelb geprägt wurde, so geht es heute einer neuen: Im münsterländischen Altenberge, immerhin ca. 80 km vom Westfalenstadion entfernt, ist das Schaufenster des örtlichen Sportgeschäfts mit schwarz-gelben Fan-Utensilien geschmückt. Schwarz-Gelb läuft in dieser einst blau-weißen Region mittlerweile besser als alle anderen Farben. Wenn die F-Jugend des örtlichen Fußballvereins trainiert, ist der Platz schwarz-gelb. Der Einfachheit halber läßt der Jugendbetreuer zuweilen „die Dortmunder gegen den Rest" spielen, anstatt die ebenfalls zitronengelben Trainingsleibchen zu verteilen. Diese Entwicklung zeigt auch, daß der BVB längst mehr ist als nur ein Dortmunder Verein, obwohl die Atmosphäre im Westfalenstadion noch immer ganz wesentlich von der Mentalität der Fans aus Dortmund und den benachbarten Ruhrgebietsstädten bestimmt wird.

Fußballfans gelten gemeinhin als etwas verrückt, möglicherweise nicht zu Unrecht. Irgendwie sind Fußballfans nicht so ganz von dieser Welt. Andererseits können Nicht-Fußballfans kaum erahnen, was ihnen entgeht. Der BVB ist für viele Fans meiner Generation einer der letzten Bezüge zur „Heimat", in der man nicht mehr lebt, und zur Kindheit. Viele Dinge, derer ich mich noch erinnern kann, haben mit Borussia zu tun. Beispielsweise der Besuch einer tödlich langweiligen Blumenausstellung in der Westfalenhalle, zu der mich meine Eltern schleppten. Interessant war daran nur, daß sich mir erstmals die Möglichkeit bot, einen Blick auf die Kampfbahn „Rote Erde" zu erheischen. Mein fünfjähriger Sohn weckt mich morgens um sechs Uhr, indem er im Zimmer nebenan aus Autogrammkarten nicht nur eine Mannschaftsaufstellung legt, sondern diese auch noch lautstark – die Südtribüne läßt grüßen – bekanntgibt. Zehn Minuten später kommt er in unser Zimmer, um seinen Eltern die weltbewegende Mitteilung zuzuflüstern, daß er heute Kutowski anstelle von Bodo Schmidt spielen lassen würde. Wenn wir miteinander Mensch-ärgere-Dich-nicht spielen, spielen Dortmund gegen Kaiserslautern oder Frankfurt gegen Bayern. Hat man eine Spielfigur in Sicherheit gebracht, ist dies ein Tor. Hat man eine des Gegenspielers hinausgeworfen, ist dies mal ein Lattenschuß, mal eine Rote Karte. Und mit einer gewürfelten Sechs setzt man den Gegner gehörig unter Druck.

Das Schlimme ist, daß diese Umwandlung des Familienspiels von mir selbst stammt. Auf diese Weise ist der BVB in der laufenden Saison bereits bis ins UEFA-Cup-Halbfinale vorgedrungen. Man selbst beschäftigt sich diverse Stunden am Tag, beim Einkaufen, beim Wickeln der Jüngsten, bei der Autofahrt und beim Einschlafen mit Fragen rund um die Borussia und den Fußball. Eine „grüne Welle" in Münsters Innenstadt, bei der man von vier Ampeln drei erfolgreich passiert, bedeutet, daß der BVB am kommenden Wochende 3:1 gewinnen wird. Geht es auf einer Sitzparty langweilig zu, bleibt die Möglichkeit der inneren schwarz-gelben Emigration: Ein kleines BVB-Fußballquiz mit sich selbst kann auch der ödesten Einladung noch einen gewissen Sinn geben. Wie gut, daß die Mitmenschen, auch diejenigen, die einem am nächsten stehen, die eigenen Gedanken nur in den allerseltensten Fällen lesen können. Denn ansonsten wäre man schon längst für hoffnungslos bekloppt erklärt worden.

Der BVB bewies in den Jahren 1966 bis 1986 alles andere als Kontinuität. Aber kontinuierlich war die Leidenschaft, mit der man den BVB durch Dick und Dünn begleitete. Auch dann, wenn man nicht mehr hinging, weil man es einfach nicht mehr ertragen konnte oder andere Aufgaben riefen. Was auch immer mich heute nach Dortmund führt: Ein Spaziergang rund um die alte „Rote Erde" und das Westfalenstadion zwecks Auffrischung von Kindheits- und Jugenderinnerungen ist Pflicht.

Das vorliegende Buch, dessen Erscheinen nicht zufällig mit dem 85. Geburtstag des BVB zusammenfällt, referiert die Geschichte eines der berühmtesten Traditionsvereine Deutschlands und Europas. Dabei hat uns neben der sportlichen Seite auch die soziale, wirtschaftliche und administrative Entwicklung des BVB interessiert – sein Weg vom Arbeiter- und Stadtteilverein zu einem modernen Fußball-Business. Nicht nur die Stadt Dortmund, sondern auch ihre Borussia haben sich in den letzten Jahren unübersehbar verändert.

Daß der BVB heute endlich wieder ein Topteam stellt, hat auch damit zu tun, daß der Verein mittlerweile der Logik des modernen Fußball-Business' folgt, der er sich viele Jahre lang verweigert hatte; weniger aus Überzeugung denn aus Inkompetenz. Borussia ist, auch wenn dies viele Fans vermutlich nicht wahrhaben wollen, ein bißchen wie Bayern München geworden. Allerdings behält der BVB sein eigenes Seelenleben, bleibt ein Unternehmen mit enorm viel „human touch", wie kleine Episoden immer wieder belegen. Das unterscheidet ihn von einigen anderen Klubs ähnlicher finanzieller Größenordnung und sportlicher Bedeutung. Trotzdem wird die Identität der Fans von dieser Entwicklung nicht völlig unberührt bleiben. In den Jahren, in denen wir Fans des Vereins wurden, befand sich dieser auf dem Höhepunkt seines Ruhmes. Im Zeitraum von elf Jahren hatte der BVB dreimal die Deutsche Meisterschaft, einmal den DFB-Pokal und einmal den Europapokal der Pokalsieger gewonnen. Des weiteren war er zweimal Deutscher Vizemeister geworden. Es folgten 23 magere Jahre, in denen die Fans des BVB zahlreiche Demütigungen erfuhren. Der Verein mußte u.a. vier Jahre zweitklassig spielen und entging zweimal nur knapp dem Bankrott. An die Stelle des Ruhmes trat der Traum von der Rückkehr der „guten alten Zeiten". Der BVB erwies sich nach dem Europapokaltriumph von 1966, bis heute der Höhepunkt in der Vereinsgeschichte schlechthin, als weitgehend unfähig, mit der Professionalisierung anderer Vereine Schritt zu halten. Je mehr das Geld eine Rolle spielte und je dringender professionelles Management gefordert war, desto hoffnungsloser sackte Borussia gegenüber der Konkurrenz ab.

Erst 1989 gelang es dem BVB, mit dem DFB-Pokal wieder eine bedeutende Trophäe zu gewinnen. Doch die erste Deutsche Meisterschaft seit Einführung der Bundesliga für Dortmund und das Ruhrgebiet läßt immer noch auf sich warten.

Daß der BVB seit einigen Jahren wieder dabei ist, an alte ruhmreiche Zeiten anzuknüpfen, ist ganz wesentlich das Verdienst des gegenwärtigen Präsidenten Dr. Gerd Niebaum und seiner Führungsmannschaft.

Bei aller Wertschätzung für die heutige Vereinsführung haben wir bei der Erstellung des Buches trotzdem großen Wert auf unsere Unabhängigkeit gelegt. Das vorliegende Buch ist keine Auftragsarbeit und keine offizielle Vereinsgeschichte. Mancher ehemalige und mancher amtierende Funktionär wird die Dinge sicherlich hier und dort ganz anders sehen als wir. Es ist schlicht das Buch von zwei Fans, das diese ihrem Verein, mit dem sie gefeiert, vor allem aber gelitten haben und von dem sie nicht loslassen können, zu seinem 85. Geburtstag widmen.

Wir möchten uns bei allen bedanken, die uns in irgendeiner Weise geholfen haben; insbesondere bei Dr. Gerd Niebaum, Michael Meier, Herbert Sandmann, Helmut Bracht, Gerd Kolbe und natürlich Lilo und Lisa.

Dietrich Schulze-Marmeling, Oktober 1994

Teil I

85 Jahre Borussia Dortmund

Das erste offizielle Spiel des BVB (1911) war ein kleines gesellschaftliches Ereignis. Im Hintergrund: Böckmann's Wäldchen, in dem sich ein Ausflugslokal befand.

1909 bis 1945:
Vom Stadtteilverein zum städtischen Repräsentationsverein ━━━━━

1909, als der „Ballspielverein Borussia" (BVB) Dortmund gegründet wurde, war das Fußballspiel bereits seinen Kinderschuhen entwachsen. Im vorigen Jahrhundert war Fußball in Deutschland noch eine akademische Angelegenheit gewesen, die an den höheren Lehranstalten betrieben wurde, vor allem von aufmüpfigeren Schülern. Allerdings sahen sich die Fußballpioniere nicht selten der Verfolgung durch Schulbehörden und Turnfanatiker ausgesetzt. Eine anschauliche Darstellung dieser Zeit bietet eine Chronik des 1. FC Kaiserslautern, in der ein lokaler Fußballpionier, einst Schüler an der „Königlich Bayerischen Kreisrealschule", zitiert wird: „Für zwei Lehrer war das Fußballspiel ein rotes Tuch. Der eine, mein Mathematikprofessor namens Tillmann, (...), der andere mein Physikprofessor Roland, waren Todfeinde des Fußballspieles. Sie verstanden es, die Einführung des Fußballspieles in den Turnunterricht anfangs zu verhindern, und verfolgten jeden Fußballverdächtigen mit Strafen und schlechten Zensuren. Die beiden verzerrten die Dinge so sehr, daß man uns Schülern sogar den Vorwurf einer Revolution gegen die Schule machte. Jeder einzelne Fußballspieler wurde von dem Mathematikprofessor eingehend verhört und noch heute klingen mir seine Worte im Ohr: 'Das ist die reinste Verschwörung.'"

Derartige Geschichten gibt es aus jeder der heutigen Bundesligastädte zu berichten, wenn auch nicht immer so gut dokumentiert wie im Falle Kaiserslauterns. Fußballspieler galten als „Revoluzzer" wider die bestehende Ordnung, wenngleich sie mit der „Fußlümmelei" keine revolutionären Absichten verfolgten. Im damaligen gesellschaftlichen und politischen Milieu geriet das Fußballspiel allerdings zwangsläufig zum subversiven Akt, weil es mit den herrschenden autoritären Ordnungsvorstellungen nicht in Einklang zu bringen war, so wie in den frühen 70ern die langen Haare und der selbstbewußte Individualismus eines Günter Netzer.

Darin unterschieden sich die Anfänge der deutschen Fußballgeschichte nicht wesentlich von der des englischen „Mutterlandes". Aber als Professor Konrad Koch 1874 an seiner Braunschweiger Lehranstalt den ersten Schüler-Fußballverein gründete, war das Spiel in England längst dabei, die alten sozialen Schranken zu überwinden und sich zu einem proletarischen Sport zu entwickeln. 1863 war in London die Football Association (FA) gegründet worden. 1885 gestattete die FA die Bezahlung von Fußballern, auf Drängen von Klubs und Spielern aus proletarischen Gegenden. 1888 wurde mit der Football League die erste nationale Liga der Welt gegründet, die nur aus Profivereinen bestand, deren Akteure und Fans vornehmlich dem proletarischen Milieu angehörten. Die zwölf Klubs, die The League gründeten, kamen ausnahmslos aus den Industriegebieten des Nordens, der Midlands und Lancashires. Erst 1931 konnte mit Arsenal London ein Klub aus dem Süden die Meisterschaft gewinnen. Aber auch Arsenal war ein proletarischer Klub.

Der erste deutsche Fußballverein war der Deutsche Fußballverein 1878 Hannover. Gespielt wurde allerdings nur Rugby, die härtere Variante des Fußballs. Der erste Klub in Deutschland, bei dem die Soccer-Variante gespielt wurde, war der heute nicht mehr existierende Bremer Football-Club. Seine Gründer waren englische Bürger. Auch bei vielen anderen der bereits im letzten Jahrhundert gegründeten deutschen Klubs spielten Engländer eine Pionierrolle.

Daß sich der Fußball in Deutschland erst relativ spät durchsetzen konnte – bis 1890 war hier der Fußball ein nahezu reines Schulspiel –, lag u.a. an der Existenz der Turnerbewegung, die den Platz einer „nationalen Sportdisziplin" bereits frühzeitig besetzt hatte. Der Alleinvertretungsanspruch der Turnbewegung sorgte dafür, daß das organisierte Sporttreiben mit der Mitgliedschaft im Turnverein identisch war. Aber auch die ideologische Ausrichtung der Bewegung bereitete dem Fußball Probleme. Die Turnbewegung war zu weiten Teilen deutschtümlerisch, militaristisch und antisemitisch. Ihre Führer betrachteten die „Fußlümmelei" als „englischen Aftersport" (Turnführer Karl Planck), „roh", „undeutsch", „ungesund" und – wie die Turner bereits 1875 ausmachten – „weitab von jeder Kultur". Als das Ballspiel nicht mehr zu verhindern war, versuchten die Turner, es unter ihrer Kontrolle zu halten. Aber nach und nach emanzipierten sich die Fußballer, gründeten ihre eigenen Abteilungen und Vereine. Es ist kein Zufall, daß unter diesen Pionieren der deutschen Fußballklubs auch viele jüdische Bürger waren.

Der DFB war 1900 von 36 Vertretern, die 86 Vereine repräsentierten, gegründet worden. 1904 zählte er erst 194 reine Fußballvereine mit 9.317 Mitgliedern, 1913 waren es immerhin schon 161.613 Mitglieder. Nach dem Ersten Weltkrieg, der die Vorherrschaft der Turner erheblich schwächte (viele der nationalistischen und autoritären Turnväter waren „an der Front" gewesen, und als sie zurückkehrten, hatte die Jugend bereits Fakten geschaffen und das Fußballspiel durchgesetzt), stieg die Mitgliederzahl sprunghaft an. 1920 hatte der DFB 756.703 Mitglieder und 1925 823.425, d.h. fünfmal so viele wie vor dem Krieg. Die Entwicklung der Mitgliederzahlen verweist auf einen Prozeß der sozialen Ausbreitung. Der Fußball avancierte zum Arbeitersport Nr. 1, trotz einer gewissen Fußballfeindlichkeit der organisierten, mit den Arbeiterparteien SPD und KPD verbundenen Arbeitersportbewegung. Er war in dem Sinne „billig", daß man lediglich einen runden Gegenstand und eine kleine Wiese benötigte, um ihn zu betreiben. Oft tat es bereits eine Straße. Den kickenden Industriearbeitern forderte er Bekanntes ab: Kraft, Härte, Ausdauer und kollektives Handeln. Aber im Gegensatz zum militaristischen und oft stumpfsinnigen Turnen bot er eine Alternative zum fremdbestimmten industriellen Arbeitsalltag. Fußball war eine ideale Kompensation, da er die Entfaltung einer ansonsten in der Industrieproduktion unterdrückten Kreativität und Intelligenz ermöglichte. Zu den typischen Qualitäten proletarischer Fußballspieler zählten deshalb nicht nur Kraft und Robustheit, Härte und Hartnäckigkeit, Kondition und Ausdauer, sondern auch körperliche Gewandtheit und Geschicklichkeit sowie – last but not least – List und Schlitzohrigkeit. Wie in England, so war auch in Deutschland eine wesentliche Voraussetzung für die soziale Ausbreitung des Fußballsports die Verkürzung der Arbeitszeit, die Arbeitern überhaupt erst eine sportliche und/oder kulturelle Betätigung neben ihrer Arbeit ermöglichte.

Die ersten Klubs in Dortmund: DFC und Alemannia

Der BVB war nicht der erste Fußballklub in Dortmund. Der 1895 gegründete bürgerliche *Dortmunder Fußball-Club 95* (später *Dortmunder Sport-Club 95*, heute *TSC Eintracht 45/95*) aus der südlichen Innenstadt, wo die „bessere Gesellschaft" zu Hause war, ist 14 Jahre älter als die Borussen. Noch heute gilt der Süden als Wohngegend der Besserbetuchten, wo die höheren Angestellten und Beamten, Freiberufler, Selbstständigen und Akademiker leben.

Die Gründer des aufgrund seiner geographischen Heimat auch „die Südlichen" genannten DFC waren ausschließlich Schüler des Realgymnasiums an der Luisenstraße. Auf dem Schulhof des Realgymnasiums sollen 1890 auch die ersten Fußballspiele stattgefunden haben, im Rahmen der Turnspiele, die dort an jedem Mittwochnachmittag im Sommer abgehalten wurden.

Die Führungskräfte des DFC hießen u.a. August Andernach, Karl Lüdecke und Walter Sanss. Sanss wurde später Geschäftsführer des DFB, der seine Geschäftsstelle und seine Bundespressestelle von 1910 bis 1914 in Dortmund hatte (Neuer Graben und Gutenbergstraße; das Haus in der Gutenbergstraße war elterlicher Familienbesitz der Sanss), bevor er nach Berlin umzog. Dortmund war lange Zeit die treibende Kraft in der Organisation des deutschen Fußballs. Die Stadt zählte zu den ersten in Deutschland, die einen die diversen Stadtteilvereine einigenden Rasensportverband hatte. Der Verband war das Werk des Organisationsgenies Walter Sanss. Sanss war auch Mitinitiator des Westdeutschen Spielverbands (WSV), der heute Westdeutscher Fußballverband heißt. Der WSV wurde 1898 in einem Düsseldorfer Hotel gegründet. Zu den Gründerklubs gehörten des weiteren Fußball-Club München-Gladbach (Schreibweise bis 1961), Duisburger Turnverein von 1848, Kölner Turnverein, Düsseldorfer Turnverein von 1847, Bonner Turnverein, Rheydter Fußballclub, Turngesellschaft Düren und Hochfelder Turnerbund. Alle Gründungsmitglieder waren bürgerliche Klubs, und der DSC 95 war der einzige, der nicht der „Rheinschiene" angehörte.

Sein erstes Spiel gegen eine auswärtige Mannschaft bestritt der DFC 95 gegen den SuS Schalke 1896. Die Dortmunder, die in blau-weißen Trikots spielten, siegten mit 1:0. Als Austragungsort diente erneut der Schulhof Ecke Luisen- und Beurhausstraße. Anschließend spielte der DFC zunächst auf einem Grashubbelfeld an der Funkenburg, bevor man auf die Hobertsburg am Fredenbaum wechselte. Dort trug der DFC 1904 auch das erste internationale Spiel aus, bei dem die niederländische Mannschaft des FC Twente 5:1 geschlagen wurde.

Mittlerweile gab es in fast allen Stadtteilen Sportplätze, die oft von den Vereinsmitgliedern selbst hergerichtet wurden. Die Hauptzentren fußballerischer Aktivitäten lagen nahe dem Steinernen Turm, im Hafengebiet, in der Umgebung der Industriegebiete (Union, Phönix, Hoesch) und in den Grünanlagen am Stadtrand.

Daß die Klubs ihre Plätze häufig wechseln mußten, lag daran, daß sich das Beschaffen von Gelände häufig schwierig gestaltete, da aufgrund der Stadtentwicklung die Pachtverträge oft kurzfristig ausliefen.

Einen eigenen Platz erhielten „die Südlichen" erst 1908, als ihnen in einem feierlichen Akt ein Gelände an der Hohen Straße, wo sich heute das Polizeipräsidium befindet, übergeben wurde. Welche gesellschaftliche Anerkennung der DFC 95 bald besaß, wird auch daraus ersichtlich, daß sein Ehrenvorsitzender der Oberbürgermeister Dr. Ernst Eichhoff war. Der neue Platz bewirkte eine Ausdehnung des Spielbetriebs. Der FC Union und später auch der Ballspielverein 04 schlossen sich dem DFC 95 korporativ an. Noch vor dem 1. Weltkrieg erfolgte die Umbenennung des DFC in Dortmunder Sport-Club 1895 (DSC 95).

Der erste lokale Rivale des DFC/DSC kam mit dem 1897 gegründeten *Verein für Bewegungsspiele* (VfB) ebenfalls aus dem Süden. Da der VfB jedoch ständig im Schatten des DSC stand, fusionierte er 1926 mit Alemannia 05 zum *VfB Alemannia 1897*. Die Spiel- und Sportvereinigung Alemannia 05 war der erste Konkurrent des DSC gewesen, der nicht aus dem Süden kam, sondern nördlich der Bahnlinie beheimatet war. Im VfB wurde keineswegs nur Fußball betrieben, sondern auch Turnen, Schwimmen, Handball und Leicht- und Schwerathletik. Die Alemannen wurden auch „die Nördlichen" genannt und waren viele Jahre „Wanderers". Zunächst waren sie im Hafengebiet zu Hause. Als Umkleidekabinen diente die Kleinkinder-Schule in der Union-Vorstadt, ein gutes Stück vom Platz entfernt. Anschließend wanderte der Verein nach Dorstfeld, wo sein Platz jedoch der Erweiterung eines Industriebetriebs weichen mußte. Die nächsten Stationen waren der Krückenweg und die alte Radrennbahn im Kaiser-Wilhelm-Tal. 1921 konnte der Klub schließlich seinen Platz an der Ebertstraße einweihen. Vor 5.000 Zuschauern gab es einen 5:1-Sieg gegen den BV Altenessen. Anschließend wurden hier so renommierte Mannschaften wie Sparta Prag, WAF Wien und Boldklubben Kopenhagen empfangen.

Daß der älteste Dortmunder Fußballverein eine bürgerliche Angelegenheit war, verwundert angesichts der Geschichte des deutschen Fußballs kaum. In anderen Orten war dies nicht anders. Im benachbarten Hamm war der erste Fußballklub der FC 03, der später mit dem HSV 04 zur Hammer Spvg. 03/04 (heute in der Oberliga Westfalen) fusionierte. Der FC 03 war eine Gründung von Oberrealschülern. Ebenso verhielt es sich mit dem FC Preußen 06 Münster (später SC Preußen). Die Klubs der „ersten Generation" hatten in der Regel bürgerlich-akademische Wurzeln. Die Mehrzahl der proletarischen Klubs formierte sich erst später.

Einer dieser Fußballklubs der „zweiten Generation" war der BVB. Sein Gründungsjahr 1909 war für einen Arbeiterverein noch ein relativ frühes Datum. Aber noch vor dem BVB wurden in Dortmund andere proletarische Klubs gegründet. Außer dem bereits erwähnten Alemannia 05 u.a. *Arminia Marten 08*, ein klassischer Vorortklub, vergleichbar mit dem bekannteren Klub Sportfreunde Katernberg, obwohl die Gründer des Vereins Gymnasiasten waren. Die Arminen gab es eigentlich schon seit 1905. Damals gründeten die drei Gebrüder Weiß, die in der Hakortstraße (jetzt

Overhoffstraße) lebten, den Sportklub Viktoria. Dieser war einige Zeit dem Turnverein Arminius 81 angegliedert, bevor man sich 1908 von ihm trennte und sich Sportverein 08 Marten nannte. Die Angliederung an Turnvereine erfolgte in der Regel, weil dies die Aufnahme in den Rheinisch-Westfälischen bzw. Westdeutschen Spielverband (WSV) und damit den geregelten Spielbetrieb erleichterte. (Auch Schalke 04 wählte diesen Weg, indem man sich 1912 vorübergehend dem Schalker Turnverein von 1877 anschloß.) 1919 fusionierte der Verein mit dem TV Arminius, aber bereits 1924 kam es zur erneuten Trennung. Infolge von Differenzen zwischen der Deutschen Turnerschaft und dem DFB mußte der Verein entscheiden, welchem Verband er in Zukunft angehören wolle.

Auch im „proletarischen Lager" war der BVB somit keineswegs der erste Klub.

Die Gründung des BVB

Die Wiege des BVB stand im Norden der Stadt, der noch heute als die Gegend der Arbeiter und der sozialen Randgruppen gilt. Unter den besser gestellten Menschen des Dortmunder Südens galt die Bahnlinie, die Dortmund in Ost-West-Richtung durchzieht, als Grenze, die nur im „Notfall" überschritten wurde. Es soll in Dortmund Alteingesessene geben, die niemals in ihrem Leben den Norden betreten haben. Im Zuge der Industrialisierung avancierte der Norden, zu dem auch das Viertel um den Borsigplatz gehört, zum Hauptsiedlungsgebiet der Arbeiter.

Während der Weimarer Republik war der Norden eine Hochburg der KPD, und auch nach 1933 wagten sich die Nazis zunächst nur in größeren Verbänden in das Gebiet nördlich der Bahnlinie.

Die meisten der proletarischen Klubs im Ruhrgebiet gingen aus den drei institutionellen Zusammenhängen Kirche, Kneipe oder Betrieb hervor. Eine vierte Kategorie bildeten die sogenannten „wilden" Vereine, die als Straßenmannschaften begannen, meist allerdings einen bestimmten sozialen Bezugspunkt hatten. Man traf sich in einer Kneipe und im Dunstkreis der Kirchengemeinde oder kannte sich aus dem Betrieb. Allen Klubs war gemeinsam, daß sie sich in einem nicht unwesentlichen Ausmaß aus den Familien von Arbeitsimmigranten rekrutierten. Des weiteren läßt sich bei vielen proletarischen Klubs in ihrer Frühphase beobachten, daß kleine Selbständige, die ihre Geschäfte im proletarischen Milieu abwickelten, sich als Motoren und Mäzene ihrer Entwicklung betätigten und oft auch die Funktionärsposten bekleideten.

Der Borsigplatz etwa zur Zeit der BVB-Vereinsgründung.

Die gewaltige Industrialisierungswelle hatte in den letzten beiden Jahrzehnten des 19. Jahrhunderts eine regelrechte Völkerwanderung ins Ruhrgebiet ausgelöst. 1800 waren in der Region zwischen Ruhr und Emscher noch ca. 230.000 Tonnen Kohle von ca. 1.500 Bergleuten gefördert worden. Bis zur Reichsgründung 1871 stiegen Fördermenge und Belegschaftsgröße auf ca. 12 Mio. Tonnen und ca. 52.000 Bergleute, wofür vor allem die Einführung privatkapitalistischer Prinzipien verantwortlich war. Bevor 1873 die Weltwirtschaftskrise einsetzte, wuchs die Belegschaft weiter um ca. 30.000 Mann, während die Fördermenge nun bei 16 Mio. Tonnen lag. Eine zweite, 1881 einsetzende Expansionswelle führte zu einer erneuten Ausweitung der Belegschaft um weitere 20.000 Mann und ließ die Förderung auf 28,3 Mio. Tonnen anschnellen. Bis zum Ausbruch des 1. Weltkrieges wuchs die Belegschaft des Ruhrbergbaus um 280.000 Arbeiter und die Fördermenge auf 110 Mio. Tonnen.

Neben dem Bergbau siedelte sich die Stahlindustrie an. Der bei der Eisenverhüttung hohe Koks-Kohle-Einsatz pro Tonne Roheisen, die hohen Transportkostenanteile bei der Beförderung des schwarzen Gesteins und der hohe Gewichtsverlust der Kohle bei der Eisenerzeugung machten das Ruhrgebiet auch zum ökonomisch interessanten Hüttenstandort. Um Kohle, Eisen und Stahl herum kam es dann zwangsläufig zu einer Massierung der weiterverarbeitenden Industrie. So avancierte eine ehemals agrarisch geprägte und als rückständig verrufene Region innerhalb weniger Jahrzehnte zum bedeutendsten Industriegebiet Europas. Zentrum der Immigration war die Emscherregion mit Gelsenkirchen. Die Immigranten kamen vornehmlich aus dem deutschen Osten und aus Polen. Lebten 1852 erst ca. 375.000 Menschen im Ruhrgebiet, so wurden 1925 fast 3,8 Millionen gezählt. 1861 wurden in den Provinzen Rheinland und Westfalen insgesamt nur 16 Polen von der Statistik erfaßt, die alle im Regierungsbezirk Düsseldorf lebten. Bis zum Ausbruch des 1.Weltkrieges wuchs ihre Zahl jedoch auf ca. 500.000. Aus Ostpreußen emigrierten allein von 1885-1900 ca. 450.000 Menschen ins Ruhrgebiet, was ca. 75% der damaligen ostpreußischen Bevölkerung entsprach. Für Gelsenkirchen ergab die Volkszählung von 1890, daß 81% der dortigen Einwohner polnischer und masurischer Herkunft waren. Die Immigranten verdingten sich vor allem im Bergbau. Zwischen der Kohle und dem Osten bestand somit eine besondere Bindung.

Auch Dortmund erfuhr eine rasante Bevölkerungsentwicklung. 1850 zählte Dortmund erst 11.216 Einwohner, im Jahr der BVB-Gründung waren es bereits über 200.000. 1930 betrug die Dortmunder Bevölkerung gar 543.421. Der erste Schub Zuwanderer kam aus Dortmunds benachbarten Regionen: dem Sauerland, dem Münsterland und dem Hellweggebiet. Da aber auch die anderen Ruhrgebietsstädte sich darum bemühten, Arbeitskräfte aus den Nachbargegenden zu rekrutieren, konnten die Zugänge von dort die Nachfrage der Dortmunder Industrie bald nicht mehr befriedigen. Deshalb entsandte man Werber in die Gebiete östlich der Elbe, nach West- und Ostpreußen, Masuren, Schlesien und in die Provinz Posen.

Auch für Dortmund galt, daß die Arbeitsimmigranten vor allem im Bergbau zu finden waren. Eine statistische Erhebung des Bergbau-Vereins kam 1907 zu dem Ergebnis, daß auf der Dortmunder Zeche Fürst Hardenberg 47,13% der Beschäftigten „Reichsdeutsche aus den östlichen Provinzen" und 15,81% Ausländer waren. Für die Zeche Minister Achenbach lauteten die Angaben 24,41% und 19,16%. Für das Bergrevier Dortmund I (Süd) gibt die gleiche Statistik den Anteil der im Bergbau beschäftigten „Reichsdeutschen aus Oberschlesien, Posen, West- und Ostpreußen" mit insgesamt 12,42% an, den Anteil der Ausländer mit 6,7%. Für die Bergreviere Dortmund II (Ost) und Dortmund III (West) lauteten entsprechende Angaben 27,05% und 10,12% bzw. 33,84% und 6,61%.

Allerdings wurde Dortmund nicht im gleichen Ausmaß von polnischen Immigranten aufgesucht wie die „Verteilerstelle" Gelsenkirchen. Die Zusammensetzung der Immigration fiel differenzierter aus, wie auch eine

Umfrage unter Dortmunder Schülern aus dem Jahr 1938 belegt. Die Frage nach der Herkunft ihrer Eltern und Großeltern beantworteten die Schüler wie folgt: Die Vorfahren kamen zu 24,29% aus Dortmund, zu 15,0% aus Westfalen, zu 12,19% aus Ostpreußen, zu 7,71% aus dem Ruhrgebiet, zu 6,89% aus Westpreußen, zu 5,84% aus dem Rheinland und aus Süddeutschland, zu 5,7% aus Posen, zu 3,8% aus Hessen, zu 3,7% aus Schlesien und zu 2,69% aus dem Ausland (u.a. Italien).

Und noch etwas unterschied Dortmund von Gelsenkirchen: Die Hellwegstadt hatte nicht nur Kohle zu bieten, sondern auch Bier und Stahl, verfügte somit über mehr als nur einen industriellen Stützpfeiler.

Der BVB entstand im Umfeld der Kirche. Für die aus der Provinz Posen kommenden Immigranten, die zum großen Teil katholischen Glaubens waren, errichtete man Anfang dieses Jahrhunderts die Dreifaltigkeitskirche (und daß aus dieser Region Polens keine schlechten Fußballer herkommen, zeigte sich erst in der Saison 1992/93: Polnischer Meister wurde der Klub Lech Posen...). Die Kirchengemeinde, deren zentraler Einzugsbereich das Gebiet um den Borsigplatz war, sollte den Fremden die Integration in die neue Heimat erleichtern und einen festen Bezugspunkt in der Fremde bieten. Mit Hilfe der Kirche wurden Theater-, Musik- und Sportvereine gegründet.

Der Fußball war für die Immigranten ein ideales Betätigungsfeld. Zum Kicken brauchte man lediglich eine Freifläche und einen runden Gegenstand. Außerdem waren „auf und unter dem grünen Rasen alle gleich". Der Fußball trug dazu bei, daß landsmannschaftliche Unterschiede zwischen den Immigranten sowie zu den lokalen Pohlbürgern mehr und mehr verschwammen.

Der am 19. Dezember, dem 4. Adventssonntag des Jahres 1909 in einem Nebenraum der Gaststätte „Zum Wildschütz" gegründete BVB ging aus einer Fußball-

Der Vereinsgründer, langjährige Vorsitzende sowie Ehrenvorsitzende des BVB, Franz Jacobi.

mannschaft des Jünglingsvereins der Dreifaltigkeitsgemeinde hervor (siehe ausführlicher Kapitel „Kirche und Fußball"). Erster Vorsitzender des Klubs wurde Heinrich Unger, dem schon bald Franz Jacobi folgte.

Jacobi war von Beruf Hüttenbeamter. Viele der ersten Mitglieder kamen aus dem Milieu der Dortmunder Stahlindustrie. Aber wie Jacobi waren auch die meisten anderen BVB-Initiatoren keine einfachen Arbeiter. Auch dürfte es sich bei ihnen nicht um Ostimmigranten gehandelt haben. Allerdings bedingte der Standort des BVB zwangsläufig seine Entwicklung zu einem Klub, dessen Aktive und Anhänger in ihrer Mehrzahl Arbeiter waren.

Die Vereinsfarben waren zunächst Blau-Weiß-Rot (blau-weiß längsgestreiftes Trikothemd mit roter Schärpe, schwarze Hose). Die rote Schärpe war möglicherweise ein Hinweis auf die Nähe des Klubs zum Arbeitersport. In den folgenden Jahren erhielt der BVB Verstärkung durch die Nachbarklubs „Britannia", „Rhenania" und „Deutsche Flagge", und die Vereinsfarben wurden gewechselt. Fortan trugen die Borussen schwarze Hosen und gelbe Hemden, wobei das Gelb der Hemden zitronenfarben war und damit dem der heutigen „Neon-Trikots" durchaus nicht unähnlich.

Mit dem Vereinsnamen die Verbundenheit mit einer bestimmten Region oder gar die nationale Zugehörigkeit zu demonstrieren, war zu dieser Zeit gang und gäbe, wie Vereinsnamen wie „Westfalia" (z.B. Herne), „Rhenania" (z.B. der spätere Derwall-Klub Würselen, der in den 50ern in der Oberliga West spielte), „Germania" (z.B. Hamm), „Preußen" (z.B. Münster) oder „Borussia" (lateinisch für Preußen) dokumentieren. Die Namen „Preußen" und „Borussia" waren besonders populär. Patriotismus wurde in diesen Jahren „klassenübergreifend" groß geschrieben. Einige Jahre später sollte der nationale Taumel in den 1. Weltkrieg münden.

In der Namensgebung manifestierten sich allerdings nicht nur Sympathiebekundungen mit dem preußischen Staat oder der Nationalität. Bei der Dortmunder Borussia war dies möglicherweise auch eine Sympathiebekundung mit der Heimat vieler Immigranten des Hoeschviertels.

Als Vereinslied entschieden sich die Borussen für den folgenden Text:

„Wir zieh'n vergnügt und froh dahin,
schwarz-gelb ist unsere Tracht.
Wir haben stets einen heiteren Sinn,
sind lustig, nie verzagt.
Wir kennen eine Feindschaft nicht,
wir schaffen Hand in Hand.
Stets ruhig Blut, ein froh' Gesicht

ist jedem wohlbekannt.
Wir halten fest und treu zusammen,
Ball-Heil-Hurra! Borussia!
Vor keinem Gegner wir verzagen,
Ball-Heil-Hurra! Borussia!

Wohl auf dem ganzen Erdenkreis
ist unser Sport bekannt.
Borussia-Spieler, wie man weiß,
die halten dem Stärksten stand.
Und wenn die Fußballflöte schrillt,
Borussia tritt hervor,
zum Wettspiel sind wir stets bereit,
verteidigen unser Tor.
Wir halten fest und treu zusammen,
Ball-Heil-Hurra! Borussia!
Vor keinem Gegner wir verzagen,
Ball-Heil-Hurra! Borussia!

So lang' die Kehl' noch singen kann,
soll klingen unser Lied.
So lange bis der letzte Mann
noch einen Fußball spielt.
Und sinkt auch einer in das Grab,
der Mann kann untergeh'n,
ein and'rer löst ihn sofort ab,
Borussia bleibt besteh'n.
Wir halten fest und treu zusammen,
Ball-Heil-Hurra! Borussia!
Vor keinem Gegner wir verzagen,
Ball-Heil-Hurra! Borussia!

Und naht uns einst die letzte Stund',
wo wir zusammensteh'n,
dann wollen wir uns noch einmal
fest in die Augen seh'n.
Und ruft uns einst auch das Geschick
wohl in ein fernes Land,
dann schlingt sich stolz um uns're Brust
das schwarz und gelbe Band.

Wir halten fest und treu zusammen,
Ball-Heil-Hurra! Borussia!
Vor keinem Gegner wir verzagen,
Ball-Heil-Hurra! Borussia!"

Der Historiker Siegfried Gehrmann, der über den Fußball im Ruhrgebiet ausgiebig geforscht hat, schreibt über die Bedeutung der damaligen Vereinslieder: „Als Möglichkeit der Selbstdarstellung hatte das Vereinslied für jeden Klub einen besonderen Wert. Zumeist handelte es sich um nichts anderes als um eine triviale Gelegenheitsdichtung, deren poetischen Gehalt darzulegen nicht der Mühe wert und deren Autor gewöhnlich unbekannt ist. Solche Lieder mußten ohne Schwierigkeiten singbar sein, weshalb den Texten allgemein bekannte Melodien zugrunde gelegt wurden. Durchgängiger Tenor war fast immer die sentimental-gemüthafte Beschwörung der Freundschaft, der Kameradschaft und der Treue zum Verein, verbunden mit der Versicherung, daß diese niemals untergeht."

Die ersten Punktspiele

Nicht nur die Schalker waren also ein „Polackenverein". Und doch gab es von Beginn an einen nicht unerheblichen Unterschied zwischen Schalkern und Dortmunder. Die Schalker gehörten in die bereits erwähnte Kategorie der sogenannten „wilden" Vereine.

Der BVB wurde bereits 1910 in den WSV aufgenommen, Schalke hingegen erst 1912, nachdem die Fußballer dem Schalker Turnverein von 1877 beigetreten waren. Allerdings geriet auch der BVB in den WSV durch ein Hintertürchen, nämlich indem er seine unverfänglichere „Leichtathletikabteilung" vorschickte.

Das erstes in der BVB-Chronik festgehaltene Spiel fand am 5.1.1911 gegen den VfB statt (9:3), das erste reguläre Meisterschaftsspiel am 10.9.1911 in Rauxel gegen die Fußballmannschaft der Spielabteilung des Turnerbundes Rauxel (1:0).

Der BVB kickte zunächst in der C-Klasse, der dritten und untersten Liga. Das Ligenwesen stand in Deutschland noch am Anfang. Von der Gründung einer nationalen Liga war man noch weit entfernt, im Gegensatz zum „Mutterland des Fußballs" England, aber auch Österreich. Nicht mal auf regionaler Ebene (Westfalen) existierte ein einheitlicher Zusammenschluß. Der BVB wurde im ersten Jahr (1911/12) gleich Meister und stieg in die B-Klasse auf.

Zur Aufnahme gemeldet haben sich:

5. Bezirk: Barmen, Sportverein. Vereinsadr.: Hans Roxin, Loherstraße 16. Mitgliederzahl 42.

Berg.=Neukirchen, Spiel=Verein. Vereinsadr.: Alex Hirschfeld, B.=Neukirchen. Mitgliederzahl 22. Wettspielkleidung?

4. Bezirk: Dortmund; Leichtathl.=Abt. des B. V. Borussia. Vereinsadresse: Heinr. Unger, Schmiede=straße 18. Mitgliederzahl 35. Wettspielkleidung?

Das trojanische Pferd des BVB: 1910 bewarb sich die Leichtathletikabteilung des BV Borussia um die Aufnahme in den Westdeutschen Spielverband.

Aufgenommen wurden:

4. Bezirk: Dortmund: Leichtathl.=Abt. des B. V. Borussia. Vereinsadresse: Franz Risse, Ostermärsch=straße 5. Wettspielkleidung: blau=weiß längsge=streifte Jerseys mit roter Schärpe. Mitglieder=zahl 13.

6. Bezirk: Einbeck; F. C. „Sport". Vereinsadr.: W. Ude, Maschenstr. 25. Wettspielkleidung: gelb=schwarz gestreifte Trikots. Mitgliederzahl 58.

(Göttingen: F. C. „Sport". Vereinsadresse: Al=fred Prell, Groner Chaussee 23. Mitgliederzahl 47.

*

Wenige Monate später: Die Aufnahme der BVB-Leichtathleten ist vollzogen.

9. Neu aufgenommen wird die Fußballabteilung des Ballspielvereins „Borussia 1909" Dortmund.

10. Folgenden Vereinen, welche sich zur Auf=nahme gemeldet haben, wird die Spielerlaubnis für drei Monate erteilt, mit der Bedingung, daß die Spiele von bestätigten Schiedsrichtern geleitet wer=den: Hörder Fußballklub, Fußballklub Union in He=ven b. Witten, Sportverein L. F. C. Laer b. Bochum.

11. Das Aufnahmegesuch des Fußballklubs Teu=tonia Lippstadt wird zurückgestellt.

Dezember 1910: Auch die Fußballabteilung des BVB ist jetzt offiziell Mitglied des Westdeutschen Spielverbands.

Am 5.1.1911 führte der BVB sein erstes offizielles Spiel gegen den VfB durch. Die Mannschaft (von links): Claus, Lücke, Wienke, Unger, Jacobi (in Zivil), Busse, Hagedorn I, Winkler, Wilma, Braun, Hemesaath, Schröder, Hegel und Schäfer.

Das erste bekannte Foto mit einer Spielszene des BVB (Januar 1911).

▷ In der ersten Aufstiegsmannschaft des BVB spielten Willi Jacobi, Heinrich Schäfer, Otto Hagedorn, Werth, Robert Unger, G. Pellmann, Weber, Franz, Jacobi, Bohnekamp, Becker und Karl Wienke.

In dieser Liga spielten noch eine Reihe anderer Dortmunder Vereine wie der VfB, Lütgendortmund, der FC Merkur und die Sportvereinigung 95. Der BVB wurde 1912/13 Dritter. Im zweiten Jahr B-Klasse gewann der BVB 1913/14 die Meisterschaft und wurde somit erstmals erstklassig, was indes aufgrund der noch relativ geringen Zahl von Vereinen und dem kleinen Einzugsbereich der A-Klasse nicht viel hieß. Wegen des 1. Weltkriegs mußte die Meisterschaftsrunde 1914/15 abgebrochen werden. Der Höhenflug der Borussen wurde zunächst gestoppt. Es folgten Spaltungen, Querelen, Platzprobleme.

Als 1917/18 wieder eine Meisterschaftsrunde gespielt wurde, war der BVB nicht dabei, weil fast alle Spieler noch an der Front waren. Eine Reihe der Vereinsgründer und Spieler kehrte aus dem Völkergemetzel nicht mehr

In seiner Sitzung vom 14.2.1913 genehmigte der WSV einen Antrag des BVB, dessen Auswirkungen zum unverwechselbaren sportlichen Erkennungszeichen eines Vereins, ja einer ganzen Stadt wurden: Dem BVB wurde ein zitronengelbes Trikot mit einem schwarzen „B" genehmigt.
Hier präsentiert sich die BVB-Mannschaft von 1915 in den neuen Trikots. Auf dem Foto zu erkennen: Meier, Diel, Hetting, Jacobi III, Parys, Lücke, Bretin, Rösener, Scherer, Westerschulte sowie Vereinsvorsitzender Jacobi (in Zivil).

zurück. 1918/19 war der BVB wieder in der A-Klasse vertreten. Ebenfalls 1919 erfolgte die Ausarbeitung einer Vereinssatzung und die Eintragung des BVB in das amtliche Vereinsregister, womit der Verein Rechtsfähigkeit erhielt.

Die erste Satzung des Vereins gestattet noch allen Mitgliedern, an allen Sitzungen und Übungsstunden teilzunehmen. Ein Hinweis darauf, daß der Verein damals noch nicht besonders groß war. Aktive, Mitglieder und Zuschauer waren zu dieser Zeit noch bei vielen Vereinen weitgehend identisch. Der Fußball war noch lange nicht in dem Maße ein Zuschauersport, wie er es später wurde.

In sportlicher Hinsicht gab es indes zunächst einmal Rückschläge, denn 1919/20 bedeutete die A-Klassen-Zugehörigkeit nur noch Zweitklassigkeit. Aufgrund des Booms, den der Fußball nach dem Kriege erfuhr, war das Ligenwesen auf vier Ligen erweitert worden.

Die neue Eliteklasse war nun in Westdeutschland die Bezirksklasse. Acht Bezirke – Bergisch-Mark, Niederrhein, Rhein, Mittelrhein, Ruhr, Südwestfalen, Hessen-Hannover und Westfalen – ermittelten nun jeweils ihre Meister und Vizemeister. Anschließend spielten die Meister eine Punktrunde, deren Sieger Westdeutscher Meister wurde. Die Vizemeister ermittelten durch K.O.-Runde ebenfalls einen Sieger, der dann in einem Entscheidungsspiel auf den Dritten der Meisterrunde traf. Der Sieger durfte dann – gemeinsam mit dem Sieger und Vizemeister der Meisterrunde – an der Endrunde zur Deutschen Meisterschaft teilnehmen.

Es gibt unterschiedliche Theorien darüber, warum der BVB in der neuen Eliteklasse nicht dabei war, obwohl er in der alten Klasse den dritten Platz belegt hatte, was eigentlich für die Qualifikation gereicht hätte. Eine Version besagt, daß der BVB nicht zugelassen wurde, weil der BVB-Platz nicht eingezäunt war und somit nicht die vom Verband geforderten Voraussetzungen erfüllte. Hierbei ging es nicht um die Einzäunung des Spielfeldes, sondern der gesamten Anlage. Die Einzäunung der Anlagen erfolgte mit der Entwicklung des Fußballs zum Zuschauersport und ermöglichte die Erhebung von Eintrittsgeldern. Willy Meisl, einer der bekanntesten Sportjournalisten der 20er Jahre, in seiner berühmten Schrift „Der Sport am Scheideweg": „Sie zogen Zäune um ihre Spielfelder, machten Türen in diese Zäune, Kassen zu diesen Türen und setzten Türhüter in diese Kassen, zu hüten den Weg zum Platze des Sports." Bereits in diesen Jahren begann sich der Fußball, trotz der offiziellen Amateurbestimmungen, zum Business zu entwickeln. Das war eine Folge seiner Entwicklung zum Zuschauersport und der Entdeckung eines wirtschaftlichen Potentials.

Die BVB-Chronisten Gerd Kolbe und H.-Gerd Kahlen halten die Version, dem BVB sei aufgrund seiner nicht vorschriftsmäßigen Anlage die Aufnahme in die neue Eliteklasse verweigert worden, allerdings für eher unwahrscheinlich. „Die einzigen Hinweise in den offiziellen Verbandsmitteilungen beziehen sich auf die Bitte des Verbandes, daß Clubs, die nicht über eine eigene Anlage verfügen, Mitteilung geben sollen, damit sie in die Dispositionen der zur Verfügung stehenden Sportanlagen einbezogen werden können." Eine andere Version behauptet, daß der Tabellenvierte VfB anstelle des BVB aufstieg, weil der Verein sowohl in der Meisterschaftsrunde der „Nordgruppe" als auch in der (annullierten) Hinrunde 1918/19 den BVB hatte schlagen können. 1919/20 verlor der BVB gegen den Lokalrivalen *SV Dortmund 08* das Entscheidungsspiel um den 2. Platz mit 2:4 und verpaßte erneut den Aufstieg.

In der Saison 1920/21 verbuchte der DSC 95 den bis dahin größten Erfolg einer Dortmunder Fußballmannschaft. Es war zugleich auch die ruhmvollste des Klubs bis heute. Der DSC, in diesen Jahren mit ca. 800 Mit-

Auf der „weiße Wiese" 1919. Hinten (von links): Heini Staas, Robert Unger, Karl Wienke, Franz Jacobi, untere Reihe: Karl Westerschulte, Wilhelm Biertwirth.

gliedern der größte Rasensport treibende Verein in Dortmund, wurde Meister des Hellweg-Kreises. Anschließend wurde der DSC auch noch durch Siege gegen Emschermeister Gelsenkirchen 07 (4:3) und Niederrheinmeister Buer-Erle (4:2) Meister des Ruhrgaues. Damit hatte sich der DSC für die Endrunde der Westmeisterschaft qualifiziert. Die Spiele fanden auf neutralem Platz statt. Zum Auftakt besiegte der DSC Preußen Münster in Recklinghausen 4:2. In Aachen verlor man gegen den Kölner Ballspiel-Club (mit dem berühmten Binder) 1:2. Gegen den Duisburger Spielverein schaffte man in Bochum ein 2:2, gegen „Sport" Kassel spielte der DSC auf dem Dortmunder Viktoriaplatz 1:1. Mit gewisser Verbitterung vermerkt die Chronik des DSC: „Die Spieler, die diese Leistung brachten, waren zu dieser Zeit genauso beliebt und berühmt wie später die Cracks Stachorra, Prenz, Lenz, Preißler, Erdmann, Michallek, Sandmann, Emmerich oder Held vom BVB." Und weil dem vielleicht wirklich so war, sollen sie hier nicht unerwähnt bleiben:
▷ Ewald und Franz Bauer, Hubert und Karl Dickel, Isenberg, Pauli, Reetz, Rekersbrink, Roeber, Schilling, Schlink, Schumann, Fritz Twente und Karl Hermann.

1924 wurde der DSC heimatlos, als die Stadt an der Stelle der DSC-Anlage mit dem Bau des Stadions „Rote Erde" begann. Bis zur Fertigstellung der „Roten Erde" trug der DSC seine Spiele meistens auf dem Mendesportplatz aus.

Auch der BVB hatte – wie bereits angedeutet – Platzprobleme, weshalb er 1921 mit dem Nachbarn Sportverein 08 fusionieren wollte, dessen Mitglieder diesem Plan jedoch eine Absage erteilten (siehe auch Kapitel „Von der 'Weißen Wiese' zum Westfalenstadion"). Der BVB ließ sich dadurch aber nicht entmutigen. Vielmehr erfuhren Einsatz und Tatkraft für den Verein durch die Absage einen Motivationsschub.

Ignaz Peters, erster Sponsor des BVB. Peters, der Bauunternehmer war, trug wesentlich dazu bei, daß der Sportplatz „Weiße Wiese" in den Jahren 1923/24 statutenmäßig ausgebaut werden konnte.

1923 trat Franz Jacobi vom Vorsitz zurück, um Heinz Schwaben, Direktor der Union-Brauerei, Platz zu machen. Schwaben war dem Verein 1912 beigetreten und wohnte im Einzugsgebiet des BVB. Mit Schwaben wurde erstmals ein Mann aus der Dortmunder Industrie BVB-Vorsitzender. Von dem renommierten Wirtschaftsfachmann erhoffte man sich eine Forcierung des Stadionbaus, denn das ehrgeizige, aber überlebensnotwendige Projekt konnte nur mit entsprechendem gesellschaftlichen und wirtschaftlichen Hintergrund angegangen werden. Schwaben hatte einen Bauunternehmer namens Ignaz Peters an der Hand, der die Stadionpläne in die Tat umsetzte. Ignaz Peters war der Adoptivvater des späteren BVB-Nationalspielers Wolfgang „Sully" Peters. Zur gleichen Zeit wurde August Busse Betreuer und Obmann der 1. Mannschaft.

An der Zweitklassigkeit des BVB änderte sich bis 1926 nichts. In diesem Jahr wurde der BVB Vizemeister in der 2. Bezirksklasse, wie die zweithöchste Liga nun hieß, und stieg in die 1. Bezirksklasse (Ruhrgebietsklasse Dortmund-Gelsenkirchen) auf. Um den Klassenerhalt zu sichern, kaufte die Borussia nun erstmals in ihrer Geschichte „groß" ein. Obwohl es offiziell untersagt war, an Spieler Geld zu zahlen, wurde auch schon in den 20ern abgeworben, wobei so manche Mark ihren Besitzer wechselte. Spieler der Lokalrivalen Dorstfeld, Hörde und vom Traditionsklub DSC 95 wechselten

1926 spielte die Mannschaft des BVB zum ersten Mal in der höchsten deutschen Spielklasse, der Bezirksklasse. Unser Bild zeigt die damalige Mannschaft, die allerdings den Klassenerhalt nicht schaffte.

zu den Schwarz-Gelben, aber der erhoffte Erfolg blieb aus. Im Entscheidungsspiel um den Klassenerhalt verlor der BVB gegen Langendreer 04 1:3. Dortmunds Vertreter in der höchsten Spielklasse waren nun nur noch der DSC 95 und der VfB Alemannia. Nach dem Abstieg besann man sich wieder auf die eigenen Kräfte – mit Erfolg.

1927/28 wurde der BVB hinter Sportfreunde Dortmund Vizemeister der 2. Bezirksklasse. 1928/29 lagen gleich sechs lokale Rivalen in dieser Klasse vor den Borussen: Sportfreunde, Dorstfeld, Sportverein 08, Hombruch und der Hörder SC. In dieser Spielzeit schloß sich ein junger Mann namens August Lenz den Borussen an, der noch für Furore sorgen sollte. 1929/30 war die 2. Bezirksklasse durch die Einführung der „Sonderklasse" nur noch dritthöchste Klasse. Hinter den Lokalrivalen VfL Hörde und Arminia Marten belegt der BVB den 4. Platz und qualifiziert sich damit für 1. Bezirksklasse. 1933 mußte der BVB im Entscheidungsspiel um die Gruppenmeisterschaft gegen den SV Arminia Marten antreten. Die Arminen gewannen das Spiel, das im Stadion „Rote Erde" stattfand, durch ein Tor in der 104.Minute mit 2:1. Infolge der Neuordnung des Ligenwesens blieben die Arminen jedoch weiterhin in der Bezirksklasse.

1935/36 gelang schließlich der Aufstieg in die seit der Saison 1933/34 existierende Gauliga Westfalen, die nun als Eliteklasse den gesamten westfälischen Raum abdeckte.

▷ Die Aufstiegsmannschaft des BVB: Jeuschede, Bretzkalla, E.Göbel, Heiner, Janowski, Burzik, Romanowski, Beerheider, Zideller, Lukasiewicz, Emil Stachorra, August Lenz, Marsiske, Kolodzig, Eron, Büttner, Dunnay.

Zum ersten Mal existierte eine reichsweit vergleichbare höchste Spielklasse, denn bis 1933 wurde in den verschiedenen Regionen des deutschen Reichs in den unterschiedlichsten Systemen gespielt. Zunächst existierten 16 Gauligen: Ostpreußen, Pommern, Brandenburg-Berlin, Schlesien, Sachsen, Mitte, Nordmark, Niedersachsen, Westfalen, Niederrhein, Mittelrhein, Hessen, Südwest, Baden, Württemberg, Bayern. Die Meister dieser Ligen ermittelten in vier Gruppen à vier Mannschaften die Teilnehmer des Halbfinales zur Deutschen Meisterschaft. Dort galt das K.O.-System – die beiden Sieger standen im Endspiel.

Mit dem Kriegsbeginn und Hitlers Eroberungsfeldzug veränderte sich die Zahl der Gauligen ständig.

Die Borussen waren nicht der erste Dortmunder Vertreter in der neuen Eliteklasse. Noch immer hatte der DSC 95 die Nase vorn, denn in der Auftaktsaison 1933/34 spielten die *Sportfreunde 95* in der Liga, aus der sie jedoch sofort wieder abstiegen. Die Sportfreunde 95 waren eine Zwangsfusion von BC Sportfreunde 06 und DSC 95, die 1935 wieder aufgelöst wurde. Nach dem Abstieg machte sich der DSC wieder selbständig, wurde dafür aber mit der Eingliederung in die Kreisklasse bestraft. Zuvor war dem DSC vom Verband mündlich wie schriftlich versichert worden, daß er bei einem Scheitern in der Gauliga erneut der Bezirksklasse zugeteilt würde. Auch der BVB sollte zunächst fusionieren. Die NSDAP plädierte für ein Aufgehen des BVB in eine Betriebssportgemeinschaft Hoesch, doch aus derartigen Plänen wurde nichts.

Fußball im Faschismus – Der Aufstieg des BVB

Die faschistische Sportpolitik bewirkte dreierlei: Die Organisationen der Arbeitersportbewegung wurden aufgelöst und verboten, wodurch der DFB eine Monopolstellung erhielt. Dem „wilden" Straßenfußball wurde ein Ende bereitet, denn aus der Sicht des totalitären Staates erschienen Straßenmannschaften, die sich außerhalb jeder offiziellen Kontrolle bewegten und auch gesellschaftliche Außenseiter integrieren konnten, als eine Bedrohung für das staatliche Gefüge. Außerdem nahm die Zahl der Vereine und der in ihnen aktiven Fußballspieler in einer proletarischen Region wie dem Ruhrgebiet deutlich ab, bedingt durch Fusionen und den Aufbau von NS-Konkurrenzorganisationen, noch mehr aber durch die staatliche Repressions- und Verbotspolitik gegenüber Verbänden und Vereinen, die in politisch-ideologischer Gegnerschaft zum Regime standen.

Auch im „roten" Dortmund machte sich die faschistische Bewegung breit, und auch der Arbeiterverein BVB blieb von ihr nicht unberührt. In der Festschrift zum 30. Geburtstag des BVB (1939) wird stolz hervorgehoben, daß 80% der 1. Mannschaft SA-Angehörige seien. Bei der Mehrheit von ihnen soll es sich allerdings nur um „pro forma"-Mitglieder gehandelt haben. Dies galt jedoch nicht für BVB-Boß August Busse, der ein hundertprozentiger Nazi war und sich in der NS-Hierarchie auf der mittleren Funktionärsebene bewegte. Der vom NS-Reichssportführer Tschammer von Osten geforderten Einführung des „Führerprinzips" in den Sportorganisationen hatte Busse es zu verdanken, daß er 1934 BVB-Vorsitzender wurde.

Die alte, vermutlich eher „linkslastige" Führung um Egon Pentrup wurde kaltgestellt. Busse hatte bereits zwischen 1928 und 1933 den Vorsitz geführt, wohl zum Unwillen einiger anderer BVB-Aktivisten. Jedenfalls gibt es gewisse Hinweise darauf, daß Busse bereits vor dem Machtantritt der Nazis seine Ellenbogen einzusetzen wußte.

Doch der BVB bestand zwischen 1933 und 1945 nicht nur aus Nazis und Nazi-Mitläufern. Tatsächlich war der BVB, wie die meisten Vereine, in der Haltung zum Regime gespalten. So soll Pat Koschmieder, nach dem Kriege BVB-Kapitän, Kommunist gewesen sein. Gleiches wird von Heinrich Czerkus behauptet, dem Platzwart der Schwarz-Gelben, der am Karfreitag 1945 von der Gestapo im Rombergpark ermordet wurde. Ihm und anderen wurde vorgeworfen, sich an Widerstandsaktivitäten beteiligt zu haben. Nicht wenige BVB-Mitglieder dürften sich zudem in eine „innere Emigration" begeben haben.

Nach dem Ende der NS-Herrschaft gab es in der BVB-Führung

Von den Nazis ermordet: BVB-Platzwart Heinrich Czerkus.

keinen Platz mehr für August Busse. Nun hatten wieder diejenigen das Sagen, die von Busse und Konsorten an die Luft gesetzt worden waren.

Vor dem Aufstieg 1935/36 hatte der BVB den früheren Schalker Mittelstürmer Fritz Thelen als Trainer verpflichtet, der – so eine Chronik des Vereins – „durch die Einführung der erfolgreichen Schalker Schule bei uns den eigentlichen Grundstock legte, der im Jahre 1936 zur abermaligen Erringung der höchsten deutschen Fußballklasse führte. Somit waren seit 1927 neun Jahre ernster Aufbauarbeit und systematischen Trainings notwendig, um wieder Anschluß an die Spitzenklasse im Fußball zu finden." Ein Schalker betätigte sich also bei den Borussen als Entwicklungshelfer. (Zuvor hatten die Schalker Nachhilfeunterricht aus Dortmund erhalten, wenn auch nicht vom BVB. Der berühmte „Schalker Kreisel" wurde von den Gebrüdern Fritz und Hans Ballmann eingeführt, beide gebürtige Dortmunder und von Beruf Fabrikarbeiter. Die Familie Ballmann war vor dem 1. Weltkrieg nach England emigriert, wurde dort während des Krieges interniert und anschließend abgeschoben. Im Internierungslager lernten sie den Schalker Fred Kühne kennen. Durch Vermittlung von Fred Kühne schlossen sich die Ballmanns dann dem Schalker Turn- und Sportverein an. Ihr Mitbringsel war das „Kreisel"-Spiel, dem das – wetterbedingte – schottische Flach- und Kurzpaßspiel zugrundelag.)

Die erstmalige Verpflichtung eines Trainers war von einschneidender Bedeutung, dokumentierte sie doch eine gewisse Professionalisierung des BVB, der nun zielstrebiger denn je zuvor an seinen Ambitionen arbeitete. Unter der Regentschaft von August Busse, der den Vorsitz 1928 von dem beruflich überlasteten Heinz Schwaben übernommen hatte und in einer Vereinschronik als „Motor und Initiator in einer Person" charakterisiert wird, erfolgten entscheidende Weichenstellungen, weshalb man die Jahre 1934/35 auch als zweite Gründung des BVB bezeichnen kann. Bis dahin unterschied sich der BVB kaum von anderen Dortmunder Mannschaften, stieg mal auf und mal ab, versuchte dieses und jenes, ohne sich aber auch nur in der eigenen Stadt entscheidend durchsetzen zu können. Der Aufstieg des BVB in die Erstklassigkeit, zur Dortmunder Nr. 1 und schließlich zu einer deutschen Spitzenmannschaft ist aber vor allem mit dem bereits erwähnten Namen August Lenz verknüpft. Lenz spielte bei der weiteren Entwicklung des BVB eine vielleicht noch bedeutendere Rolle als Szepan und Kuzorra für den Aufstieg Schalkes.

Hätte Lenz sich seinerzeit nicht dem BVB, sondern dem Lokalrivalen angeschlossen, würde der Dortmunder Vertreter im Profifußball heute viel-

Die BVB-A-Jugend 1924 in Lünen. In der Mitte als Torhüter (!) August Lenz, der seine Karriere zwischen den Pfosten begann.

leicht DSC 95 heißen, der BVB hingegen das Dasein eines relativ unbedeutenden Stadtteilklubs fristen. In jenen Jahren hing das Schicksal der Vereine in einem erheblich stärkeren Maße von einzelnen Spielern ab als heute. 30 bis 40 Jahre später hätte man einen Lenz einfach weggekauft, weitere Borussen wären ihm gefolgt, und der Aufstieg des BVB wäre frühzeitig gestoppt worden.

Lenz begann seine Karriere beim BVB zunächst als Torwart. Von 1930 bis 1933 kickte der arbeitslose Lenz nebenbei für Straßenklubs („Kasten Bier für den Sieger"). Daß der BVB in diesen Jahren nicht dazu in der Lage war, in soziale Not geratene Spieler mit Arbeitsplätzen zu versorgen oder direkt finanziell zu unterstützen, ist bezeichnend für die zu diesem Zeitpunkt noch unterentwickelte Beziehung des BVB zur lokalen Industrie und den relativ geringen finanziellen Möglichkeiten des Vereins. In Schalke sah dies bereits völlig anders aus. Lenz' große Stunde kam, als sich der etatmäßige Stürmer Hannes Jakubowitz verletzte. August Busse schlug Lenz als Ersatz vor, und als der BVB in Mengede spielte, erzielte Lenz nicht weniger als elf Tore zum 14:0-Sieg.

Am 28.4.1935 absolvierte Lenz sein erstes Länderspiel und ging damit in die Vereinsannalen als erster Nationalspieler des BVB ein. Der Gegner hieß Belgien, und der Debütant schoß zwei Tore zum deutschen 6:2-Sieg. Insgesamt trug Lenz vierzehnmal das Nationaltrikot und erzielte dabei neun Tore. Bei der WM 1938 wurde er Opfer der „großdeutschen Vereinigung" mit dem österreichischen Nationalteam. Obwohl der Aufstieg des BVB ohne den Namen Lenz wohl undenkbar gewesen wäre, blieb dem Kicker der ganz große Triumph vorenthalten. Als der BVB 1949 erstmals ein Finale um die Deutsche Meisterschaft bestritt, saß Lenz nur auf der Tribüne. Daß Lenz damals bereits eine Gaststätte führte, diente als Vorwand, ihn nicht mehr aufzustellen.

Ein weiterer Grund für den Aufstieg des BVB war das neue W-M-System, das vom englischen Fußballtrainer Herbert Chapman kreiert wurde. Chapman, der Huddersfield Town (1913-25) und Arsenal London (1925-34) trainierte, gilt als Vater des modernen Fußballs. Chapman war zudem der erste Profi der Trainerbranche, „ein kühler Stratege, der den Unterhaltungswert und die wirtschaftliche Bedeutung seines Sports schon erkannt hatte, als alle Welt dies noch für eine lustige Freizeitbeschäftigung hielt" (Ludger Schulze, Trainer – die großen Fußballstrategen, München 1989). Chapmans W-M-Formation blieb nicht ohne Auswirkungen auf die Organisation seines Klubs. Denn nun wurde die Taktik erstmals nicht vom Mannschaftskapitän vorgegeben, sondern vom Manager, was ihm eine Machtstellung verschuf. Das Spiel wurde durch das W-M-System intellektueller, komplizierter und arbeitsteiliger. Jeder Spieler hatte nun eine festumrissene Aufgabe zu verrichten. Der Erfolg gab Chapmann Recht: Zwischen 1930 und 1938 wurde Arsenal, ein Klub, der von Arbeitern eines Rüstungsbetriebs gegründet worden war, fünfmal Meister und zweimal Pokalsieger und beendete damit die Dominanz der Klubs aus dem Norden Englands.

Die dem sehr deckungsorientierten W-M-System zugrundeliegende Überlegung beschrieb der Meister wie folgt: „Wenn es uns gelingt, ein Tor zu verhindern, haben wir einen Punkt gewonnen. Schießen wir aber zudem noch ein Tor, dann haben wir beide Punkte." Chapmann beorderte die beiden Innenstürmer ins Mittelfeld, wo sie die Verbindung zwischen Abwehr und Angriff herstellten. Zusammen mit den Außenläufern bildeten sie ein Viereck. Auch der Mittelläufer, bis dahin quasi ein zusätzlicher Stürmer, wurde zurückbeordert und ergänzte nun die Abwehr durch einen „Stopper". So entstand eine Formation, die aussah wie ein W, das auf ein M gesetzt worden war – deshalb hieß das System W-M.

In Deutschland wurde das W-M-System durch den damaligen „Reichstrainer" Dr. Otto Nerz eingeführt, der ein Faible für den englischen Fußball hatte. Daß die Dortmunder es so erfolgreich praktizierten, lag daran, daß sie die Schlüsselpositionen des Systems, Stopper und Mittelstürmer, mit Emil

Stachorra und August Lenz – Renner, Brecher, Reißer und Schütze in einer Person – ideal besetzt hatten.

Dem Aufstieg des BVB lag somit eine gewisse Modernität und Professionalität zugrunde. Das W-M-System wurde mit der Zeit von fast allen Klubs adaptiert, wobei es sich im westdeutschen Raum besonderer Beliebtheit erfreute, was möglicherweise seinen Grund im „industriellen" Charakter des Fußballs in dieser Region hatte. Das W-M-System war proletarischen Fußballern aus hochindustrialisierten Regionen geradezu auf den Leib geschneidert, weil es ihnen Bekanntes – Arbeitsteilung und Disziplin – abforderte. Der BVB sollte in den 50ern zum qualifiziertesten Repräsentanten dieses Systems werden und zu einem Synonym für Kraft und Eleganz.

Die Schalker waren 1925/26 in die Bezirksklasse als höchste Leistungsklasse aufgestiegen, im gleichen Jahr wie der BVB; aber im Gegensatz zu diesem konnten sich die Blau-Weißen 1926/27 dort nicht nur halten, sondern wurden auf Anhieb unbesiegter Gruppenmeister und Ruhrbezirksmeister. Bei der Westdeutschen Meisterschaft unterlagen sie erst im Finale dem Duisburger SV, der lange Zeit den westdeutschen Fußball dominierte. Der Duisburger SV, ein „bürgerlicher" Verein, dessen Gründer Kaufleute und Lehrer waren, wurde zwischen 1904 und 1927 elfmal Meister des Westdeutschen Spielverbands. Außerdem standen die Duisburger 1913 als erster Klub aus dem Ruhrgebiet im Finale um die Deutsche Fußballmeisterschaft, das sie allerdings gegen den VfB Leipzig mit 1:3 verloren. Bis zum Aufstieg der Schalker und anderer Arbeitervereine waren seine hauptsächlichen Konkurrenten ebenfalls bürgerliche Vereine wie der ETB Schwarz-Weiß Essen, der noch mehr als die Duisburger als Klub der gehobenen Gesellschaft galt, und der Lokalrivale Sportclub Preußen, bei dem Arbeiter ebenfalls kaum eine Rolle spielten. Die Satzung des Sportclub Preußen verlangte sogar zunächst, daß seine Mitglieder mindestens das „Einjährige" (d.h. das Zeugnis der Obersekundareife) vorweisen konnten. Der ETB Schwarz-Weiß Essen war noch in einer anderen Hinsicht unangenehm aufgefallen. Seine Gründer trennten sich vom Essener Turnverein von 1859, weil sie die liberale Aufnahmepolitik des Vereins, der auch Juden Zutritt gewährte, kritisierten.

Mit der Finalteilnahme qualifizierte sich Schalke erstmals für die Endrunde um die Deutsche Meisterschaft. Ernst Kuzorra trug Ende 1927 als erster Schalker das Nationaltrikot, acht Jahre früher als Borussias erster Nationalspieler August Lenz. 1929 gewann Schalke seine erste Westdeutsche Meisterschaft (19 Jahre früher als die Borussen), 1930 folgte die zweite. Der Höhenflug der Schalker wurde durch den Skandal um die Bezahlung

Der BVB steigt 1936 in die Gauliga Westfalen auf. Die Mannschaft von links: Beerheide, Janowski, Lenz, Romanowski, Heiner, Burdzik, Goebel II, Cideller, Lukaschewitz, Stachorra, Bretzkalla.

von Spielern nur vorübergehend unterbrochen, denn 1932 durften die Blau-Weißen erneut die Ruhrbezirksmeisterschaft und die Westdeutsche Meisterschaft feiern. Ein Jahr später standen sie erstmals in einem Endspiel um die Deutsche Meisterschaft, während die Borussen noch in der Zweitklassigkeit herumkrebsten. Als Schalke 1934 erstmals Deutscher Meister wurde (22 Jahre vor den Borussen), wurden sie auf der Rückreise vom Endspiel auch in Dortmund empfangen und trugen sich dort in das Goldene Buch der Stadt ein. Der FC Schalke 04 war in diesen Jahren der Stolz des gesamten proletarischen Ruhrgebiets. Wenn die Blau-Weißen in der Endrunde zur Deutschen Meisterschaft spielten, fieberten auch die Fans anderer proletarischer Vereine des Ruhrgebiets mit ihnen. Die Spaltung in ein blau-weißes und ein schwarz-gelbes Lager existierte noch nicht.

Mit dem Aufstieg in die Gauliga 1936 waren die Borussen keine Fahrstuhlmannschaft mehr. Zum ersten Mal wurden in Dortmund feste Prämien bezahlt. Pro Spiel gab es zwei Mark, drei Mettbrötchen und zwei halbe Liter Bier beim Gastwirt Trott im „Wildschütz". Von 1936/37 bis 1971/72 blieb der BVB nun ununterbrochen erstklassig. Der Aufstieg war allerdings eine denkbar knappe Angelegenheit. Beim letzten Spiel in Hagen benötigte der BVB noch einen Punkt. Der BVB lag zunächst 0:2 zurück, erst in der letzten Minute gelang der Ausgleich durch Lenz. Hätte der BVB verloren, wäre der TBV Mengede in die Gauliga aufgestiegen.

In der ersten Gauligasaison belegten die Borussen auf Anhieb den 4. Platz, 16 Punkte hinter Schalke 04, das diese Saison – wie bereits 1935/36 und später noch 1940/41 und 1942/43 – mit nur einem Minuspunkt beendete. Es war in dieser Saison, daß sich der BVB als der führende Verein in der Stadt etablierte. Im gleichen Jahr mußte der BVB die vereinseigene Anlage an der Wambeler Straße aufgeben und zog in das am südlichen Rand der Stadtmitte gelegene städtische Stadion „Rote Erde" um. Der Umzug verstärkte die Entwicklung vom nördlich der Bahnlinie beheimateten Stadtteilverein zum städtischen Repräsentationsverein. Im Juli 1936 war Thelen („Kreisel-Fritz") vom Wiener Ferdl Swatosch abgelöst worden. Die Verpflichtung österreichischer Fußballehrer war in diesen Jahren weit verbreitet. Der österreichische Fußball mit seiner „Wiener Schule" galt dem deutschen gegenüber als in technischer und spielerischer Hinsicht überlegen. Die deutsche Nationalelf hatte gegen die österreichische, die faktisch einer Wiener Stadtauswahl entsprach, einige herbe Niederlagen einstecken müssen, und die Klubmannschaften Austria, Vienna und Rapid gewannen zwischen 1930 und 1936 viermal den Mitropa-Cup, einen Vorläufer der heutigen Europapokalwettbewerbe. Swatosch folgte in der Saison 1937/38 mit Willy Sevzik ein weiterer Österreicher.

In der folgenden Saison 1937/38 wurde der BVB Vizemeister und halbierte den Punkterückstand auf Abonnementsmeister Schalke 04. Mit dem

Der BVB 1939 im Stadion Rote Erde. Von links: Dunnay, Büttner, Eron, Kolodzig, Marsiske, Cideller, E.Goebel, Stachorra, Lukaschewitz, Jeuschede, Lenz. Das Foto tauchte nach 1945 in einer gereinigten Fassung auf – ohne Hakenkreuzfahnen.

SV Arminia Marten 08 befand sich nun ein weiterer Dortmunder Arbeiter-verein in der Gauliga. Die Martener waren eng mit der Zeche Germania ver-bunden. Die Stützen der Martener Gauligamannschaft, die am Wischlinger Weg spielte und sehr heimstark war, hießen Willi Kronsbein, Piontek, „Papa" Kunz und Bäumker. Die Arminen hielten sich vier Spielzeiten in der Liga, bevor sie 1940/41 (aufgrund einer Reduzierung der Liga) als Dritt-letzte abstiegen. In den vier Jahren Gauliga kamen die Arminen über den drittletzten Platz nie hinaus. Ihre beste Saison war zweifellos 1938/39, als sie mit 17:19 Punkten abschlossen, nur drei Punkte (aber fünf Positionen) hinter dem Dritten BVB.

In dieser Saison gelang den Arminen auf der heimischen Anlage gegen Schalke 04 ein 0:0. 8.000 Zuschauer wohnten der Begegnung bei. Die Sai-son 1939/40 bescherte den Arminen noch einen ganz besonderen Erfolg: Es war die einzige Saison, in der Marten bei der Endabrechnung vor den Borus-sen stand, um zwei Punkte und einen Platz. Der BVB wäre in dieser Saison als Vorletzter abgestiegen, wäre die Liga nicht von zehn auf zwölf Vereine aufgestockt worden. Während also der BVB von der Aufstockung der Liga profitierte, wurde Marten nur ein Jahr später zum Opfer ihrer erneuten Reduzierung. Wäre die Liga 1939/40 und 1940/41 nicht aufgestockt bzw. reduziert worden, hätte möglicherweise eine erneute Wachablösung im Dortmunder Fußball stattgefunden.

1941/42 gelang Marten noch einmal der Aufstieg in die Gauliga, aber die Arminen mußten bereits nach einem Jahr wieder absteigen, als sie abge-schlagen auf dem letzten Platz landeten. Im Jahr des Martener Wiederauf-stiegs wurde der BVB zum zweitenmal Vizemeister, erneut mit acht Punk-ten Rückstand auf Schalke. 1942/43 und 1943/44 hieß der Hauptwidersa-cher der Schalker, sofern es überhaupt einen gab, VfL Altenbögge. Der Klub war in einer Gemeinde beheimatet, die – selbst wenn man das unmittelbar benachbarte Bönen noch hinzunimmt – weniger als 8.000 Einwohner zählte. Die meisten Kicker verdingten sich auf der örtlichen Schachtanlage Königsborn III/IV. Das Stadion der Altenbögger wurde mit Unterstützung der Zeche hergerichtet, die Arbeitskräfte, Material und Maschinen zur Ver-fügung stellte. Die Kicker wurden mit „leichter Arbeit" versorgt, so daß sie genügend Zeit für das Training besaßen. Außerdem wurde auf diese Weise so mancher Spieler nach Altenbögge gelockt. Die geringe Einwohnerzahl des Ortes wurde durch das Engagement der Zeche kompensiert, zumal die Zuschauer damals als Einnahmequelle noch nicht die gleiche Rolle spielten wie in den 50ern und die Spieler weniger mit Bargeld als mit Jobs dotiert wurden. In Altenbögge herrschten in den 30er und frühen 40er Jahren halbprofessionelle Verhältnisse, um die der VfL von so manchem Klub aus einer größeren Gemeinde beneidet wurde. Die Bergbauklubs profitierten vom relativen Aufschwung, den die Kohleindustrie durch die Autarkiebestrebungen des NS-Regimes erfuhr. Ihr Standortvorteil vergrößerte sich weiter nach Ausbruch des Krieges, als viele ihrer Akteure – aufgrund der strategischen Bedeutung des Bergbaus – „uk"-gestellt wurden und somit nicht an die Front mußten.

In der letzten regulären Gauliga-Saison war mit dem VfB Alemannia wieder ein zweiter Dortmunder Verein mit von der Partie. Dennoch konnte sich der BVB in den Jahren der Gauliga als lokale Nr. 1 etablieren. Von den elf regulären Spielzeiten war der BVB acht dabei, Arminia Marten fünf und Sportfreunde 95 und VfB Alemannia jeweils eine. Aber mit den Schalkern konnte sich der BVB noch bei weitem nicht messen, wie auch eine Bilanz der Begegnungen beider Vereine belegt. Von den 16 Begegnungen, die der BVB und Schalke zwischen 1936 und 1944 in der Gauliga gegeneinander austrugen, gewannen die Schalker nicht weniger als 14. Die Borussen konnten nur einmal gewinnen, nämlich in der Saison 1943/44 mit 1:0. Ihren ersten Achtungserfolg verbuchten sie mit einem 3:3-Unentschieden am 30.1.1938, nachdem man bereits 0:3 zurückgelegen hatte. Das Torverhältnis betrug 84:11 zugunsten der Blau-Weißen. Die höchste Niederlage erlitten die Borussen beim 0:10 am 20.10.1940 in Gelsenkirchen. Im Vorjahr war man bereits am gleichen Ort mit 0:9 unterlegen gewesen. Des weiteren verlor man u.a. noch dreimal mit 0:7 und einmal mit 0:6. Während die Schalker alle elf Gauligameisterschaften gewannen, mußten sich die Borussen mit zwei Vizemeisterschaften begnügen. Außerdem gewannen die Schalker im Zeitraum 1933/34 - 1943/44 sechs ihrer insgesamt sieben deutschen Meistertitel sowie 1937 den Tschammerpokal, der erstmals 1935 ausgespielt wurde. Der Wettbewerb, benannt nach dem NS-Reichssportführer Hans von Tschammer und Osten, war der Vorläufer des heutigen DFB-Vereinspokals. Insgesamt standen die Blau-Weißen fünfmal im Endspiel dieses Wettbewerbs. Das beste Abschneiden des BVB im Tschammerpokal war 1937 der Einzug unter die letzten acht Mannschaften. Im Viertelfinale unterlag der BVB dem SV Waldhof Mannheim mit 3:4. Zuvor hatte man Paderborn 08, Spvg Herten, VfL Geseke, Hamburger SV, Werder Bremen und Duisburg 08 ausgeschaltet. Das Erreichen des Viertelfinales war vielleicht der größte sportliche Erfolg der Seniorenmannschaft des BVB vor dem 2. Weltkrieg. Das Spiel gegen die Mannheimer bestritt der BVB mit der folgenden Aufstellung:
▷ Leonhardt, Schmidt, Eron, Janowski, Stachorra I, Büttner, Beerheide, Heinen, Lukaschewitz, Lenz, Dunney.

1938/39 holte der BVB den Dortmunder Ostland-Pokal. Der Wettbewerb wurde vom BVB total dominiert, was seinen neuen Status als Nr. 1 in der Stadt und deren Umgebung bestätigte. Lediglich in der 2. Runde wurde es knapp, als der BVB den VfL Hörde mit 3:2 besiegte. Im Endspiel wurde der SV Schüren mit 10:1 abgekanzelt. Der BVB war zu dieser Zeit jedoch noch weit davon entfernt, ein Zuschauermagnet wie die Schalker zu sein. Die Dortmunder „Rote Erde" wurde nicht vom BVB, sondern von Schalke 04 gefüllt. Zwischen 1927 und 1936 gastierten die Schalker fünfmal in der „Roten Erde", um Begegnungen der Endrunde zur Deutschen Meisterschaft auszutragen. Im Mai 1927 sahen 30.000 in der „Roten Erde" die 1:3-Niederlage der Blau-Weißen gegen 1860 München in der Vorrunde der Endrunde zur Deutschen Meisterschaft. 1929 sahen gar 40.000 die Schalker 1:4-Niederlage gegen Hertha BSC Berlin in der 2. Runde. 1933 wurden dann 33.000 Zeugen des ersten Schalker Sieges, 4:1 in der Vorrunde gegen Viktoria 89 Berlin. Mit dem gleichen Ergebnis wurde 1934 vor 40.000 in den Gruppenspielen der TV Eimsbüttel geschlagen. 1936 unterlag Schalke vor 40.000 in den Gruppenspielen Polizei Chemnitz mit 2:3. Die „Rote Erde"-Bilanz der Schalker fiel somit negativ aus. Am 12.11.1939 erlebte die „Rote Erde" erstmals einen Massenandrang bei einem Spiel des BVB gegen die Schalker. 30.000 sahen eine 3:7-Niederlage der Schwarz-Gelben.

Den größten sportlichen Erfolg verzeichnete der BVB in diesen Jahren im Jugendbereich. 1939 wurde die A-Jugend zunächst Westfalenmeister und anschließend auch noch Westdeutscher Meister. Mit dabei war u.a. ein gewisser Max Michallek, von dem noch später die Rede sein wird. Im Finale besiegte die BVB-Jugend Schalke 04 sensationell mit 4:2. Obwohl eine Reihe von Spielern den Krieg nicht überlebte, war diese Mannschaft ein Vorbote der ruhmreichen 50er Jahre.

Die soziale Ausbreitung des Fußballs zu einem Arbeitersport manifestierte sich auch in der Zusammensetzung seiner Eliteklasse. Von den zwölf Klubs aus dem Ruhrgebiet, die in der Saison 1939/40 den beiden Gauligen „Westfalen" und „Niederrhein" angehörten, war nur noch einer ein bürgerlicher Klub, nämlich ETB Schwarz-Weiß Essen. Hingegen waren sieben Klubs eindeutig im proletarischen Milieu beheimatet: Schalke 04, Arminia Marten, Spielvereinigung Röhlinghausen und Hamborn 07 waren Bergarbeiterklubs, während die Aktiven von Gelsenguß Gelsenkirchen, FV Duisburg 08 und dem BVB überwiegend Metallarbeiter waren. Bezeichnenderweise waren die ersten beiden Absteiger der Gauliga Westfalen in der Saison 1933/34 die beiden bürgerlichen westfälischen Fußballpioniere DSC 95 (bzw. Sportfreunde 95) und Arminia Bielefeld. Preußen Münster wurde nur Drittletzter, und der vierte westfälische Fußballpionier mit bürgerlichem Hintergrund, die Hammer SpVg. 03/04, Westfalenmeister von 1920, konnte sich für die neue Eliteklasse erst gar nicht qualifizieren, sondern stürzte 1936 sogar in die Drittklassigkeit.

Für die Schalker Überlegenheit in diesen Jahren gab es vor allem wirtschaftliche Gründe: Bereits Ende der 20er war Schalke Gelsenkirchens unumstrittene Nr. 1 und ein Zuschauermagnet, was professionellere Bedingungen als in Dortmund gestattete. Zudem genoß Schalke früher eine massivere Unterstützung lokaler Industriebetriebe als der BVB. Viele der Schalker Spieler waren auf der Schachtanlage Consolidation beschäftigt, die damals zu den Mannesmann-Röhrenwerken gehörte. Die Werksführung gehörte zu den Unterstützern des Vereins und verhalf ihm auch zur Glückauf-Kampfbahn. Die Schachtanlage überließ Schalke pachtweise ein Gelände von ca. 20 Morgen. Die Bauarbeiten, die 1927 aufgenommen wurden, erfolgten unter der Leitung der Bauabteilung von Consolidation. Die Schalker genossen zu diesem Zeitpunkt außerdem bereits die Protektion der Stadt, die während der Errichtung der Glückauf-Kampfbahn als Gläubiger in Erscheinung trat.

Zu einem Zeitpunkt, als der DFB noch einen strikten Amateurismus propagierte, waren die Schalker bereits zumindest Halbprofis. Als es diesbezüglich im August 1930 zu einem Verfahren vor der Spruchkammer des Westdeutschen Spielverbandes kam, gelangte diese – aufgrund von Geständnissen und eingehender Prüfung der Kassenbücher und der dazugehörigen Belege – zu dem Ergebnis, daß „1. die Spieler der ersten Mannschaft regelmäßig Spesenbeiträge erhalten haben, die über das nach den Satzungen zulässige Maß weit hinausgehen; 2. neben diesen Spesen regelmäßig für ihre spielerische Mitwirkung eine regelrechte Entlohnung erhalten haben; 3. mehrere dieser Spieler außerdem weitere Zuwendungen in Gestalt von Geschenken, Darlehen und Vorteilen in ihren beruflichen Stellungen angenommen haben". Der Erfolg der Schalker basierte darüber hinaus aber auch auf einem modernen Spielstil.

Der BVB stand vor 1945 deutlich im Schatten der Schalker und anderer Ruhrgebietsvereine. Dieses „Schattendasein" schlug sich auch in den Medien nieder. Daß über den BVB der Jahre 1909 bis 1945 nur wenig zugängliches Material existiert, hat also nicht nur mit dem Fehlen eines offiziellen Vereinsarchivs und der im Vergleich zu heute noch unterentwickelten Sportberichterstattung zu tun. Der BVB war in diesen Jahren einfach noch keine große Nummer. In den ersten Dekaden des Fußballsports in Dortmund war der DSC 95 der weitaus interessantere Verein.

Göttliche Kicker –
Der Fußball und die Kirche

Es ist keine Ausnahmeerscheinung, daß der BVB seine Ursprünge im kirchlichen Milieu hat. Vor allem in Großbritannien gingen viele renommierte Vereine – darunter Aston Villa und Everton FC – aus katholischen oder methodistischen Zusammenhängen hervor. Der englische Spitzenklub Aston Villa wurde 1872 von Schülern einer wesleyanischen Bibelschule gegründet. Der von John Wesley begründete Methodismus war zur Religion der Arbeiterschaft geworden – möglicherweise verdankt die britische Labour Party ihren politischen Einfluß stärker dieser Religion als dem Marxismus.

Noch heute geht fast ein Viertel der englischen Ligaklubs auf kirchliche Initiativen zurück. Das wohl bekannteste Beispiel für die Verbindung von Kirche und Fußball ist allerdings der schottische Klub Glasgow Celtic, der 1887 von irisch-katholischen Immigranten gegründet wurde. Initiator der Vereinsgründung war der katholische Mönch und Schuldirektor Walfrid. Auch der Edinburgher Klub Hibernian, ebenfalls eine Gründung irisch-katholischer Immigranten (1875), war zunächst eng mit der katholische Kirche verbunden. Während Celtic ursprünglich als katholische Wohlfahrtsorganisation für die hungernden Kinder des Glasgower Eastends konzipiert war, war Hibernian der „fußballerische Arm" der katholischen Anti-Alkohol-Bewegung.

Das kirchliche Engagement für den organisierten Fußball hatte ganz allgemein mit dem sozialpatriarchalischen Verständnis der Kirchen zu tun, insbesondere der katholischen. Es war außerdem eine Reaktion auf den schwindenden Einfluß der Religion auf die Arbeiterschaft (auch zugunsten sozial-radikaler Vorstellungen), das epidemische Trinkproblem und die Wettleidenschaft, die sich zusehends zu einem proletarischen Hobby entwickelte.

Der BVB entstand aus dem katholischen Jünglingsverein „Dreifaltigkeit". Die Geschichte der St. Dreifaltigkeitskirche, die sich in der Flurstraße befindet, in unmittelbarer Nähe zum ehemaligen BVB-

Der Stein des Anstoßes: Das Wirtshaus „Zum Wildschütz" in der Oesterholz-straße 156. Hier wurde am 19.12.1909 die Gründung des Ballspielvereines Borussia vollzogen.

Platz „Weiße Wiese" und zur Hoesch-Westfalenhütte, ist eng mit dem Hoesch-Werk und der Hoeschstadt verbunden. In den Jahren 1900 bis 1913 trafen hier insbesondere Zuwanderer aus Schlesien, Posen, Westpreußen und Ostpreußen ein. 1920 betrug die Einwohnerzahl des Hoeschviertels 25.717. Davon waren 5.263 Polen. 14.500 der Einwohner gehörten dem katholischen Glauben an.

Die 1892 gegründete St. Josefsgemeinde bemühte sich bereits 1896 um einen Bauplatz, um für die damals schon 4.000 Katholiken im Hoeschviertel eine Kirche zu bauen. Die St. Josefskirche sollte so entlastet werden. Außerdem galt es, den langen Kirchweg für die Katholiken im Hoeschviertel zu verkürzen. 1897 wurde ein Kirchbauverein gegründet.

1901 waren mehr als ein Drittel der Gemeindemitglieder Polen, weshalb man zunächst alle zwei Monate einen Gottesdienst in polnischer Sprache abhielt. Ab 1908 gab es jeden Sonntag einen Polengottesdienst. Im Hoeschviertel gab es drei polnische Arbeitervereine und ab 1911 gar eine Rosenkranzbruderschaft, die fast tausend Mitglieder hatte. Die Gemeinde gestattete den Polen, ihre nationalen Eigenheiten zu pflegen. Der Pfarrer Lepper wurde deshalb beschuldigt, den nationalpolitischen Bestrebungen der Polen Vorschub zu leisten und keine vaterländischen Gefühle zu zeigen.

Die Jünglingssodalität „Dreifaltigkeit" wurde im November 1901 gegründet. Die Sodalität widmete sich nicht nur der religiösen Erziehung und der Beteiligung am kirchlichen Leben, sondern auch dem Sport, der Musik und dem Theaterspielen. Die sportlichen Aktivitäten wurden im Jahr 1906 aufgenommen.

Auf sportlichem Gebiet beschäftigte sich der Jünglingsverein zunächst nur mit Turnen und Leichtathletik. Aber angesichts seines sozialen Einzugsgebietes war es nur logisch, daß bald auch der Fußball Einzug hielt. Sehr zum Unwillen des zuständigen Kaplans Hubert Dewald, der 1906 die Jünglingssodalität übernommen hatte. Dewald haßte nicht nur das „rohe" Spiel, sondern auch dessen „kulturelles Umfeld", wozu u.a. das Wirtshaus „Zum Wildschütz" in der Osterholzstraße am Borsigplatz gehörte (Inh. Heinrich Trott sen.). Außerdem kollidierten die Spiele der Fußballer mit den gottesdienstlichen Veranstaltungen. Der außerreligiöse Bereich hatte sich aber nach religiösen Prämissen zu richten, wozu u.a. der Besuch der sonntäglichen Messe und der Andacht am Sonntagnachmittag gehörten.

Dewald bezog von der Kanzel Stellung gegen das „rohe" und „wilde" Treiben". Er erweiterte das sonntägliche Kirchenprogramm sogar und machte es für die Jünglingssodalität zur Pflicht, wohl in der Hoffnung, die Mitglieder würden nun vom Fußball lassen. Erst nach der Nachmittagsandacht wurde der Ball freigegeben. Doch Dewald hatte seine Rechnung ohne die Fußballbegeisterung der jungen Balltreter gemacht. Obwohl einige von ihnen noch zwischen Frühmesse und

Nachmittagsandacht als Jungbergleute oder als Stahlarbeiter arbeiten mußten, spielten sie auch weiterhin Fußball.

Die Fußballer gebärdeten sich zusehends autonomer und widersetzten sich Dewalds Vorschriften. Offensichtlich bestand ein gewisser Zusammenhang zwischem dem „rohen" Spiel und dem Verhalten der Akteure außerhalb des Spielfelds. Das Spiel schien das Selbstbewußtsein der Jugendlichen zu fördern. Als Dewald von den Kickern forderte, auf den Besuch des Wirtshauses „Zum Wildschütz" zu verzichten, um stattdessen ihre Treffen in das neue Pius-Gemeindehaus zu verlegen, kam es zum offiziellen Bruch.

Am 19.12.1909, einem Adventssonntag, gründeten im „Wildschütz" 18 „Verschwörer" den BVB. Franz Jacobi, einer der „Verschwörer" und von 1910 bis 1923 Vorsitzender des BVB: „Der BVB ist aus Protest gegen Pater Dewald von der Dreifaltigkeitsgemeinde gegründet worden. Der Gute war Leiter unserer Jünglingsgruppe und haßte den Fußball so sehr, daß wir das Weite suchten."

▷ An der Gründung des BVB waren die folgenden Personen beteiligt: Heinrich Cleve, Franz Braun, Paul Braun, Hans Debest, Paul Dziendzielle, Franz Jacobi, Julius Jacobi, Wilhelm Jacobi, Hans Kahn, Gustav Müller, Franz Risse, Fritz Schulte, Hans Siebold, August Tönnesmann, Heinrich Unger, Fritz Weber, Franz Wendt, Robert Unger. 1. Vorsitzender wurde Heinz Unger, Kassierer und Geschäftsführer Franz Jacobi.

1920 entstand aus der Jünglingssodalität ein weiterer Verein, der jedoch einen gänzlich anderen Charakter hatte als der BVB. Die DJK-Unitas blieb als Mitglied der katholischen Sportbewegung der Kirche verbunden.

Der BVB ist nicht der einzige Dortmunder Klub, dessen Wiege die Institution Kirche war. Der VfB 1897, nach dem DFC/DSC 95 Dortmunds zweitältester Klub, entstand ebenfalls aus einem Jünglingsverein. 1897 wurde der „Evangelische Verein junger Männer des westlichen Stadtbezirks" gegründet, in dem auch gekickt wurde. Spätestens ab 1903 nahm der evangelische Jünglingsverein am Spielbetrieb des Westdeutschen Spielverbandes teil. 1905 trennten sich die Fußballer vom Jünglingsverein und gründeten den VfB.

Heute spielen die kirchlichen Ursprünge beim BVB keine Rolle mehr, wenngleich der Verein sie nicht vergessen hat. Als die Dreifaltigkeitsgemeinde 1975 ihr 75jähriges Bestehen feierte, beinhaltete das Festprogramm u.a. ein Fußballspiel der Traditionsmannschaft des

BVB gegen eine Gemeindeauswahl. Austragungsort war der Hoeschpark.

Anders hingegen Rivale Schalke, obwohl dessen Gründung mit der
Institution Kirche nichts zu tun hatte. Der mittlerweile verstorbene
Ruhrbischof Hengsbach war seit seiner Jugend ein Fan der Blau-Weißen. Als Papst Johannes Paul 1987 die Bundesrepublik besuchte, hielt
er mit Hengsbach im Parkstadion eine Messe ab. Der Klub fühlte sich
so geehrt, daß er dem „Heiligen Vater" anschließend die Ehrenmitgliedschaft antrug. Nützen tat dies den Schalkern nichts, denn 1987/88
folgte der Abstieg. Vielleicht eine späte Rache dafür, daß Libuda Gott
getunnelt hatte. 1993 wurde in der Glückauf-Kampfbahn ein Benefiz-
spiel zugunsten des lokalen Asylbewerberheims zwischen einer blau-
weißen Traditionsmannschaft und einer Auswahl evangelischer Pasto-
ren ausgetragen.

1945 bis 1963:
Dortmund schlägt Schalke –
Machtwechsel im Revier ▬▬▬

Empfang des Vize-Meisters 1949 im noch zerstörten Dortmund. Auf den Schultern begeisterter Fans: Max Michallek. Auch damals verstand man es bereits, Vizemeisterschaften zu feiern – wie 43 Jahre später.

Nach dem 2. Weltkrieg begann der Aufstieg des BVB zu einer deutschen Spitzenmannschaft, auch wenn die Dortmunder im ersten Nachkriegsaufeinandertreffen mit Schalke 04 (12.1.1946) 1:3 unterlagen.

Der Krieg hatte in Dortmund erhebliche Zerstörungen angerichtet, insbesondere nördlich der Bahnlinie. Die Antwort der Alliierten auf die Aggression des Hitler-Faschismus' bestand für Dortmund in 105 britischen Bomberangriffen, bei denen insgesamt 22.242 Tonnen Sprengstoff über der Stadt abgeladen wurden. 6.341 Zivilisten wurden getötet. Der Innenstadtbereich, zu dem auch das Hoeschviertel, die BVB-Heimat, zählte, wurde bis zu 95% zerstört. Der Verein verlor in diesem Krieg elf talentierte Spieler der 1. Mannschaft. Unter den Gefallenen waren u.a. Karl Evon, Josef Lukasiewicz, Hermann Stachorra und Willy Dunnay.

Trotzdem wurde beim BVB bereits seit August 1945 wieder gespielt, nachdem am 15. Juli die Militärregierung einen kommissarischen Vorstand mit Willi Bietzek als Vorsitzenden und dem uns bereits geläufigen Franz Jacobi als Stellvertreter und Kassierer bestätigt hatte. Die Vereinslandschaft wurde nach dem Krieg zunächst von Zwangsauflösungen, Zwangszusammenschlüssen und Umbenennungen bestimmt, denn die Alliierten waren – zu Recht – der Auffassung, daß der organisierte Sport der Mittäterschaft am Nationalsozialismus schuldig war. So hieß es in den Ausführungsbestimmungen der am 15. September 1945 erlassenen alliierten Verordnungen 8 bis 13, in denen die Bedingungen für die Wiedergründung von Vereinen formuliert wurden, u.a.: „Die Mil.-Reg.-Kommandanten werden jedoch daran erinnert, daß die Geschichte von Sportvereinen unter dem Naziregime zeigt, daß sie ein mächtiges Werkzeug zur Verbreitung von Nazilehren und Einprägung von Militarismus bilden. Es ist klar, daß die gegenwärtige Lockerung der Einschränkung ihrer Tätigkeit die Gefahr enthält, daß sie wieder in dieser Weise mißbraucht werden." Peinlicherweise rühmen sich viele Klubs aus dem Ruhrgebiet in ihren nach 1945 veröffentlichten Festschriften, diese Bestimmungen unterlaufen zu haben, was von einem mangelhaften Schuld- und Unrechtsempfinden zeugt. Offensichtlich hatten noch immer viele nicht kapiert, was geschehen war. Die Neugründung der Vereine wurde oft in einer Weise beschrieben, als habe es sich dabei um Akte von besonderem Mut und Tapferkeit gehandelt.

Bereits im Spätsommer 1945 war es im Altenbögger „Haus Timmering", dem legendären Vereinslokal des VfL Altenbögge, zu einem Treffen von Vertretern ehemaliger Klubs der Gauliga Westfalen gekommen. Die Anwesenden vereinbarten, daß alle Mitglieder der alten Gauliga, die dort zwischen 1939 und 1944 vertreten waren, zu Punktspielen in einer „1. Division

Der BVB anläßlich eines „Kalorien-Spiels" in Niedermasberg: Koschmieder (2.v.l.), Herbert Sandmann (mit Akkordeon), August Lenz (Mitte) sowie der Vereinsvorsitzende Rudi Lückert (hinten links). In der Mitte beim Kartoffelschälen Adi Preißler.

West" genannten Liga antreten sollten. Für den BVB bedeutete dies, daß er automatisch wieder erstklassig war. Der BVB wurde der Gruppe II der zweigleisigen Liga zugeteilt und belegte dort 1946 den 4. Platz. Gruppensieger wurde die SpVg. Erkenschwick.

Eine Versammlung von westdeutschen Vereinsvertretern in Essen kam überein, mit Beendigung der Spielzeit 1946/47 eine westdeutsche Eliteklasse zu schaffen, die später Oberliga West genannt wurde. „Sie soll aus 12 Vereinen bestehen, und zwar vier aus Westfalen, je drei aus dem Nieder- und Mittelrhein sowie zwei Vereine, die sich aus einer Sechser-Qualifikationsrunde qualifizieren."

Für den BVB hieß dies, daß er in der folgenden Punkterunde in seiner Gruppe mindestens den 3. Platz belegen mußte, um im neuen Oberhaus dabei zu sein. Meister und Vizemeister stiegen automatisch auf, während dem Drittplazierten noch die Chance der Qualifikationsrunde blieb.

Zuvor wählten die Borussen am 26. Mai 1946 ihren ersten „richtigen" Nachkriegsvorstand, dem Rudi Lückert (Vorsitzender), Egon Pentrup (Stellvertreter), Willi Bietzek (Geschäftsführer) und Fritz Schaaf (Kassierer) angehörten. Als Trainer wurde erneut Fritz Thelen verpflichtet.

Der BVB wurde in der Saison 1946/47 mit drei Punkten Vorsprung vor Erkenschwick Meister. Die anderen in der Liga vertretenen Vereine aus Dortmund, Hombruch 09, TBV Mengede 08 und Arminia Marten, konnten sich hingegen für die Oberliga West nicht qualifizieren.

In der anderen Gruppe der 1. Division West/Westfalenliga hatte Schalke 04 die Meisterschaft errungen. Zwischenzeitlich war Thelen von dem Diplom-Sportlehrer Ferdinand Fabra abgelöst worden. Im Mai 1947 schlug der BVB im Endspiel um die westfälische Fußballmeisterschaft die Blau-Weißen mit 3:2. Bezeichnenderweise schrieb die „Rhein-Ruhr-Zeitung" nicht „Borussia Westfalenmeister!", sondern „Schalke nicht mehr Westfalenmeister!" Zum erstenmal seit 1933 hieß der Westfalenmeister nicht mehr Schalke 04. Für Hans-Dieter Baroth, Chronist des Ruhrgebietsfußballs, war der Dortmunder Sieg am Herner Schloß Strünkede „die Wende im Westen. Der ewige Zweite, Borussia Dortmund, wurde zunächst in der Nachkriegszeit die dominierende Mannschaft des Ruhrgebiets und die erfolgreichste der Oberliga West. Mit dem Spiel im traditionsreichen Herner Stadion Schloß Strünkede ging für Schalke ein Fußballzeitalter zu Ende." Anschließend drang der BVB bis ins Endspiel der Zonen-Meisterschaft der Britischen Zone vor, wo er allerdings dem Hamburger SV mit 0:1 unterlag.

Viele Spieler dieser Jahre kamen aus der Gegend zwischen Bornstraße und Borsigplatz und verdingten sich auf der an der Bornstraße gelegenen Zeche Kaiserstuhl I, deren Direktorium dem BVB sehr verbunden war. Die Spieler erhielten „leichte Arbeit" über Tage. Herbert Sandmann, der den Borussen im Alter von neun Jahren beitrat und bereits mit 18 sein Debüt in der 1. Mannschaft gab: „Wir besorgten die Eintrittskarten, und dafür machten die anderen unsere Arbeit."

1947/48 wurde der BVB erster Meister der neu gegründeten Oberliga West. August Lenz wurde mit 22 Treffern erster Torschützenkönig der neuen Eliteklasse. Schalke 04 landete auf dem 6. Platz, zwölf Punkte hinter den Borussen. Ihr erstes Oberligaspiel bestritten die Borussen gegen den späteren Vizemeister Sportfreunde Katernberg und gewannen 3:0. Vor dem Start in die neue Liga waren u.a. der Torhüter Willi Kronsbein, der zuvor beim Lokalrivalen Arminia Marten im Tor gestanden hatte und in den letzten Kriegsjahren dem Kader der Nationalmannschaft angehörte, und Erich Schanko, der aus Bövinghausen, einem westlichen Vorort Dortmunds kam, zum BVB gestoßen. Schanko wurde nach Lenz Borussias zweiter Nationalspieler und kam ebenfalls auf 14 Einsätze. Als er sein erstes Länderspiel absolvierte (1951 gegen die Türkei in Istanbul, die Deutschen siegten 2:0), war Schanko bereits 32 Jahre alt.

Westmeister 1947/48: Borussia Dortmund. Von links: Lenz, Kronsbein, Koschmieder, Rumhofer, Podgorski, Schanko, Halfen, W. Erdmann, H. Erdmann, Preißler, Janowski, Michallek, Sandmann, Spielausschußvorsitzender Lerch, Trainer Fabra.

Ein sporthistorisches Dokument. Mit diesem Anstoß übergibt der britische General Byrnes das Olympiastadion wieder in deutsche Hände. Adi Preißler und August Lenz (links) beobachten die Szene (aus einem Vorrundenspiel der Deutschen Meisterschaft 1949).

Die Oberligen lösten nun die Gauligen als Eliteklassen ab. Die Oberliga West erstreckte sich über das gesamte spätere Bundesland Nordrhein-Westfalen und umfaßte somit einen erheblich größeren Raum als ihr Vorläufer. Mit den Oberligen erfolgte 1949 auch die Einführung des Vertragsspielers. Der relativ große Geltungsbereich der Oberligen bedeutete längere Fahrten als in der Vergangenheit und erforderte allein schon deshalb eine gewisse finanzielle Entschädigung. Der Vertragsspieler war zunächst nicht mehr Amateur und noch nicht Profi. So hieß es im § 3, Absatz 1 des Vertragsspielerstatuts einschränkend: „Der Spieler muß einen Beruf ausüben." Die monatlichen Gehälter durften zunächst 160 DM, später 320 DM und 400 DM (1958) nicht überschreiten, was natürlich oft nicht eingehalten wurde. Ablösesummen errechneten sich aus dem Jahresgehalt eines Spielers zuzüglich einem Gastspiel des neuen Vereins.

Nach der Westmeisterschaft belegte der BVB bei der Zonen-Meisterschaft nach einem 2:0 gegen den TSV Braunschweig den 3. Platz.

1948/49 errang der BVB erneut die Meisterschaft. Dortmunder und Schalker trennten in der Endabrechnung nicht weniger als 20 Punkte – die Schalker wurden nur Zwölfter und Vorletzter. Mit dem Wiener Edy Havlicek verpflichtete der BVB erneut einen Österreicher als Trainer, unter dem die Mannschaft einen fast heiter-verspielten Stil pflegte. Im Spiel um die Zonen-Meisterschaft besiegte der BVB den Hamburger SV klar mit 5:2, womit sich der BVB für die Spiele zur Deutschen Meisterschaft qualifiziert hatte.

In der Vorrunde deklassierte der BVB den Berliner SV 92 mit 5:0. In der Zwischenrunde trafen die Dortmunder auf den 1. FC Kaiserslautern. Das Spiel in München endete 0:0, sodaß eine weitere Begegnung anberaumt werden mußte. Diese gewann der BVB in Köln mit 4:1, womit die Dortmunder erstmals in einem Endspiel um die Deutsche Meisterschaft standen. Held beider Begegnungen war Dortmunds Keeper „Bubi" Rau, der den verletzten Kronsbein abgelöst hatte. Auch Rau spielte zuvor bei einem Lokalrivalen, nämlich dem VfB Alemannia, und wäre beinahe beim englischen Spitzenklub Tottenham Hotspur gelandet.

Zum Finale gegen den VfR Mannheim pilgerten 93.000 ins Stuttgarter Neckarstadion. In dem als „Hitzeschlacht" in die Annalen eingegangenen Finale behielten die von „Bumbas" Schmidt betreuten Mannheimer nach Verlängerung mit 3:2 die Oberhand.

▷ Das Borussen-Team: Rau, Rumhofer, Halfen, Buddenberg, Koschmieder, Schanko, Erdmann, Michallek, Kasperski, Preißler, Ibel. Der einzige ehemalige Gauligaspieler in dieser Elf war Erdmann.

Endspiel um die Deutsche Fußballmeisterschaft zwischen dem BVB und VfR Mannheim. BVB-Torhüter Bubi Rau klärt gemeinsam mit Pat Koschmieder.

1950 gewann der BVB die dritte Westmeisterschaft in Folge. 1951 war dann endlich wieder Schalke 04 an der Reihe. Der BVB belegte mit drei Punkten Abstand auf Schalke den 3. Platz, obwohl er 18 Spiele hintereinander ungeschlagen geblieben war.

1952 wurde der Rechtsanwalt Dr. Werner Wilms zum neuen BVB-Präsidenten gewählt. Der BVB wurde nun von einem Mann geführt, der nicht im Umfeld des Borsigplatzes aufgewachsen war. Wilms war zudem der erste Borussen-Präsident, der repräsentierte. Er leitete damit eine neue Ära an der BVB-Spitze ein. Ihm folgten in den 50ern, 60ern und 70ern u.a. zwei Brauereidirektoren, ein Hoesch-Prokurist, ein Bergwerksdirektor und ein VEW-Vorständler, der zuvor Dortmunder Stadtdirektor geworden war.

1953 hieß der Westmeister erneut Borussia Dortmund. Es war die Saison, in der Borussias Torjäger besonders erfolgreich waren. In 30 Spielen trafen die Schwarz-Gelben 87mal. Seit 1951 wurde der BVB von „Bumbas" Schmidt trainiert (Markenzeichen: krumme Virginia im Mundwinkel), der 1949 die Mannheimer zum Titel geführt hatte. Die Gruppenspiele der Endrunde beendete der BVB mit 10:2 Punkten. Die einzige Niederlage erlitt der BVB gegen den VfB Stuttgart, der in der Endabrechnung ebenfalls 10:2 Punkte aufwies. Auch die Tordifferenz war mit 17:7 (BVB) bzw. 16:6 (VfB) identisch. Obwohl der BVB ein Tor mehr erzielt hatte, bedeutete das damals übliche Divisionsverfahren, daß sich der VfB für das Finale qualifizierte.

Der BVB wartete weiterhin auf seine erste Deutsche Meisterschaft, während das Team immer älter wurde. Sein Ziel, den BVB zur Meisterschaft zu führen, konnte „Bumbas" Schmidt somit nicht realisieren. Der erste deutsche Nachkriegsmeister, der aus dem Westen und dem Ruhrgebiet kam, hieß 1955 vielmehr Rot-Weiß Essen.

1956: Die erste deutsche Meisterschaft

1956 hieß der Westmeister zum fünften Male BVB. Seit 1954 wurde die Mannschaft vom dem aus Mannheim stammenden Helmut Schneider trainiert. In den Gruppenspielen zur Deutschen Meisterschaft setzte sich der endrundenerfahrene BVB dank des besseren Torverhältnisses gegenüber dem punktgleichen Hamburger SV durch. Im direkten Vergleich schlug der BVB den HSV im Stadion „Rote Erde" mit 5:0. Das Rückspiel in Hamburg gewann der Gastgeber 2:1. Insgesamt 321.000 Zuschauer besuchten die Gruppenspiele des BVB, womit die Dortmunder in der Zuschauergunst an der Spitze standen. Im Westen war der BVB bereits in den Jahren zuvor zum Zuschauerkrösus avanciert. Es wären noch weit mehr gewesen, hätte die „Rote Erde" ein größeres Fassungsvermögen gehabt. Erstmals erwies sich die „Rote Erde" als spürbar zu klein, ein Problem, daß den BVB auch noch in den folgenden Jahren verfolgen sollte. Kaiserslautern hatte gegen den Karlsruher SC in Ludwigshafen 82.000 Menschen mobilisiert, Hannover 96 gegen Schalke an einem Mittwoch 75.000.

Zum zweiten Male nach 1949 stand der BVB nun im Endspiel um die Deutsche Meisterschaft. Der Gegner war die technisch versierte Mannschaft des Karlsruher SC. Trotzdem wurde der BVB als klarer Favorit gehandelt, weshalb „nur" 75.000 Zuschauern in das Berliner Olympiastadion kamen. Die Borussen siegten nach Toren durch Niepieklo, Kelbassa, Peters und Preißler mit 4:2 und holten so ihren ersten deutschen Meistertitel – 22 Jahre nach dem FC Schalke 04.

Der BVB spielte mit geradezu provozierender Arroganz. Die „Sport-Illustrierte" berichtete: 'Spinne' Michallek kann sich einen das Publikum hochreißenden Hackentrick bei einer Sommerlatt-Flanke getrost leisten – die von dem Dortmunder Stopper ausgehende Ruhe ist beinahe unnatürlich und wirkt, wie später noch bei manch anderer Gelegenheit, direkt 'aufreizend'." Bereits nach 58 Minuten führte der BVB mit 4:1 und ließ nun die Zügel schleifen. Nach dem zweiten Karlsruher Treffer, einem Eigentor von Burgsmüller, mußten sich

4:1 für den BVB. BVB-Keeper Kwiatkowski macht übermütig einen Klimmzug an der Querlatte.

die Borussen bei ihrem Keeper Kwiatkowski bedanken, daß der letzte verzweifelte Ansturm des KSC nicht noch den Anschlußtreffer brachte, wodurch die Partie möglicherweise noch einmal spannend geworden wäre. Noch einmal der Reporter der „Sport Illustrierte": „Schade nur, daß die Borussen sich in den letzten Minuten viel von der ihnen spontan zugeflogenen Sympathie verderben – mit einem als 'Zeitschinden' gedeuteten Dreiecksspiel im Mittelfeld." Der Begeisterung in Dortmund tat solche Kritik keinen Abbruch – 250.000 Menschen empfingen den neuen Deutschen Meister zu Hause.

Vor dem Spiel hatte Adi Preißler übrigens versucht, im Namen der Mannschaft eine höhere Prämie auszuhandeln – indes vergebens. Von ihren Kollegen aus Süd- und Norddeutschland wußten die BVB-Spieler, daß dort teilweise erheblich mehr gezahlt wurde als die in Dortmund ausgelobten 1.000 DM. Der BVB-Vorsitzende Dr. Werner Wilms blockte Preißlers Vorstoß allerdings ab: „Herr Preißler, was haben Sie mit mir vor, wollen Sie mich ins Gefängnis bringen. Das DFB-Statut verbietet jede Prämie. Wenn ich Ihnen nur eine Mark zahle, stehe ich mit einem Bein im Zuchthaus."

Preißler kommentierte später: „Mit solchen Erklärungen ließen wir uns damals abspeisen. Die Vorstandschaft hat sich dann eins ins Fäustchen gelacht, wenn wir uns mit unserem monatlichen Vertragshonorar von 400 Mark zufriedengaben." Allerdings wurden den Spielern als Lohn für die Meisterschaft ein VW versprochen. Eine Zusage, die freilich nicht eingehalten wurde.

Ein weiterer Streitpunkt zwischen Mannschaft und Vereinsführung betraf die Zukunft von Erich Schanko, der zu diesem Zeitpunkt zwar kein Stammspieler mehr war, aber trotzdem noch ein wichtiger Teil der Mannschaft. Im Berliner Trainingslager wurde ihm die Kündigung mitgeteilt. Die Mannschaft rebellierte – mit Erfolg: Schankos Vertrag wurde um ein weiteres Jahr verlängert. Außerdem wurde der Ex-Nationalspieler als 12. Mann in die Prämienregelung eingeschlossen.

▷ Die Meisterelf: Kwiatkowski, Burgsmüller, Sandmann, Schlebrowski, Michallek, Bracht, Peters, Preißler, Kelbassa, Niepieklo, Kapitulski. (Im Gegensatz zu den heutigen Aufstellungen von Bundesligisten aus dem Ruhrgebiet ließ sich anhand der BVB-Mannschaften dieser Jahre noch der Charakter des Ruhrgebiets als Zuwanderungsregion ablesen.)

In der gleichen Saison, in der die Borussia ihren ersten Deutschen Meistertitel errang, konnte auch die ehemalige lokale Nr. 1 noch einmal einen Erfolg verbuchen, wenngleich die Kluft zwischen dem BVB und dem DSC 95 bereits riesengroß war. Dem DSC gelang der Aufstieg in die 2. Liga. Zunächst wurde der DSC Meister in seiner Landesliga-Gruppe, mit zwei Punkten Vorsprung auf den ehemaligen westfälischen Vizemeister VfL Altenbögge. Die Landesliga war damals die höchste Amateurklasse. Die Gruppe 5, in der der DSC spielte, erstreckte sich von Dortmund bis Hamm. Aus Dortmund waren in dieser Saison außerdem noch SV Schüren, Hombruch 09, TBV Mengede, TuS Eving-Lindenhorst und VfL Hörde dabei. Der lokale Amateurfußball war in der höchsten Amateurklasse also stark vertreten. Anschließend wurde der DSC auch noch westfälischer Amateurmeister und erhielt vom Kontrollausschuß des DFB die Lizenz für die 2. Liga West und damit für den Vertragsfußball. Ein Jahr zuvor war die neue Platzanlage an der Flora eröffnet worden, die später noch um ein Klubhaus und eine Tribüne ergänzt wurde. Über einen guten Mittelplatz kam der DSC in der Zweitklassigkeit allerdings nie hinaus. Zumeist hatte er gegen den Abstieg zu kämpfen. Als mit der Einführung der Bundesliga auch das Zweitligawesen neu geordnet wurde, verfehlte der DSC die Qualifikation für die neue Regionalliga West nur um einen Punkt. Die Saison 1962/63 war somit bis heute die letzte, in der zwei Dortmunder Vereine im Vertragsfußball vertreten waren. 1963/64 wurde der DSC nach drei Spielen gegen Eintracht Gelsenkirchen Vizemeister und verpaßte knapp den Wiederaufstieg in die Zweitklassigkeit. Von nun an ging es mit dem Klub bergab: Ein Jahr später folgte der Abstieg in die Landesliga, 1969/70, nach der Fusion zum *TSC Eintracht 95/45*, gar in die Bezirksklasse.

Doch zurück zum BVB: Als Deutscher Meister qualifizierte sich der BVB für den Europapokal der Landesmeister, der erstmals in der Saison 1955/56 ausgespielt wurde. Väter des Wettbewerbs waren der „L'Equipe"-Chefredakteur Gabriel Hanot und der polnische Spielervermittler Julius Ukrainczyk, und beiden schwebte schon damals eine Europaliga vor. Die ersten deutschen Vereine, die angesprochen wurden, waren Rot-Weiß Essen (als Deutscher Meister) und der 1. FC Saarbrücken als Vertreter des Saarlands, das damals noch sportpolitisch selbständig war. Die international unerfahrenen Essener und Saarbrücker kamen jedoch über die erste Runde nicht hinaus. Essen schied gegen Hibernian Edinburgh aus, Saarbrücken gegen den AC Mailand. Forciert wurde die Entwicklung des Wettbewerbs nicht zuletzt durch das Zusammenrücken der westeuropäischen Staaten in der EWG und den Ausbau der Flugverkehrslinien. Schon bald nahm sich das Fernsehen des Wettbewerbs an. Mit den Europacupspielen verfügte das Fernsehen plötzlich „unter der Woche" über eine vergleichsweise billige Sendung, die jedoch gewaltige Einschaltquoten versprach. Der Europacup

Dortmunds erster Meistermacher: Helmut Schneider

beschleunigte die Entwicklung des Fußballs zum Showbusiness. Mit seinen prallgefüllten Stadien in gleißendem Flutlicht erhielt er sein eigenes Flair.

Die 1. Runde bescherte dem BVB mit Spora Luxemburg einen sogenannten „Fußballzwerg". Trotzdem tat sich der BVB äußerst schwer. Einem 4:3-Heimsieg folgte eine 1:2-Auswärtsniederlage. Da zu diesem Zeitpunkt noch nicht die Regel galt, nach der auswärts erzielte Tore bei gleicher Tordifferenz doppelt zählen, mußte ein drittes Spiel anberaumt werden. Ansonsten wären die Borussen vorzeitig ausgeschieden. Im Entscheidungsspiel behielt der BVB mit 7:0 klar die Oberhand. Im Achtelfinale wartete Manchester United auf den BVB. In Manchester verlor der BVB vor 76.000 Zuschauern nach großem Spiel mit 2:3. Im Rückspiel gab es ein 0:0, was das Ende der ersten Europapokalteilnahme der Schwarz-Gelben bedeutete. Mit 45.000 war die „Rote Erde" hoffnungslos überfüllt. Das Stadion erwies sich für Begegnungen dieser Größenordnung wie schon während der Endrunde zur Deutschen Meisterschaft als zu klein. Der BVB hätte erheblich mehr Karten verkaufen können.

Die deutschen Vereinsmannschaften hatten in diesen Jahren im Europapokal noch nicht viel zu bestellen, da sie in Sachen Professionalismus vielen anderen Ländern – vor allem den romanischen – arg hinterherhinkten. Die DFB-Präsidenten Dr. Peco Bauwens (Kommentar eines BVB-Spielers, der diese Zeit aktiv miterlebte: „Der rief immer noch 'Sieg Heil'") und Gössmann hatten mit dem Professionalismus nichts im Sinn. Deren deutschtümlerischer Amateurismus verhinderte die Etablierung einer nationalen Liga, da diese ohne die Legalisierung des Berufsspielertums nicht denkbar war. Die Zersplitterung in regionale Ligen mußte aber auf das Leistungsniveau drücken. Bedenkt man, daß alle BVB-Spieler nebenbei noch arbeiteten, während die Spieler der europäischen Gegner in der Regel Vollprofis waren, schlug sich der BVB recht prächtig. Manchesters Manager Matt Busby, der später zu einem Übervater im britischen Fußball avancierte, war voll des Lobes für die Gäste aus Dortmund: „Dortmund hat uns über den Hochleistungsstand des mitteleuropäischen Fußballs aufgeklärt. Eine faszinierende Mannschaft." Während der folgenden Europacupsaison kamen sieben Spieler von Manchester United bei einem Flugzeugunglück auf dem Münchener Flughafen ums Leben. Das Team befand sich auf der Rückreise vom Viertelfinale in Belgrad, das es erfolgreich überstanden hatte. Sechs der sieben Opfer standen in der United-Elf, die den BVB ausschaltete.

Die „drei Alfredos"

1957 wurde der BVB zum sechsten und letzten Male Westmeister. In den Gruppenspielen zur Deutschen Meisterschaft blieb Borussias Weste mit 6:0 Punkten makellos. Diesmal gab es keine Hin- und Rückspiele, sondern es wurde nur jeweils eine Begegnung auf neutralem Platz ausgetragen. Härtester Konkurrent waren die Offenbacher Kickers, die der BVB gleich im ersten Gruppenspiel in Stuttgart mit 2:1 schlug. Gegner im Finale in Hannover war der Hamburger SV. Vor 82.000 Zuschauern (davon 40.000 aus dem Ruhrgebiet) im Niedersachsenstadion gewann der BVB nach Toren von je zweimal Kelbassa und Niepieklo souverän mit 4:1, wobei das Ergebnis den tatsächlichen Spielverlauf nicht einmal richtig wiedergab. Im Dortmunder Kombinationswirbel ging der HSV regelrecht unter.

Die „drei Alfredos", wie Borussias fantastisches Innenstürmertrio Preißler, Kelbassa, Niepieklo genannt wurde, verbuchten sieben der acht Tore, die der BVB bei seinen Titelgewinnen 1956 und 1957 erzielte. Berücksichtigt man auch noch die Gruppenspiele, so erzielte das Trio 29 der insgesamt 34 Endrundentore des BVB.

Der Reporter der „Sport-Illustrierte" schrieb anschließend: „Wer hätte diese Westfalen im Endspiel bezwingen sollen?! Müßige Frage; denn diese Borussia war zur Endspielzeit – genau wie ein Jahr zuvor – die stärkste deutsche Vereinsmannschaft. (...) Ich habe mit den Buchprüfern des DFB nichts zu tun und werde mich hüten, bei den Dortmundern Verstöße gegen das

Deutscher Meister 1957: Borussia Dortmund

DIE DREI ALFREDOS

Die „drei Alfredos": Preißler, Kelbassa, Niepieklo.

Vertragsspielerstatut zu suchen. Wenn ich sage, die Borussen haben während der letzten Wochen im Niedersachsen-Stadion zweimal auf mich gewirkt wie eine Profimannschaft, dann denke ich nicht an Bezahlung und Lebensführung, sondern auschließlich an die Spielweise, die Leistung. Ich will also ausdrücken, daß man Fußball in solcher Perfektion, wie ihn die Borussen spielen, eigentlich nur von einer Profimannschaft erwarten könne. (...) Die Dortmunder übertreffen die gesamte deutsche Konkurrenz, weil sie über eine Kondition verfügen, die ihnen die Ausführung all dessen gestattet, was in wachen Köpfen und auch in den Beinen steckt."

Zurück in Dortmund, wurde die Mannschaft erneut von 250.000 begeisterten Menschen empfangen, die den Weg vom Hauptbahnhof zum Borsigplatz säumten.

Da Borussen-Trainer Helmut Schneider die Mannschaft gegenüber dem Vorjahr nicht ändern wollte, mußte der frischgebackene Nationalspieler Alfred „Aki" Schmidt, der zum Saisonbeginn von der Spielvereinigung Berghofen, einem südlichen Vorort Dortmunds, zum BVB gewechselt war, mit einem Platz auf der Tribüne vorliebnehmen. Es war das erste Mal in der Geschichte des deutschen Fußballs, daß einem Klub mit der gleichen Mannschaft die Titelverteidigung gelang. Auch nach 1957 kam es zu keiner Wiederholung.

Nach der Meisterschaft wechselte Helmut Schneider zum FK Pirmasens. Begleitet wurde er von Helmut Kapitulski, dem „Benjamin" der Meisterelf. Schneiders Nachfolger wurde zunächst Hans Tauchert.

Mit den Titelgewinnen von 1956 und 1957 ergriff eine große Mannschaft ihre allerletzte Chance, denn die Meistermannschaft „litt" unter ihrem hohen Alter. Bereits 1956 war der BVB mit einem Durchschnittsalter von 29 die älteste der acht Endrundenmannschaften. Adi Preißler zählte bereits 35 Lenze, der Spielgestalter Max „Spinne" Michallek erreichte das gleiche Alter nur wenige Monate nach dem Endspiel.

Die Stärken des BVB-Teams, das weiterhin wie kein anderes deutsches Team der Chapman-Philosophie folgte, wurden von der Fachpresse wie folgt beschrieben: „Borussia Dortmund hat einen bombigen Angriff – siehe die diversen 'Schützenfeste', die es in der Saison 1955/56 gegeben hat! Borussia Dortmund hat in Schlebrowski-Bracht-Niepieklo-Preißler ein 'magisches Viereck', das, wenn schließlich auch nicht einmalig im deutschen Fußball, doch allererste Klasse ist und Vergleiche innerhalb Deutschlands gewiß nicht scheuen braucht! Aber Borussia Dortmund hat noch etwas, was mir in derartiger Ausgeprägtheit in den Nachkriegsjahren noch bei keiner anderen deutschen Vereinself aufgefallen ist: der fünffache West-Meister hat eine 'T-Achse'. Sie wird gebildet von Kwiatkowski – Michallek und dem Innentrio Preißler – Kelbassa – Niepieklo. Wobei die beiden Erstgenannten den 'Schaft' und das Terzett der 'Drei Alfredos' (wie sie der Volksmund angesichts ihrer Vornamensgleichheit getauft hat) den 'Balken' dieses 'T' bilden. Darin, daß die Borussia, je nach taktischer Notwendigkeit, dieses 'T' zu variieren und mal in ein 'L', mal in ein 'P' umzubiegen vermag, liegt eine besondere Stärke, die dem jeweiligen Gegner nachhaltig zu schaffen macht." („Sport-Illustrierte") Fast alle Neuverpflichtungen, die der BVB in den 40ern und 50ern tätigte, schienen für das W-M-System wie geschaffen. Unabhängig davon, welcher Trainer gerade für die Mannschaft verantwortlich war.

Allerdings gab es hinsichtlich der reinen Fußballtechnik in Deutschland bessere Teams, auch im Westen. Hier sind vor allem Schalke 04, 1.FC Köln und Rot-Weiß Essen zu nennen. Das Dortmunder Spiel wurde von Kraft und Wucht bestimmt. Helmut Böttiger schreibt über das Borussen-Spiel jener Jahre im Vergleich zu dem der Schalker: „Ihr Typus vom Fußball war praktischer, effektiver; hier wurden typische Eigenschaften wie Kampfgeist, Körpereinsatz, Kondition offensiv eingesetzt. Damit verkörperten die Dortmunder den neuen Geist des Ärmelaufkrempelns, des Wiederaufbaus, der Schnörkellosigkeit. Der typische Dortmunder 'Konterfußball', die harte Attacke, die die Flanken des Gegners wie mit einem scharfen Messer aufschnitt – das war eine neue Zeit, die in Schalke erst einmal eine Götterdämmerung anberaumte. In den fünfziger Jahren galt es als das höchste Lob, wenn man jemanden 'Hammer' nannte, sozusagen die Umsetzung der Ideale der Schwerindustrie auf dem Fußballplatz: Die Dortmunder Kelbassa und Niepieklo aus der einzigartigen Meistermannschaft der Jahre 1956 und 1957 bezogen die Anerkennung aus derlei Eigenschaften. Proletarische Wucht, gepaart mit mannschaftlicher Geschlossenheit, Effektivität im Spielaufbau – das ist der Idealtypus des Fußballs in den Industriegesellschaften. (...) Borussia Dortmund: Das war die 'moderne', die geradlinige Version des Ruhrpottfußballs, das war der Erfolg nach Schalke 04, ein Generationswechsel."

Allerdings gelang es Trainer Helmut Schneider durchaus, Momente von Spielkultur hinzuzufügen. Schneider nach dem Titelgewinn 1956: „Wir haben uns redlich bemüht, unserem Spiel wieder möglichst helle 'spielerische' Lichter aufzusetzen – weil ich auf dem Standpunkt stehe, daß die Schönheit im Fußball endlich wieder zu Worte kommen soll! Verstehn Sie mich recht: wir müssen unserem Spiel wieder einen Inhalt geben!" Erst durch das Hinzukommen von Spielkultur erlangte der BVB Meisterschaftsreife.

Der BVB und Herberger

Obwohl Deutscher Meister, spielte der BVB in der Nationalmannschaft keine Rolle. Nicht wenige witterten hier eine Benachteiligung des BVB, des Ruhrgebiets und des Westens und eine Begünstigung von Klubs und Fußballern aus dem Süden der Republik. So ist z.b. in dem Buch „Deutscher Fußballmeister 1955/56" zu lesen: „Mit unantastbar überlegener Spielkunst gewann der BV Borussia 09 als Meister des Westens ...im 47. Jahr seiner Vereinsgeschichte zum ersten Male die Viktoria und verhalf damit dem Westen nach Fortuna Düsseldorf (einmal), dem FC Schalke 04 (sechsmal) und Rot-Weiß Essen (einmal) zu seinem neunten Titel überhaupt. Dieses Ergebnis ist damit eine Kampfansage an den Süden, denn der Süden hat jetzt nur noch drei Meisterschaften Vorsprung. (...) Das Schwergewicht des deutschen Fußballs hat sich wieder, wie zu Schalkes großen Zeiten, an Rhein und Ruhr verlagert. Möge auch Herberger daraus die Lehren ziehen."

Aber Klagen und Kritik an Herberger las man nicht nur in der „Parteiliteratur". Auch die „Sport-Illustrierte" verwarf das Argument, die Dortmunder Spieler seien für die Nationalelf zu alt: „‚Entscheidend ist die Leistung, nicht das Alter eines Spielers!', hat Freund Sepp höchstselbst einmal gesagt. Und ob Preißler-Kelbassa-Niepieklo an Schröder-Biesinger-Pfaff heranreichen oder nicht, muß wohl erst in der Praxis nachgewiesen werden! Es hat schließlich Zeiten gegeben im deutschen Fußball, da stellte der Deutsche Meister regelmäßig Spieler in die Nationalmannschaft ab. Warum ausgerechnet Borussia Dortmund in dieser Beziehung eine (negative) Ausnahmestellung einnehmen sollte, dafür müßte erst eine plausible Erklärung gegeben werden."

Die (fußballerische) Nord-Süd-Konkurrenz ist also so neu nicht. Zwar erhielten in den Meisterjahren 1956/57 vier Spieler die Gelegenheit, das Nationaltrikot zu tragen, aber zusammen kamen Kwiatkowski, Kelbassa, Peters und Schlebrowski nur auf 13 Einsätze. Kwiatkowski, im übrigen ein echtes Schalker Gewächs ging dabei als der unglücklichste Torhüter in der Geschichte der deutschen Nationalelf ein. Der Keeper absolvierte lediglich zwei Länderspiele (beide während einer WM!), in denen er allerdings 14 Tore kassierte (1954 gegen Ungarn 3:8, 1958 gegen Frankreich 3:6). Einzig Aki Schmidt, den Schneider aber im Finale 1957 nicht auflaufen ließ, kam auf eine beeindruckendere Zahl von Länderspielen. Zwischen 1957 und 1964 absolvierte Schmidt 25 Spiele im Nationaltrikot. Da Schmidt zum Zeitpunkt der Meisterschaft 1957 erst 21 Jahre alt war, scheint sein Fall zu bestätigen, daß der Grund für die wenigen Einsätze von Borussen im Natio-

Der 2. Nationalspieler, den der BVB hervorbrachte, war Erich Schanko. Auf unserem Foto sehen wir ihn gemeinsam mit Nationaltorhüter Toni Turek.

nalteam mehr ein Problem des fortgeschrittenen Alters der Kandidaten war und nicht so sehr eine Diskriminierung durch den DFB und den Bundestrainer.

Trotzdem bleibt ein Restverdacht. Adi Preißler verbuchte im BVB-Trikot lediglich zwei B-Länderspiele und diese bereits vor 1956/57. Daß die Ressentiments gegenüber dem DFB und dem 1. FC Kaiserslautern bis heute überlebt haben, wurde zuletzt noch während der Saison 1994/95 deutlich. Beim Gastspiel der Lauterer traf der Schiedsrichter einige fragwürdige Entscheidungen, durch die sich die Borussen benachteiligt fühlten. Daraufhin skandierte die Südtribüne: „Lautern und der DFB".

Auch die A-Nationalspieler Kwiatkowski und Schmidt wurden im B-Team eingesetzt. Herbert Sandmann kam nur auf ein B-Länderspiel. Einer internationalen Karriere stand allerdings nicht zuletzt sein „Wackelknie" entgegen, durch das er auch 1958 die WM-Teilnahme verpaßte. Sandmann: „Ich wurde immer wieder eingeladen, war dann aber verletzt." Die größten Probleme mit der Nationalmannschaft hatte allerdings Max Michallek. Der Supertechniker, der auf der Position des letzten Mannes fast schon wie der moderne Libero agierte (Herbert Sandmann: „Der Max konnte die nächsten drei, vier Spielzüge bereits im voraus erahnen. Einen besseren Mittelläufer gab es nicht"), kam nicht auf einen einzigen Nationalmannschaftseinsatz, obwohl er neben Helmut Rahn und Fritz Walter wohl der beste Spieler seiner Zeit war. Herberger zeigte sich verärgert, als Michallek einen Lehrgang absagte, weil seine Frau erkrankt war. Michallek hatte damals ein Geschäft für Spielzeugwaren am Borsigplatz und mußte dieses geöffnet halten. Herberger interpretierte dies offensichtlich als Desinteresse, zumal Michallek einen anderen Borussen beauftragte, den Bundestrainer zu unterrichten, was dieser dann allerdings vergaß. Außerdem soll er Herberger mitgeteilt haben: „Trainer, Fußball spielen lernen muß ich nicht, das kann ich bereits." Herberger wiederum soll zu Michallek, der rauchte und gelegentlich auch einen trank, gesagt haben: „Herr Michallek, von mir können Sie nicht erwarten, daß ich Ihnen in der Halbzeit jeweils einen Asbach serviere und Ihnen die Zigarette anzünde." Eine andere Version berichtet (möglicherweise handelt es sich um zwei getrennte Vorgänge), Michallek habe Herberger am Telefon mit dem berühmten Götz-Zitat bedacht, als der ihn endlich zur Nationalmannschaft einlud, weil sich der etatmäßige Außenläufer Paul Mebus verletzt hatte. Herbert Sandmann bestreitet diese Version allerdings vehement: „Das mit dem 'Leck-mich-am-Arsch' stimmt nicht, das ist frei erfunden. So sprachen wir nicht mit Herberger." Auch der BVB-Archivar und -Chronist Gerd Kolbe bezweifelt den Wahrheitsgehalt so mancher Story, die über das Verhältnis Michallek-Herberger überliefert wird. Von der Person Michallek abgesehen (Kolbe: „Sicherlich um Klassen besser als Werner Liebrich – auch zum Zeitpunkt der WM 1954"), habe es keine Benachteiligung Dortmunder Spieler gegeben. „Jeder Bundestrainer sieht zu, daß er die stärkste Mannschaft aufstellt."

Wie dem auch tatsächlich gewesen sein mag: Fakt ist, daß sich ein bestimmter Spielertyp mit der Nationalmannschaft traditionell schwer tut, wie später noch u.a. die Fälle Netzer, Schuster und Bein bestätigen sollten. Heinz Stock, Stürmer des legendären Bergarbeiterklubs VfL Altenbögge, beschrieb Michallek wie folgt: „Er war auch als Persönlichkeit eine Ausnahmeerscheinung. Irgendwie ein Star. Der stand, und das meine ich durchaus positiv, irgendwie neben der Mannschaft, keineswegs aber darüber. Ich hatte die Elf einmal während eines Urlaubs 1949 beobachtet. Max Michallek sonderte sich irgendwie ab. Ich bin auch überzeugt, daß es für einen Trainer wichtig war, mit ihm auszukommen, nicht umgekehrt." (Das Schalker Pendant zu Max Michallek war Ernst Kuzorra, der mit dem Herberger-Vorgänger Otto Nerz, einem überzeugten Nazi, überhaupt nicht zurechtkam. Im Zeitraum 1927-38 trug Kuzorra nur zwölfmal das Nationaltrikot. Besser erging es seinem Schwager Fritz Szepan, der 34 Länderspiele absolvierte, 30 davon als Kapitän.)

In den 60ern bekam dann Keeper Hans Tilkowski Probleme mit Herberger, allerdings zu einem Zeitpunkt, als er noch bei Westfalia Herne unter Vertrag stand. Bei der WM 1962 in Chile gab der Bundestrainer dem Ulmer Wolfgang Fahrian den Vorzug. Tilkowski soll daraufhin in einem Wutanfall das Mobilar seines Zimmers in der deutschen Unterkunft zertrümmert haben. (Gemäß dem traditionellen Faible der DFB-Oberen für die reaktionären südamerikanischen Militärs handelte es sich dabei um eine chilenische Militärschule, weshalb Tilkowskis Aktion – auch unabhängig von Herbergers Entscheidung – eine gewisse „politische Korrektheit" nicht abzusprechen ist.) „Til" wollte nie wieder in der Nationalelf spielen, doch zwei Spielzeiten später kam es nach Borussias legendärem Europacup-Spiel gegen Benfica Lissabon zur Versöhnung zwischen Herberger und dem Keeper.

Anders als für Sandmann und Kolbe ist für Helmut Bracht, der einmal als „einer der vergessenen Nationalspieler" bezeichnet wurde, die Sache noch heute sonnenklar: „Wir wußten, daß der Seppel uns nicht leiden mochte. Wir waren deshalb gar nicht motiviert, die Nationalmannschaft besaß für uns keinen Stellenwert. Wir wußten, der hatte seine fünf Pfälzer [gemeint sind die fünf Kaiserslauterer Weltmeister Fritz und Ottmar Walter, Liebrich, Eckel und Kohlmeyer, Anmerk. dsm/ws]. Herberger kam von der Bergstraße. Vielleicht mochte er uns nicht, weil wir aus dem Ruhrgebiet waren. Vielleicht waren wir ihm zu laut." Herbert Sandmann betrachtet die Sache etwas differenzierter: „Herberger war ein Süddeutscher und mit den Lauterern praktisch verheiratet. Fritz Walter hatte einen großen Einfluß auf ihn. Aber die Lauterer waren auch wirklich Bombenspieler; und der Erfolg gab Herberger Recht."

1963: Die letzte Meisterschaft

Der BVB mußte nun eine neue Mannschaft aufbauen. In der Saison 1957/58 wurde der BVB nur Fünfter, fünf Punkte hinter Meister Schalke 04. Im Europapokal kam erneut in der 2. Runde das Aus. In der 1. Runde benötigte der BVB wieder drei Begegnungen, allerdings war der Gegner Armeeklub Bukarest auch von einem anderen Kaliber als Luxemburg. 42.000 sahen zunächst einen 4:2-Heimerfolg des BVB, nachdem man bis zur 62. Minute noch 1:2 zurückgelegen hatte. Im Rückspiel besiegte der Armeeklub den BVB vor 60.000 mit 3:1. Das Entscheidungsspiel in Bologna gewann der BVB schließlich mit 3:1. Der nächste Gegner hieß AC Mailand. Die Vollprofis erwiesen sich für den BVB als mindestens eine Nummer zu groß. In Dortmund reichte es noch durch ein Eigentor der Italiener in der letzten Minute zu einem 1:1. Das Rückspiel gewannen die Mailänder klar mit 4:1.

Es dauerte nun vier Jahre, bis sich die Borussen wieder für die Endrunde zur Deutschen Meisterschaft qualifizieren konnten. In der Oberliga West hatte der 1. FC Köln die Führerschaft übernommen. Die Westmeisterschaft der Schalker, die anschließend auch noch ihre bis heute letzte Deutsche Meisterschaft gewannen, war nur ein Intermezzo gewesen. Der Fusions-

BVB in Europa: Aki Schmidt und Herbert Sandmann vor dem Mailänder Dom.

klub aus dem aufstrebenden Dienstleistungszentrum am Rhein erwies sich mit seinem visionären Präsidenten Franz Cremer als der westdeutschen Konkurrenz weit voraus, was sich auch in so scheinbar nebensächlichen Dingen wie einem Klubhaus und Aufenthaltsräumen für Spieler, Funktionäre und Sponsoren im Stadion äußerte. 1960/61 wurde der BVB hinter den Kölnern Vizemeister. Trainiert wurden die Dortmunder mittlerweile von Max Merkel, dem bis heute letzten Wiener und Österreicher in dieser Position beim BVB. Merkel, der heute als Kolumnist einer großen Boulevardzeitung gerne gegen „das große Geld" im Fußball wettert, zählte während seiner Zeit in Dortmund und anschließend in München und Nürnberg zu den größten Abzockern seines Gewerbes.

In den Gruppenspielen zur Deutschen Meisterschaft schlug sich der BVB besser als die Domstädter. Nach sechs Spielen stand der BVB punktgleich mit der Frankfurter Eintracht auf Platz 1 seiner Gruppe (jeweils 7:5). Wie schon 1956 hatte das Torverhältnis zu entscheiden, und hier waren die Dortmunder wieder einmal besser als die Konkurrenz (19:12 zu 13:9). Der BVB stand in seinem vierten Endspiel, aber der Gegner 1. FC Nürnberg ließ der Dortmunder „Übergangself" (Helmut Bracht) aus Routiniers und aufstrebenden Talenten beim 3:0 keine Chance. Von der Klasse der Meisterjahre 1956/57 waren die Borussen noch weit entfernt. Allerdings wurden auch die schlechte Vorbereitung der Mannschaft und taktische Fehlleistungen des Trainers, der den Halbstürmer „Aki" Schmidt zu defensiv agieren ließ, für das Desaster verantwortlich gemacht.

▷ Die Dortmunder Endspielelf: Kwiatkowski, Burgsmüller, Thiemann, Kurrat, Geissler, Peters, Kelbassa, Schmidt, Schütz, Konietzka, Cyliax. Nicht mit von der Partie war der verletzte Helmut Bracht, der sich jedoch sicher war: „Und ich werde mit Borussia doch noch einmal Deutscher Meister!"

Nach dem Endspiel verließ der autoritäre Merkel Dortmund, und mit dem sachlichen, freundlichen und integeren Hermann Eppenhoff übernahm in der Saison 1961/62 wieder ein Schalker die Mannschaft. Eppenhoff war als Spieler mit den Schalkern dreimal Deutscher Meister geworden, und der BVB war seine erste Trainerstation in der Erstklassigkeit. In der ersten Saison landete der BVB nur auf dem 8. Platz, zwölf Punkte hinter dem Meister 1. FC Köln und elf hinter Vizemeister Schalke 04. Es war Borussias schlechteste Oberligasaison, aber die Mannschaft befand sich weiterhin im Umbruch und Neuaufbau.

1963 gewann Borussia dann ihre vorerst letzte Deutsche Meisterschaft. Erneut hatte es in der Oberliga West hinter dem 1. FC Köln nur zur Vizemeisterschaft gereicht, was allerdings bereits als Erfolg zu werten war. Ausschlaggebend waren letztlich die beiden direkten Aufeinandertreffen mit den Kölnern gewesen, die der BVB vor jeweils 38.000 Zuschauern zu Hause 2:3 und in Köln 1:2 verlor. Die Prunkstücke der neuen Dortmunder Elf waren das Stürmerduo Konietzka und Schütz, vom Volksmund „Max und Moritz" getauft, sowie der aus den „Veteranen" Bracht und Burgsmüller sowie den „Neuen" Wolfgang Paul (Libero) und Bernhard Wessel (Torwart) bestehende Abwehrblock.

In den Gruppenspielen mußte sich der BVB mit 1860 München, das von Max Merkel trainiert wurde, dem Außenseiter Borussia Neunkirchen und einmal mehr mit dem Hamburger SV auseinandersetzen. Gegen Neunkirchen reichte es in der „Roten Erde" zunächst nur zu einem 0:0, aber im Rückspiel behielt der BVB mit 5:2 klar die Oberhand. In München gab es eine 2:3-Niederlage, und Max Merkel tönte: „Ich ziehe mit den Münchenern ins Finale ein." Aber im Rückspiel präsentierten sich die Borussen in Galaform und siegten mit 4:0. Das Spiel gegen die „Sechziger" war eines der besten, das der BVB jemals geliefert hat. Merkel schwor Rache, die ihm drei Jahre später auch eindrucksvoll gelingen sollte. Der HSV wurde in der „Roten Erde" 3:2 geschlagen. Im Rückspiel gingen die Punkte ebenfalls an die Dortmunder, die dank eines überragenden Bernhard Wessels 1:0 siegten. Nach den sechs Gruppenspielen war der BVB mit 9:3 Punkten souveräner Tabellenführer, drei Punkte vor 1860 München und Borussia Neunkirchen. Die drei Dortmunder Heimspiele wurden von 113.000 Zuschauern besucht.

In der anderen Gruppe hatte sich der 1. FC Köln durchgesetzt, so daß es zum ersten rein westdeutschen Duell seit 1933 kam. Damals hatte Fortuna Düsseldorf gegen den Favoriten Schalke 04 mit 3:0 gewonnen, ein gutes Omen für die Borussia, die als klarer Außenseiter in das Finale ging, das idiotischerweise in Stuttgart stattfand. Durch Tore von Kurrat, Wosab und Schmidt besiegte der BVB den Titelverteidiger vor 78.000 Zuschauern mit 3:1.

▷ Die Meisterelf von 1963: Wessel, Burgsmüller, Geisler, Kurrat, Paul, Bracht, Wosab, Schmidt, Schulz, Konietzka, Cyliax.

Auf die Frage, was die BVB-Meistermannschaften der Jahre 1956/57/63 von den heutigen Profis im Borussia-Trikot unterscheide, antwortet Helmut Bracht, der wie Willi Burgsmüller bei allen drei Titelgewinnen dabei war: „Die Mannschaft war damals homogener. Alle erhielten die gleiche Prämie und die gleiche Ausrüstung. Alle kamen aus der Region. Es herrschte noch nicht diese Überkonzentriertheit wie heute. Heute sitzen alle schweigend im Mannschaftsbus."

Doch der BVB hatte in dieser Saison noch ein weiteres Eisen im Feuer. Zum erstenmal in der Vereinsgeschichte stand der Klub im Finale des DFB-Pokals. Die Borussen hatten somit die Chance, als zweiter Verein nach den Schalkern (1937) das „Double" zu gewinnen.

Bis dahin hatte der BVB im Pokalwettbewerb absolut nichts zu bestellen. Nur dreimal – 1936/37, 1937/38 und 1952/53 – war es ihm gelungen, über die Landesebene hinaus vorzudringen. Im Meisterjahr 1957 scheiterte er bereits in der 1. Runde an Westfalia Herne. Ebenso 1958, als er von Langendreer 04 mit 4:1 geschlagen wurde. 1958/59 kam das Aus in der 2. Runde gegen Bergisch-Gladbach. 1960/61 gelang dem sauerländischen SF Neheim die Sensation, den BVB bereits in der 1. Runde auszuschalten.

1963 wurde der BVB zum dritten und vorerst letzten Mal Deutscher Fußballmeister.
Nach dem 3:1-Sieg gegen den 1. FC Köln präsentiert der am Kopf verletzte Willi

Burgsmüller stolz die Meisterschale. Links daneben Torhüter Bernhard Wessel und
Lothar Geisler.

Das Endspiel fand in Hannover statt, und der Gegner war der Hamburger SV, der in den Gruppenspielen zur Deutschen Meisterschaft so arg enttäuscht hatte. Mit einem glatten 3:0-Sieg gelang den Hamburgern die Revanche für die zahlreichen Demütigungen, die ihnen der „Dauergegner" BVB zugefügt hatte. Drei Tore von Uwe Seeler sorgten dafür, daß der Rekord der Schalker bis 1969 überlebte, als die Bayern das „Double" schafften. Der BVB bestritt das Finale ersatzgeschwächt. Jürgen Schütz war bereits für eine Ablösesumme von 600.000 DM zum AS Rom gewechselt. Abwehrorganisator Wolfgang Paul und Torjäger Friedhelm Konietzka mußten verletzt zusehen.

Höhen und Tiefen: Die Bilanz in der Oberliga West

Borussia Dortmund errang in der Oberliga West die meisten Meistertitel (6), vor dem 1. FC Köln (5), Schalke 04 und Rot-Weiß Essen (jeweils 2). Der BVB gehörte zu den drei Klubs, die in allen Oberligajahren dabei waren (die anderen beiden waren Alemannia Aachen und Schalke 04). Die „Ewige Tabelle" der Oberliga West führt der BVB mit 600:336 Punkten klar vor Schalke (555:381) und dem 1. FC Köln (543:281) an. Von den sechs Deutschen Meistertiteln, die von Vereinen der Oberliga West im Zeitraum 1948 bis 1963 gewonnen wurden, gingen drei nach Dortmund und jeweils eine nach Essen (1955), Schalke (1958) und Köln (1962). Achtmal, d.h. im Schnitt alle zwei Jahre, konnte sich der BVB für die Endrunde zur Deutschen Meisterschaft qualifizieren. Neunmal wurden BVB-Spieler Torschützenkönig (1948 Lenz, 1949 und 1950 Preißler, 1956 Niepieklo, 1957 und 1958 Kelbassa, 1960, 1961 und 1963 Schütz). Trotzdem waren die Dortmunder nicht in dem Maße dominant wie die Schalker zwischen 1934 und 1944, auch wenn die Dortmunder den direkten Vergleich mit dem Rivalen klar für sich entschieden. Von den 32 Begegnungen, die der BVB und Schalke zwischen 1947/48 und 1962/63 in der Oberliga West gegeneinander bestritten, gewannen die Dortmunder 15. Zehnmal trennte man sich mit einem Unentschieden, siebenmal behielten die Schalker die Oberhand (in Punkten 40:24, das Torverhältnis betrug 73:46). Erst beim sechsten Aufeinandertreffen (Saison 1949/50) errangen die Schalker ihren ersten Sieg (2:1). Die höchsten Siege der Dortmunder waren zweimal 5:1 – in der gleichen Saison und in der Saison 1958/59. Kurios die Saison 1959/60. Zunächst schlug Schalke den BVB mit 5:0, dann gewannen die Dortmunder im Rückspiel mit 6:3.

Der Hauptkonkurrent in den Jahren der Oberliga West war jedoch der 1. FC Köln, Ende der 50er/Anfang der 60er der modernste Klub in Westdeutschland, vielleicht gar in der Bundesrepublik überhaupt. Die Auseinandersetzung mit dem 1. FC hatte auch einen sozialen Inhalt: Hier die Kicker aus der Bier-, Kohle-, und Stahlstadt, dort die „Aufsteiger" aus der Dienstleistungsmetropole, die zu allem Überfluß auch noch die modischsten Trikots der Liga trugen. Helmut Bracht: „Die haben schon ein elitäres Denken gehabt." Gleiches galt auch für Fortuna Düsseldorf, deren Spieler – so Bracht – „mit Binder in die Kabine kamen." Für Bracht war der Sieg gegen Köln 1963 eindeutig der schönste seiner drei Titelgewinne. „Die Freude über die dritte Meisterschaft war besonders groß. Es war auch eine gewisse Schadenfreude. Nicht nur Dortmund, das ganze Ruhrgebiet jubelte mit dem BVB." Den Kölnern sei in diesem Finale nicht zuletzt ihr elitäres Gehabe und ihre Hochnäsigkeit zum Verhängnis geworden. Am Vortag des Finales waren die Kölner im Porsche-Werk von Huschke von Hahnstein empfangen worden. Als am nächsten Tag ein Foto davon in der Zeitung erschien, das die Kölner Truppe mit modischen Hüten und Frisuren zeigte, habe man sich im Lager der Dortmunder köstlich amüsiert. Das Foto wäre eine zusätzliche Motivation gewesen.

Der 1. FC Köln bestritt erst 1949/50 seine erste Oberliga-Saison. Die Oberliga-Bilanz zwischen den Kölnern und dem BVB gestaltete sich mit jeweils zehn Siegen und acht Unentschieden ausgeglichen. Das Torverhältnis betrug aus Dortmunder Sicht 55:62. Die höchste Niederlage gegen den FC war das 1:5 (auswärts) in der Saison 1952/53. Trotzdem wurde der BVB Westmeister. Der höchste Sieg gegen die Kölner war ebenfalls ein 5:1, erzielt in der Saison 1957/58. Beinahe-Duplizität der Ereignisse: Der 1.FC wäre trotzdem beinahe Meister geworden, am Ende fehlte nur ein Punkt.

Im letzten Drittel der Oberliga-Ära wendete sich das Blatt allerdings zugunsten der Kölner. In den letzten zehn Oberliga-Begegnungen zwischen dem BVB und dem 1. FC gab es nur zwei Dortmunder Siege, den letzten in der Hinrunde 1960/61. Die Kölner hingegen verbuchten vier Siege, ebenfalls vier Begegnungen endeten mit einem Remis. Vor der Saison 1958/59 war das Torverhältnis zwischen beiden Klubs mit 41:41 ausgeglichen. Betrachtet man lediglich die letzten vier Oberliga-Begegnungen, so gab es keinen Dortmunder Sieg mehr, wohl aber drei Kölner Siege. Umso überraschender war der Sieg der Dortmunder im letzten Meisterschaftsfinale.

Schalke und Köln waren auch die Zuschauermagneten im Stadion „Rote Erde", wenngleich die Massen, die Schalke mobilisieren konnte, unterm Strich deutlich größer waren. Der Zuschauerzuspruch beim Revier-Derby war erheblich konstanter, schwankte zwischen 25.000 und 50.000. Zum ersten Aufeinandertreffen mit den Kölnern (1949/50) kamen immerhin

22.000, aber 50.000 sahen BVB-Schalke. 1952/53 kam es erstmals zu einem Massenandrang anläßlich eines Gastspiels des 1. FC. Die 40.000 waren nach dem Revier-Derby (43.000) der zweitbeste Besuch in dieser Saison im „Rote Erde". Es war die erste Saison, in der der Westen einen Zweikampf Dortmund-Köln erlebte. In Köln wohnten 50.000 dem Spitzenspiel bei. 1953/54 überflügelte der 1. FC erstmals die Schalker: 40.000 kamen ins „Rote Erde", um die Domstädter zu sehen, 25.000 besuchten das Revier-Derby. Köln wurde in dieser Saison erstmals Westmeister. 1954/55 hatten wieder die Schalker die Nase vorn, während Köln lediglich 8.000 Zuschauer mobilisierte, einer der schlechtesten Besuche in dieser Saison im „Rote Erde", unterboten nur von den Gastspielen der Leverkusener, Duisburger und Dellbrücker. Es war die Oberliga-Saison mit dem schlechtesten Zuschauerzuspruch für den BVB. Lediglich 175.000 sahen die 15 Heimspiele, was im Schnitt weniger als 12.000 pro Spiel waren. Von der Plazierung her war es zwar nicht die schlechteste Saison der Borussen – in der Endabrechnung wurde man Vierter –, aber der Abstand zum Meister Essen betrug satte 15 Punkte. Auch die Kölner spielten bei der Vergabe der Meisterschaft keine Rolle. 1955/56 wollten nur 12.000 den 1. FC sehen – Dortmund wurde Meister, die Kölner landeten nur im oberen Mittelfeld. 1956/ 57 überflügelte der 1. FC die Schalker zum zweiten Male – 35.000 sahen die Kölner, 28.000 die Schalker. In diesem Jahr war das Titelrennen ein Dreikampf zwischen dem BVB, dem Duisburger SV und den Kölnern. Von nun an ging es im Jahrestakt weiter: 1957/58 Schalke, 1958/59 Köln, 1959/60 Schalke, 1960/61 Köln, 1961/62 Schalke, 1962/63 Köln.

Der Zuschauerandrang bei Gastspielen des 1. FC Köln in Dortmund hing stark davon ab, ob die Domstädter Titelanwärter waren und ob sie in der Tabelle zu den näheren Konkurrenten des BVB gehörten. Bei den Schalkern verhielt es sich anders, da das Revier-Derby bereits Ende der 40er/Anfang der 50er eine feste Institution und somit konjunkturunabhängiger war.

(In der Bilanz der Bundesligabegegnungen zwischen dem 1. FC und dem BVB führen die Domstädter klar mit 61:47 Punkten. Während der BVB 1994 noch immer auf seine erste Bundesliga-Meisterschaft wartete, konnte der 1. FC hier bereits zweimal den Titel gewinnen. Der 1. FC Köln gehört zu den vier Gründungsmitgliedern der Bundesliga, die seit 1963/64 noch nie abgestiegen sind.)

In den Jahren der Oberliga West avancierte der BVB zum Zuschauerkrösus in Westdeutschland, gefolgt von Schalke 04, das diese Rolle in den 30ern und frühen 40ern spielte. Bereits in den zwölf Heimspielen der Auftaktsaison 1947/48 mobilisierte der BVB insgesamt 292.000 Zuschauer, was

Tumult beim Oberligaspiel ETB Schwarz-Weiß Essen – BVB, nachdem Borussen-Spieler und Ordner aneinandergeraten waren.

einem Schnitt von ca. 25.000 pro Spiel entsprach. Mit 193.000 mobilisierte Schalke fast 100.000 Zuschauer weniger. Allerdings belegten die Schalker in dieser Saison auch nur einen enttäuschenden 6. Platz. Beim Zuschauerzuspruch 1947/48 muß noch berücksichtigt werden, daß die Oberliga im Auftaktjahr noch nicht so hochkarätig besetzt war wie in späteren Jahren. So fehlten z.B. noch Preußen Münster, Rot-Weiß Essen, der 1. FC Köln und Westfalia Herne. Aber die ersten Nachkriegsjahre waren noch von Entbehrung gekennzeichnet; und der Fußball bot eine der wenigen Abwechslungen. Hinzu kam der Reiz des Neuen, gleich im doppelten Sinne. Der Ball rollte endlich wieder, und dies in einer neuen Eliteklasse, die attraktiver als die Gauliga war.

Die meisten Zuschauer mobilisierte der BVB nicht in seinen Meisterschaftsjahren, sondern in der letzten Oberligasaison 1962/63, als zu den mittlerweile 15 Heimspielen insgesamt 400.000 Menschen in die „Rote Erde" strömten, also im Schnitt mehr als 26.000 pro Spiel. Neben dem spannenden Kopf-an-Kopf-Rennen mit dem 1. FC Köln, dem Meidericher SV und Preußen Münster dürfte die Qualifikation für die neue Bundesliga ein Mobilisierungsfaktor gewesen sein.

Mit 249.000 wurden die Heimspiele des Meisters 1. FC Köln von deutlich weniger Menschen besucht. Große Zuschauermassen mobilisierten die Kölner nur, wenn der BVB oder Schalke nach Müngersdorf kamen oder aber ein Derby mit Viktoria auf dem Programm stand. Hingegen wollten im Meisterjahr 1962/63 nur 7.000 die Begegnung gegen Borussia Mönchengladbach sehen. Vor der Ära Netzer waren die Borussen alles andere als ein Zuschauermagnet. Selbst in der eigenen Region wußten nur wenige etwas mit den Gladbachern anzufangen. Nachbar Rheydter SV, der ebenfalls einige Jahre in der Oberliga verbrachte, hatte in dieser Zeit höhere Zuschauerzahlen als die Gladbacher.

In den beiden Spielzeiten, in denen Schalke Meister wurde (1950/51 und 1957/58), mobilisierten die Schalker mehr als der BVB. 1950/51 kamen 340.000 in die Glückaufkampfbahn, was einem Schnitt von etwas über 22.000 entsprach. Im gleichen Jahr wurden die Spiele des BVB, der mit drei Punkten Abstand auf Schalke den 3. Platz belegte, von 300.000 besucht. 1957/58 verzeichnete Schalke seinen Zuschauerrekord in der Oberliga. 389.000 sahen die Heimspiele der „Knappen". Der BVB, der am Ende mit sechs Punkten Abstand auf Schalke den 5. Platz belegte, mobilisierte „nur" 250.000.

Die Grundlagen der BVB-Erfolge

Der Aufstieg des BVB Ende der 40er basierte u.a. auf der guten Jugendarbeit des Vereins. In der Mannschaft, die 1939 A-Jugend-Westfalenmeister wurde, standen mit Max Michallek, Heinrich Ruhmdorfer und Paul Koschmieder bereits drei Akteure, die zehn Jahre später auch Borussias erstes Endspiel um die Deutsche Meisterschaft mitbestritten. Auf der anderen Seite sahen sich die Schalker mit den Problemen einer Überalterung und eines Generationswechsels konfrontiert. So schrieb Theo Krein 1948 in seinem Buch „Die blau-weißen Fußballknappen": „Noch ist die Lücke nicht geschlossen, die der Krieg von Generation zu Generation riß. Der ständige Verjüngungsprozeß aus den eigenen Reihen, den wir in all den Jahren beim Schalker Mannschaftsbild erlebten, hat eine Unterbrechung erfahren. Der Nachwuchs muß erst reifen!" Und Herbert Sandmann, der nach einem Beinbruch bei den Borussen zwischenzeitlich aussortiert wurde und deshalb zum Schalker Markt wechselte: „Die Mannschaft fiel praktisch auseinander. Einige waren zu alt, andere wechselten zu anderen Vereinen." (Sandmann kickte nur zwei Spielzeiten – 1949/50 und 1950/51 – für die Blau-Weißen, bevor er wieder das Borussen-Trikot trug. „Ich bin zur BVB-Versammlung gegangen und habe Tage später gegen Dortmund gespielt." Umsonst war die Zeit in Schalke keineswegs: „In Schalke habe ich erst richtig Fußballspielen gelernt, dank des guten Abspiels der Alten.")

Außerdem begannen sich nun die Repräsentationsklubs größerer Städte gegenüber den Vorort- und Stadtteilklubs und Klubs aus kleineren Gemeinden durchzusetzen. Dies war eine Folge der Einführung des Vertragsspielers. Barzahlungen spielten nun gegenüber anderen Formen der „Entlohnung" von Spielern („leichte Arbeit" etc.) eine immer größere Rolle. Zu den Zeiten der Gauliga konnte ein Verein wie der VfL Altenbögge die geringe Einwohnerzahl seiner Heimat und die daraus resultierenden relativ geringen Zuschauerzahlen durch die gute Connection zur lokalen Schachtanlage mehr als nur kompensieren. Nun aber wuchs die Bedeutung des Zuschauerzuspruchs weiter an. Gegenüber den Klubs aus den Vororten und kleineren Städten besaßen Vereine wie der BVB, Rot-Weiß Essen, Schalke 04, Preußen Münster oder der 1. FC Köln natürlich erheblich bessere Karten. Um nur zwei Beispiele aus der Saison 1947/48 zu nennen: 25.000 sahen das Heimspiel des BVB gegen die SF Katernberg. Beim Rückspiel in Katernberg wurden hingegen „nur" 12.000 gezählt. Ebenfalls 25.000 sahen den BVB zu Hause gegen die Spvg. Erkenschwick, aber nur 7.000 kamen zum Rückspiel in Erkenschwick. Das finanzielle Gefälle zwischen den städtischen Repräsentationsklubs und den Vorortklubs wurde immer größer. In den ersten beiden Spielzeiten kamen noch relativ viele Klubs aus Vororten bzw. kleineren Gemeinden; neben Katernberg und Erkenschwick sind hier u.a. noch der TuS Horst, Hamborn 07 und Rhenania Würselen zu nennen. Im letzten Jahr der Oberliga West war von diesen Klubs nur noch Hamborn 07 in der Eliteklasse vertreten. Die Klubs aus den größeren Städten begannen, sich auf Kosten der zumeist mit dem Bergbau verbundenen Vorortklubs durchzusetzen.

Auch wenn der BVB ein Arbeiterverein war, unterschied er sich von Katernberg und Horst-Emscher doch ganz erheblich. Der BVB war für diese Klubs gewissermaßen, was heute für Wattenscheid, Freiburg oder St. Pauli Bayern München ist. Vor der Saison 1951/52 holte der BVB mit Wieding, Wieschner, Sahm und Mikuda gleich vier Akteure von Horst-Emscher. Die Fans der „Emscherhusaren" waren darob so erbost, daß sie dem BVB-„Einkäufer", dem Gastronom Heinz Dolle, die Autoreifen zerstörten. Herbert Sandmann: „Heinz Dolle hat diesen Verein kaputt gemacht. Dabei paßte die Mehrzahl dieser Spieler überhaupt nicht zu unserer Mannschaft."

War im Falle des BVB und Horst-Emscher die Konkurrenz mehr eine zwischen Großstadt und Vorort, so erhielt die zwischen Preußen Münster und der SpVg. Erkenschwick zusätzlich ein starkes soziales Moment, da der Klub aus der Provinzhauptstadt ein durch und durch bürgerlicher Klub war.

Das Dilemma von Vereinen wie Erkenschwick, Horst-Emscher, Katernberg etc. dokumentiert ein Artikel aus einer Ausgabe der Zeitschrift „Fußball-Woche", in dem es um Abgänge und Zugänge für die Saison 1956/57 geht. Unter der Überschrift „Erneuter Ausverkauf Sodingens?" ist dort über den Herner Vorortverein zu lesen: „Was ist mit Herne los? Im Vorjahr in der Endrunde, und anschließend gingen mit Wenker, Wächter und Demski drei Stürmer weg, diesmal scheint es die Hintermannschaft anzugreifen. Harpers will nach Düsseldorf, Sawitzki soll selbst 18 Monate ausharren wollen, um beim VfB Stuttgart spielen zu können, und Nowak hat beim Lokalrivalen Westfalia unterschrieben. In Sodingen also scheinen die größten Verschiebungen vor sich zu gehen."

Verstärkt wurde dieser Prozeß noch durch die krisenhafte Entwicklung im Bergbau und seiner Umstrukturierung. Arbeitsplätze waren nun nicht mehr im gleichen Ausmaß verfügbar wie früher. Und mit der Zentralisierung des Bergbaus durch die Einrichtung der Ruhrkohle AG (RAG) wurde die Macht der lokalen „Zechenfürsten" erheblich beschnitten. Diese Macht war aber eine wesentliche Voraussetzung für ihr Mäzenatentum gewesen. Obwohl die Vereinsfarben der Borussen angeblich Kohle und Bier symbolisierten (tatsächlich waren sie wohl nur eine Folge der Fusion von 1910), hatte der BVB mit dem Bergbau nur bedingt zu tun und blieb deshalb von seinem Niedergang zunächst unberührt. Die krisenhafte Entwicklung der Bergbauindustrie bedeutete auch, daß der Job auf der Zeche, der einst als bombensicher galt, zusehends an Attraktivität verlor. Die nicht-bergbaugebundenen Klubs konnten hingegen mit Jobs locken, deren sozialer Status höher war. Dem Erkenschwicker „Sigi" Rachuba zum Beispiel, der Anstreicher gelernt hatte, offerierte Preußen Münster die Eröffnung eines Maler-Geschäfts. Die SpVg. konnte dem Stürmer lediglich einen Job über Tage auf der Zeche Ewald-Fortsetzung anbieten.

Die Preußen besaßen damit allerdings nicht nur gegenüber Erkenschwick, sondern zeitweise sogar gegenüber dem BVB einen Konkurrenzvorteil. Der SCP wurde vom finanzstarken Bauunternehmer Oevermann gesponsert. Daß trotzdem – abgesehen von Rudolf Schulz und Adi Preißler, der allerding nur ein kurzes Gastspiel gab – kein namhafter Borusse nach Münster wechselte, lag vor allem daran, daß die Domstadt für die Borussen sportlich nicht interessant und sozio-kulturell eher fremd war. Helmut Bracht: „Was sollten wir in Münster? In den Dom gehen?"

Das Engagement der Dortmunder Industrie für den BVB war anfangs noch nicht so intensiv wie das des „Patriarchen" Oevermann in Münster oder Georg Melches bei Rot-Weiß Essen. Der „gute Geist von Bergeborbeck" war Betriebsführer einer Zeche, die sich für die Rot-Weißen ähnlich engagierte wie „Consolidation" für Schalke.

Die „Hauptsponsoren" des BVB wurden dann Hoesch, die Union-Brauerei, die Stadt und die Stadtwerke, die dem BVB Arbeitsplätze zur Verfügung stellten, die besser waren als beispielsweise die dreckige und mühsame Arbeit unter Tage. Insbesondere Hoesch wurde für den BVB von immer größerer Bedeutung.

Professionalismus bedeutete dies jedoch nicht, denn die bei Hoesch, der Union, der Stadt oder den Stadtwerken beschäftigten Spieler mußten in der Regel bei ihrem Arbeitgeber tatsächlich erscheinen. So beschreibt der BVB-Spieler Kurt Sahm in Hans-Dieter Baroths Geschichte der Oberliga West seinen Tagesablauf wie folgt: „Jeden Morgen, sechsmal in der Woche, stand ich in aller Frühe auf, fuhr dann mit der Straßenbahn von Gelsenkirchen-Horst nach Altenessen. Von dort mit dem Zug nach Dortmund. Vom Dortmunder Hauptbahnhof fuhr ich mit dem Bus zur Westfalenhütte. Dort hatte man mir in der Verwaltung eine Stelle besorgt. Mit der Aktentasche unter dem Arm ging es noch drei- bis viermal in der Woche zum Training. Tägliches Training war unbekannt. Zwischen 22.30 Uhr und 23.00 Uhr kam ich dann wieder in Horst an. Am anderen Morgen ging es wieder in die Tretmühle, sonntags wurde in der Oberliga West gespielt." Erst später wurden einige Spieler – so u.a. Held und Emmerich – nur pro forma beschäftigt. Für Barzuwendungen kam die Dortmunder Industrie in der Regel nicht auf, sieht man einmal von der Hoesch-Rettungsaktion für den BVB in den 70ern ab.

In den 50ern und 60ern waren der Süden und der Norden der Republik dem Ruhrgebiet in Sachen Professionalismus weit voraus. Hier wurde bereits in den 50ern oft deutlich mehr bezahlt, als das Vertragsspielerstatut gestattete. Die große Ausnahme im Westen war der 1. FC Köln. So sah sich der BVB nach der Legalisierung des Professionalismus' (1963) ähnlichen Problemen gegenüber wie zuvor Katernberg, Erkenschwick und Co. nach der Einführung des Vertragsspielers. Zumal das Stadion zu klein war, als daß die Zuschauereinnahmen das Fehlen finanzkräftiger Sponsoren hätten kompensieren können. Der Niedergang, den der BVB nach 1966 erlebte, hat somit eine Vorgeschichte, die bis in die 50er Jahre zurückreicht. Und der Gewinn der Deutschen Meisterschaft 1963 und des Europapokals 1966 täuschen darüber hinweg, daß der BVB im Bereich des „Managements" keineswegs gut vorbereitet in das Abenteuer Bundesliga ging.

Major Rhein im Gespräch mit Ernst Huberty und Herbert Sandmann

Neben Hoesch, Union, der Stadt und den Stadtwerken hatte der BVB noch einen weiteren „Sponsor": die Bundeswehr, und zwar hauptsächlich in Gestalt des Major Ottmar Rhein, der später auch Spielausschußvorsitzender bei den Borussen wurde. Rhein, Presseoffizier der 7. Panzer-Grenadier-Division in Unna, führte Spieler der Bundeswehrauswahl zu den Borussen. Und war ein Talent, an dem die Borussen Interesse hegten, wehrpflichtig, so wurde dafür gesorgt, daß es nach Unna kam. Über Rhein kamen u.a. Held, Libuda und Neuberger zum BVB.

Wie stark der Ruhrgebietsfußball bis zur Einführung der Bundesliga noch war, wird daraus ersichtlich, daß von den 16 Deutschen Meisterschaften, die in den Jahren der Oberliga West vergeben wurden, fünf ins Ruhrgebiet gingen (dreimal BVB, je einmal Schalke 04 und Rot-Weiß Essen). Sicherlich nicht zufällig korrespondierte die Stärke des Fußballs mit dem Montanrausch und dem wirtschaftlichen Wohlergehen des Reviers, und dies galt insbesondere für Dortmund. Noch 1960 arbeiteten in Dortmund 43.094 Menschen im Bergbau und in Betrieben der Energiegewinnung. In der lokalen Eisen- und Metallerzeugung und -verarbeitung betrug die Zahl der Beschäftigten gar 72.352.

Der Niedergang der traditionellen Industrien war ein weiterer Faktor, warum der Dortmunder Fußball in den späten 60er Jahren in eine schwere Krise geraten sollte, zumal man nichts tat, um das Durchschlagen dieser Krise auf den Fußball zu verhindern.

Die Wiege des BVB –
Das Hoeschviertel

Der Dortmunder Norden, wo die Wiege des BVB stand, galt und gilt noch immer als die Gegend der Arbeiter und der sozialen Randgruppen. Im 2. Weltkrieg wurde die Nordstadt stark zerstört. In den 60ern folgte die Kahlschlagsanierung. Viele Einwohner der Nordstadt wurden in große Trabantensiedlungen am Rande Dortmunds umgesiedelt. Wer es sich leisten konnte, zog in den Süden. Es entstanden große Freiflächen. Zurück blieb eine überaltete Bevölkerung, die durch Arbeitsimmigranten vornehmlich aus der Türkei, Griechenland und dem ehemaligen Jugoslawien aufgefrischt wurde. Einst eine sozialdemokratische und kommunistische Hochburg, sorgte der Norden bei den vorletzten Kommunalwahlen durch überdurchschnittlich hohe Ergebnisse für die rechtsradikalen Republikaner für Schlagzeilen.

Seit einigen Jahren versucht die Stadt, das Gebiet wieder attraktiver zu gestalten. Die Nordstadt entwickelt sich langsam zu einem Spekulationsgebiet für Eigentumswohnungen, in das es auch Yuppies, Studenten und Alternative zieht.

Zu Entstehung eines Viertels

Mitte des 19. Jahrhunderts entstanden im Dortmunder Raum die ersten Tiefbauzechen. Die Anlagen bzw. Betreibergesellschaften hießen u.a. Freie Vogel, Louise Tiefbau, Dorstfeld, Borussia (!), Hansa, Glückauf Tiefbau, Tremonia, Schleswig, Minister Stein. Gleichzeitig wurden auch die ersten großen Eisenhüttenwerke errichtet: u.a. die Hermannshütte in Hörde, die Eisenhütte Blücher in Aplerbeck und die Paulinenhütte.

Nach dem Krieg von 1870/71 erfuhr die industrielle Entwicklung eine weitere Beschleunigung. Neue Schachtanlagen wurden abgeteuft: Hardenberg, Westhausen, Kaiserstuhl, Holstein, Germania, Gneisenau, Hansemann, Scharnhorst, Kurl, Preußen und andere. Aber auch weitere Eisenwerke entstanden: vor allem die Eisen- und Stahlwerke Hoesch, Dortmunder Union, Maschinenfabrik Deutschland, Maschi-

Das Eisen- und Stahlwerk Hoesch um 1885.

nenfabrik Wagner & Co., die eisenverarbeitenden Werke Holstein & Klappert, Schüchtermann & Kremer, Jucho, Klönne und Orenstein & Koppel.

Für die Borussia sollte vor allem das Hoesch-Werk von Bedeutung sein, das im Osterholz entstand, einem sumpfig-morastigen Gebiet nordöstlich der ehemaligen Stadtgrenze, das bis dahin nicht genutzt wurde. Dortmund war als Stahlstandort attraktiv, weil man hier auf der Kohle saß und zugleich Roheisen frachtgünstig sowohl aus Westfalen von der Georgsmarienhütte wie aus dem Siegerland beziehen konnte. 1874 betrug die Jahresproduktion der Hoesch-Werke erst 11.000 Tonnen, aber 1881 waren es bereits 48.000 Tonnen. Der Grund war die Wiederbelebung des alten Schutzzollsystems, für das Leopold Hoesch als Vorsitzender des „Vereins Deutscher Eisenhüttenleute" leidenschaftlich gekämpft hatte. 1889/99 erwarb Hoesch die benachbarten Zechen Kaiserstuhl I und Kaiserstuhl II, die im BVB-Leben ebenfalls eine Rolle spielten, um die Versorgung des Werks mit Koks in eigener Regie zu gestalten.

Mit dem Stahlstandort Dortmund ging es nun steil aufwärts. So heißt es in einem zeitgenössischen Bericht aus dem Jahr 1914: „Im Norden der Stadt das Eisen- und Stahlwerk Hoesch, dessen Produktion vor dem Kriege hingereicht hätte, um mit ihrem Erlös den ganzen Roggenimport Deutschlands zu decken, im Süden der Hörder Verein, dessen Erzeugung an Fertigfabrikaten zur gleichen Zeit täglich etwa zehn lange Eisenbahnzüge von ungefähr 50 Wagen füllte, und im Westen, näher dem Weichbild der Stadt, die Dortmunder Union, deren Jahres-produktion an Schienen zur Herstellung einer Gleisstrecke vom Nord-kap bis Konstantinopel reichte." Die industrielle Entwicklung hatte zur Folge, daß die Einwohner-zahl Dortmunds sprunghaft stieg. Als die Firma Hoesch sich 1871 in Dortmund niederließ, war die Stadt mit 44.420 Einwohnern bereits nach Essen die zweitgrößte Stadt im Ruhrgebiet. Doch die Bevölke-rung nahm weiter sprunghaft zu. 1885 zählte Dortmund 78.435 Ein-wohner, 1895 111.232 und 1910, dem Jahr nach der BVB-Gründung, 212.725. Um die hineinströmenden Arbeitskräfte unterzubringen, mußte neuer Wohnraum geschaffen werden. 1872 beantragte Albert Hoesch die Konzession für den Bau von Arbeiter- und Meisterhäusern in der Gemarkung Oesterholz, wo später das Straßenviereck zwischen Stahl-werk-, Schlosser-, Robert- und Eberhardstraße entstand. Das nun ent-stehende „Hoeschviertel", ein Teilbereich der heutigen nordöstlichen Dortmunder Innenstadt, war keineswegs der erste Werkswohnungs-bau in Dortmund. Zuvor waren bereits in Hörde der „Alte Clarenberg" und die ersten Häuser der Kolonie „Felicitas" entstanden, und Ende der 50er/Anfang der 60er waren Häuser für Arbeiter der „Union" gebaut worden. Insgesamt fiel der Werkswohnungsbau in Dortmund aller-dings vergleichsweise bescheiden aus.

Bei der Planung des Hoeschviertels entschied man sich gegen den ,'älteren', 'primitiveren' Kreuzgrundriß und für den 'städtischen' Rei-henhausgrundriß. Daß man zunächst den Koloniewohnungsbau und nicht den Bau verschiedener Einzelhäuser favorisierte, hängt sicherlich mit dem Selbstverständnis der Bauherrn als Fabrikherrn zusammen. Die Kolonien waren nach außen hin als zu den Werksanlagen gehörig erkenntlich. Ferner waren die Arbeiter Abhängige in unselbständiger Existenz und besaßen noch nicht den Status städtischer Kleinbürger, sondern verharrten noch in 'prostädtischer' bzw. halbländlicher Exi-stenz. Konsequenterweise wurden den Meistern andere Häuser und damit andere Wohn- und Lebensformen zuerkannt. Ein weiteres Argument für den Bau von Kolonien lag in der besseren Beaufsichti-gung ihrer Bewohner; dabei konnten die Meisterfamilien dann eine gewisse Kontrollfunktion ausüben." (Renate Kastorff-Viehmann, Das „Hoeschviertel", in: Wohnen und Leben im Schatten der Hochöfen, hrsg. von der Hoesch AG/Abteilung Öffentlichkeitsarbeit, Dortmund 1991). Neben der politischen und sozialen Kontrolle, die Kolonien wie das „Hoeschviertel" versprachen, gab es aber auch ökonomische Gründe für die Errichtung einer großen Zahl von gleichen Häusern als Einzelhäuser, war doch eine derartige Bauweise billiger.

„Um 1900 hatte sich vor dem Werkstor ein bauliches Ensemble entwickelt, das den sozialen Kosmos des Unternehmens vom Direktor bis zum Facharbeiter widerspiegelte: vorne der Direktor mit der Villa im Park, dann die Beamten und Meisterhäuser und hinten die Arbeiter. Baugestalt und Grundriß ließen zwar eine unübersehbare Rangfolge erkennen, aber alle wohnten zusammen wie eine 'Werksfamilie' in der wachsenden Großstadt." (Renate Kastorff-Viehmann, s.o.) Eine erste Zählung 1895 ergab, daß das Hoeschviertel zu diesem Zeitpunkt bereits 6.420 Einwohner hatte, in ihrer Mehrzahl junge Menschen. Das Werk beschäftigte um die Jahrhundertwende 6.515 Arbeitskräfte. Bis 1920 wuchs die Belegschaft auf 15.000. Das „Hoeschviertel" entwickelte sich zur Stadt in der Stadt. Es entstanden nicht nur Wohnhäuser, sondern auch Schulen und Kirchen.

Das Hoeschviertel, dessen zentraler Punkt der Borsigplatz ist, wurde zur Wiege des BVB. Hier befanden sich das Gasthaus „Zum Wildschütz" (Oesterholzstraße), die erste Sportanlage (Wambeler Straße) und die Kneipe von August Lenz, dem ersten BVB-Nationalspieler.

Auch nach 1945 blieb die Gegend um den Borsigplatz, obwohl der BVB längst ein städtischer Repräsentationsverein war und seine Spiele mehrere Kilometer entfernt im „Rote Erde" austrug, zunächst noch die eigentliche Heimat des BVB.

Nach dem Triumph von 1966 wurde der Borsigplatz in schwarzgelben Farben angestrichen. Die Geschäftstelle des BVB befand sich bis Mitte der 70er in der Weißenburger Straße, die zum Borsigplatz hinführt, bevor ihre Verlegung in den Süden, zum Westfalenstadion erfolgte. Nur die Geschäftsstelle der Amateure, die allerdings nur aus einem Schreibtisch bestand, blieb noch bis Ende der 80er im Norden. Mitte der 70er fand auch erstmals die ordentliche Hauptversammlung nicht mehr am Borsigplatz statt, sondern im Goldsaal der Westfalenhalle.

Noch 1960, der Montanrausch ging längst in eine Krise über, arbeiteten in Dortmund 43.094 Menschen im Bergbau und in den Betrieben der Energiegewinnung. In der Eisen- und Metallerzeugung und -verarbeitung waren es gar 72.352. 42,1% aller in Dortmund Beschäftigten verdingten sich somit in der Montanindustrie. Seither hat sich das lokale Beschäftigungsmuster deutlich gewandelt. Und damit auch

Der Borsigplatz feiert den BVB.

die Unterstützung des BVB durch die Firma Hoesch, die an der erfolgreichen Dekade 1956-1966 wesentlichen Anteil hatte.

Der BVB und das Hoeschviertel heute

Heute ist der BVB nur noch im Norden, wenn es große Triumphe zu
feiern gilt oder die Saison eröffnet wird. Die Kneipe von August Lenz

am Borsigplatz dient zwar immer noch einigen Fan-Clubs als Treffpunkt, ist aber kein Vereinslokal, in dem sich auch die Spieler blicken lassen. Außerdem wohnen im Norden noch einige der Ältestenratmitglieder. Nach dem Pokalsieg von 1989 fuhren die BVB-Spieler eine Ehrenrunde um den Borsigplatz. Die eigentliche Feier lief allerdings, gemäß dem Charakter des BVB als städtischer Repräsentationsverein mit einem vielschichtigen sozialen Antlitz, auf dem Friedensplatz in der Stadtmitte.

Die Saisoneröffnung findet alljährlich im Hoeschpark statt, wo einst die „Weiße Wiese" war. Jeweils über 30.000 wohnten ihr 1993/94 und 1994/95 bei. Der Hoeschpark und der Mendesportplatz, wo die Jugendmannschaften heute häufig spielen, sind die letzten halboffiziellen räumlichen Verbindungen des BVB zum Norden. Allerdings erwägt der BVB, den Hoeschpark zu übernehmen, um dort ein BVB-Trainingszentrum und ein Klubheim zu errichten. BVB-Präsident Niebaum: „Wir wollen in unsere Heimat zurück." Die „Westfälische Rundschau": „Der Publikumserfolg bei der alljährlichen Vorstellung der neuen Bundesligamannschaft im Hoeschpark zeigt, daß die Wurzeln des BVB auch für die Fans weiter am Borsigplatz liegen."

Neben der historischen Verbindung zwischen dem BVB und dem Gelände spricht auch die dort bereits vorhandene Infrastruktur dafür. Der Dortmunder Norden würde damit durch eine echte Attraktion bereichert und in vielfältiger Hinsicht profitieren. Die Amateure des BVB und die Jugendmannschaften würden endlich eine Heimat erhalten, und Klubheim/Trainingsgelände könnten sich zu einem zentralen Kommunikationspunkt des BVB-Lebens entwickeln.

Einen Fehler sollte der BVB allerdings nicht begehen. Nämlich, das Trainingsgelände einzuzäunen, wie es die Bayern an der Säbener Straße getan haben. Das Training ist für die Fans die beste Möglichkeit, die direkte Kommunikation mit den Spielern zu suchen. Diese ist für die Fans wie für die Mannschaft wichtig.

Daß der BVB heute im Norden nicht mehr so präsent ist wie früher, ist allerdings nicht nur eine Frage von Platz und Geschäftsstelle. Letztendlich reflektiert diese Entwicklung auch den Wandel des BVB zu einem Klub, der im gesamten Stadtgebiet (und natürlich auch noch weit darüber hinaus) und in allen sozialen Schichten populär ist, wenngleich im Norden sicherlich besonders stark und in besonderer Weise. Das Stadion im Süden, das Trainingszentrum und Klubheim im Norden – eine ideale Lösung.

1963 bis 1972:
Triumph und Tragödie – Europapokal und Abstieg

Stadion Rote Erde: Einmarsch der Mannschaften von Borussia Dortmund und Inter Mailand zu einem Europapokalspiel 1964.

Sportlich ging der BVB gut gerüstet in das Abenteuer Bundesliga. Der nach 1957 notwendige Umbau wurde erfolgreich bewerkstelligt. Die Mannschaft, die 1963 Meister wurde, war dabei gewissermaßen eine „Übergangslösung" (Helmut Bracht). Die Sichtung potentieller Neuzugänge erfolgte nicht selten durch BVB-Spieler. Als „Diamantenauge" erwies sich dabei Herbert Sandmann, der 1960 Obmann wurde, einer der Jüngsten der Branche. Sandmann tingelte bis 1965 unermüdlich über die Dörfer. Die Mannschaft, die 1966 den Europacup gewann, war nicht zuletzt Sandmanns Werk.

Die Spieler, die im Zeitraum 1957 bis 1963 zum BVB fanden, kamen in der Regel aus Dortmund und der näheren Umgebung. Jürgen „Hoppy" Kurrat kam aus der eigenen Jugend. Friedhelm „Timo" Konietzka kam von

Lünen-Süd, Jürgen Schütz von Urania Lütgendortmund, Lothar Emmerich aus dem Dortmunder Stadtteil Dorstfeld. Gerd Cyliax und Hans Tilkowski mußten zwar aus Herne geholt werden, waren aber vor ihrem Wechsel zur Westfalia bei den Dortmunder Vorortklubs Mengede und Husen aktiv gewesen. Lothar Geisler kam via Bochum, spielte aber vorher bei Eving. Reinhold Wosab kam aus Marl, Wolfgang Paul vom VfL Schwerte. Cyliax, Tilkowski und Geisler hatten in Herne und Bochum gewissermaßen nur „geparkt", da zu dem Zeitpunkt, als sie sich für Oberliga-Aufgaben empfahlen, in der BVB-Truppe keine Plätze frei waren. Theo Redder kam von Preußen Werl, was schon fast die weiteste Entfernung war. Bei Tilkowski und Franz Brungs, die beide den BVB zum Bundesligastart 1963/64 verstärkten, kam dem BVB entgegen, daß deren Klubs Westfalia Herne bzw. Borussia Mönchengladbach das harte Auswahlverfahren für die neue Eliteklasse nicht überstanden hatten.

Saison 1963/64: 5:0 gegen das „Wunderteam"

Der BVB begann in der neuen Liga mit einem Fehlstart. Ein Phänomen, das den BVB bis heute verfolgt. Zwar erzielte „Timo" Konietzka in Bremen nach weniger als einer Minute das erste Bundesliga-Tor überhaupt, aber am Ende siegte Werder gegen den amtierenden Meister mit 3:2, wobei die Bremer knüppelhart spielten. In den neun Spielzeiten bis zum Abstieg 1972 erlitt der BVB am ersten Spieltag sieben Niederlagen, dem nur ein Unentschieden und ein Sieg gegenüberstanden. Am Ende der Saison belegte der Deutsche Meister nur den 4. Platz, zwölf Punkte hinter dem 1. FC Köln, der erster Bundesligameister wurde. Zwar erzielte der BVB die zweitmeisten Tore nach den Kölnern, aber nur fünf Mannschaften kassierten mehr Gegentore. Timo Konietzka belegte in der Torschützenliste mit 21 Toren den 2. Platz hinter Uwe Seeler, der 30mal traf.

Lothar Emmerich erzielte in seiner ersten Saison für den BVB immerhin 16 Tore, Franz Brungs kam auf elf. Zusammen erzielte das Trio somit nicht weniger als 48 der insgesamt 73 BVB-Tore. Zu den „Fantastischen Fünf", die das Dortmunder Angriffsspiel prägten, zählten des weiteren noch „Aki" Schmidt und Reinhold Wosab. Ihren höchsten Saisonsieg erzielten die Borussen beim 9:3 gegen den 1. FC Kaiserslautern, an dem alle fünf genannten Spieler mit Toren beteiligt waren. Mit dieser ersten Bundesligasaison beendeten Helmut Bracht und Willi Burgsmüller, die einzigen Borussen, die an allen drei Meistertiteln beteiligt waren, ihre aktive Karriere beim BVB. Burgsmüller kam in dieser Saison noch auf 19 Einsätze, Bracht auf 11.

Fußball-Ballett mit Friedhelm Konietzka. Wegen seines extrem kurzen Bürstenhaarschnitts riefen ihn die Mitspieler nach dem sowjetischen General Timoschenko kurz „Timo".

Mit dem 1. FC Köln wurde ein Klub Meister, der sich wie kein anderer für die neue Liga engagiert hatte. Franz Cremer war damals wohl der progressivste Funktionär im deutschen Fußballwesen. Kein anderer Klub war auf die neuen Bedingungen so gut vorbereitet wie der 1. FC Köln.

Während die Bundesliga für die Borussen eher enttäuschend verlief, landeten sie im Europapokal der Landesmeister ihren bis dahin größten internationalen Erfolg. In der 1. Runde wurde der norwegische Vertreter Lyn Oslo locker mit 4:2 und 3:1 ausgeschaltet.

In der 2. Runde bekam der BVB Benfica Lissabon zugelost. Die Lissaboner hatten den Wettbewerb 1961 und 1962 gewonnen und damit die Ära des fünffachen Cup-Siegers Real Madrid beendet. 1963 wurden sie erst im Finale vom AC Mailand gestoppt. Der BVB ging in die Spiele gegen das Wunderteam um den Stürmerstar Eusebio, der bei der WM 1966 Torschützenkönig werden sollte, als krasser Außenseiter. Aber in Lissabon unterlag der BVB nach einer Abwehrschlacht lediglich mit 1:2, dank der Torpfosten und diverser Paraden von Hans Tilkowski. Zwischenzeitlich war Wosab gar der Ausgleich gelungen. Das Rückspiel in der mit 43.000 Zuschauern völlig ausverkauften „Roten Erde" geriet zur vielleicht besten Vorstellung, die ein deutsches Team in den europäischen Wettbewerben jemals abgeliefert hat; vergleichbar nur mit dem legendären, aber anschließend annullierten 7:1 von Borussia Mönchengladbach über Inter Mailand in der Saison 1971/72. Es war der große Auftritt von „Goldköpfchen" Franz Brungs, der bei den Borussen ansonsten eine eher launische Zeit verlebte. Binnen nur 180 Sekunden ging der BVB zwischen der 32. und 35. Minute durch Brungs (2) und Konietzka mit 3:0 in Führung. In der zweiten Halbzeit schossen noch einmal Brungs und Wosab den BVB gar zu einem sensationellen 5:0-Sieg. Der Sieg hätte sogar noch deutlich höher ausfallen können. Wiederholt mußten Latte, Pfosten oder ein Verteidiger für den bereits geschlagenen Keeper der Portugiesen retten. Benficas Trainer Lajosw Czeisler, der sich vor dem Spiel so sicher fühlte, daß er seinen Star Eusebio nicht auflaufen ließ, anschließend: „Ich bin der Verlierer, aber ich schätze mich glücklich, diesen herrlichen Fußball gesehen zu haben."

▷ Der BVB bestritt dieses unvergessene Fußballfest in der folgenden Aufstellung: Tilkowski, Burgsmüller, Redder, Kurrat, Geisler, Sturm, Wosab, Schmidt, Brungs, Konietzka, Emmerich.

Im Viertelfinale mußte der BVB zunächst bei Dukla Prag antreten. Der BVB gewann in Prag souverän mit 4:0. Das Rückspiel verlor der BVB zwar mit 1:3, aber trotzdem geriet der Einzug ins Halbfinale niemals in Gefahr. Es war erst das dritte Mal, daß ein deutscher Klub in einem Europacupwettbewerb bis unter die letzten Vier vorgedrungen war. Eintracht Frankfurt hatte 1959/60 sogar das Kunststück vollbracht, ins Finale einzuziehen, wo man Real Madrid mit 3:7 unterlag. 1960/61 stand der HSV im Halbfinale, mußte sich aber nach drei Spielen dem FC Barcelona geschlagen geben.

Der Gegner der Borussen hieß Inter Mailand und wurde vom legendären Helenio Herrera trainiert. Der mit seinem viel zu kleinen Stadion geschlagene BVB-Vorstand wollte nach Hannover ins Niedersachsenstadion umziehen, um endlich einmal eine große Einnahme zu verbuchen. Doch der Plan stieß auf den erbitterten Widerstand der Fans und wurde deshalb schnell aufgegeben. Das erste Spiel fand in Dortmund statt, wo die „Rote Erde" mit 43.000 Zuschauern erneut restlos gefüllt war. Einen 0:1-Rückstand aus der 3. Minute verwandelte der BVB durch zwei Tore von Brungs binnen von nur 23 Minuten in eine 2:1-Führung. Doch kurz vor dem Halbzeitpfiff erzielten die Italiener den Ausgleich. 20 Minuten vor dem Ende schoß Brungs ein drittes Tor, das jedoch wegen angeblicher Abseitsstellung nicht gegeben wurde. Das Rückspiel verlor der BVB vor 80.000 Zuschauern im San Siro mit 2:0. Unrühmlicher Höhepunkt des Spiels war ein brutaler Tritt von Luis Suarez in den Unterleib von „Hoppy" Kurrat, den Schiedsrichter Tesanic jedoch übersah. 15 Monate später wurde Tesanic von seinem Verband auf Lebenszeit disqualifiziert.

Der nächste Eklat erfolgte hausintern: Ein von allen guten Geistern verlassener BVB-Vorstand teilte Hermann Eppenhoff, der bei den Spielern ungeheures Ansehen genoß und vielleicht der beste Trainer war, den der BVB bis zur Verpflichtung von Ottmar Hitzfeld in der Bundesliga unter Vertrag hatte, seine Entlassung mit.

BVB-Vorsitzender war zur dieser Zeit Kurt Schönherr, Direktor der Union-Brauerei, der Werner Wilms abgelöst hatte. Sein Souffleur war der mächtige Heinz Dolle. Eppenhoff wurde vorgeworfen, sich über den Verein abfällig geäußert zu haben. Außerdem wäre er „zu weich". Aber die Spieler, der Obmann und die Fans rebellierten. Eppenhoff blieb im Amt, während der blamierte Schönherr-Vorstand zurücktrat. Mit Eppenhoff blieben auch Brungs und Kurrat, die ihrem ehemaligen Mannschaftskameraden Jürgen Schütz nach Italien folgen wollten und denen Angebote von Atlanta Bergamo vorlagen. Heute, wo der Trainer in der Regel das schwächste Glied in der Kette ist und von

Trainer Hermann Eppenhoff und Obmann Herbert Sandmann

oftmals unfähigen Vorständen als alleiniger Sündenbock ausgemacht wird, erscheint die Eppenhoff-Schönherr-Episode als geradezu unvorstellbar. Trotzdem ist sie ein Beispiel dafür, daß es auch anders geht.

Inter Mailand gewann im übrigen anschließend auch noch das Finale, und es dauerte genau zehn Jahre, bis mit Bayern München wieder eine deutsche Mannschaft in das Halbfinale des Europacups der Landesmeister einzog. In der Saison 1963/64 wurde der BVB auch international ein Begriff. Gegenüber dem europäischen Ausland verfügte Dortmund nun neben Stahl und Bier über ein drittes Gütezeichen: Borussia.

Schönherrs Nachfolger wurde der Hoesch-Prokurist Willi Steegmann. Mit Steegmann an der Spitze nahm sich Hoesch nun hochoffiziell des BVB an. Unter den Fittichen des mächtigsten Stahlkonzerns sollte der BVB seinem sportlichen Höhepunkt entgegenstreben.

In der Bundesliga war der BVB noch weit davon entfernt, ein Zuschauerkrösus zu sein. Mit einem Zuschauerschnitt von 22.113 landete der BVB in der Zuschauergunst auf Platz 9. Angeführt wurde die Tabelle von den „Metropolen" Stuttgart (40.459), Berlin (34.606), Köln (33.028), Hamburg (32.246) und München (31.949). Aber selbst der MSV Duisburg lag mit 25.119 noch vor den Borussen.

Saison 1964/65: Der erste Pokalsieg

In der Saison 1964/65 verbesserte sich die Borussia auf den 3. Platz, fünf Punkte hinter Meister Werder Bremen, deren Trainer, der aus Essen stammende Willi „Fischken" Multhaup, anschließend an den Borsigplatz wechselte. An Neuzugängen hatte der BVB vor dieser Saison u.a. den Hertener Youngster Rudi Assauer zu verzeichnen, der via Bundeswehrauswahl zum BVB fand. Assauer war nicht der erste und nicht der letzte Borusse, der diesen Weg nahm.

Das denkwürdigste Spiel dieser Bundesligasaison war aus Sicht des BVB vielleicht der 6:2-Sieg in Schalke, nachdem man zur Halbzeit bereits 6:0 geführt hatte. Ganze 26 Minuten benötigte der BVB für seine sechs Treffer. Die Schalker beendeten die Saison auf dem letzten Platz. Nur die Aufstockkung der Bundesliga auf 18 Vereine rettete sie vor dem Abstieg. Timo Konietzka wurde mit 22 Treffern erneut Zweiter in der Torschützenliste. Brungs erzielte elf Treffer, Emmerich zehn. Mit 43 von insgesamt 67 BVB-Treffern war das Trio erneut für das Gros der Tore verantwortlich.

Im DFB-Pokal nahm der BVB die erste Hürde nur mit Mühe. Erst kurz vor Schluß erzielte Reinhold Wosab den goldenen Treffer zum 1:0-Sieg

Nach dem DFB-Pokalsieg gegen Alemannia Aachen wird der BVB auf dem Bahnsteig des Dortmunder Hauptbahnhofes empfangen. In der Mitte mit Pokal: Mannschaftskapitän Aki Schmidt, rechts daneben Hoppy Kurrat, dahinter Wolfgang Paul.

beim Bundesligaabsteiger bzw. Regionalligisten Preußen Münster. Auch im Achtelfinale mußte der BVB zu einem Regionalligisten reisen. Tennis Borussia Berlin wurde mit 2:1 geschlagen. Es folgten ein 2:0-Sieg bei Eintracht Braunschweig und ein 4:2 zu Hause im Halbfinale gegen den 1. FC Nürnberg. Damit stand der BVB zum zweiten Mal in einem DFB-Pokal-Finale. Gegner war mit der Aachener Alemannia erneut ein lediglich zweitklassiger Verein. Nach mäßigen 90 Minuten gewann der BVB vor 68.000 Zuschauern in Hannover mit 2:0. Die Borussen hemmte die Furcht vor einer Blamage. Nur Bundespräsident Lübke wollte „ein schönes Spiel" gesehen haben. (Lübke sah so einiges im Fußball, was andere nicht sahen. So sah er ein Jahr später beim WM-Finale in Wembley nach Geoffrey Hursts Lattenkracher den Ball hinter der Linie. Lübkes Doppelpaß mit dem sowjetischen Linienrichter, möglicherweise ein Versuch, die Union auf einen zeitgemäßeren Entspannungskurs zu bringen, leitete wohl das Ende der politischen Karriere des Sauerländers ein.) Die Torschützen waren Schmidt und Emmerich, dessen große Zeit eigentlich erst in der folgenden Saison beginnen sollte, als er mit Sigi Held den richtigen Partner erhielt.

▷ Die Mannschaftsaufstellung des BVB: Tilkowski, Cyliax, Redder, Kurrat, Paul, Straschitz, Wosab, Sturm, Schmidt, Konietzka, Emmerich.

Im europäischen Messe-Pokal (seit 1971 UEFA-Cup), an dem in dieser Saison 48 Mannschaften aus 24 Ländern teilnahmen, traf der BVB in der 1. Runde auf Girondins Bordeaux. Der Messe-Pokal war bei weitem nicht so attraktiv wie sein Nachfolger, so daß sich zum Hinspiel lediglich 8.000 Zuschauer in der „Roten Erde" einfanden. Der BVB gewann die Begegnung, die von den Franzosen äußerst hart geführt wurde, mit 4:1. Das Rückspiel verloren die Borussen 0:2. In der 2. Runde mußte sich der BVB mit Manchester United auseinandersetzen. Bei United spielte zu dieser Zeit bereits das Trio Bobby Charlton, Dennis Law und George Best, die drei Jahre später das Herzstück jener Mannschaft stellen sollten, die als erste englische den Europacup der Landesmeister gewann. Das Heimspiel geriet vor 15.000 Zuschauern zu einer Lehrstunde für den BVB. Die Gäste siegten 6:1, den Ehrentreffer erzielte Kurrat per Elfmeter, und auch im Rückspiel besaßen die Schwarz-Gelben nicht den Hauch einer Chance. Da ein Weiterkommen nach dem Hinspiel-Desaster ohnehin nicht mehr möglich war, verzichtete Eppenhoff auf einige Stammspieler. Der BVB unterlag mit 0:4.

Die BVB-Mannschaft dieser Saison bestand noch immer zum ganz überwiegenden Teil aus Akteuren, die, so Lothar Emmerich, „das Fußballspielen in Dortmund oder der näheren Umgebung gelernt hatten. Alles Jungs aus dem Ruhrpott. Eppenhoff kam auch aus dem Ruhrpott. Er hatte zwar vor seiner Trainerzeit in Schalke gespielt, aber wir sprachen die gleiche Sprache." Brungs und Hermann Straschitz, der von Fortuna Düsseldorf zur Borussia gekommen war, waren die Ausnahmen, aber immerhin kamen beide noch aus dem westdeutschen Raum. Mit Hans Tilkowski wurde 1965 zum ersten und bis heute einzigen Male ein Borusse zum „Fußballspieler des Jahres" gewählt.

Saison 1965/66: Borussia holt den Europapokal

Der neue Trainer „Fischken" Multhaup konnte in der Saison 1965/66 auf ein eingespieltes und selbstbewußtes Team zurückgreifen, wenngleich Konietzka von Max Merkel zu 1860 München geholt wurde und Brungs zum 1. FC Nürnberg wechselte. Mit den finanziellen Offerten der Südklubs konnten der BVB nicht konkurrieren.

Dank des Engagements des Spielausschußvorsitzenden Heinz Storck, Möbelfabrikant in Recklinghausen, konnten die Lücken mit der Verpflichtung von Reinhard „Stan" Libuda (Schalke 04) und Siegfried „Sigi" Held

Hans Tilkowski einmal machtlos. Im Europacup der Landesmeister (1964) hat Jair (Inter Mailand) soeben das zweite Tor für seine Farben erzielt. Der Schuß landete genau in Tilkowskis schwacher Ecke.

(Kickers Offenbach) geschlossen werden. Held war der erste Borussen-Spieler, der nicht aus dem Ruhrpott oder zumindest Westdeutschland kam. Vom Dortmunder Vorortverein SV Schüren kam das Talent Jürgen Weber.

Der Saisonstart fiel mit einem 0:4 in Braunschweig gewohnt miserabel aus. Doch anschließend kamen die Borussen in Schwung. Trotz der zusätzlichen Belastung durch den Europapokal legte die Mannschaft in der Rückrunde eine Serie von 19:5 Punkten hin. Schalke 04 wurde in der „Roten Erde" mit 7:0 abgekanzelt, der starke Aufsteiger Bayern München unterlag am gleichen Ort 0:3. Der Kantersieg gegen Schalke am 23. Spieltag bedeutete, daß der BVB in der Tabelle an den beiden Münchener Klubs nach einer langen Verfolgungsjagd vorbeizog. Zwischenzeitlich führten die Schwarz-Gelben die Tabelle mit fünf Punkten Vorsprung an. Drei Spieltage vor Schluß war dieser Vorsprung gegenüber dem TSV 1860 München auf einen Punkt zusammengeschmolzen. Am Ende reichte es nur zur Vizemeisterschaft, drei Punkte hinter den Münchenern. Die Entscheidung fiel am vorletzten Spieltag, als die „Sechziger" in der „Roten Erde" gastierten. Die Merkel-Elf siegte mit 2:0. Der überragende Mann auf dem Platz war Münchens Keeper Petar „Radi" Radenkovic. Bereits eine Woche vorher hatte man

„Endspiel" in der „Roten Erde": Brunnenmeier erzielt ein Tor für den TSV 1860. Im Hintergrund die Holztribüne der Gegengeraden, die erst in den 60er Jahren errichtet wurde.

beim amtierenden Meister Bremen 0:1 verloren. Eine 1:4-Niederlage am letzten Spieltag in Frankfurt bedeuteten 0:6 Punkte in den letzten drei Begegnungen der Saison.

Schuld am Einbruch der Borussen waren der größte Erfolg in ihrer Vereinsgeschichte, der Gewinn des Europapokals der Pokalsieger, sowie eine taktische Fehlleistung von Trainer Multhaup.

Das Spiel gegen 1860 München fand nur drei Tage nach dem 120-Minuten-Finale von Glasgow statt. Obwohl die Mannschaft völlig ausgelaugt war, ließ Multhaup die gleiche Formation auflaufen wie in Glasgow. Reinhold Wosab: „Das konnte nicht gutgehen. Einige Spieler waren schlicht am Ende, und sie hätten ersetzt werden müssen."

Das Torverhältnis des Vizemeisters betrug 70:36. Vier Teams schossen mehr Tore als der BVB, aber die Borussen verfügten über die beste Abwehr. Im hinteren Bereich war die Mannschaft eindeutig stabiler geworden. Mit 31 Treffern gewann Lothar Emmerich die Torjäger-Kanone, die das „Sport-Magazin", das 1966 mit dem „Kicker" fusionierte, zum ersten Mal an den erfolgreichsten Torschützen der Liga verlieh. Emmerichs Tore bedeuteten einen neuen Rekord. In 31 Bundesligaspielzeiten wurden bislang nur viermal mehr Tore erzielt (1968/69, 1969/70 und 1971/72 von Gerd Müller, 1976/77 von Dieter Müller).

Der erst 1960 aus der Taufe gehobene Europapokal der Pokalsieger ist der jüngste der europäischen Wettbewerbe. Als er 1960/61 erstmals ausgespielt wurde, hieß der deutsche Vertreter Borussia Mönchengladbach. Bereits in der 1. Runde kam das Aus. Gegen die Profis von Glasgow Rangers besaßen die Gladbacher nicht den Hauch einer Chance. In Düsseldorf verlor man 0:3, in Glasgow ging man gar mit 0:8 unter. In der folgenden Saison 1961/62 lief es schon besser. Werder Bremen drang bis ins Viertelfinale vor, wo man gegen Atletico Madrid ausschied. 1962/63 gelangte der 1. FC Nürnberg gar bis ins Halbfinale. Aber auch für die Nürnberger war Atletico die Endstation. Der Hamburger SV scheiterte 1963/64 im Viertelfinale an Olympic Lyon. 1964/65 konnte sich mit 1860 München erstmals eine deutsche Mannschaft für das Finale qualifizieren, wo die „Löwen" West Ham United allerdings 0:2 unterlagen. Dieses Finale ist als eines der schönsten und fairsten in der Geschichte der Europapokal-Wettbewerbe eingegangen. Siegern und Verlierern wurde später der von der UNESCO gestiftete „Fair-Play-Pokal" verliehen.

1965/66 hatten sich 31 Mannschaften für den Pokalsieger-Wettbewerb gemeldet. Lediglich die Vertreter Albaniens und Schwedens fehlten. Dafür war mit Dynamo Kiew erstmals eine sowjetische Mannschaft dabei. Ein weiteres Novum war, daß nun bei Punkt- und Torgleichheit die auswärts erzielten Tore doppelt gewertet wurden. Der Grund hierfür war finanzieller Art. Die meisten Entscheidungsspiele auf einem neutralen Platz hatten mit einem Defizit geendet, da in der Regel nur wenige Fans der beteiligten Mannschaften die weite Reise antraten. Oft deckten diese Spiele nicht einmal die Unkosten der Vereine.

In der 1. Runde gab es für die Borussen einen Gegner zum Aufwärmen. Der maltesische Pokalsieger Floriana La Valetta wurde auf der Mittelmeer-Insel 5:1 geschlagen. Zum Rückspiel in der „Roten Erde" fanden sich lediglich 10.000 Zuschauer ein, die einen 8:0-Sieg des BVB sahen, bei dem Lothar Emmerich sechs Tore schoß. Zum ersten Mal hatte sich der Linksaußen den Ruf eines Torjägers erworben, den er dann in den folgenden Bundesligaspielen festigte. In der 2. Runde hieß der Gegner CSKA Sofia. Das Hinspiel in der „Roten Erde" wurde vor 30.000 Zuschauern glatt 3:0 gewonnen, was Trainer Multhaup zu der Feststellung veranlaßte: „Hier zeigt sich doch, daß die Bundesliga das Niveau gehoben hat." Im Rückspiel gab es vor 50.000 Zuschauern im Armee-Stadion eine 2:4-Niederlage. Der ruppigen Partie drohte eine Viertelstunde vor dem Ende der Abbruch. In der 87. Minute wurde „Hoppy" Kurrat des Platzes verwiesen, wenig später schied auch noch Held verletzt aus.

Im Viertelfinale traf der BVB ausgerechnet auf Atletico Madrid, den Angstgegner der deutschen Teilnehmer, an dem Bremen und Nürnberg gescheitert waren. Der BVB verkaufte sich glänzend, ging in der 58. Minute durch Emmerich sogar in Führung. Erst vier Minuten vor Schluß gelang den Madrilenen der Ausgleich zum 1:1-Endergebnis. Aufgrund der neuen Regel genügte den Borussen somit bereits ein torloses Unentschieden, um ins Halbfinale einzuziehen. Entsprechend ging man beim Rückspiel zur Enttäuschung der 34.000 Zuschauer auch zu Werke. Es war ein ruppiges und schlechtes Spiel, das der BVB durch ein von Emmerich bereits in der 16. Minute erzieltes Tor mit 1:0 gewann.

Der BVB stand nun zum zweiten Mal nach 1963/64 im Halbfinale eines europäischen Wettbewerbs, gemeinsam mit den drei britischen Mannschaften West Ham United, FC Liverpool und Glasgow Celtic. Das Los entschied, daß der BVB beim Titelverteidiger aus London anzutreten hatte. West Ham steckte in einer Formkrise und hatte in der 1. Division sogar gegen den Abstieg zu kämpfen. Zudem wurde der Verein von internen Querelen heimgesucht, nachdem Mannschaftskapitän Bobby Moore am Tag der Auslosung der Halbfinalpaarungen den Wunsch vorgebracht hatte, auf die Transferliste gesetzt zu werden. Trotzdem bot United sein bestes Spiel seit Monaten, aber der Sieger hieß Borussia Dortmund. In der 52. Minute ging West Ham durch Peters, der später auch im WM-Finale gegen Deutschland erfolgreich war, in Führung. Als das Publikum erwartete, daß den Londonern der zweite Treffer gelingen würde, schaffte Emmerich in der 86. Minute den Ausgleich. Nur eine Minute später gelang „Emma" nach schöner Einzelleistung von Sigi Held auch noch der Siegtreffer zum 2:1.

Der BVB befand sich somit in einer glänzenden Ausgangsposition. Die Hoffnung Uniteds, in Dortmund den Spieß doch noch umdrehen zu können, wurde vor 35.000 Zuschauern bereits nach 30 Sekunden zerstört, als es erneut Emmerich war, der seine Farben 1:0 in Führung brachte. Nach 90 Minuten hieß es 3:1 für den BVB, der damit als dritter deutscher Verein nach Eintracht Frankfurt und 1860 München in das Finale eines europäischen Wettbewerbs einzog.

Im anderen Halbfinale hatte sich der FC Liverpool durchgesetzt, allerdings in einer Weise, die für das Finale noch Auswirkungen haben sollte. Liverpool hatte zunächst in Glasgow 0:1 verloren. Im Rückspiel führten die „Reds" zwei Minuten vor Schluß 2:0, als der Ball plötzlich im Liverpooler Tor landete. Doch der Schiedsrichter entschied auf Abseits, was Zuschauerausschreitungen auslöste, die mehrere Verletzte forderten. Im Falle eines 2:1-Sieges der Heimmannschaft wären – aufgrund der neuen Regel – nicht die „Reds", sondern die „Hoops" ins Finale eingezogen. Die schottischen Schlachtenbummler schworen, beim Endspiel in Glasgow die Borussen anzufeuern, als wäre es die eigene Mannschaft. Trainer Multhaup kommentierte: „Wir werden diese Unterstützung gut brauchen können; denn der FC Liverpool ist ein starker, schwerer Gegner..." Die Freundschaft zwischen Borussia und Celtic ist also bereits älteren Datums. Das Angebot der UEFA, nicht gegen eine britische Mannschaft in einer britischen Stadt spielen zu müssen, sondern das Finale in die neutrale Schweiz nach Lausanne zu verlegen, schlug der BVB-Vorstand daher großzügig aus.

Doch aus der erhofften massenhaften Unterstützung der Celtic-Fans wurde nichts. Die Celtic-Fans und andere Glaswegians blieben zu Hause, da sie dem FC Liverpool keine gute Einnahme gönnten. Möglicherweise spielte auch eine Rolle, daß ihre eigene Mannschaft am Vorabend schottischer Meister geworden war, was ausgiebig gefeiert wurde. Am Abend des Finales gingen sie erst auf die Straße, als alles vorbei war. Zu Tausenden standen sie an den Straßenkreuzungen, um die Mannschaft und die Fans des FC Liverpool auszulachen und damit den angestauten Unmut abzuladen.

So kamen „nur" 55.000 in dem Hampden Park, Europas größtes Fußballstadion, dessen Kapazität zu diesem Zeitpunkt 135.000 betrug. (Einige Schotten pflegen über ihr Nationalstadion zu sagen: „Schottland hat kein Parlament, Schottland hat Hampden Park".) Die überwiegende Mehrheit der Fans waren Anhänger der „Reds", den BVB hatten ca. 3.000 bis 4.000 Fans nach Glasgow begleitet. Die weiten Betonkurven des Stadions blieben fast menschenleer, nur in zwei, drei Blöcken herrschte Gedränge. Das große Geld, das sich der BVB insgeheim erhofft hatte, blieb aus.

In Borussias „Spiel des Lebens" vermochte die Mannschaft nicht zu brillieren. Keiner der elf Borussen befand sich an diesem Tag in Hochform. Vor allem das Paßspiel geriet mehr oder weniger zum Desaster. Nur selten erreichte der Ball den freien Mann. Der FC Liverpool war die bessere Mannschaft, diktierte einen Großteil des Spielgeschehens. Daß die Borussen nach 120 Minuten trotzdem als Sieger das Feld verließen, basierte auf einer Mischung aus Glück, Kampf und Zusammenhalt. Das Spiel war Vorstellungen des BVB ähnlich, wie man sie auch heute noch häufig erlebt: Der BVB spielt alles andere als überragend, Fehlpaß reiht sich an Fehlpaß, die Mannschaft wirkt nervös. Aber durch Kampf und gegenseitige Unterstützung schafft die Borussia es dann doch noch, das Spiel zu ihren Gunsten zu entscheiden.

Luftkampf zwischen BVB-Stopper Paul und Liverpool-Stürmer Ian St. John.

Als Held in der 61. Minute das 1:0 erzielte, stellte dies den Spielverlauf eher auf den Kopf. Nur sieben Minuten später glich Hunt für Liverpool aus. Die Borussen protestierten, da sie den Ball bereits vorher hinter der Torauslinie gesehen hatten. Liverpool stürmte weiter, Borussias Kräfte schienen zu erlahmen. Einige Spieler wirkten dem Zusammenbruch nahe, vor allem, als das Spiel in die Verlängerung ging. Nachdem man die folgenden 15 Minuten schadlos überstanden hatte, erhielt die Mannschaft noch einmal Auftrieb. In der 106. Minute erzielte Libuda den Siegtreffer zum 2:1, eines der kuriosesten Tore in der Geschichte des Europapokals, das mit viel Glück zustande kam. Held hatte zunächst Keeper Lawrence angeschossen, den Abpraller schoß Libuda in hohem Bogen aufs Tor. Der Ball wäre vom Gebälk ins Feld zurückgeprallt, aber Yeats nahm bei einem völlig überflüssigen Rettungsversuch den Ball mit ins eigene Tor.

Nach diesem Treffer mobilisierte der BVB erstaunliche Kraftreserven und brachte die knappe Führung über die Zeit. Trainer Multhaup nach dem Spiel: „Die Engländer waren ungemein gefährlich, aber etwas Glück gehört auch zum Fußball, und das hatten wir nun mal." Und sein Gegenüber Bill Shankly: „Die bessere Mannschaft hat das Spiel verloren. So ist das nun einmal im Fußball.

Nach dem Europacup-Sieg in Glasgow gegen den FC Liverpool wird der BVB in der Heimat stürmisch gefeiert. Mit dem Europacup Mannschaftskapitän Wolfgang Paul, links Willi Multhaup.

▷ Folgende elf Spieler waren am ersten Sieg einer deutschen Mannschaft in den europäischen Wettbewerben und dem bis heute größten Triumph des BVB in seiner Vereinsgeschichte beteiligt: Tilkowski, Paul, Redder, Cyliax, Kurrat, Assauer, Libuda, Schmidt, Held, Sturm, Emmerich. Rudi Assauer hatte seinen Einsatz dem Umstand zu verdanken, daß sich Friedhelm Groppe, der sich während der Saison einen Stammplatz erkämpft hatte, vor dem Finale verletzte.

Die Saison 1965/66 war das große Jahr des Sturmduos Emmerich-Held, von der britischen Presse „the terrible twins" („die schrecklichen Zwillinge") getauft. Mit 14 Treffern schoß Emmerich die Hälfte aller Dortmunder Europacup-Tore. Lediglich in zwei der neun Europapokalbegegnungen blieb er ohne Torerfolg – beim 3:0 Heimsieg gegen Sofia sowie im Endspiel. Aber erst Held machte Emmerich zum torgefährlichsten Stürmer weit und breit, weshalb die britische Presse „Emma" auch als das „dritte Bein" von Held bezeichnete. Helmut Böttiger: „Lothar Emmerich, ein Karosseriebauer aus Dortmund-Dorstfeld, war von der Bezirksklasse direkt in die Bundesliga gelangt und machte zwar dann und wann ein Tor, aber er unterschied sich nicht wesentlich von den anderen Stürmern im Ruhrpott. Mit Held wurde das anders. Die beiden verstanden sich auf Anhieb: Wenn der eine losrannte, wußte der andere sofort wohin, sie rochierten von der Mitte

Sigi Held in Aktion.

Emmas Jahrhunderttor bei der WM 1966 gegen Spanien.

auf den Flügel und schoben sich die Bälle ins Freie, daß es eine Lust war. Held war dabei eher der Stratege, der die Situation witterte, Emma hingegen sein Erfüllungsgehilfe, der Vollstrecker."

In der Nationalmannschaft traten beide nur fünfmal gemeinsam auf. Auf mehr Länderspiele kam Emmerich auch nicht. Sein erstes absolvierte er im März 1966 gegen die Niederlande in Rotterdam, als er zum 4:2-Sieg einen Treffer beisteuerte. Die restlichen vier Einsätze erfolgten im gleichen Jahr während der WM in England. In seinem zweiten Länderspiel gegen Spanien erzielte Emmerich sein zweites und letztes Tor im Trikot der Nationalmannschaft, mit dem er sich allerdings ein Denkmal setzte. Nach einem Einwurf von Held schmetterte er den Ball aus einem „toten Winkel" unter die Latte des Tores. Der „Daily Mirror" über den Treffer: „Lothar Emmerich präsentierte eines der majestätischsten Tore in der Geschichte des alten Villa-Parks." Und der Augenzeuge des „Daily Telegraph": „Ich weiß nicht, ob der Villa Park jemals wieder der alte sein wird."

Helds Karriere in der Nationalmannschaft verlief erfolgreicher. Insgesamt kam der zurückhaltende und bescheidene Stürmer, der als Musterprofi galt und auch bei der WM 1970 in Mexiko dabei war, auf 41 Länderspiele, 35 davon als BVB-Spieler.

Zur WM in England fuhren vier BVB-Spieler; so viele Borussen hatten noch nie gemeinsam in der Nationalelf gespielt. Wolfgang Paul drückte allerdings nur die Reservebank, während Held und Tilkowski alle WM-Spiele bestritten und Held, Tilkowski und Emmerich in der Mannschaft standen, die im Finale gegen England auflief. Paul, der sich im Schatten des Hamburgers Willi Schulz befand, ist möglicherweise der einzige WM-Teilnehmer, der niemals auch nur ein einziges Länderspiel bestritt. Die starke Dortmunder Präsenz bei der WM hatte für den BVB nicht nur positive Seiten. Ohne Tilkowski, Held, Emmerich und Paul entfiel für den frischgebackenen Europapokalsieger die Möglichkeit, durch lukrative Privatspiel-Abschlüsse aus seiner neuen Popularität Kapital zu schlagen.

Der Zuschauerschnitt des BVB betrug in dieser Saison 1965/66 (nur Bundesliga) 24.906, was ca. 15.000 weniger waren als 22 Jahre später bei der Erringung der zweiten Vizemeisterschaft. Dies bedeutete lediglich Platz 8 in der Zuschauertabelle. Selbst im Westen war die erfolgreiche Borussia nicht Nr. 1. Sowohl der 1. FC Köln (26.395) als auch Schalke 04 (26.342) konnten einen besseren Schnitt aufweisen. Trotzdem war es diese Saison, in der dem BVB die endgültige Befreiung aus dem Schatten des siebenmaligen Deutschen Meisters und Nachbarn Schalke 04 gelang. Die Borussen hatten nun mit dem Europapokal etwas in ihrer Trophäensammlung, was die

Autogrammkarte des BVB aus der Saison 1965/66.

Schalker nicht besaßen und die Differenz von vier Meisterschaften allemal aufwog. Erst die Saison 1965/66 begründete den Borussia-Mythos und mobilisierte Sympathien mit dem BVB auch außerhalb des Ruhrgebiets und der angrenzenden Regionen. Bei einigen Bundesliga- und Europapokalbegegnungen erwies sich die „Rote Erde" in dieser Saison erneut als zu klein, weshalb der große Reibach ausblieb. Daß Stuttgart, Köln und Hannover über einen besseren Zuschauerschnitt als der BVB verfügten, lag nicht daran, daß diese Klubs beliebter gewesen wären. Aber bei Begegnungen mit Spitzenmannschaften und Derbys konnten sie in ihren deutlich größeren Arenen erheblich mehr Zuschauermassen unterbringen als die Borussen in der „Roten Erde".

Wolfgang Paul äußerte viele Jahre später über den Europapokalsieger und Vizemeister von 1966: „Unsere Mannschaft stand. Multhaup war nicht der große taktische Stratege, aber er war, glaube ich, für viele Spieler eine Art Vaterfigur." Und Rudi Assauer: „Bei diesem Team war es egal, wer auf der Trainerbank saß. (...) Wir haben uns selbst die Taktik zurechtgelegt, sind rausgegangen und haben losgelegt."

Saison 1966/67: Das Ende einer Ära

Derartige Einschätzungen mögen den BVB-Vorsitzenden Willi Steegmann seinerzeit zu der fatalen Annahme veranlaßt haben, daß die Mannschaft ein Selbstläufer sei und jeden Trainer stark machen würde. In der Regel sind Mannschaften allerdings nur über einen begrenzten Zeitraum in der Lage, sich selbst zu regieren, da sie an dem (notwendigen) Austausch von Spielern kein Interesse haben. Und selbst wenn es zutrifft, was nicht nur Paul und Assauer bezüglich Multhaup behaupten, so hatte die Mannschaft doch eine Vorgeschichte, nämlich die gute und intensive Arbeit von Hermann Eppenhoff und Herbert Sandmann.

Nach der Saison 1965/66 wechselte Multhaup, dessen Vertrag eigentlich auch noch für die folgende Spielzeit galt, vorzeitig zum 1. FC Köln. Als Nachfolger wurde der bis dahin weithin unbekannte Übungsleiter Heinz Murach verpflichtet, zuvor beim Fußballverband Niederrhein beschäftigt und für viele nicht mehr als ein „Turnlehrer". Für einen Europapokalsieger, in dessen Reihen sich mehrere Nationalspieler befanden, war dies eindeutig zu wenig. Murach, der von Anfang an bei der Mannschaft und den Fans unter Autoritätsproblemen litt, konnte nicht einmal die Rolle der Vaterfigur spielen, die Paul dem Trainer Multhaup immerhin noch zugestand. Murach war nicht der geeignete Mann, um das Niveau der Mannschaft zu halten, geschweige denn weiterzuentwickeln. Die Borussia begann in jeder Beziehung zu rasten und zu rosten.

Von den Neuverpflichtungen waren nur Horst Trimhold, der von Eintracht Frankfurt kam, zuvor aber bereits in der Region gespielt hatte (ETB Schwarz-Weiß Essen) und Willi Neuberger, nach Sigi Held nun der zweite Süddeutsche im Team, erwähnenswert. Trimhold, weil er der einzige Spieler war, für den der BVB etwas investieren mußte, und Neuberger, weil er sich tatsächlich als ein guter Fang erwies. Die Verpflichtung Neubergers war einmal mehr das Werk von Oberstleutnant Ottmar Rhein, der den Spieler, auf Empfehlung von Sigi Held, vom Amateurklub TuS Röllfeld geholt hatte. Rhein war mittlerweile auch Spielausschuß-Vorsitzender des BVB. Von 1966 bis 1971 bestritt Neuberger, der sich schnell zu einem Leistungsträger entwickelte, 148 Bundesligaspiele für die Borussen. Danach spielte er noch für Werder Bremen, Eintracht Frankfurt und Wuppertaler SV in der Bundesliga. Mit insgesamt 520 Bundesligaeinsätzen gehört Neuberger zum erlauchten sechsköpfigen Kreis der „Fünfhunderter".

Insgesamt betrachtet war die Verpflichtungspolitik der Borussen für einen Europacup-Sieger und Vizemeister aber äußerst zurückhaltend und

Ein Späßchen beim Training. Ein „Tänzchen in Ehren" riskiert das heutige Ehepaar Wosab.

konservativ. Es wurde nicht nach Alternativen und Verstärkungen gesucht, sondern lediglich für Notfälle vorgesorgt. Die „Neuen" hatten einerseits fertige Spieler zu sein, durften aber andererseits nicht die BVB-Finanzen belasten. Verstärkt wurden diese Fehler noch dadurch, daß der Jugendbereich arg vernachlässigt wurde.

So zählte die „Sport-Illustrierte" die Borussen vor dem Saisonstart 1966/ 67 auch nur zu den „Favoriten im zweiten Glied", für einen Europacup-Sieger und Vizemeister eigentlich erstaunlich. Als Titelaspiranten machte die Zeitschrift den 1. FC Köln, 1860 München, Bayern München und Eintracht Frankfurt aus. Den Borussen wurde u.a. ein Mangel an Alternativen vorgeworfen: „Die Dortmunder profitierten zu sehr von der Stoßkraft ihres lange Zeit wie unter einer Tarnkappe verborgenen Tandems Held/Emmerich, dessen polternde Aktivität schon im Endspurt der vergangenen Saison nicht mehr ausreichte, um eine mittlerweile schlau gewordene Gegnerschar überrumpeln zu können."

Die Meisterschaft gewann dann mit Eintracht Braunschweig eine Mannschaft, die niemand auf der Rechnung hatte und über die die „Sport-Illustrierte" zum Saisonstart geschrieben hatte: „Die Braunschweiger genießen den Ruf der bravsten und den einer der solidesten Mannschaften. Doch auch ihnen steht wohl ein schweres Jahr bevor." Allerdings erwiesen sich die

Braunschweiger, wie ein Jahr später auch die Nürnberger, lediglich als „Übergangsmeister", denen die Ära der Gladbacher und der Bayern folgte. Braunschweig versank eine Saison später im Mittelmaß, während dem 1. FC Nürnberg 1968/69 – wohl nicht zuletzt dank Max Merkel – das Kunststück gelang, als amtierender Meister abzusteigen. Derartige „Übergangs-" oder auch „Zufallsmeister" wie Braunschweig und Nürnberg gibt es immer dann, wenn sich der Fußball in einer Umbruchphase befindet. (Siehe diesbezüglich auch den Titelgewinn des 1. FC Kaiserslautern 1990/91, der es allerdings – im Gegensatz zu Braunschweig und Nürnberg – verstand, aus seiner „Zufallsmeisterschaft" Kapital zu schlagen und darauf aufzubauen.)

Nach dem üblichen schwachen Start (1:2 daheim gegen Aufsteiger Fortuna Düsseldorf) fing sich der BVB allmählich. Die bemerkenswertesten Resultate waren die hohen Heimsiege gegen den 1.FC Köln (6:1), der Elf des ehemaligen Trainers, Schalke 04 (6:2 im Nebel) und Hamburger SV (7:0). Dank eines starken Schlußspurts langte es in der Endabrechnung immerhin noch zum 3.Platz, vier Punkte hinter Meister Braunschweig und zwei Punkte hinter 1860 München. Lothar Emmerich wurde mit 28 Toren erneut Torschützenkönig, mußte sich die Kanone allerdings mit Gerd Müller teilen.

Im DFB-Pokal scheiterte der BVB nach zwei Begegnungen gegen den 1. FC Köln (2:2 und 0:1) bereits in der 1. Hauptrunde. Auch im Europapokal der Pokalsieger kam für den Titelverteidiger bereits frühzeitig das Aus. In der 1. Runde bekam der BVB es gleich mit Glasgow Rangers zu tun. In Glasgow verloren die Borussen 2:1, im Rückspiel kamen sie über ein 0:0 nicht hinaus. Rangers unterlag später in Nürnberg im Finale Bayern München mit 0:1 n.V. Die Bayern traten somit die Nachfolge der Borussia an.

Seit der Einführung der Bundesliga war der BVB jedes Jahr in einem europäischen Wettbewerb vertreten gewesen. Nun sollte es 16 Jahre dauern, bevor der BVB erneut die europäische Bühne betreten durfte. Der Triumph von 1966 markierte somit zugleich das Ende der ersten europäischen Ära des BVB.

Trotz eines relativ enttäuschenden Saisonverlaufs erzielte der BVB mit 26.104 seinen besten Zuschauerschnitt in den neun Jahren Bundesliga bis zum Abstieg 1972. Die Gründe hierfür dürften die neue Aura des Europapokalsiegers sowie der Boom, den die Vizeweltmeisterschaft in England unter der Beteiligung von drei Borussen auslöste, gewesen sein. Nur der VfB Stuttgart, Eintracht Frankfurt und Fortuna Düsseldorf mobilisierten mehr Zuschauer.

Nach dieser Saison verließ Hans Tilkowski den Verein in Richtung Frankfurter Eintracht, da er die Querelen mit Trainer Murach, der ihn wiederholt auf die Bank gesetzt hatte, satt hatte. Bei seinem letzten Spiel für den BVB gab es in Stuttgart eine unglückliche 0:1-Niederlage. Vor seinem Abschied aus Dortmund absolvierte „Til" noch in der heimischen „Rote Erde" sein 39. und letztes Länderspiel (6:0 in der EM-Qualifikation gegen Albanien), womit er den Regensburger Hans Jakob als Rekordnationaltorhüter ablöste. Der kleine Bernhard Wessel, Held des Meisterschafts-Finales von 1963, wurde nun wieder Nr. 1 im BVB-Tor. Tilkowski hütete in Frankfurt noch zwei Jahre das Tor, bevor er seine Karriere beendete.

Saison 1967/68: Es geht bergab

Die Verpflichtungspolitik für die Saison 1967/68 fiel noch zurückhaltender aus als im Vorjahr. Geholt wurden nur tatsächliche oder vermeintliche Talente. „Aki" Schmidt hatte seine Karriere beendet und hinterließ eine große Lücke im Gefüge der Mannschaft. Erschwerend kam noch hinzu, daß Wolfgang Paul lange verletzt war, und für Alternativen hatte man ja nicht gesorgt. Es folgte der tiefe Fall. Im April 1968 mußte Murach seinen Hut nehmen, seinem Nachfolger Oswald Pfau gelang dann immerhin noch der Klassenerhalt. Am Ende belegte der BVB den 14. Platz. Der Zuschauerschnitt sank auf 21.877.

Besser lief es im DFB-Pokal. Allerdings hatte der BVB hier das Glück, bis zum Halbfinale nur gegen unterklassige Gegner antreten zu müssen. Als es dann gegen die Multhaup-Truppe 1. FC Köln ernst wurde, gab es eine klare 0:3-Niederlage. Köln wurde anschließend Pokalsieger. Am Ende der Saison verließ „Stan" Libuda den Verein, um zum Schalker Markt zurückzukehren. Im Verhältnis der beiden Rivalen zeichnete sich langsam aber sicher eine neuerliche Trendwende ab, diesmal zugunsten der Blau-Weißen.

Bereits im Dezember 1968 war es zu einem Wechsel an der Vereinsspitze gekommen. Willi Steegmann, in dem nicht wenige Borussen-Fans den Hauptschuldigen für den sportlichen Abstieg und die enttäuschten Hoffnungen erblickten, räumte den Präsidentenstuhl für Dr. Walter Kliemt. Der ehemalige Oberstadtdirektor, der nun im VEW-Vorstand saß, wurde auf den Vorsitz mehr geschoben, als daß er ihn freiwillig erklomm. Kliemt war eigentlich kein Footballman, was er auch unumwunden eingestand. Umso wichtiger wäre bereits zu diesem Zeitpunkt ein hauptamtlicher Manager gewesen. Kliemts Amtszeit (1968-74) verlief ziemlich unglücklich. Der SPD-Politiker, der aus schierem Verantwortungsbewußtsein handelte und mit der Amtsübernahme einem wichtigen Werbeträger der Stadt helfen wollte, war vielleicht doch zu sehr der klassische „Grüßonkel". Trotzdem

„Stan" Libuda („Keiner kommt an Gott vorbei – außer Libuda"), der Schalker, dem der BVB den größten Triumph in seiner Vereinsgeschichte zu verdanken hat. Libuda bestritt 74 Bundesligaspiele für den BVB und 190 für Schalke 04.

hat ihm der BVB viel zu verdanken, denn Kliemt, der den NRW-Regierungschefs Kühn und Rau als stellvertretender Fraktionschef diente, sorgte dafür, daß die Gelder für den Bau der WM-Stadien bewilligt wurden. Das Westfalenstadion sollte für den BVB und seine weitere Entwicklung noch eine erhebliche Rolle spielen.

Saison 1968/69: Trainerkarussell

1968/69 gelang der Klassenerhalt erst am letzten Spieltag, als der BVB in der ausverkauften „Roten Erde" Kickers Offenbach 3:0 schlug. Während dieser Saison beschäftigte der BVB nicht weniger als vier Trainer. Zunächst sprang Helmut Bracht für den plötzlich an einem Herzinfarkt verstorbenen Oswald Pfau ein. Aber Bracht betrachtete sich selbst nur als Interimslösung, so daß mit Helmut Schneider der Meistermacher von 1956/57 verpflichtet wurde.

Doch Schneiders Comeback bewirkte nicht das erhoffte Wunder, eher war das Gegenteil der Fall. Schneider war mit den Anforderungen des Bundesligageschäfts und dem neuen Spielertypus, den größere Unabhängigkeit und Selbstbewußtsein auszeichneten und den die Rethorik der 50er Jahre kaum noch ansprach, hoffnungslos überfordert, weshalb er schon drei Monate später von Hermann Lindemann abgelöst wurde. Lindemann übernahm die Mannschaft in einer ausweglosen Situation, und daß der Klassenerhalt doch noch geschafft wurde, war ganz wesentlich sein Verdienst. Das Trainerkarussell befand sich nun am Borsigplatz in ständiger Bewegung. Am Ende der Saison wurde Lothar Emmerich für 175.000 DM an den AC Beerschot Antwerpen verkauft, obwohl er eigentlich beim BVB bleiben wollte. Emmerich: „Ich bin doch ein Dortmunder Junge." Aber der Verein war so klamm, daß ihm nichts anderes übrigblieb, als die Helden von 1966 nach und nach zu verkaufen. Hätte es sich allein um Emmerich gehandelt, wäre sein Abgang noch zu verkraften gewesen. „Emma" hatte an Torgefährlichkeit deutlich eingebüßt. 1967/68 wurde er mit 18 Treffern nur Siebter in der Torschützenliste, 1968/69 mit zwölf Treffern nur Neunter, gemeinsam mit den heute kaum noch geläufigen Hasenbrink (Kaiserslautern) und Klostermann (Aachen). Das Duo Emmerich-Held funktionierte zuletzt längst nicht mehr so wie in den Spielzeiten 1965/66 und 1966/67. Außerdem stand mit Werner „Acker" Weist ein durchaus brauchbarer Ersatz bereit. Es war die Vielzahl der Verkäufe bei gleichzeitigem Ausbleiben von gleichwertigen Neuerwerbungen, wodurch der Niedergang beschleunigt wurde.

Saison 1969/70: Kurzes Zwischenhoch

1969/70 erfuhr der BVB noch einmal ein überraschendes Zwischenhoch, als er mit dem 5. Platz abschloß. Mit Rynio (1. FC Nürnberg), dem jugoslawischen Nationalspieler Branko Rasovic (Partizan Belgrad), Heidkamp (Kickers Offenbach) und Kohlhäufl (Jahn Regensburg) hatte man relativ effektiv eingekauft. Außerdem kam Schütz, der in Italien außer für AS Rom auch noch für AC Turin und AC Brescia gespielt hatte, zurück an den Borsigplatz. Schütz war bereits ein Jahr zuvor in die Bundesliga zurückgekehrt und hatte sich dort zunächst 1860 München angeschlossen. Die Ablösesumme für Schütz betrug 100.000 DM. Werner Weist belegte mit 20 Toren in der Torschützenliste hinter dem unvermeidlichen Gerd Müller den 2. Platz und weckte damit die Begehrlichkeit anderer Klubs. Trotz des guten Abschneidens sank der Zuschauerschnitt mit 18.703 erstmals unter die 20.000-Marke.

Am Ende der Saison wurde Trainer Lindemann entlassen, obwohl der Vorstand ihn nach der Saison 1968/69 mit einem langfristigen Vertrag ausgestattet hatte. Für Rudi Assauer eine „unverzeihliche" Fehlentscheidung.

Mit Löwen aus dem Löwenpark des Grafen Westerholt wurde der BVB in der Glückauf-Kampfbahn empfangen, nachdem im Hinspiel in der „Rote Erde" die Schalker Rausch und Neuser von Schäferhunden gebissen wurden.

Assauer selbst wurde für 150.000 DM nach Bremen verkauft, die Mannschaft verlor einen weiteren wichtigen Leistungsträger. Wolfgang Paul, der Kapitän der Helden von Glasgow, beendete seine Karriere, da er ständig an schweren Verletzungen laborierte. In der Saison 1969/70 kam der Abwehrorganisator nur noch auf zehn Bundesligaeinsätze.

Saison 1970/71: Der große Ausverkauf

Neuer Trainer wurde Horst Witzler, der mit dem „Lackschuhklub" ETB Schwarz-Weiß Essen ungeahnte Erfolge gefeiert hatte. Von den Neuverpflichtungen für die Saison 1970/71 konnten nur Theo Bücker (der schon in der Saison 1969/70 auf einige wenige Einsätze kam, sich aber erst 1970/71 etablieren konnte) und Manfred Ritschel Bundesligatauglichkeit nachweisen. Der BVB beendete die Saison mit dem 13. Platz. Lediglich zwei Punkte trennten die Borussen von einem Abstiegsplatz. Der Zuschauerschnitt sank weiter auf 16.011. In dieser Saison lagen allerdings alle Klubs aus dem Ruhrgebiet unter der 20.000-Marke. Schalke und Rot-Weiß Essen verzeichneten dabei mit 19.950 bzw. 19.154 mehr Zuschauer als der BVB, der MSV Duisburg mit 14.705 (trotz eines 7. Platzes) weniger.

Am Ende der Saison wurden mit Neuberger, Weist (beide zu Werder Bremen, das auf der Suche nach Verstärkungen schon immer im Westen geplündert hatte), Held (Kickers Offenbach) und Wosab (VfL Bochum) gleich vier der ohnehin geringen Zahl von Leistungsträgern verkauft, was keineswegs so geplant war. Aus finanziellen Gründen mußten Held oder Neuberger abgegeben werden. Präsident Kliemt: „Zwei von dem Kaliber Held und Neuberger können wir nicht finanzieren." In der Annahme, den jüngeren Neuberger halten zu können, wurde Held die Freigabe erteilt. Aber Neuberger entschied sich dann doch noch für Bremen. Da seine Vertragsverlängerung beim BVB nur auf einer auseinandergerissenen Zigarettenschachtel festgehalten wurde und die notwendige Unterschrift eines dritten Vorstandsmitglieds fehlte, behielt Werder im Tauziehen um den Libero die Oberhand. Die Arbeitsgerichtsprozesse um Neuberger gingen verloren, und da der BVB auch noch ein großzügiges finanzielles Angebot des Werder-Präsidenten Dr. Böhmert ausschlug, der als Gegenleistung von den Dortmundern die Einstellung des Prozesses verlangt hatte, ging Neuberger den Borussen verloren, ohne daß er deren leere Kasse füllte.

Kaum weniger unglücklich verlief der Transfer von Wosab. Wosab wollte zu veränderten Bezügen um ein weiteres Jahr verlängern. Aber der Verein dachte, daß Wosab mit seinen mittlerweile 33 Lenzen ohnehin keinen anderen Verein mehr bekommen würde und ließ den Routinier zappeln. Der Aufsteiger VfL Bochum, der von Hermann Eppenhoff trainiert wurde, ließ sich die Chance nicht entgehen und griff zu. In Bochum spielte Wosab noch drei Jahre, in denen er immerhin 59 Bundesligaspiele absolvierte. Zu den Abgängen gehörte des weiteren noch Horst Trimhold, der nach Frankfurt zurückkehrte, allerdings nicht zur Eintracht, sondern zum FSV. Mit diesem gewann er in der folgenden Saison die Deutsche Amateurmeisterschaft.

Saison 1971/72: Der Abstieg

Die Mannschaft, die in die Saison 1971/72 ging, war praktisch von vornherein zum Abstieg verurteilt, da nur wenige Spieler über Bundesligatauglichkeit verfügten. Auch Trainer Witzler muß bereits vor dem Anpfiff des ersten Spiels Böses geahnt haben. Jedenfalls soll er dem Vorstand gegen die Zahlung von 50.000 DM seinen freiwilligen Rücktritt angeboten haben. Der letzte 66er im Team war der treue „Hoppy" Kurrat, der in dieser Saison auch die Kapitänsbinde trug. Die zehn (!) Neuverpflichtungen waren in ihrer Mehrzahl Amateure, die nur dank des desolaten Zustands des BVB ihre Fußballerkarrieren mit einigen Bundesligaeinsätzen schmücken durf-ten. Die Ausnahme war der Essener Walter Hohnhausen, der aufgrund sei-ner zwei Tore, die er zum legendären 3:1-Sieg von Rot-Weiß gegen Bayern München erzielt hatte, maßlos überschätzt wurde. In Dortmund sorgte der Mann mit den monströsen Oberschenkeln allerdings nur an den Tresen für Furore.

Der BVB konnte nur auf ein Wunder hoffen. Der Vorstand spekulierte weniger mit dem Leistungsvermögen der Mannschaft als mit dem weiteren Verlauf des Bundesligaskandals, d.h. der Verurteilung Rot-Weiß Oberhau-sens zum Zwangsabstieg oder der Aufstockung der Liga auf 20 Vereine. Bis zum bitteren Ende setzte man auf einen für den BVB günstigen Verlauf der Skandalaufarbeitung. Auch die Spieler frönten dieser Illusion. So erklärte Jürgen Rynio, nachdem der sportliche Abstieg besiegelt war: „Wir sind der fröhlichste Absteiger." Darüber blieben die haarsträubenden sportlichen Probleme weitgehend unbeachtet. Bei Bayern München kassierte der BVB im November 1971 mit 1:11 die höchste Niederlage in der ersten Bundesliga-ära der Borussen. Symptomatisch für die Qualität der Mannschaft war der Kommentar des Sport-Informationsdienstes (sid) nach dem Desaster: „Außer Kapitän Ritschel zeigte keiner auch nur annähernd Bundesligafor-mat." Wie wenig attraktiv die Borussia für die Konkurrenz noch war, belegt die Zuschauerzahl dieses Spiels. Lediglich 17.000 pilgerten in das Sta-dion an der Grünwalder Straße.

Zum Jahreswechsel wurde Witzler von Herbert Burdenski, einem Ex-Borussen und Schütze des ersten deutschen Länderspieltores nach dem Kriege, abgelöst, der aber nichts mehr retten konnte. Am Ende belegte der BVB mit nur 20 Punkten aus 34 Spielen bzw. sechs Siegen (genauso viele errang auch der zum Zwangsabstieg verurteilte Tabellenletzte Arminia Bie-lefeld) und acht Unentschieden den 17. und vorletzten Platz. Die BVB-Spiele wurden im Schnitt von nur 16.011 Zuschauern besucht. Nur sechs Jahre nach dem größten Triumph in der Vereinsgeschichte stieg der BVB in die Zweitklassigkeit ab. Der damalige BVB-Keeper Horst Bertram Jahre später: „Für viele Dortmunder ging eine Welt unter. Der Abstieg deckte irgendwie auch all die Fehler auf, die in den Jahren zuvor gemacht wurden." Und „Hoppy" Kurrat: „Alles war unklar und furchtbar traurig." Mit dem Abstieg ging eine Ära zu Ende, denn 36 Jahre war der BVB ununterbrochen erstklassig gewesen. In der gleichen Saison wurde Schalke 04 Vizemeister. Der Abstand der Schalker auf Meister Bayern München betrug, wie der des BVB sechs Jahre zuvor auf 1860 München, drei Punkte. Erneut war das Ruhrgebiet an einem Südverein gescheitert. Dafür gewannen die Schalker in dieser Saison den DFB-Pokal. Das schwärzeste Jahr der jüngeren BVB-Geschichte war für Schalke 04 das bis heute erfolgreichste des Vereins seit der Einführung der Bundesliga.

Gründe für den Niedergang

Wie bereits vermerkt, begannen die Probleme bereits vor 1966. So mußten u.a. Schütz und Konietzka verkauft werden, weil man mit den Angeboten der in- und ausländischen Konkurrenz nicht mithalten konnte. Der Trainer Multhaup, der beim BVB 5.000 DM pro Monat kassierte und mit Prämien 1965/66 auf ein Jahreseinkommen von 130.000 DM kam, brach seine Zelte vorzeitig ab, nachdem die Kölner ihm ein besseres Angebot gemacht hatten, mit dem der BVB nicht konkurrieren wollte. Zebec kam nicht, weil der BVB nur bereit war, 5.000 DM anstatt der von Zebec geforderten 7.000 DM zu zahlen. Auf der Einnahmeseite tat sich nichts, u.a. weil das Stadion zu klein war. Die späteren Probleme der Gladbacher ereilten die Dortmunder so bereits viel früher.

Doch das Stadion war bei weitem nicht das einzige Problem. Verstärkt wurde die Krise noch durch die geringe Risikobereitschaft (sicherlich auch bedingt durch die Einnahmeprobleme) und geringe visionäre Kraft des Vorstands. Der Vereinsführung mangelte es an kreativen Köpfen. Ansonsten wäre man vielleicht in der Lage gewesen, neben dem Stadion weitere Einnahmequellen aufzutun, so wie dies bei den Münchener Bayern der Fall war. Willi Steegmann war auf den Posten des Vereins-Vorsitzenden von Hoesch mehr hindelegiert worden. Der BVB wurde wie ein Betrieb verwaltet, nach streng kaufmännischen Regeln (wobei für die Stahl- und Kohleindustrie, weil eine quasi-staatliche Veranstaltung, immer etwas andere kaufmännische Regeln galten als für den normalen mittelständischen Betrieb, was möglicherweise auch Steegmanns geringe Innovationsfähigkeit erklärt). Das galt auch für den Umgang mit den Spielern, die oft wie Untergebene behandelt wurden.

Steegmann war ein hervorragender Verwaltungsmann, aber mit purem Verwalten war der erworbene sportliche Status nicht zu halten. In gewissem Sinne war Steegmann das andere Extrem zu der Sorte Präsidenten, die das Geld nur so aus dem Fenster hinauswarfen, ohne sich über eine Absicherung und Refinanzierung ihrer Investitionen Gedanken zu machen.

Helmut Bracht, damals „innerparteilicher" Oppositionsführer, wies hingegen darauf hin, daß eine „gute Mannschaft einen guten Trainer" braucht. Trimhold wollte Steegmann zunächst aus Prinzip nicht holen. Als er hörte, daß Trimhold 175.000 DM kosten sollte, fragte er Trainer Multhaup: „Was wollen Sie denn verdienen, wenn sich Trimholds Ablösesumme in diesen Dimensionen bewegt?" Steegmann befürchtete eine Eskalation der Gehälter und Ablösesummen, der er frühzeitig entgegensteuern wollte. Man mag darüber streiten, ob Trimhold sein Geld tatsächlich wert war, da er in Dortmund nie an seine in Frankfurt gezeigten Leistungen anknüpfen konnte. Aber die Zeit, in der man eine Spitzenmannschaft allein aus Talenten aus der näheren Umgebung und ohne nennenswerte Investitionen formen konnte, ging selbst in der Talentschmiede Ruhrgebiet ihrem Ende zu.

Zudem wurde Steegmann durch die Hoesch-Führung in seiner Bewegungsfreiheit eingeengt. Große Sprünge waren nicht zu machen, angesichts der Krise von Kohle und Stahl im Ruhrgebiet. Dabei spielte möglicherweise weniger eine Rolle, daß das Geld nicht vorhanden war, als daß eine offensivere Verpflichtungspolitik angesichts der Krise für nicht opportun gehalten wurde. Man paßte sich so der Krise des Ruhrgebiets an, anstatt mit dem Fußball ihren psychologischen Auswirkungen gegenzusteuern. Außerdem war die gesamte Führungsschicht, so denn überhaupt eine existierte, aufgrund beruflicher Überlastung überfordert. Ein Manager – wie Gladbach und Bayern ihn zu dieser Zeit schon hatten – wurde nicht eingestellt, sondern für überflüssig erachtet. Ganz abgesehen davon, daß er auch satzungsmäßig nicht vorgesehen war. Helmut Bracht erinnert sich daran, wie er Erich Beer für den BVB holen wollte. Man traf sich in einem Hotel in Essen. Alles war klar, aber dann war der Schatzmeister nicht erreichbar. In München oder Gladbach wäre dies ebenso undenkbar gewesen wie die peinliche Pleite mit dem Neuberger-Transfer.

Als der Fall ins Mittelmaß erfolgte, blieben die Zuschauer aus, womit die finanziellen Probleme erst richtig begannen. Libuda, Emmerich, Assauer, Neuberger, Weist und Held mußten verkauft werden. Auch mit Schalke konnte der BVB in diesen Jahren bald nicht mehr finanziell konkurrieren. Die Jugendnationalspieler Sobieray, Scheer und Rüßmann entschieden sich für Schalke, wo sie zu Leistungsträgern avancierten und 1972 Vizemeister und Pokalsieger wurden. Die Borussen hatten am Ende nicht einmal das notwendige Geld, um im Bundesligaskandal mitzuschieben.

Die neue Klasse und der Professionalismus forderten eine gewisse Modernität, die im Ruhrgebiet jedoch nicht gegeben war. Schalke hatte immerhin einen Oskar Siebert, der in diesen Jahren noch einiges bewegen konnte. Borussia wurde aber nur in hausbackener Weise verwaltet, was einfach zu wenig war, um mitzuhalten. Je professioneller der Fußball wurde und je mehr Geld im Spiel war, desto mehr geriet der BVB ins Hintertreffen.

Eine klischeehafte Sichtweise behauptet, es habe allein daran gelegen, daß die anderen, allen voran der Metropolenklub FC Bayern, „reich" gewesen wären, die Klubs aus dem „Pott" indessen – entsprechend dem ökonomischen Abstieg und dem proletarischen Charakter der Region – „bettelarm". Daß hier kein zwangsläufiger Zusammenhang bestehen muß, beweist das Beispiel des FC Liverpool, Borussias Finalgegner von 1966, der trotz hoher Arbeitslosigkeit und eines industriellen Niedergangs, der den des Ruhrgebiets noch bei weitem überstieg, in den 70ern und 80ern mehrere Meistertitel und europäische Trophäen einheimsen konnte. Die Ursachen für die Erfolglosigkeit des BVB nach 1966 lagen in erster Linie im administrativen Bereich bzw. in dessen Anpassung an die ökonomische Krise. Es wurden keine Anstalten unternommen, eine bewußt „antizyklische" Politik zu betreiben, also mit dem Fußball gegen den ökonomischen Trend und dessen psychologische Auswirkungen zu arbeiten.

Nicht umsonst wurde der 1. FC Köln erster Bundesligameister, und nicht umsonst erklommen Ende der 60er die Bayern und die Gladbacher die Spitze des deutschen Fußballs. Daß die Bayern sich gegenüber den Gladbachern schließlich durchsetzen konnten, hatte nicht zuletzt mit der Stadionfrage zu tun. Das Olympiastadion, das die Bayern früher bekamen als andere Bundesligisten ihre WM-Stadien, erwies sich mit seinem enormen Fassungsvermögen als Goldgrube, mit der der Bökelberg nicht mithalten konnte. Als die Bayern am letzten Spieltag der Saison 1971/72 gegen den Verfolger Schalke antraten, füllten 80.000 Zuschauer die Kasse der Münchener.

Aber beide Klubs zeichneten sich auch durch ein modernes und visionäres Management aus, wovon der BVB noch weit entfernt war. Die Bayern waren Mitte der 60er der erste Klub, der den ehrenamtlichen Spielausschuß-Vorsitzenden durch einen hauptamtlichen Manager ersetzte.

Allerdings existieren auch andere Sichtweisen. Herbert Sandmann: „Man kann nicht über einen längeren Zeitraum nur erfolgreich sein. Irgendwann hört das auf. Es gibt gute und schlechte Perioden. So ist es mit der Mannschaft, und so ist es mit dem Vorstand. Man hat das Glück nicht auf ewig gepachtet." Für Sandmann begann die Entwicklung erst problematisch zu werden, als auch noch die falschen Spieler geholt wurden. Dies ist sicherlich richtig. Mit einer qualifizierteren Verpflichtungspolitik hätte der BVB möglicherweise bis zur Eröffnung des neuen Stadions im Mittelmaß überleben können. Daß es solche Spielerverpflichtungen nicht gab, hatte allerdings auch damit zu tun, daß die hierfür zuständigen ehrenamtlichen Kräfte hoffnungslos überfordert waren.

Was hätte der BVB anders machen können? Der größte Fehler war vermutlich, daß man die 66er-Elf als „Selbstläufer" betrachtete. Die entscheidenden Fehler wurden in der Saison 1966/67 begangen, die für Reinhold Wosab „einen Wendepunkt" markierte. „Zu diesem Zeitpunkt wurden die Weichen für weitere Erfolge oder einen tiefen Fall gestellt. Spätestens nach 1966/67 wäre es unbedingt nötig gewesen, junge Leute zu integrieren oder auf dem Transfermarkt richtig zu klotzen. Stattdessen hat man sich mit Masse begnügt und konnte die Klasse nicht halten." Und Rudi Assauer: „Die Spieler wurden langsam älter, junge Leute rückten nicht nach, Leistungsträger verließen den Klub. Richtig geführt, hätte man hier den Grundstein für eine jahrelange Dominanz des BVB in Deutschland legen können." Aber stattdessen folgte auf den Ruhm und den Traum von einer glorreichen Zukunft ein Alptraum ohne Ende. Ohne diese bittere Erfahrung ist die Politik des heutigen BVB-Vorstands nicht zu verstehen.

Der damalige BVB-Vorstand verstand nicht, daß Spielerkäufe nicht nur Ausgaben sind, die die Kasse belasten, sondern auch Investitionen, die sich nicht nur sportlich, sondern auch finanziell rentieren. Gute Investitionen können einen finanziell nicht gerade auf Rosen gebetteten Verein durchaus sanieren. Eine konservative Verpflichtungspolitik kann hingegen mitunter finanziell zumindest genauso verheerend sein wie eine gescheiterte Offensive. Denn: je mehr der Erfolg ausbleibt, zumal bei einem Verein, an den andere Erwartungen geknüpft werden als etwa an den VfL Bochum, desto mehr bleiben die Zuschauer aus und desto geringer gestalten sich die Einnahmen. Irgendwann ist man dann an einem Punkt angelangt, wo eine Korrektur nicht mehr möglich ist, sondern auch noch die zwei, drei überdurchschnittlichen Spieler verkauft werden müssen. Die beste Zeit für eine offensivere Verpflichtungspolitik, mit dem Ziel, die Zukunft der Mannschaft zu sichern, wäre zweifelsohne die Saison nach dem Triumph von Glasgow gewesen, als der BVB über ein enormes Renomee und große Anziehungskraft auf potentielle Kandidaten verfügte und die Kasse des Vereins noch einigermaßen gefüllt war. Diese Chance wurde verpaßt, weil man nicht verstand, daß auch die beste Mannschaft ständig neu aufgefrischt werden muß und ausbleibende sportliche Erfolge zwangsläufig eine finanzielle Ebbe nach sich ziehen würden. So blieb nur noch Flickschusterei übrig.

»Die Wogen gingen hoch...«
Der Fußball und das Bier

Die Ehe von Fußball und Bier ist so alt wie das moderne Spiel selbst. Einer der Pioniere des Fußballs in Kaiserslautern erinnert sich, daß die größte Sorge des Rektors seiner Lehranstalt „weniger dem Fußballspiel als den geselligen Zusammenkünften galt, die dem Spiel folgten. Die Befürchtungen des Rektors (...) waren natürlich nicht grundlos. Zu jener Zeit (es geht um das Jahr 1906, Anmerk. dsm/ws) herrschte noch allenthalben Trinkfreudigkeit, und nach beendetem Spiel fanden sich die Spieler bei Wein und Bier und Gesang zusammen, und die Wogen der Freude gingen immer sehr hoch, auch wenn das Spiel verlorenging.“

Bei den Dortmundern war das Beharren der Jungkicker auf ihre Treffen im Wirtshaus „Zum Wildschütz“ sogar Anlaß zum Bruch mit

Von der „Schlachtplatten-Elf“ zum Gauligisten: Aufstiegsfeier am Borsigplatz 1936. Trinkfreudig blieb man trotzdem. Vor der Vereinsgaststätte „Haus Herzog“ stellen sich Vereinsfunktionäre und August Lenz (3. von links) dem Fotografen.

der Kirche und zur Gründung eines eigenen Vereins – eben des BVB. Der galt noch Jahre später als ausgesprochen gesellig. Da den gegnerischen Mannschaften nach jedem Heimspiel im Vereinslokal Schlachtplatten aufgetischt wurden, firmierten die Borussen auch als „Schlachtplatten-Elf".

Gastwirte und Brauer als erste Sponsoren

Die ersten Sponsoren des Fußballs waren Gastwirte und Brauereibesitzer. Die ersten Plätze lagen meist in der Nachbarschaft von Gaststätten, manchmal gehörten sie sogar den Gastwirten. Die Gastwirte stellten den Klubs Umkleidemöglichkeiten zur Verfügung und übernahmen die im Amateurbereich bis heute obligatorische Prämie des gemeinsamen Essens nach dem Spiel. Unter der Woche dienten sie den Vorständen als Sitzungsorte. Mit der Entwicklung des Fußballs zum Zuschauersport wurde die Unterstützung der Mannschaft zu einem einträglichen Geschäft. Denn nun versammelten sich auch noch deren Anhänger in der Gaststube. Die Gastwirte und Bierbrauer waren die ersten Gewerbe, die mit Hilfe des Massenspektakels Fußball ihren Umsatz steigern konnten. Für den damals bereits einsetzenden Prozeß der Kommerzialisierung war typisch, daß es sich bei dem Bier um ein Produkt handelte, das mit dem Fußball und Stadion unmittelbar zu tun hatte. Heute, wo von Shampoos über Versicherungen, Zeitschriften und Autos so ziemlich alles angeboten wird, ist dies anders.

Je mehr der Fußball zu einem Zuschauersport avancierte, der die Massen anzog, desto interessanter und lukrativer wurde der Fußball für das Gewerbe. Vor allem für die Brauereien, denn nun wurden auch die Plätze selbst zu Absatzmärkten. Die Einzäunung der Plätze ermöglichte die Erhebung von Eintrittsgeldern. Und je mehr Menschen durch die Pforten strömten, desto mehr durstige Kehlen gab es zu versorgen. So wurden schon bald im Zusammenhang mit Fußballspielen erkleckliche Umsätze getätigt; in Deutschland bereits viele Jahre vor der offiziellen Einführung des Professionalismus.

Fußball und Bier im Fußball-Mutterland

Beim Glasgower Traditionsklub Celtic, beheimatet im proletarischen Eastend der Stadt, waren 1897 nicht weniger als sieben der insgesamt acht Vorstandsmitglieder Gastwirte. Die Dominanz der Gastwirte reflektierte den Sieg der „Geschäftsleute" über die Idealisten und Puristen im Verein, zumal es sich bei dem achten Vorstandsmitglied um einen Bauunternehmer handelte. Neben der kulturellen Verbindung von Bier und Fußball und den geschäftlichen Interessen der Gastwirte gab es hierfür sicherlich noch einen anderen Grund: In einer proletarischen Umgebung zählten Gastwirte zu den wenigen profilierteren Selbständigen, die über Führungsqualitäten verfügten.

Eine Reihe von bekannten englischen Fußballklubs spielte zunächst auf Plätzen, die Brauereibesitzern gehörten. Arsenal Londons erste Heimat Invicta Ground gehörte George Weaver, Besitzer der Weaver Mineral Water Company. Wolverhampton Wanderers bekam Ende der 1880er Jahre von der Brauerei Northampton Brewery Company einen Platz mit Umkleide- und Büroräumen sowie einer überdachten Tribüne mit 4.000 Steh- und 300 Sitzplätzen zur Verfügung gestellt. Die jährliche Miete betrug lediglich 50 Pfund pro Jahr, weit weniger als in vielen anderen Fällen, was wohl mit ein Grund dafür ist, daß die Wanderers dieses Gelände mit dem Namen Molineux (benannt nach einem Hotel in der Nähe des Stadions, das einst Sitz der Molineux-Familie war) niemals verließen und noch heute dort zu Hause sind. 1923 erwarb der Klub den Platz von der Brauerei zum moderaten Preis von 5.607 Pfund.

Das bekannteste Beispiel ist indes der Liverpooler Klub FC Everton. 1884 stellte der Brauereibesitzer und konservative Abgeordnete John Houlding ein Feld an der Anfield Road zur Verfügung. Hauptquartier des Klubs wurde das Sandon Hotel, das ebenfalls Houlding gehörte. Als Everton erfolgreicher wurde und immer mehr Zuschauer anzog, erhöhte Houlding die Miete von 100 auf 250 Pfund. Des weiteren forderte er das alleinige Verkaufsrecht für Getränke im Stadion. Darauf verließ Everton Anfield, und Houlding besaß nun – eine einmalige Situation – zwar ein Stadion, aber keine Mannschaft. Dies war die Geburtsstunde des FC Liverpool, den Houlding ca. zwei Monate nach dem Auszug Evertons im März 1892 gründete.

Bier-Kultur

Fußball und Bier gingen indes nicht nur eine ökonomische, sondern auch eine kulturelle Ehe ein. Das Trinken in der Öffentlichkeit war weitgehend verpönt. Der Fußballplatz bot – nicht nur dem proletarischen Publikum – eine Nische, in der ein gewisses Maß an Ungezogenheit gestattet war. Und zu dieser Ungezogenheit zählte auch der kollektive Genuß von Bier. Früher beteiligten sich auch die Spieler daran. Heute sieht man ein gemeinsames geselliges Beisammensein von

Die BVB-Mannschaft des Jahres 1927. Rechts der damalige Vereinsvorsitzende und Brauereidirektor Heinz Schwaben.

Spielern und Zuschauern nach dem Spiel in der Regel nur noch in den unteren Amateurklassen. Die Profis ziehen es hingegen vor, ihre eigenen Wege zu gehen. Zudem wird im Profifußball, stärker denn je zuvor, auf körperliche Fitness geachtet.

Ohne hier dem Alkoholismus das Wort zu reden: Die Attraktivität des Stadionbesuches besteht nicht zuletzt auch darin, sich dort so geben zu können, wie es die Disziplin verlangene strenge Industrie- und Leistungsgesellschaft ansonsten nicht gestattet.

In England existiert seit der Saison 1993/94 ein staatlich verordnetes Alkoholverbot in den Stadien. Die erz-konservative und sozial-elitäre Regierung macht sich geradezu einen Spaß daraus, dem „kleinen Mann", der im England von heute ohnehin total marginalisiert ist, seine wenigen Vergnügen zu rauben. Der DFB empfiehlt ebenfalls ein Alkoholverbot, was nur ein Indiz mehr dafür ist, wie wenig einige Funktionäre von der Faszination des Fußballs und seiner Kultur verstehen. Das Verbot des Bierausschanks ist genauso ein Angriff auf die traditionelle Fußballkultur wie die Abschaffung der Stehplätze. Ganz abgesehen davon, daß die Hooligans, um die es dabei ja vorgeblich geht, in der Regel keineswegs unter Alkoholeinfluß stehen. Die ziehen es vor, sich mit klarem Kopf zu prügeln. Ein Alkoholverbot richtet sich deshalb mehr gegen das gemeine Stehplatzpublikum als gegen die „Hools". Anderenfalls müßte man auf jeder Großveranstaltung, ob nun Helmut Kohl gerade auf irgendeinem Marktplatz eine Wahlkampfrede hält oder in Herne Kirmes ist, den Ausschank von alkoholischen Getränken untersagen. Und selbstverständlich auch den Sekt und die Cocktails in den VIP-Logen der Stadien einkassieren.

Bierstadt Dortmund

„Dortmund war schon seit alters eine trinkfrohe Stadt gewesen", schreibt Luise Winterfeld in ihrer „Geschichte der freien Reichs- und Hansestadt Dortmund". 1293 hatte König Adolf von Nassau der Stadt das Braurecht verliehen. 1837 rühmte sich die Stadt ihres Bieres öffentlich mit den Versen:

„Der Städte Ruhm kocht man auch mit den Bieren
Durch ganz Teutonia,
Doch kann das überall nicht exzellieren
Wie in Tremonia."

1845 erfolgte die Einführung der bayerischen Braumethoden, die Dortmunds Ruhm als Bierstadt gewaltig steigerten und die technische und kaufmännische Umstellung des lokalen Brauereiwesens beförderten. An die Stelle der großen Zahl kleiner Hausbrauereien, die nach mittelalterlichen Überlieferungen arbeiteten, traten nun moderne Großbetriebe. Den Anfang machte das bereits seit 1517 bestehende Brauhaus „Krone". Es folgten eine „Bier- und Essigfabrik" (später „Löwenbrauerei") und eine Firma „von Hövel, Thier und Comp." (später „Brauerei Thier und Co."). Die Gründung weiterer „bayerischer Dampfbrauereien" erfolgte in den 60er und 70er Jahren des letzten Jahrhunderts, zeitlich parallel zum Aufstieg der Dortmunder Schwerindustrie. Die „Brauerei H. Bömcke", die spätere „Tremonia Brauerei", die „Dortmunder Union-Brauerei" und die „Borussia-Brauerei" (später „Hansabrauerei") entwikkelten sich aus kleinen Hausbrauereien. Die „Klosterbrauerei", die „Brauerei Herbertz & Co." (später „Dortmunder Actien-Brauerei") und die „Ritterbrauerei" eröffneten gleich als Großbetriebe. Der Ruf des neuen, untergärigen Dortmunder Bieres verbreitete sich rasch. So berichtete die Dortmunder Handelskammer 1867 voller Stolz: „Was in Bezug auf Bierfabrikation München früher für Bayern, ja für ganz Deutschland war, das ist Dortmund jetzt für den ganzen nordwestlichen Teil Deutschlands." Obwohl in Dortmund nicht nur Kohle und Stahl, sondern auch die Brauereiindustrie erheblich abspecken mußte: Dortmund ist noch immer die Bierstadt Nr. 1 in Europa. Weltweit produziert nur Milwaukee (USA) mehr Bier als Dortmund.

Das Bier und der BVB

Der erste große Förderer des BVB war Heinz Schwaben, Direktor der Union-Brauerei. Schwaben war BVB-Präsident von 1923 bis 1928, engagierte sich für den Verein aber auch noch nach dem Ende seiner Amtszeit. Ihm folgten noch zwei weitere Brauer auf dem Präsidentenstuhl, deren Amtszeiten allerdings sehr kurz ausfielen und die die Geschicke des BVB wesentlich weniger prägten als Schwaben: Kurt Schönherr und Friedhelm Cramer.

Als Sponsor tun sich mittlerweile auch Brauereien hervor, die früher „nur Tennis und Pferde" unterstützten, wie ein BVB-Veteran anmerkt. Solchen Unternehmen, die wohl auf ein „besseres" Publikum orientierten, war der Fußball früher vermutlich zu sehr von proletarischem Stallgeruch umgeben.

Heute ist dies wohl nicht zuletzt deshalb anders, weil der Fußball mittlerweile ein gesamtgesellschaftliches Ereignis ist, das auch größere Teile der Mittelschichten fasziniert. Auch und gerade im Milieu der Angestellten und der Mittelschichten, wo man Wein und „bessere" Biersorten vorzieht, ist es heute schick, mit dem BVB und der „Erlebniswelt" des Westfalenstadions assoziiert zu werden. Im Förder-Pool des BVB befinden sich z.Zt. die Dortmunder Actien-Brauerei, die Stifts-Brauerei und die Union-Brauerei. Vor Beginn der Saison 1994/ 95 wurde außerdem mit der Kronen Privatbrauerei, deren Geschäftsführer der ehemalige BVB-Präsident Friedhelm Cramer ist, eine Werbepartnerschaft vereinbart. Hierzu hieß es im „Borussia-Magazin": „Mit dem Kronen-Engagement soll sichergestellt werden, daß auch in Zukunft mit dem Dortmunder Spitzensport die Pilz-Kompetenz der Bierstadt deutlich sichtbar wird. Ein Ziel dieser Allianz aus der 'schönsten Nebensache...' und dem 'liebsten Getränk...' soll es – neben den legitimen wirtschaftlichen Interessen beider Partner – sein, positive Akzente für Dortmund und die Region weithin zu vermitteln." Außerdem soll die Werbepartnerschaft „das Gefühl 'wir in Dortmund' unterstreichen, ausbauen und positiv nach außen tragen. Dazu soll auch der gemeinsame Slogan: 'Kronen-Pils und BVB – Gemeinsam stürmen wir für Dortmund' beitragen."

Auch wenn der Biermarkt von immer edleren Produkten überzogen wird, um seinen proletarischen Geruch abzuschütteln (ähnlich wie es der Fußball versucht), so bleibt das Bier trotzdem das Getränk des „gemeinen Volkes".

Welche Symbolkraft das Bier besitzt, zumal in einer Stadt wie Dortmund, wird auch daraus ersichtlich, daß auf die Sammer-Verpflichtung beim BVB mit Bier angestoßen wurde – anstatt mit Sekt.

1972 bis 1985:
Zwischen Himmel und Hölle /
Die Suche nach neuen Wegen —

Die BVB-Fans feiern 1976 im Westfalenstadion den Wiederaufstieg ihres Teams in die 1. Bundesliga.

Das sportliche Ziel der ersten Saison in der Zweitklassigkeit lautete Qualifikation für die finanziell lukrative Aufstiegsrunde. Hierfür bedurfte es zumindest des 2. Platzes im Feld der 18 Mannschaften der Regionalliga West. Um dieses Ziel zu erreichen, sollte weiterhin unter Bundesliga-Bedingungen gearbeitet werden. So unterhielt der BVB damals vermutlich die teuerste Regionalliga-Mannschaft. In Dortmund tat man zunächst so, als sei nichts geschehen. Die reale Schwäche der Mannschaft, die die Bundesliga hatte verlassen müssen, schien einigen Funktionären entgangen zu sein. Dr. Walter Kliemt und sein Stellvertreter Udo Remmert: „Wir müssen die Aufstiegsrunde erreichen, was bei unserem Spieleraufgebot durchaus realisierbar ist. Das Gerüst steht, und uns schmerzt eigentlich nur Ritschels Weggang." Stattdessen lamentierte man noch immer darob, daß die Saison 1971/72 irregulär verlaufen sei. Die einzig nennenswerte Neuverpflichtung war der Spielmacher Horst Bertl, der von Hannover 96 kam.

Saison 1972/73: In der Fußball-Provinz

Die Gegner hießen nun nicht mehr Stuttgart, München oder Hamburg, sondern u.a. Spvg. Erkenschwick, Lüner SV, FC Mülheim-Styrum und DJK Gütersloh. Und diese hatten es für den BVB durchaus in sich. In Gütersloh verlor der BVB 1:2, in Erkenschwick gab es gar eine 0:4-Packung. Gegen Mühlheim-Styrum verlor der BVB in der „Roten Erde" 1:2, gegen den Lüner SV, vor den Toren Dortmunds beheimatet, reichte es am gleichen Ort nur zu einem 1:1. Solange der BVB um die Tabellenführung mitspielte, war der Zuschauerzuspruch recht ansehnlich. 30.000 sahen z.b. die 2:3-Heimniederlage gegen Rot-Weiß Essen. Viele Fans genossen es, die Tabelle mal wieder aus deren Oberregion zu betrachten. Um Meisterschaft und Aufstieg mitzuspielen, motivierte mehr, als ständig im Mittelmaß zu tändeln oder gegen den Abstieg zu kämpfen. Die Regionalliga West hatte für eine Stadt von der Größenordnung Dortmunds und einen Verein mit der Tradition des BVB einerseits etwas Demütigendes, aber andererseits „war man endlich wieder wer." Von Essen abgesehen, mobilisierte kein anderer Verein zu seinen Auswärtsspielen auch nur annähernd so viele Fans wie die Borussia. Insbesondere in den kleineren Spielorten wirkte die Ankunft der Borussia-Fans oft wie eine Invasion.

Am Ende verfehlte der BVB die Qualifikation um Längen. Der BVB wurde nur Vierter, 14 Punkte hinter Meister Rot-Weiß Essen und immerhin noch neun hinter Vizemeister Fortuna Köln. Auch das Trainerchaos fand seine Fortsetzung. Der BVB begann mit Burdenski, der zunächst von Brüggemann abgelöst wurde. Doch Brüggemann, Autor von Fachliteratur, aber mehr Fußballehrer als Trainer, betreute den BVB nur wenige Spieltage. Horst Bertram: „Er verstand die Sprache der Spieler noch schlechter als Burdenski." Brüggemanns Nachfolger wurde die BVB-Legende Max Michallek. Des weiteren fungierte auch noch „Hoppy" Kurrat zwischenzeitlich als Spielertrainer. Am letzten Spieltag besiegte der BVB Preußen Münster zwar mit 9:0, aber nur 1.500 Zuschauer wollten das Spiel sehen. Horst Bertram: „Nicht nur für Dortmunder Verhältnisse war das ein Tiefpunkt. Im Grunde genommen absolvierten wir ein Geisterspiel."

Saison 1973/74: Am Boden

Für die Saison 1973/74 verpflichtete der BVB Janos Bedl als Cheftrainer, ein „bunter Hund" im Trainergewerbe, der zuvor u.a. in der US-Liga für Schlagzeilen gesorgt hatte sowie die Nationalmannschaften Lybiens und Maltas und – trotz fehlender DFB-Lizenz – Rot-Weiß Essen trainiert hatte. Bedl sollte dem schwer beschädigten BVB-Schiff neuen Glanz verleihen. Die Mannschaft wurde u.a. durch den Torjäger Burkhardt Segler verstäkt, der vom VfL Osnabrück via Bayern München kam und für den VfL in der Vorsaison 24 Treffer erzielt hatte. Außerdem stießen u.a. Willi Mumme (Rot-Weiß Oberhausen) und Hannes Hartl zum BVB. Hartl, der in Bochum mehr oder weniger abgeschoben worden war, erwies sich als einer der effektivsten Einkäufe des BVB in diesen Jahren. Das Durchschnittsalter der Mannschaft betrug zwar gerade mal 22,8 Jahre, aber trotzdem gab sich der Vorstand vollmundig. Vize-Präsident Udo Remmert anläßlich der Präsentation von Coach und Mannschaft: „Wir glauben, Herrn Bedl hier einen Kader präsentiert zu haben, mit dem der Wiederaufstieg kein Problem sein dürfte."

Doch die zusammengewürfelte Truppe (Bedl: „Ich kann mit elf Stühlen auch kein Wohnzimmer einrichten") endete lediglich auf dem 6. Platz, 18

Am 15. August 1973 wurde „Hoppy" Kurrat für sein 600. Spiel im BVB-Dress geehrt. Links von „Hoppy" Rasovic und Bertram, rechts Bücker.

Punkte hinter Meister Wattenscheid 09 und immerhin noch sieben hinter dem Viertplazierten FC Mülheim-Styrum. Noch während der Saison wurde Bedl von „Hoppy" Kurrat abgelöst, der aufgrund einer Meniskusverletzung seine Spielerkarriere beendet hatte.

Am Ende der Saison mußte Theo Bücker, der einzige BVB-Spieler, an dem die Bundesliga Interesse zeigte, an den MSV Duisburg verkauft werden. Schon vorher hatte Bücker prognostiziert: „Wenn das so weitergeht, kann Borussia statt der Mannschaftsaufstellung die Namen der Zuschauer verlesen."

Saison 1974/75: Harte Schnitte

Der Verein lag am Boden. Das Ziel eines schnellen Wiederaufstiegs mußte nicht nur aus sportlichen, sondern auch aus finanziellen Gründen aufgegeben werden. Den Borussen, die in der Regionalliga so gewirtschaftet hatten, als seien sie noch immer erstklassig, drohte der Konkurs. In dieser Situation übernahm Heinz Günther, Direktor des Bergwerks Gneisenau, die Führung des Vereins. Er entwickelte ein radikales Sanierungsprogramm. Mit dem Verkauf der vereinseigenen Anlage an der Brackeler Straße war nur ein Teil des immensen Schuldenbergs getilgt worden. Aufgrund alter Steuerschulden betrug der Berg noch immer 1,3 Mio. DM, heute die Transfersumme für einen halbwegs überdurchschnittlichen Bundesligaspieler, aber damals ein enormer Haufen Geld. So blieb nichts anderes übrig, als die laufenden Kosten für den Kader deutlich zu reduzieren. Nicht weniger als 300.000 DM mußten auf diese Weise eingespart werden. Den Spielern wurden die Gehälter „brutal gekürzt" (Horst Bertram) und außerdem nahegelegt, halbtags zu arbeiten. Zwecks Aufbesserung des gekürzten Gehalts bot der BVB den Spielern Jobs bei befreundeten Firmen an. Wer dem Sanierungsprogramm nicht zustimmte, durfte gehen. Bedl wurde aufgefordert, diese Spieler bis zum Saisonende nicht mehr einzusetzen. Als Bedl sich dem widersetzte, wurde er gefeuert. Aber Günthers Sparkurs und die vom Präsidenten mobilisierte Unterstützung durch die Stadt sowie durch Industrie und Handel retteten dem BVB die Lizenz und damit die Qualifikation für die neue zweigleisige 2. Bundesliga. Die Stadt verzichtete auf eine Darlehensforderung in Höhe von 297.000 DM. Außerdem überließ sie dem BVB bis 1976 die Werbeeinnahmen aus dem Westfalenstadion. Industrie und Handel spendeten insgesamt etwa eine Million Mark.

Heinz Günther war ein autoritärer Präsident. Die Art, mit der er Spieler wie Trainer behandelte, stieß nicht nur bei diesen zuweilen auf Unmut.

Günther kannte nur Untergebene, die nach seinen Vorstellungen zu funktionieren hatten. Trotzdem war der Sanierer nicht nur für Helmut Bracht „der richtige Mann am richtigen Ort zum richtigen Zeitpunkt". Funktionieren konnte Günthers Sanierungsprogramm allerdings nur in Verbindung mit dem neuen Stadion, das der BVB noch während der Saison 1973/74 bezog. Die Faszination der neuen Spielstätte mit ihrer einmaligen Atmosphäre überdeckte den relativ unattraktiven Charakter der Mannschaft und sorgte für hohe Einnahmen, die eine Verstärkung des Kaders ermöglichten. Ohne dieses Stadion hätte möglicherweise die Gefahr des Kaputtsanierens gedroht. Günther hatte sicherlich so lange eine wichtige Funktion, wie es um die Sanierung des Vereins und seine Rückkehr in die Erstklassigkeit ging. Ein Präsident mit zukunftsorientierten Visionen war Günther indes nicht, weshalb der Klub Ende der 70er erneut in eine schwere Krise taumeln sollte.

Mit dem Amtsantritt von Günther mischte auch die Firma Hoesch wieder stärker mit, repräsentiert durch Walter Hölkeskamp. Der Arbeitsdirektor des Stahlkonzerns war ein guter Freund des Bergwerksdirektors. Hoesch pumpte erhebliche Summen in den Verein, und Hölkeskamp, der Mitglied des BVB-Wirtschaftsrats war, wurde bald der „Mann mit dem Koffer" genannt. Bei geplanten Neuverpflichtungen, zumal solchen, die etwas mehr Geld kosteten, mußte in der Regel zunächst Hölkeskamp konsultiert werden. Herbert Sandmann: „Hoesch und Hölkeskamp haben dem BVB sehr geholfen." Außer Geld stellte Hoesch dem BVB auch noch den medizinischen Apparat des Konzerns sowie die Trainingsplätze im Hoeschpark zur Verfügung.

In der 2. Bundesliga wurde der BVB der Nordgruppe zugeteilt, der 20 Mannschaften angehörten. Neuer Trainer wurde Otto Knefler, der aufgrund seiner Schleifermentalität und Selbstdiziplin auch „der eiserne Otto" genannt wurde. Als Neuzugänge durfte Knefler u.a. Achim Wagner (Jugendspieler bei Schalke 04), die Lauterer Klaus Ackermann, der seine Karriere bei Germania Hamm begonnen hatte (wie später Lusch), und Lothar Huber sowie Gerd Schildt (Werder Bremen) begrüßen.

Mit dem Sanierer Günther und dem „Iron man" Knefler begannen sich die Borussen wieder auf ihre kämpferischen Tugenden zu besinnen. Nach dem Abstieg hatte man in krasser Selbstüberschätzung geglaubt, den anderen Mannschaften dermaßen überlegen zu sein, daß man sich allein mit spielerischen Mitteln begnügen könnte. Der Konflikt zwischen der Betonung spielerischer und kämpferischer Elemente verfolgt die Borussia bis heute.

Das offensichtliche Bemühen der Mannschaft sowie das neue Stadion lockten Zuschauermassen an, die die vorsichtige Kalkulation des Vorstands bei weitem übertrafen. Sicherlich mobilisierte auch die zupackende Art der neuen Vereinsführung. Am Ende der Saison 1974/75 hatten anstatt der kalkulierten 7.000 Zuschauer über 24.000 im Schnitt die Stadiontore passiert. In dieser Saison verzeichneten nur vier Erstligisten (Bayern München, VfB Stuttgart, Hamburger SV und Schalke 04) einen höheren Schnitt als der Zweitligist BVB.

Dabei landete der BVB in der Endabrechnung lediglich auf dem 6. Platz. Allerdings hatten viele Fans diese Saison von vornherein mehr als eine des Übergangs betrachtet. Nach dem sportlichen und finanziellen Desaster im Vorjahr konnte niemand vom BVB erwarten, in einer neuen und leistungsstärkeren Liga nur ein Jahr später das Meisterstück zu machen.

Die enormen Zuschauermassen machten es möglich, daß sich der BVB noch während der Saison mit einem Star verstärkte. Von der Reservebank Ajax Amsterdams wurde der ehemalige Bundesligaskandalsünder Zoltan Varga geholt, der das Dortmunder Kampfspiel nun um Spielkultur bereicherte. Der Kauf des ehemaligen ungarischen Nationalspielers, der 1968 aus seiner Heimat geflohen war, trug weiter zur Sanierung bei. 42.000 kamen gegen den nicht gerade attraktiven Gegner DJK Gütersloh ins neue Westfalenstadion, um Vargas Premiere beizuwohnen.

Den größten Erfolg verzeichnete der BVB in dieser Saison im DFB-Pokal, der weiteres Geld in die Vereinskasse fließen ließ. Erst im Halbfinale unterlag der BVB beim klassenhöheren MSV Duisburg nach Verlängerung mit 1:2. Bis zur 88. Minute stand der Zweitligist durch ein Tor von Schildt im Endspiel, bevor den Duisburgern doch noch der Ausgleich gelang.

In der Saison 1974/75 wurde der BVB noch „dortmundiger". Erstmals tauchte auf dem Rücken der Trikots die Aufschrift „Dortmund" auf. Die Brust zierte ein Emblem, das die Stadt schon während der Weltmeisterschaft verwendet hatte: ein Kreis mit dem Fernsehturm, Blumen und Fußball. Diese Maßnahme war ein Dankeschön des Vereins an die Stadt für das Westfalenstadion und die finanzielle Hilfe in der Not. Beim „Dortmund" auf dem Rücken ist es bis heute geblieben.

Saison 1975/76: Wieder erstklassig

Für die folgende Saison 1975/76 konnte es nur ein Ziel geben: die Rückkehr in die Erstklassigkeit. Die Mannschaft wurde mit Peter Geyer (Tennis Borussia Berlin) und Gerd Kasperski (Hannover 96) um zwei bundesligaerfahrene Profis verstärkt. Aus der westfälischen Umgebung wurden u.a. Wolfgang Vöge (Ahlener SV) und Jan Hubiak (SV Bockum-Hövel) geholt.

Die Experten erklärten den BVB zum großen Favoriten, doch aus dem prognostizierten Durchmarsch wurde nichts. Der hohe Erwartungsdruck machte der Mannschaft arg zu schaffen. Vollends überzeugen konnte sie nur selten. Am Ende reichte es „nur" zum 2. Platz, zwei Punkte hinter Meister Tennis Borussia Berlin, den der BVB in beiden Begegnungen klar mit 4:0 und 3:1 bezwungen hatte. In den letzten Spielen hatte der BVB selbst um diesen Platz noch bangen müssen, zumal nach der hohen 1:4-Niederlage beim Mitkonkurrenten Münster. Der BVB konnte von Glück reden, daß deren Trainer Rudi Faßnacht den Akku seiner Mannschaft vorzeitig restlos entleerte. Die Preußen, die nach ihrem Sieg über den großen Favoriten BVB psychologisch klar im Vorteil waren, waren von Faßnacht regelrecht kaputttrainiert worden, so daß ihnen beim Schlußspurt die notwendige Kraft fehlte. Der 2. Platz ließ dem BVB die Chance zweier Entscheidungsspiele gegen den Vizemeister der Südgruppe.

Otto Knefler war zwischenzeitlich durch Horst Buhtz abgelöst worden, weil Günther die Investitionen des Vereins durch die schwachen Darbietungen gefährdet sah. Der Vorstand zeigte Nerven. Knefler und Günther waren bereits am 2. Spieltag erstmals aneinander gerasselt, als der BVB auf der Bielefelder „Alm" nur ein 1:1 erkämpfen konnte. Für den Boß, der von den Unwägbarkeiten des Fußballgeschäfts wenig verstand und den Erfolg zu erzwingen gedachte, war dies bei einer „derart verstärkten Mannschaft" zu wenig. Später hatte der Trainer dem ständig intervenierenden Präsidenten vor versammelter Mannschaft mitgeteilt: „Auf deinem Pütt kannst du bestimmen, hier aber nicht!" Keeper Horst Bertram bezeichnete die Knefler-Entlassung später als „sehr dubiose Angelegenheit. Innerhalb der Mannschaft gab es eine Opposition gegen den Trainer, die vorwiegend aus denjenigen bestand, die er mal kritisiert hatte." Hierzu muß man ergänzen, daß diese Opposition, deren Wortführer Varga, Nerlinger und Geyer waren, von außerhalb, namentlich von Heinz Günther, ermuntert wurde. Bertram weiter: „Eine Mannschaftssitzung wurde anberaumt, von der ich nicht in Kenntnis gesetzt wurde. Eine halbe Stunde vor der Besprechung wurden ich und einige andere Spieler, von denen man dachte, daß sie nicht 'auf der Linie' seien, angerufen. Wir sollten hinzukommen. Das Ganze spielte sich bei der Stadtsparkasse Dortmund ab, wo wir einen Raum zur Verfügung gestellt bekommen hatten. Als wir ankamen, wurden wir vor vollendete Tatsachen gestellt. (...) Abgesehen davon, daß dieses Verhalten der Person Knefler gegenüber unfair war, liefen wir durch diese Nacht- und Nebelaktion Gefahr, den greifbar nahen Aufstieg zu verpassen. Diese Unruhe und

Nach dem Wiederaufstieg 1976 gratuliert Meistertrainer „Fischken" Multhaup (links) Otto Rehhagel.

Unsicherheit, so befürchtete ich, hätte uns sportlich wieder nach unten ziehen können. Ganz so verkehrt lag ich mit dieser Einschätzung wohl nicht."

Die Entscheidungsspiele gegen den Südzweiten 1. FC Nürnberg, der zu dieser Zeit vom Ex-Borussen Hans Tilkowski trainiert wurde, erlebte allerdings auch Buhtz nicht mehr mit. Denn Buhtz war sich mit den Nürnbergern bereits für die nächste Saison einig geworden, nachdem der BVB-Vorstand mit einer Vertragsverlängerung zu lange gezögert hatte. Der mißtrauische Günther befürchtete, Buhtz könnte mit seinem zukünftigen Arbeitgeber kollaborieren. In einer Nacht- und Nebelaktion wurde Buhtz gefeuert. Neuer Trainer wurde Otto Rehhagel.

Angesichts der angeknacksten Moral der BVB-Truppe und ihrer geringen spielerischen Mittel galt der 1. FC Nürnberg als Favorit für die Aufstiegsspiele. Doch Rehhagels intensive Seelenmassage sollte Wirkung zeigen. Vor 53.000 Zuschauern im Nürnberger Stadion siegte eine defensiv eingestellte Borussia durch ein Tor von „Ede" Wolf in der 85. Minute überraschend mit 1:0. Das Rückspiel im mit 54.000 Zuschauern ausverkauften Westfalenstadion geriet zu einem offenen Schlagabtausch, den Lothar Huber erst in der vorletzten Minute für die Borussen entscheiden konnte.

Der BVB siegte mit 3:2 und war wieder erstklassig, aber welch schwere Geburt die Rückkehr in die 1. Bundesliga war, dokumentieren allein schon die drei Trainer, die der Verein in dieser Saison beschäftigte.

▷ Dem BVB gelang der Wiederaufstieg mit dem folgenden Kader: Bertram, Brock, Huber, Wagner, Nerlinger, Wolf, Votava, Hartl, Kasperski, Schildt, Varga, Geyer, Ackermann, Segler, Vöge, Savkovic, Schwarze, Kammann. Horst Bertram war der einzige Spieler, der sowohl den Abstieg wie den Wiederaufstieg miterlebte.

Insgesamt 509.000 Zuschauer besuchten die 19 Heimspiele des BVB, was einem Schnitt von über 26.000 entsprach. Im DFB-Pokal kam es in der 2. Runde endlich wieder zu einem Revier-Derby mit Schalke 04. Vor 65.000 Zuschauern im Gelsenkirchener Parkstadion siegte der Erstligist mit 2:1.

Saison 1976/77: Schnäppchen mit „Ente"

Obwohl gerade erst wieder aufgestiegen, zählte der BVB bereits vor dem Anpfiff zur Saison 1976/77 zu den reichsten Klubs der 1. Bundesliga. Die „Westfälische Rundschau" schrieb nach den Spielen gegen Nürnberg: „Borussia gilt als der Krösus im Profifußball, fast auf einer Stufe mit dem FC Bayern und dem Hamburger SV Krohnscher Prägung."

So hatte der BVB auch keine Mühe, sich adäquat zu verstärken. Von den Offenbacher Kickers holte der Bundesliganeuling den Torjäger Erwin Kostedde, dem als ersten Nicht-Weißen gestattet wurde, das Trikot der deutschen Nationalmannschaft zu tragen. Von Rot-Weiß Essen kam das Original Willi „Ente" Lippens, dessen Spitzname auf seinen Watschelgang zurückzuführen war. Als er 1965 bei Schwarz-Weiß Essen zum Probetraining erschien, schickte ihn Trainer Hans Wendlandt mit der Bemerkung „Der kann ja nicht mal richtig gehen" gleich wieder nach Hause. Für den weniger vornehmen Lokalrivalen Rot-Weiß schoß „Ente" anschließend in 172 Bundesligabegegnungen 79 Tore. Vom Spieler-Mainstream der heutigen Tage hält Lippens nicht viel: „All die Braven taugen nichts." Und: „Die Persönlichkeit, die man vom Naturell her hat, die wird heute viel zu früh in eine Schablone gepreßt. Man stellt das taktische Spiel so in den Vordergrund, daß es sehr schwer ist, diese Ureigenschaften, die man in sich fühlt, nach außen hin auch zeigen zu können und dem Publikum eine Extravaganz zu bieten."

Kostedde wurde für 600.000 DM von Kickers Offenbach geholt, während Lippens mit 30.000 DM, Ergebnis des Verhandlungsgeschicks des Spielers gegenüber seinem alten Verein, ein klassisches Schnäppchen war. Mit 30 (Kostedde) bzw. 31 (Lippens) Jahren zählten die Neuen nicht mehr zu den

Schlitzohrig: Manni Burgsmüller

Jüngsten, aber auch noch nicht zum alten Eisen. Zum ersten Mal ließ Rehhagel sein Faible für ältere Jahrgänge erkennen, und der Erfolg sollte ihn bestätigen. Lippens: „Rehhagel ging es vor allem darum, den Erfolg zu planen, aufzubauen. Vermutlich entwickelte sich zu seiner Dortmunder Zeit seine Vorliebe für ältere Spieler. Wenn ein Spieler um die dreißig ist, kann es sein, daß er völlig ausgebrannt ist. Es kann aber auch sein, daß er noch motiviert ist, Ziele hat, etwas erreichen will. Wenn dem so ist, bietet ein älterer Spieler nicht unerhebliche Vorteile, denn dieser jemand hat in der Regel sämtliche Tricks drauf und weiß, was zu tun und zu lassen ist."

Kostedde kam in seinen zwei Jahren beim BVB auf 48 Bundesligaeinsätze, in denen er 18 Tore schoß. Lippens, der erheblich zum Unterhaltungswert des BVB-Spiels beitrug, absolvierte in drei Jahren 70 Bundesligaspiele und erzielte dabei 13 Tore. Lippens war nicht die erste und nicht die letzte authentische „Type", die das schwarz-gelbe Trikot trug. Nach ihm kamen noch „Manni" Burgsmüller, der noch während der Saison 1976/77 für 700.000 DM von Uerdingen geholt wurde, und Schlitzohr Frank Mill.

Zum Auftakt gewann der BVB beim Vizemeister Hamburger SV mit 4:3. Das vierte Tor resultierte aus einem herrlichen Alleingang von Kostedde. Gegen Schalke 04, das in dieser Saison Vizemeister wurde, spielte man vor 54.000 Zuschauern im Westfalenstadion 2:2. Das Rückspiel ging vor 71.000 im Parkstadion 2:4 verloren. Gegen Bayern München gab es in Dortmund ein 3:3, in München gar einen 2:1-Sieg. Allerdings befanden sich die Bayern in diesen Jahren in einer Krise. Am Ende erreichte der Neuling mit einem ausgeglichenen Punktekonto einen ausgezeichneten 8. Platz. Mit 42.400 verzeichnete der BVB überdies den höchsten Zuschauerschnitt der Bundesliga. Die Spiele des Tabellenachten wurden von fast doppelt so vielen Zuschauern besucht wie die des neuen Deutschen Meisters Mönchengladbach. Vizemeister Schalke 04 kam „nur" auf 37.310. Die Borussia schwamm im Geld. Wilfried Wittke behauptete in der „Westfälischen Rundschau" gar: „Die Dortmunder sind finanziell so gut bestückt, daß sie auf dem Transfermarkt mittlerweile fast ohne Konkurrenz dastehen."

Saison 1977/78: Zum Saisonende 0:12

Die Erwartungen für die Saison 1977/78 waren deshalb entsprechend hoch, aber schon die Neuverpflichtungen fielen eher bescheiden aus. Für Werner Schneider, der vom MSV Duisburg kam, mußten zwar 800.000 DM hingeblättert werden, aber ein Stareinkauf war der Spieler nicht. Vielmehr hielten ihn viele von vorneherein für überteuert. Außerdem war die Position

Schneiders mit dem rechten Außenverteidiger Lothar Huber bereits gut besetzt. Doch Rehhagel gedachte, mit Schneider sein Mittelfeld zu verstärken. „Aus dem Schneider mache ich einen zweiten John Neeskens für das Mittelfeld", verkündete Rehhagel vollmundig, woraus dann allerdings nichts wurde. Des weiteren kehrte Sigi Held an seine alte Wirkungsstätte zurück. Der 35jährige Held war ein weiterer Pfeiler in Rehhagels Konzept, vornehmlich mit fertigen Spielern zu arbeiten, was in Dortmund nicht nur Freunde fand.

Am Ende reichte es nur zum 11. Platz. Der Aufwärtstrend der Borussen war damit gestoppt worden.

Das Finale endete mit einem Eklat. Beim letzten Spiel in Düsseldorf gegen Mönchengladbach verloren die Borussen mit 0:12, bis heute die höchste Niederlage, die ein Verein der 1. Bundesliga kassieren mußte. Die Gladbacher mußten möglichst hoch gewinnen, um Meister zu werden, was ihnen jedoch nicht gelang, weil der 1. FC Köln zeitgleich beim FC St. Pauli 5:0 siegte. Dennoch machte das böse Wort „Schiebung" die Runde. Stoff dafür bot vor allem die Entscheidung Rehhagels, den wiedergenesenen Stammtorwart Bertram auf die Bank zu setzen, um dem Reservisten Peter Endrulat den Vorzug zu geben. Am Morgen des Spiels war Endrulat die Kündigung ins Haus geflattert, nachdem es zuvor geheißen hatte, daß sich der Nachwuchsmann in Düsseldorf noch einmal für eine Vertragsverlängerung empfehlen könnte. Rehhagel wurde gefeuert, Interimstrainer wurde Sigi Held. Manni Burgsmüller wies später den Vorwurf der Schiebung vehement zurück: „Wir waren absolut nicht darum bemüht, Gladbach den Titel zu ermöglichen. Das ist eine böse Legende. Nach dieser Katastrophe fuhr ich mit Otto Rehhagel, der auch in Essen wohnte, zurück, und schon da sagte er mir, daß ich morgen einen neuen Trainer hätte. Er ahnte, was passieren würde. Es war selbstverständlich nicht Rehhagels Schuld. Otto Rehhagel war das Bauernopfer, damit der Verein sein Gesicht bewahren konnte."

Aus Rehhagels Traum, bei den Borussen langfristig zu arbeiten, wurde nichts. Weder der Verein noch der Trainer verfügten zu diesem Zeitpunkt über die dafür notwendigen Voraussetzungen. Rehhagel mangelte es noch an der dafür notwendigen Abgeklärtheit, während die Vorstandspolitik strategische Überlegungen vermissen ließ.

Immerhin stellte der BVB in dieser Saison mit Manfred Burgsmüller endlich wieder einen A-Nationalspieler. Der letzte Borusse im Nationaltrikot war 1971 Sigi Held gewesen. Allerdings konnte Burgsmüller sich im DFB-Kader nicht etablieren. Burgsmüller kam lediglich auf drei Einsätze. Mit Helmut Schön wurde der als „Genie", „Rebell", „Exzentriker" und

„Quertreiber" charakterisierte Torjäger niemals recht warm. Als Helmut Schön Burgsmüller anwies, „auf dem Teppich zu bleiben", soll dieser in seiner berüchtigten Schlagfertigkeit entgegnet haben: „Ich dachte, wir spielen auf Rasen." Vor der WM 1978 gehörte Burgsmüller zu den fünf rühmlichen Ausnahmen unter den insgesamt 22 von Amnesty International befragten Nationalspielern, die sich kritisch zum argentinischen Militärregime äußerten. Burgsmüller: „Man hätte die WM da gar nicht hingeben sollen. Was Amnesty International macht, finde ich total richtig." Inwieweit diese Kritik Burgsmüller einen Platz im WM-Kader kostete (der knallrechte DFB-Präsident Neuberger hatte sich mit der terroristischen Junta solidarisch erklärt), läßt sich mit letzter Gewißheit nicht klären.

Saison 1978/79: Neubeginn mit Rauball

Nachfolger von Rehhagel wurde Karl-Heinz Rühl, der mit dem Karlsruher SC gewisse Erfolge verbucht hatte. Zum Saisonauftakt schlug der BVB Bayern München mit 1:0. Im Tor stand erstmals der erst 17jährige Eike Immel, der ein tolles Debüt lieferte. Bevor er sich als Nr. 1 etablieren konnte, sollte er jedoch noch einige Rückschläge erleben. In seiner ersten Saison kam Immel auf zehn Einsätze. Erst in der folgenden Saison löste er Horst Bertram als Stammkeeper ab. Nach einem mißlungenen Start in die Rückrunde, die Bayern revanchierten sich mit einem glatten 4:0-Sieg, betrieb die Mannschaft offen die Ablösung Rühls. Ihr Wortführer Manni Burgsmüller: „Der Mann war nichts für uns – eine Null! Fachlich gab es gar nichts zu lernen, und menschlich kam auch kein Draht zustande. Rühl wollte die Mannschaft u.a. radikal verjüngen, schmiß wichtige Spieler raus. Das geht beim einen oder anderen, aber man kann nicht ein eingespieltes Team komplett auseinanderreißen. Es ist nicht drin, nur mit 20jährigen zu bestehen, und es ist genausowenig drin, nur mit 30jährigen zu bestehen. Es ging drunter und drüber." Rühl erhielt allerdings erst seine Papiere, nachdem es an der Spitze des Klubs zu einem Wechsel gekommen war. Aufgrund der großen beruflichen Belastung von Heinz Günther war der Verein faktisch schon seit Monaten führungslos. Eine turbulente Versammlung in der Westfalenhalle III wählte im März 1979 den erst 32 Jahre alten Rechtsanwalt Dr. Reinhard Rauball zum Nachfolger Günthers.

Für den Rest der Saison übernahm Uli Maslo das Zepter. Den Klassenerhalt erreichte der BVB erst am drittletzten Spieltag durch einen 2:0-Heimsieg über Schalke. In der Endabrechnung reichte es dann allerdings noch zum 12. Platz.

Für Sigi Held war die Saison 1978/79 seine endgültig letzte beim BVB. Der mittlerweile fast 37jährige wurde trotz teilweise blendender Vorstellungen ausgemustert, da die Mannschaft verjüngt werden sollte. Bereits zwei Monate vor Saisonende hatte „Ente" Lippens den BVB verlassen, um die US-Liga zu bereichern. Ein anderer, der eigentlich gehen wollte, blieb dann doch: Manni Burgsmüller kam in dieser Saison mit niemandem klar, auch nicht mit dem Publikum. Als ihn Maslo im letzten Spiel gegen Absteiger Bielefeld einwechseln wollte, wurde dies durch ein gellendes Pfeifkonzert verhindert. Burgsmüller anschließend: „Das war eine Demütigung. Das Ende eines Kesseltreibens gegen mich. In Dortmund spiele ich keinen Fußball mehr. Die sollen mir einen anderen Verein besorgen, dann gehe ich sofort. Obwohl ich noch zwei Jahre einen Vertrag habe. Hier bleibe ich nicht mehr." Burgsmüller hatte das Gefühl, daß Maslo, die Medien und die Fans ihn für sein „Querulantentum" büßen ließen. „Dem Maslo wurde wohl von irgendwelchen Leuten gesteckt, daß er mich auf die Bank setzen sollte, was er schließlich auch tat. Es ging darum, mich zu 'disziplinieren'. Diese Leute hatten nie begriffen, was ich eigentlich wollte. Da wurde eine Kampagne gegen mich losgetreten, die auch beim Publikum ankam. Ich war der Sündenbock, weil ich es gewagt hatte zu sagen, was los ist und wie es geändert werden müßte." Doch dank Rauball blieb Burgsmüller dem BVB auch für die folgende Saison erhalten.

Die Stagnation im unteren Mittelmaß schlug sich auch in einem Zuschauerrückgang nieder. 1977/78 wollten immerhin noch im Schnitt 36.764 die Heimspiele des BVB sehen. 1978/79 sank diese Zahl um fast 10.000 auf 27.403. Der BVB hatte es weder verstanden, mit seinem Geld eine schlagkräftige und zukunftsträchtige Mannschaft aufzubauen, noch Kontinuität zu entwickeln. Es existierte kein schlüssiges Konzept, das mit dem Zuschauerzuspruch korrespondierte. Von einer Verpflichtung Paul Breitners, bei Real Madrid unter Vertrag, wurde 1977/78 Abstand genommen, da aus Spielerkreisen Bedenken angemeldet wurden und der Weltmeister den Vorstandsherren als zu „unbequem" galt. In den Jahren nach 1966 hatten noch das zu kleine Stadion bzw. fehlende Einnahmen als Entschuldigung dafür herhalten können, daß der BVB sich nicht in der nationalen und europäischen Spitze etablieren konnte. Aber seit dem Wiederaufstieg von 1976 war dies anders. Mit dem Westfalenstadion verfügte der BVB über ideale Bedingungen. Somit blieb als Erklärung nur eine falsche Vorstandspolitik übrig. Das Geld war zunächst reichlich vorhanden gewesen, aber aufgrund ausbleibender Erfolge, Trainerwechsel und Fehlinvestitionen drohte erneut Ebbe in der BVB-Kasse. Nur zwei Jahre, nachdem der BVB als Krösus bezeichnet wurde, befand sich der Klub erneut in einer Krise.

Reinhard Rauball erwies sich in dieser Situation als Glücksgriff. Rauball besaß zwar wie Günther das SPD-Parteibuch, gehörte aber zu einer anderen Generation, die sich vom traditionellen sozialdemokratischen Milieu emanzipiert hatte, und pflegte einen völlig anderen Führungsstil. Mit Rauball erhielt der BVB endlich einen Präsidenten, der zukunftsorientiert dachte und handelte. Pikanterweise kam der Modernisierer vom ehemaligen Lokalrivalen, dem „bürgerlichen" DSC 95, der nun TSC Eintracht

Dr. Reinhard Rauball

hieß, wodurch der traditionsreiche Arbeiterverein BVB endgültig ein Verein aller Dortmunder wurde. Der Rechtsanwalt, heute der profilierteste Jurist im Bereich des Sportrechts, stand überdies für eine neue lokale Führungsschicht, die mit Bier, Stahl oder Kohle nichts zu tun hatte. Rauball versuchte aber keineswegs, den BVB in einen Schickimicki-Verein zu verwandeln. Vielmehr zeichnete sich der Klub unter seiner Regentschaft auch durch soziales Engagement aus. Gegenüber der Kritik, die an Profiklubs üblicherweise geübt wird, erwies sich Rauball als überaus sensibel. Bei seinem Amtsantritt im März 1979 war Rauball mit 32 Jahren der jüngste Präsident der Bundesliga. Mit Held, Lippens oder Ackermann befanden sich damals Spieler in der Mannschaft, die älter waren als ihr Präsident.

In einer Situation, wo andere absolute Bescheidenheit gepredigt hätten, mit dem Ergebnis, finanziell und sportlich weiter abzusinken, wie es in den Jahren nach 1966 offizielle Vereinspolitik gewesen war, entschied Rauball sich fürs Investieren mit Konzept. Angesichts des enormen Zuschauerpotentials, über das der BVB verfügte, war dies genau die richtige Antwort. Alles andere hätte bedeutet, dieses Potential brachliegen zu lassen.

Saison 1979/80: Es geht bergauf

Mit Rauball wirkte der BVB erstmals seit Einführung der Bundesliga wie ein moderner und zukunftsorientierter Verein, der sich vor den Münchenern, Hamburgern, Kölnern und Gladbachern nicht verstecken mußte, und mit Udo Lattek engagierte der BVB erstmals seit „Fischken" Multhaup wieder einen ausgewiesenen Toptrainer, „der innerhalb von Stunden dafür sorgte, daß die Mannschaft unter Strom stand" (Burgsmüller) und Flair ins Westfalenstadion brachte. Als Lattek für die Saison 1979/80 verpflichtet wurde, war er mit Bayern München und Borussia Mönchengladbach bereits fünfmal Deutscher Meister geworden.

Die Saisonvorbereitung des BVB bestand u.a. in einem Freundschaftsspiel gegen Rauballs TSC Eintracht, die in der Kreisliga A kickte. Der BVB gewann standesgemäß mit 9:0. Manni Burgsmüller riß bei diesem Spiel dem Präsidenten bei einem Zweikampf ein Goldkettchen vom Hals.

Unter Latteks Regie belegte der BVB am Saisonende den 6. Platz und schrammte nur um Haaresbreite an einer UEFA-Cup-Teilnahme vorbei. Am 22. September 1979 zierte der BVB gar nach langer, langer Zeit erstmals wieder die Tabellenspitze. Das letzte Mal hatte der BVB am 22. August 1970 die Bundesligatabelle angeführt. Der 6. Platz war die beste Plazierung seit der Saison 1969/70. Die Zuschauer strömten wieder in großen Massen durch die Tore des Westfalenstadions. Der Schnitt stieg um gut 6.000 auf 34.243 an.

Im DFB-Pokal drang der BVB bis in Halbfinale vor, wo er beim späteren Pokalsieger Fortuna Düsseldorf 1:3 verlor.

Saison 1980/81: Verstärkung aus Schalke

Die Euphorie in Dortmund war riesengroß, vielleicht – wie schon so oft zuvor und auch noch danach – zu groß. Der Vorstand gab sich realistisch und visierte für die Saison 1980/81 die Stabilisierung der Mannschaft und Konsolidierung der erkämpften Position an. Spektakulärster Neueinkauf war Schalkes Flügelflitzer Rüdiger Abramczik, einer der letzten Spieler im Revier, der das Kicken noch auf der Wiese hinter einem Koloniehaus erlernt hatte. Nicht wenige fühlten sich mit dem Abramczik-Kauf an die Zeiten von „Stan" Libuda erinnert, der ja auch aus Schalke gekommen war und die Dortmunder zum Europapokalsieg geschossen hatte. Des weiteren verpflichtete der BVB mit Erdal Keser erstmals einen türkischen Spieler. Keser, der türkischer Nationalspieler wurde, war zehn Jahre alt, als seine Familie ins Ruhrgebiet emigrierte. Er ist bis heute einer der wenigen Zöglinge der großen türkischen Immigranten-Community, die im Profifußball Fuß fassen konnten. In den Spielzeiten 1980/81 bis 1983/84 sowie 1986/87 absolvierte Keser 106 Bundesligaspiele für den BVB, in denen er 27 Tore erzielte. Nach dem ehemaligen Hamburger Keeper Arkoc Özcan, der allerdings kein Kind der Immigranten-Community ist, sondern als „fertiger" Profi geholt wurde, ist Keser somit der türkische Profi in der Bundesliga mit den meisten Einsätzen. 1987 kehrte Keser dem Ruhrgebiet definitiv den Rücken, um wieder in Istanbul zu spielen. Heute zählt er zu den Stars von Galatasaray Istanbul. Kesers Karriere begann zu einer Zeit, in der der Sprechchor „Türke raus" ins Repertoire der Ränge aufgenommen wurde, zu vernehmen vorzugsweise bei Auswärtsspielen türkischer Profis. Im für Keser heimischen Westfalenstadion hingegen, so erinnert sich sein damaliger Mannschaftskamerad Michael Zorc, „ist der Keser von den Fans genauso behandelt worden wie wir". Von einem kleinen, aber nicht unbedeutenden Unterschied abgesehen: „Höchstens, daß die Fans mal zuerst gegen ihn gebrüllt haben, wenn es bei uns schlecht lief."

Noch während der Saison stieß mit Rolf Rüßmann ein weiterer Schalker zum BVB. Ihre beste Saisonleistung boten die Borussen, als sie den Hamburger SV, den ärgsten Herausforderer von Meister Bayern München, nach einer tollen zweiten Halbzeit mit 5:2 schlugen. Die Hamburger erholten sich hiervon nur langsam, so daß die Bayern ihren Titel erfolgreich verteidigen konnten. Am Ende schrammten die Borussen erneut um Haaresbreite an der UEFA-Cup-Qualifikation vorbei, als man im letzten Spiel im eigenen Stadion gegen den direkten Konkurrenten Mönchengladbach 0:3 unterlag. Der BVB wurde dadurch „nur" Siebter. Die Borussen wurden inzwischen von Rolf Bock trainiert, den der Vorstand glücklicherweise nur als Interimslösung betrachtete. Lattek hatte den Klub noch während der Saison in Richtung Barcelona verlassen. Nach dem tragischen Tod seines Sohnes, über den der Erfolgstrainer nie richtig hinwegkam, zog es ihn ins Ausland.

Saison 1981/82: Premiere für „Susi"

Rauballs Konzept erhielt damit einen Rückschlag, der jedoch nur von kurzer Dauer war. Immerhin war der BVB nun wieder eindeutig die Nr. 1 in Westfalen, woran sich – lediglich unterbrochen durch die Spielzeiten 1984/85 und 1985/86 – bis heute nichts geändert hat. Schalke 04 stieg in dieser Saison ab. Der Zuschauerschnitt im zweiten Jahr Lattek entsprach mit 33.120 in etwa dem des Vorjahres.

Nachfolger von Udo Lattek wurde mit der Saison 1981/82 Branko Zebec, der 1968/69 Bayern München und 1978/79 den Hamburger SV zu Meisterehren verholfen hatte. Rauball hielt somit an seinem Konzept fest, Trainer mit Rang und Namen und eigener Handschrift nach Dortmund zu holen.

Branco Zebec

Mit Michael Zorc begann außerdem ein lokales Eigengewächs seine Karriere in der Profimannschaft des BVB. Im Juni 1981 war Zorc mit den DFB-Junioren zunächst Europameister und anschließend auch noch Weltmeister geworden. Sein biederer Mitspieler Rüßmann verpaßte dem damals noch langhaarigen Talent den Beinamen „Susi". Für die Fans ist der Publikumsliebling Zorc bis heute „Susi" geblieben, allerdings klingt dies aus ihren Mündern geradezu liebevoll.

Mit Ralf Loose gab ein weiterer Spieler aus der erfolgreichen Elf der DFB-Junioren in dieser Saison sein Debüt. Der aufgrund seines öffentlichen Auftretens „Kaiser" genannte Loose bestritt 120 Spiele für den BVB und wurde 1986 an Fortuna Düsseldorf abgegeben.

Unter Zebec wurde der BVB ein taktisch perfektes Team, und am Ende der Saison 1991/82 konnte der BVB mit einem 6. Platz – einen Punkt vor Mönchengladbach – endlich die Rückkehr auf die europäische Bühne feiern. Drei Jahre hatte Rauball sich und dem Verein für dieses Ziel Zeit gegeben. Der Zeitplan wurde exakt erfüllt.

Trotz dieses Erfolgs mußte Zebec nach dem Saisonende gehen, da seine Alkoholprobleme eskaliert waren. Die Spieler hatten die ganze Zeit über zu ihrem Trainer gehalten, und einige von ihnen kritisierten die Vorstandsentscheidung. Manni Burgsmüller: „Mit Zebec hätte man weiterarbeiten müssen. Gut, der Mann hatte eine Schwachstelle, aber was soll's? Wir haben immer zu ihm gestanden. Die Journalisten kamen pausenlos an und fragten, ob wir denn nichts merken würden, von wegen Alkohol. Wir haben immer gesagt: 'Nö, was meinst Du?' Die Journalisten haben nachher auch uns für verrückt gehalten. Klar, alle wußten, was los ist, aber wieso hätte denn einer von uns einen so phantastischen Mann in die Pfanne hauen sollen." Und Rolf Rüßmann: „Zebec war einfach ein glaubwürdiger Trainer. Im Training zeigte der Mann schiere Wunderdinge. Spätestens in einem Jahr mit Zebec als Trainer hätten wir Deutscher Meister werden können. Stattdessen kam der 13. Oktober. An dem Tag spielten wir gegen Cosmos New York. Branko

Zebec war betrunken mit dem Auto gefahren, hatte einen Unfall und ließ den Wagen kurzerhand oben auf der Strobelallee stehen. Er kam zu mir in die Kabine und sagte, daß ich den Wagen wegfahren sollte. Danach kam der Bruch. Der Vorfall rief alle Moralapostel auf den Plan, und die forderten die Ablösung von Zebec. Das Ganze stand tags darauf groß in der Zeitung. Für Zebec begann es nun, richtig unangenehm zu werden. Es war eine ungeheure Leistung von ihm, daß er durchhielt und uns in den UEFA-Cup brachte. Nach dem letzten Spiel in Nürnberg waren wir überglücklich, fuhren mit Branko im Bus zurück, und da ging so richtig die Post ab."

Saison 1982/83: Erneute Rückschläge

In Verbindung mit dem Rücktritt Rauballs, der im September 1982 wegen geschäftlicher Überlastungen dem ehemaligen BVB-Schatzmeister Jürgen Vogt das Amt überließ, erwies sich die Zebec-Entlassung tatsächlich als Fiasko. Unter Rauball hatte der BVB seine beste Bundesligabilanz seit den Jahren 1963/64 bis 1966/67 erzielt. Der BVB war wieder zu einer festen Institution im oberen Tabellendrittel geworden.

Doch Rauballs Nachfolger erwiesen sich als unfähig, sein qualifiziertes und ambitioniertes Konzept fortzusetzen. Der unter Rauball erworbene sportliche, finanzielle, vor allem aber imagemäßige Kredit wurde binnen kurzer Zeit erneut verspielt. Die erste Amtszeit Rauball war zu kurz, um etwas aufzubauen, was auch ohne seine Person hätte überleben können. Die Spielzeiten 1982/83, 1983/84 und 1984/85 waren verlorene Jahre, und als Rauball ein zweites Mal als Retter die Bühne betrat, war der Klub so ruiniert wie noch nie zuvor.

In die Saison 1982/83 ging der BVB mit Karl-Heinz Feldkamp als Trainer. Mit dem Rumänen Marcel Raducanu verpflichtete der BVB einen genialen Spielmacher. Der Nationalspieler von Steaua Bukarest hatte sich im Juli 1981 nach einem Freundschaftsspiel von der rumänischen Nationalmannschaft abgesetzt und in Dortmund um Asyl gebeten. Bevor er für die Borussen spielberechtigt war, mußte er allerdings die in solchen Fällen übliche einjährige Spielsperre absitzen. (Nach dem Torwart Günther, der beim BVB von 1968 bis 1971 unter Vertrag stand, und Zoltan Varga war Raducanu bereits der dritte Flüchtling aus dem sogenannten „Ostblock", der beim BVB landete.) Sein Debüt im BVB-Trikot gab Raducanu am 2. Spieltag bei Hertha BSC Berlin. Der BVB gewann 3:1, u.a. dank eines Treffers des Rumänen. Es war der bis heute einzige Bundesliga-Sieg des BVB im Olympiastadion (abgesehen vom 2:0 gegen Tasmania Berlin in der Saison 1965/66). In den folgenden sechs Jahren sollte Raducanu die Regie im Dortmunder Mittelfeld führen.

Doch die Chemie im Verein stimmte schon bald nicht mehr. Die unter Rauball erworbene Stabilität auf hohem Niveau geriet bereits bald ins Wanken, wenngleich die Saison sportlich gar nicht so schlecht lief. Immerhin erreichte man in der Meisterschaft den 7. Platz. Im UEFA-Cup kam allerdings bereits in der ersten Runde das Aus, ausgerechnet gegen jene Mannschaft, gegen die Borussia auch bei der letzten internationalen Teilnahme (1966/67) frühzeitig ausgeschieden war: Glasgow Rangers. Das Hinspiel vor 52.000 im Westfalenstadion endete – wie bereits 1966/67 – mit einem enttäuschenden 0:0. Im Rückspiel unterlag der BVB den Schotten 0:2. Die Rückkehr des BVB auf die internationale Bühne blieb somit zunächst nur eine kurze Episode.

Im DFB-Pokal drang die Feldkamp-Truppe bis ins Halbfinale vor, wo sie allerdings beim Zweitligisten Fortuna Köln ein Fiasko erlebte. Der BVB, der sich schon im Finale gewähnt hatte, ging mit 0:5 unter. Feldkamp, der zu der Mannschaft nie den richtigen Draht fand, mußte gehen. Für ihn kam der „Notnagel" Helmut Witte. Daß sich der BVB bereits wieder auf dem absteigenden Ast befand, läßt sich am Verlauf der Bundesliga ablesen. Einer relativ guten Vorrunde (23:11 Punkte) folgte eine schwache Rückrunde (16:18), die die neuerliche Teilnahme am UEFA-Cup kostete. Immerhin gelang dem BVB in dieser Saison der bis heute höchste Heimsieg seiner Bundesligageschichte. 11:1 wurde Arminia Bielefeld vom Platz gefegt. Fünffacher Torschütze war Manni Burgsmüller. Dabei vergab Burgsmüller die Chance, den Rekord von Dieter Müller einzustellen (6 Tore für den 1. FC Köln gegen Werder Bremen in der Saison 1977/78), indem er in der 88. Minute auf die Ausführung eines Elfmeters verzichtete.

Die sportliche Entwicklung manifestierte sich auch im Zuschauerzuspruch: Kamen in der Vorrunde noch 33.899 pro Spiel, lautete der Schnitt am Ende der Saison „nur" noch 26.481. Das waren 2.500 weniger pro Spiel als vor Saisonbeginn kalkuliert.

Die Ursachen für die negative sportliche Entwicklung waren eindeutig in der Vorstandspolitik zu suchen. Die Amtszeit von Jürgen Vogt war nur von kurzer Dauer. Als dieser die Querelen im Vorstand satt hatte, bestellte das Amtsgericht Friedhelm Cramer als Notpräsidenten, womit wieder ein Mann aus dem Brauereigewerbe an der Spitze des Vereins stand. Im September 1983 wurde Cramers Kandidat Frank Roring neuer BVB-Präsident. Mit Roring kehrten vollends Schalker Verhältnisse in Dortmund ein. Roring, Geschäftsführer einer Eiskremfirma, deren Produkt auch heute noch inner-

Eike Immel, Michael Zorc und Rolf Rüßmann

halb und außerhalb des Westfalenstadions geschleckt werden muß, sollte auch noch den restlichen Kredit verspielen. Die Übergabe der Vereinsführung an einen Businessman, der mit dem BVB eigene geschäftliche Interessen verfolgte, sollte sich als folgenschwerer Fehler erweisen.

Am Ende der Saison wurden Manni Burgsmüller und Rüdiger Abramczik verkauft. Burgsmüller hatte in 224 Bundesligaspielen 135 Tore für die Borussen erzielt und ist damit bis heute der erfolgreichste Bundesligatorschütze des BVB. Burgsmüller wechselte zum 1. FC Nürnberg, wo er 1983/84 zwölf Tore schoß. Anschließend ging er zum Zweitligisten Rot-Weiß Oberhausen, aber in der Saison 1985/86 reaktivierte Rehhagel den „Oldtimer" für Werder Bremen. In den fünf Jahren bei Werder absolvierte der bei Dortmund ausgemusterte Kicker immerhin noch 115 Spiele, in denen er 34 Tore erzielte und Deutscher Meister wurde.

Saison 1983/84: Ein unfähiger Manager

Vor dem Saisonstart 1983/84 hatte Interimspräsident Cramer die Losung „ein Platz zwischen eins und vier" ausgegeben, was jedoch von wenig Realitätssinn zeugte. Stattdessen endete der BVB nur im unteren Mittelmaß. Im

DFB-Pokal kam das Aus bereits in der 1. Runde, in der Bundesliga reichte es nur zum 13. Platz. Erwähnenswert ist aus dieser Saison noch, daß Ende 1983 Jürgen „Kobra" Wegmann verpflichtet wurde, für den der BVB 600.000 DM an Rot-Weiß Essen überweisen mußte.

Drei Trainer verschliß der BVB in dieser Saison. Zunächst wurde die Mannschaft von Uli Maslo geführt, dem Dieter Tippenhauer folgte. Tippenhauer wurde für diesen Zweck für 100.000 DM vom Managerposten bei Bayer Uerdingen freigekauft. Aber Tippenhauer sah sich unglücklicherweise auch beim BVB für das Amt des Managers berufen und räumte den Trainersessel für Horst Franz, dem am Ende der Saison allseits gute Arbeit bescheinigt wurde.

Mit Horst Tippenhauer leistete sich der BVB erstmals einen Manager, der sich jedoch auf dieser Position als völlig überfordert erwies. Die sozialen Vorurteile, die in Dortmund gegenüber einem Manager existierten, wurden während Tippenhauers Amtszeit weiter genährt. Mit der Tippenhauer-Verpflichtung erwies man der an sich richtigen Idee, die administrativen Verhältnisse beim BVB zu professionalisieren und denen anderer Spitzenklubs anzugleichen, einen Bärendienst. Die Kritiker sahen sich darin bestätigt, daß Manager überflüssig sind und nur abzocken wollen. Tatsächlich tummeln sich auf dieser Position viele Wichtigtuer. Bis zu einer gewissen Größenordnung ist es wahrscheinlich besser, zumindest einen Teil der Arbeit eines Managers in die Hände des Trainers zu geben, wie dies im britischen Fußball der Fall ist. Daß Finke und Lienen in Freiburg und Duisburg während der Saison 1993/94 so erfolgreich arbeiteten, hatte möglicherweise auch damit zu tun, daß sie keine Manager hatten, die ihnen ständig dazwischenfunkten. Gleiches galt auch für den Karlsruher SC, über dessen Ex-Manager Rühl sich Trainer Schäfer wiederholt beklagt hatte. Aber hatten die Erfolge des KSC nicht vielleicht auch damit zu tun, daß Schäfer hier über mehr Kompetenzen und mehr Mitsprache im administrativen Bereich verfügte als viele andere Bundesligatrainer?

Unter dem unsäglichen Duo Roring/Tippenhauer machte sich ein noch größerer Dilettantismus breit als in den Jahren 1966-72. Zudem mit dem gewichtigen Unterschied, daß mit dem Geschäftsmann und dem Manager nun sogenannte „Profis" am Werke waren, weshalb man auch keine mildernden Umstände geltend machen konnte. Steegmann, Kliemt und ihren Obmännern konnte man immerhin Engagement und persönliche Integrität bescheinigen. Tippenhauer war faul und unfähig zugleich. Spieler wie Burgsmüller und Abramczik wurden deutlich unter ihrem Wert verscherbelt, während man für Neuerwerbungen überhöhte Preise zahlte.

Saison 1984/85: Ein neuer Start

Trotz seiner guten Referenzen mußte Horst Franz mit Beginn der Saison 1984/85 Timo Konietzka weichen, mit dem Tippenhauer bereits in Uerdingen zusammengearbeitet hatte. Außerdem machte Tippenhauer in Sachen Konietzka Marketinggründe geltend. Der ehemalige BVB-Torjäger sollte als Zugnummer fungieren. Dies war allerdings allzu schlicht gedacht, denn mit Konietzka ging es nun mit Überschallgeschwindigkeit in die sportliche und finanzielle Pleite.

Ab Mitte Oktober 1984 überschlugen sich die Ereignisse. Am 14.Oktober kündigte Frank Roring endlich an, sein Amt zur Verfügung zu stellen. Die Öffentlichkeit rief nach Reinhard Rauball, der sich jedoch zunächst zierte und seine Rückkehr außerdem – verständlicherweise – vom Rücktritt des gesamten Vorstands abhängig machte. Davon wollte Rorings Stellvertreter, sein Königsmacher Friedhelm Cramer, jedoch nichts wissen. Als am 20.Oktober der Karlsruher SC im Westfalenstadion gastierte, betrug das Punktekonto des BVB 4:12. Auch das Spiel gegen den KSC brachte keine Besserung, die Badenser siegten 2:0. Die Fans veranstalteten einen Sitzstreik auf dem Spielfeld, und Manager und Trainer konnten die Pressekonferenz nur mit Polizeischutz besuchen. Das Spiel geriet zu einem Tribunal gegen Vorstand, Manager und Trainer. Reinhard Rauball: „Der blanke Haß blitzte den Verantwortlichen des BVB zu dieser Zeit durch den Stadionzaun entgegen." Nun hatte auch Friedhelm Cramer ein Einsehen und warf das Handtuch. Der furchtbarste Vorstand in der Geschichte des BVB trat geschlossen zurück, und zwei Tage nach dem Karlsruhe-Spiel und der Fan-Demonstration setzte das Amtsgericht einen aus Reinhard Rauball (Präsident), einem gewissen Dr. Gerd Niebaum (Vizepräsident) und Jürgen Vogt (Schatzmeister) bestehenden Notvorstand ein. Der 23. Oktober 1984 markierte einen historischen Einschnitt in die Bundesligageschichte des BVB, denn von nun an wurden Stück für Stück die Grundlagen für den Aufstieg des BVB zu einem der am besten geführten deutschen und europäischen Profivereine geschaffen. Zu den ersten Amtshandlungen des neuen Vorstands gehörten die Entlassung von Tippenhauer und Konietzka und die Wiedereinstellung von Walter Maahs als Hauptgeschäftsführer, den die Roring-Clique im Frühjahr 1984 entlassen hatte. Co-Trainer Reinhard Saftig wurde Interimstrainer, bevor mit Erich Ribbeck erneut ein renommierter Name auf dem Chefsessel Platz nahm.

Am 31. Oktober präsentierte ein unabhängiger Wirtschaftsprüfer einen Schuldenberg von 8,3 Mio. DM, zu diesem Zeitpunkt eine astronomische

Summe. Ein – allerdings nicht antastbares – Bankguthaben und Forderungen des BVB „reduzierten" die Schuldenlast auf 4,3 Mio. DM. Der BVB war so pleite wie nie zuvor. Der DFB war alarmiert, ein Lizenzentzug und damit der Zwangsabstieg in die Amateuroberliga war durchaus im Bereich des Möglichen. Doch der Rauball-Vorstand schaffte die Rettung. Wie schon zehn Jahre zuvor, wurde auch diesmal die Mannschaft zur Kasse gebeten. Die Spieler verhielten sich vorbildlich. Sie verzichteten auf Punkt-Prämien und akzeptierten eine erhebliche Kürzung ihrer Jahresleistungsprämie. So konnte fast eine Million eingespart werden. Außerdem sprangen die Dortmunder Brauereien und die Stadt – beide aus wohlverstandenem Eigeninteresse – in die Bresche. Die Kronen-Brauerei erwarb 1.000 Tribünenkarten, die Actien-Brauerei übernahm die Kosten für ein großes Hallenturnier, das dank Bayern München und VfL Bochum zu einer Benefizveranstaltung für den BVB geriet, und die Union-Brauerei sponserte die Weihnachtsfeier des Vereins. Die größte Hilfe kam jedoch von der Stadt, die dem BVB für eine Saison die Stadionmiete stundete und ihm die Einnahme aus der Bandenwerbung überließ.

Unter Ribbeck konnte sich der BVB noch auf den 14. Platz retten. Erwähnenswert ist aus dieser Saison noch das Traumtor von Daniel Simmes, das dieser am 6. Oktober 1984 gegen Bayer Leverkusen erzielte. Es war eines der schönsten Tore, die jemals im Westfalenstadion geschossen wurden. Der 18jährige Nachwuchsstürmer ergatterte den Ball noch in der eigenen Spielhälfte, umkurvte oder überlief sieben Leverkusener Spieler, bevor er das Leder abgeklärt ins leere Tor schob. Das Tor wurde später mit großem Vorsprung zum „Tor des Monats" gewählt. Das Talent konnte jedoch die in ihn gesetzten Hoffnungen nicht erfüllen. In den vier Spielzeiten beim BVB erzielte Simmes nur elf Tore. 1988 verließ er den BVB in Richtung Karlsruher SC. Aber auch dort gelang ihm nicht der große Durchbruch.

Saison 1985/86: Kampf gegen den Abstieg

Nach der Saison verließ Ribbeck den BVB. Das war auch so vereinbart worden, da der Trainer bereits Bayer Leverkusen seine Zusage gegeben hatte. Nachfolger wurde Pal Csernai, der Mann mit dem Seidentuch, der von seinem äußerlichen Erscheinungsbild her überhaupt nicht zu Dortmund paßte, aber trotzdem bereits ein wenig den von Rauball und Niebaum betriebenen Wandel des Vereins symbolisierte. Aufgrund der katastrophalen finanziellen Situation war an große Sprünge nicht zu denken. Das Ziel konnte nur Klassenerhalt lauten. Nach dem 34. Spieltag stand der BVB auf dem 16. Platz und mußte somit in die Relegation. Noch vor dem Saisonfinale war Pal Csernai durch Co-Trainer Reinhard Saftig ersetzt worden. Auf den echten „Gentleman-Trainer" mußte der BVB noch einige Jahre warten. Der Gegner in der Relegation hieß Fortuna Köln, der Dritte der 2. Bundesliga. Die Relegationsspiele gerieten zu einem Fußballkrimi erster Güte. Zunächst verlor der BVB vor 47.000 im Müngersdorfer Stadion mit 0:2. Auch im Rückspiel vor 54.000 im ausverkauften Westfalenstadion hatten die Fortunen zunächst die Nase vorn. Bereits nach 14 Minuten hieß es 0:1. Erst in der 54. Minute gelang Zorc per Foulelfmeter der Ausgleich. In der 68. Minute brachte Raducanu den BVB in Führung, aber um wenigstens eine dritte Partie auf neutralem Boden zu erzwingen, fehlte immer noch ein Tor. Fortunas Keeper Jarecki brachte die Dortmunder mit seinen Paraden schier zur Verzweiflung. Doch von den Zuschauern unermüdlich nach vorne gepeitscht, kämpfte der BVB weiter. 20 Sekunden vor dem Schlußpfiff gelang Wegmann mit seinem wichtigsten Tor für den BVB das erlösende 3:1. Das Westfalenstadion glich einem Tollhaus. Im dritten Spiel in Düsseldorf siegte der BVB vor 50.000 Zuschauern gegen eine arg ersatzgeschwächte Kölner Mannschaft mit 8:0.

Erwähnenswert bleibt aus der Saison 1985/86 auch noch der Einzug ins Halbfinale des DFB-Pokals. Allerdings hatte der BVB bis dorthin nur mit unterklassigen Gegnern zu kämpfen. Im Halbfinale unterlag man beim VfB Stuttgart mit 1:4.

Obwohl dem Abstieg nur knapp entkommen, eröffneten sich dem BVB plötzlich glänzende Perspektiven. Mit der Relegationsrunde hatte sich der BVB auch finanziell wieder nach oben gearbeitet. An der Trainerfront war mit Reinhard Saftig Ruhe in den Verein eingekehrt, und das Gespann Rauball/Niebaum bürgte für Seriosität und Qualität. Rund um das Westfalenstadion war eine Fußballbegeisterung ausgebrochen, wie man sie zuletzt nach dem Wiederaufstieg in die 1. Bundesliga erlebt hatte. Viele Fans spürten, daß beim BVB eine neue Ära angebrochen war.

Dem Trainer und der Mannschaft gelang es, den Schwung und die Euphorie aus der Relegationsrunde in die folgende Saison hinüberzuretten. Michael Zorc Monate später: „Die Relegationsspiele hatten dieses Team geprägt. Damals haben wir bis zum Umfallen gekämpft und in letzter Sekunde das Schicksal abgewendet. Wir wollen uns halt nicht mit Niederlagen abfinden und kämpfen bis zur letzten Minute."

Filz oder Freundschaft?
Der BVB und die Sozialdemokratie

„Eine politische Geschichte des BVB wird es wahrscheinlich nicht geben. Ohne freund- bis genossenschaftliche politische Kontakte wären die Entscheidungen und Transaktionen zugunsten des BVB von der Stadt Dortmund mit SPD-Mehrheit aber sicher nicht beschlossen worden." So Richard Kelber, Mitglied der Dortmunder Stadtratsfraktion der Grünen. Man kann die Dinge auch etwas positiver formulieren: „Die Stadt Dortmund und die SPD-Mehrheitsfraktion stehen dem Verein sehr, sehr nahe. In Notsituationen haben sie wiederholt die Schirmherrschaft übernommen. Und ich bin mir sicher, daß sie dies in Zukunft wieder tun würden." So BVB-Präsident Dr. Gerd Niebaum.

Die Verbindungen zwischen BVB und SPD sind nicht zu bestreiten und haben eine lange Tradition. In der Bundesliga firmieren der BVB und Werder Bremen auch als „SPD-Vereine".

Da Dortmund bereits seit Jahrzehnten die heimliche Hauptstadt der deutschen Sozialdemokratie ist und der Bezirk Westliches Westfalen der größte der Partei, ergeben sich Überlappungen quasi zwangsläufig. Wie stark die sozialdemokratische Tradition der Stadt ist, wird u.a. daraus ersichtlich, daß auch die Führungen der alten großen lokalen Unternehmen und Dienstleistungsbereiche nach 1945 in der Regel von Sozialdemokraten besetzt wurden. Die SPD war und ist in Dortmund mehr klassenübergreifende „Partei der Arbeit" als „Arbeiterpartei".

Was heute, oft zu Recht, als „Filz" angeprangert wird, hat seine Wurzeln in der spezifischen Nachkriegsgeschichte Dortmunds. Die – insbesondere im Norden – stark zerstörte Stadt wurde nach 1945 von einer Koalition aus SPD/Gewerkschaften/Arbeiterschaft/Kommunisten wieder aufgebaut, inklusive solcher Unternehmen wie z.B. Hoesch und der Dienstleistungsbereiche. Die Verbundenheit großer Teile der Bevölkerung mit SPD und Gewerkschaften hat zweifelsohne auch mit dem persönlichen Stolz dieser Menschen über ihre Wiederaufbauleistung zu tun. Was heute als Verfilzung von Partei, Verwaltung und Kapital daherkommt, war in seinen Anfängen etwas, was „von unten" kam.

Aufgrund der sozialen und geographischen Herkunft der Borussia (Hoesch-Viertel) existiert eine gewisse Parallelität zwischen der Geschichte des BVB und der der Arbeiter- und Gewerkschaftsbewegung. Auch Gerd Niebaum konstatiert eine gewisse „Wesensverwandtschaft" zwischen beiden. In den späten 60ern betrieb die SPD mit Konterfeis von BVB-Spielern Wahlkampf. In den 80ern warb der damalige Präsident Reinhard Rauball für die SPD. Ein Foto in der SPD-Wahlkampfzeitung „ZAS" zeigte Rauball auf der Tribüne des Westfalenstadions. Einige BVB-Präsidenten waren eingeschriebene SPD-Mitglieder. Der bekannteste von ihnen war der SPD-Landespolitiker Dr. Walter Kliemt. Auch seine Nachfolger Heinz Günther und Reinhard Rauball waren SPD-Mitglieder. „Heinz, die Partei braucht dich", soll der SPD-Unterbezirksvorsitzende Heinemann Günther zugerufen haben, als es galt, den BVB vor dem Bankrott zu retten. Günther soll als Gegenleistung ein Landtagsmandat versprochen worden sein. Ein Versprechen, das jedoch nicht eingehalten wurde.

Gerd Niebaum ist parteilos, und bislang kam auch niemand auf die Idee, den BVB-Präsidenten zum Eintritt in die SPD aufzufordern. (Trainer Hitzfeld gilt im übrigen als CDU-Sympathisant). Niebaum: „Die Parteimitgliedschaft ist kein Thema." Daß sich der BVB im sozialdemokratischen Dortmund einen parteilosen Präsidenten leistet, betrachtet Niebaum als Beweis dafür, daß „der Verein sein Eigenleben hat. Ich habe bisher bewußt versucht, Parteipolitik aus dem Verein herauszuhalten. Politik und Fußball sind für mich zwei getrennte Lebensbereiche." Politiker an der Spitze von Fußballvereinen hält Niebaum nicht gerade für eine glückliche Konstruktion. Die Gefahr, daß der Verein „zweckentfremdet" wird, ist ihm zu groß.

Die Kritik am Filz ist legitim und notwendig. Das Problem ist dabei allerdings zuweilen, daß losgelöst vom historischen Bezug argumentiert wird. Dies gilt auch für das Verhältnis der Stadt zum BVB, wo die Kritiker den hohen Identifikationsgrad der Bevölkerung mit der Institution Borussia völlig ausblenden.

Wenn beispielsweise kritisiert wird, daß die SPD-Stadt dem BVB in einer schwierigen finanziellen und sportlichen Situation eine Million Mark aus der Bandenwerbung überließ und die gleiche Summe an Nutzungsgebühr für das Westfalenstadion stundete, drängt sich die Frage auf, was daran schlecht war. Die Alternative finanzieller Bankrott und Abstieg wären für die Fans, aber auch viele Arbeitslose und Sozialhilfeempfänger, die bei jedem teuren Transfer ungefragt als Kronzeugen gegen den BVB strapaziert werden, kaum akzeptabel gewesen. Mit anderen Worten: Die SPD mag man mögen oder nicht, aber in dieser Situation hatte sie richtig gehandelt. Offensichtlich waren die damaligen finanziellen Zugeständnisse eine kluge Investition in die Zukunft. Auch unter finanzpolitischen Gesichtspunkten, da die Geldströme mittlerweile andersherum laufen – vom BVB ins Stadtsäckel.

Die Rolle Dortmunds als SPD-Hauptstadt wurde 1994 ein weiteres Mal unterstrichen, als die Partei ihren zentralen Wahlkampfauftakt für die Bundestagswahl im Westfalenstadion veranstaltete. Am Vortag hatte der BVB bei der Frankfurter Eintracht seine erste Saisonniederlage kassiert. So war in der „WAZ" über die SPD-Kundgebung zu lesen: „Der Ort des Spektakels, das Westfalenstadion, war an diesem Wochenende nicht sehr ermunternd, hatten doch die hier heimischen Borussen – wenn auch auf fremdem Platz – ihre erste Heimniederlage einstecken müssen."

Zu den Anhängern des BVB zählen Politiker aller Parteien, Jürgen W. Möllemann allerdings glücklicherweise nicht. (Der tummelt sich auf Schalke.) Seitens der CDU u.a. Norbert Blüm und der ehemalige Regierungssprecher Friedhelm Ost, seitens der SPD u.a. der bereits erwähnte Hermann Heinemann, Fürst des mächtigen SPD-Unterbezirks Westliches Westfalen, und NRW-Arbeits- und Sozialminister Friedhelm Farthmann.

1986 bis 1994:
Die Ära Niebaum

Zwei Millioneneinkäufe in der „Ära Niebaum": Sammer und Riedle

Während der Saison 1986/87 fand an der Spitze des Klubs ein neuerlicher Wechsel statt. Diesmal allerdings nach einem völlig anderen Muster als bis dahin üblich. Mit der finanziellen und sportlichen Konsolidierung betrachtete Reinhard Rauball seine Aufgabe als erfüllt und übergab den Vorsitz an seinen Kollegen Gerd Niebaum.

Als Rauball 1984 den damals 35jährigen Niebaum beim BVB einführte, war Helmut Brachts erste Reaktion: „Was hat uns denn der Rauball für ein trocken Brötchen mitgebracht? Was will der denn mit dem hier?" Heute gehört Bracht zu den größten Fans des Präsidenten.

Saison 1986/87: Das schwarz-gelbe Wunder

Für die Saison 1986/87 verpflichtete der BVB mit Frank Mill (Borussia Mönchengladbach) und Norbert Dickel (1. FC Köln) zwei Stürmer, die voll einschlagen sollten. Mit insgesamt 37 Toren (Dickel 20, Mill 17) erzielte das Sturmduo mehr als die Hälfte der insgesamt 70 BVB-Tore dieser Saison. Des weiteren stieß zu den Borussen u.a. Thomas Helmer, der von Arminia Bielefeld kam. Allerdings mußte der BVB fortan auf die Dienste von Eike Immel verzichten, der zum VfB Stuttgart wechselte. Statt seiner wurde der Duisburger Teddy de Beer verpflichtet. Wie Immel feierte auch de Beer sein Debüt gegen Bayern München und gab dabei eine ausgezeichnete Vorstellung. Daß der BVB beim 2:2 einen Punkt aus München entführen konnte, hatte er nicht zuletzt de Beers Paraden zu verdanken. Außer Immel verließ u.a. auch noch „Kobra" Wegmann den BVB, um sich dem Rivalen Schalke anzuschließen.

Die Saison 1986/87 geriet zur sportlich wie finanziell erfolgreichsten Spielzeit der Borussen seit 20 Jahren. An ihrem Ende standen der 4. Platz und die UEFA-Cup-Teilnahme. Der Zuschauerschnitt lag mit 32.129 um fast 10.000 höher als in der Vorsaison. Zum Saisonfinale bei der Frankfurter Eintracht, wo der BVB punkten mußte, um den UEFA-Cup zu erreichen, wurde die Borussia von 18.000 Fans begleitet. Der BVB siegte glatt mit 4:0. Ihren Sieg hatten die Borussen nicht zuletzt einer Hilfestellung aus der Politik zu verdanken. Bundesarbeitsminister und BVB-Fan Blüm intervenierte zugunsten der beiden Wehrpflichtigen Thomas Helmer und Günther Kutowski, die eigentlich mit der Bundeswehr-Nationalmannschaft in Italien um die Weltmeisterschaft spielen sollten.

In dieser Saison etablierte sich etwas, das an die berühmte Rapid-Viertelstunde erinnerte. In den Jahren 1918-21 gewann Rapid Wien eine Reihe von Spielen durch Tore in den letzten 15 Minuten. Die Schlußoffensive der Wiener soll stets, so sagt es jedenfalls die Legende, vom rhythmischen Klatschen des eigenen Anhangs eröffnet und begleitet worden sein. Für den Fußballhistoriker Roman Horak ist die Rapid-Viertelstunde „die institutionalisierte Hoffnung und auch die Gewißheit vom guten Ende. Immer noch eint sie trotz diverser neuzeitlicher Segregationseinrichtungen wie Zäune und Ehrentribünen im entscheidenden Augenblick Spieler und Zuschauer." Ähnlich verhielt es sich auch in Dortmund, allerdings mit dem Unterschied, daß die Viertelstunde dort 45 Minuten betrug. Dank der fantastischen Unterstützung des Publikums konnte der BVB nach der Pause immer noch zulegen und Spiele umbiegen. Nicht von ungefähr fielen viele Tore in Richtung Südtribüne. Dieses Phänomen aus der Saison 1986/87 hat im gewissen Ausmaß bis heute überlebt. Es ist immer wieder zu beobachten, daß die Mannschaft in der 2. Halbzeit besser spielt und kämpferischer agiert, zumal wenn sie in Richtung Südtribüne stürmen darf. Deshalb wird auch mit einem gellenden Pfeifkonzert quittiert, wenn der Gegner bei der Seitenwahl dafür sorgt, daß der BVB nach dem Pausentee gegen die Nordtribüne anrennen muß. In Dortmund wurde nun wieder bis zur letzten Minute gekämpft. Das Preis-Leistungs-Verhältnis stimmte wieder, und das Westfalenstadion entwickelte sich zu einer „Erlebniswelt".

In einer insgesamt langweiligen Saison bot die Borussia, vom Abstiegskandidaten zum Anwärter auf einen UEFA-Cup-Platz aufgestiegen, den einzigen positiven Gesprächsstoff. Der BVB avancierte zum einzigen Farbtupfer im tristen Ligaalltag. Der „Kicker" widmete dem neuen schwarz-gelben Wunder gleich zwei Seiten. Borussia schien einen Ausweg aus der Krise der Bundesliga zu weisen. Tatsächlich stand die Saison 86/87 am Anfang der Renaissance der traditionellen Fußballstandorte. Das Bayern-Modell zeigte sich trotz anhaltender Dominanz erstmals anfällig. Symptomatisch hierfür waren auch die zwei Unentschieden des BVB gegen die Bayern. Wie Mill dabei in München den durchaus möglichen Sieg vergab, sorgt noch heute für Gesprächsstoff.

Saison 1987/88: Rückschläge

Nach dem sensationellen 4. Platz waren die Erwartungen für die Saison 1987/88 entsprechend hoch. Dabei wurde vielfach vergessen, daß die Mannschaft im Vorjahr fast durchweg über ihre Verhältnisse gespielt und die Saison enorm an Kraft gekostet hatte. Ein Erfolg, der vor allem von einer Welle des Enthusiasmus' getragen wird, läßt sich jedoch in der Regel nicht ohne weiteres wiederholen. Der Vorstand und Saftig zeigten sich bemüht, die Erwartungen zu dämpfen. Die einzige etwas spektakulärere Neuverpflichtung war Murdo MacLeod von Glasgow Celtic, ein relativ teurer Spieler, der sich jedoch für die Borussen bezahlt machen sollte. Offensichtlich galt das Augenmerk von Vorstand und Trainer vor allem einer Verstärkung der etwas löcherigen Abwehr. Von MacLeod abgesehen, wurde am Kader kaum etwas verändert. Der bewährten Truppe wurden bewußt keine neuen Stars vorgesetzt. Der BVB kassierte viel Lob für seine Politik, aber sportlich brachte sie den Klub nicht weiter.

Die Saison begann mit einer 1:3-Heimniederlage gegen Bayern München, bei der sich die Borussen als deutlich überfordert erwiesen. Der Souveränität der Bayern hatten die Dortmunder nichts entgegenzusetzen. Nach einer 1:2-Heimniederlage am 7. Spieltag gegen den 1. FC Köln wurde im Westfalenstadion nicht nur der Kopf des Trainers, sondern auch des Präsidenten gefordert. Was Niebaum anbelangt, allerdings bis heute zum ersten und letzten Mal. Dem Verein wurde nun plötzlich vorgeworfen, nicht genug investiert zu haben. Nach dem 2:3 gegen den Hamburger SV am letzten Spieltag der Hinrunde, bereits die 4. Heimniederlage, sprach Niebaum von einer „Zumutung für die Zuschauer". Der Realist Saftig konstatierte: „Uns stehen schwere Zeiten bevor. Spätestens am Samstag hat der Abstiegskampf begonnen." In der Rückrunde lief es besser. Zum Auftakt gewann der BVB bei Bayern München sensationell mit 3:1. Trotzdem gelang der Klassenerhalt erst am vorletzten Spieltag mit einem 2:2 daheim gegen Bayer Leverkusen. In der Endabrechnung belegte der BVB den 13. Platz. Es sprach für den Vorstand, daß er weder den Trainer entließ noch unsinnige Panikkäufe tätigte. Die „neue Borussia" überstand ihre erste harte Bewährungsprobe.

Für eine gewisse Entschädigung sorgte der UEFA-Cup. In der 1. Runde mußte der BVB erneut nach Glasgow, diesmal allerdings nicht zum Angstgegner Rangers, sondern zu den Celtics. Der BVB verlor 1:2, doch das Rückspiel wurde 2:0 gewonnen, wobei der BVB gegen die kampfstarken Schotten bis wenige Minuten vor dem Abpfiff zittern mußte. Erst in der 87. Minute gelang Dickel, der bereits die Führung markiert hatte, der zweite BVB-Treffer. Mit den gleichen Ergebnissen endeten auch die Spiele der 2. Runde gegen den jugoslawischen Vertreter Velez Mostar, nur daß der BVB zunächst zu Hause antrat und gewann. Im Rückspiel hieß der große Rückhalt de Beer, der in der 18. Minute einen Elfmeter hielt. Zwar gingen die Jugoslawen in der 66. Minute in Führung, aber Mill konnte in der 90. Minute den Ausgleich besorgen. Wie wichtig dieser Treffer war, sollte sich nur eine Minute später zeigen, als Mostar in der Nachspielzeit noch das 2:1 gelang. Das Aus kam im Achtelfinale gegen den FC Brügge. Zwar gewann der BVB im Westfalenstadion glatt mit 3:0, weshalb kaum jemand am Einzug ins Viertelfinale zweifelte, aber im Rückspiel behielt der FC Brügge mit einem 5:0 n.V. die Oberhand. Gerade in diesem Spiel wurde die fehlende spielerische Substanz der Mannschaft überdeutlich. Immerhin kam der BVB bei seiner ersten Europapokalkampagne in der Ära Niebaum zwei Runden weiter als bei seinen beiden letzten Anläufen. Außerdem bescherten die UEFA-Cup-Auftritte dem Verein eine Rekordeinnahme und befreiten ihn endgültig von seiner Schuldenlast.

Das sportliche Absacken des BVB kam nicht unbedingt überraschend. Nach dem plötzlichen Erfolg 1986/87 hatten sich die Spieler offensichtlich überschätzt. Niebaum: „Wir wurden mit einer relativ schwachen Mannschaft Zufallsvierter." „Außerdem war der Kader zu alt und für eine Spitzenmannschaft einfach nicht stark genug, zumal angesichts der zusätzlichen Belastung durch den Europapokalwettbewerb. Bereits Anfang Oktober hatte Frank Mill die Saison zur „Übergangssaison" erklärt. „Wir müssen uns dann ganz einfach höhere Ziele stecken", forderte der Sturmführer. „Wir müssen investieren und uns auf mindestens zwei Positionen gezielt verstärken. Mit Kleckern kommen wir nicht weiter, der Verein hat finanzielle Möglichkeiten und muß sie – auch im Interesse dieser einmaligen Fans – jetzt ausschöpfen." Trotz des sportlichen Einbruchs konnte der BVB seine finanzielle Position ausbauen. Mit einem Schnitt von 29.418 belegte er in der Zuschauertabelle den 1. Platz.

Saison 1988/89: Triumph in Berlin

Vor der Saison 1988/89 wurde erstmals seit Beginn der Amtszeit Niebaum im größeren Stile investiert. Bereits während der Saison 1987/88 hatte man sich das Frankfurter Supertalent Andreas Möller geangelt, in dessen Schlepptau sich allerdings ein Mann namens Klaus Gerster befand, den die Borussen als Sportlichen Leiter beschäftigten. 2,4 Mio. DM hatten die Borussen für Möller zu bezahlen, zu diesem Zeitpunkt der teuerste Einkauf in der BVB-Geschichte, der einen empörten Norbert Blüm auf den Plan rief. Während sich Möller rentierte, war auch der zweite hauptamtliche Manager in der BVB-Geschichte eine Fehlbesetzung. Die „Westfälische Rundschau" charakterisierte Gerster treffend als „Manager-Lehrling".

Von Bayern München kam Michael Rummenigge, der sich dort nicht weiter entwickeln konnte. Eine heikle Verpflichtung, war da doch die sogenannte „Schlosseraffäre" gewesen, an die man sich in einer Stadt mit dem sozialen Hintergrund Dortmunds noch bestens erinnerte. Rummenigge hatte bei einer Fragestunde einen arbeitslosen Schlosser, der des Profis Gehalt problematisierte, in arroganter Manier abgefertigt. Er, der Schlosser, sei schließlich ersetzbar, nur ein kleines Rädchen in einer viel größeren Maschine, ganz im Gegensatz zum Kicker Rummenigge. Daß für Rummenigge der populäre Raducanu weichen mußte (nach 163 Bundesligaspielen, in denen er 31 Tore schoß), machte seinen Einstand nicht leichter. Aber Niebaum und Saftig, der Rummenigge noch aus Münchener Zeiten her kannte, konnten den Spieler, dem auch ein Angebot des Hamburger SV vorlag, überzeugen, das Experiment zu wagen. Noch bevor der Wechsel amtlich wurde, gab es heftige Proteste einiger Fanclubs. Eine Flut von Protestschreiben erreichte den Klub, und vor der Geschäftsstelle wurde demonstriert. Der Wechsel drohte zu scheitern. Der Verein bemühte sich, die Wogen zu glätten und Rummenigges Integration zu erleichtern. Rummenigge: „Als ich dann in Dortmund anfing, wurde versucht, die Anti-Stimmung gegen meine Person abzuschwächen. Es fand beispielsweise ein Gespräch mit verschiedenen Fanclubs statt, das über mehrere Stunden ging. Das bewirkte beim einen oder anderen eine positive Meinungsänderung." Auch der Ältestenrat agierte als Vermittler.

Vor allem aber war es Rummenigge selbst, der mit kämpferischen Darbietungen seine Anerkennung förderte. Als der BVB ein knappes Jahr später im Pokalfinale stand, war die Integration Rummenigges erfolgreich abgeschlossen. Nach dem Pokalfinale von Berlin äußerte sich Rummenigge über seinen neuen Arbeitgeber und die Unterschiede zwischen dem BVB und den Bayern: „Beim BVB geht es sehr familiär zu". Auch würde in Dortmund ganz anders gefeiert. „Hier freuen sich auch die Ersatzspieler wie Robert Nikolic mit, der gegen Klinsmann ein tolles Spiel absolvierte und heute auf der Bank Platz nehmen mußte. Es gibt keinen Neid und keine Mißgunst. Eine ganz neue Erfahrung für mich." Das sollte sich dann allerdings mit dem Aufstieg des BVB zu einer Topadresse und dem zunehmenden Erfolgsdruck ändern. Schon vor dem Anpfiff in Berlin hatte Rummenigge verkündet: „Das ist mein viertes Pokal-Finale, aber sicherlich auch das für mich bedeutendste. Borussia muß wieder eine Fußball-Macht werden." Die „Westfälische Rundschau" kommentierte: „Rummenigges Verhältnis zu den Fans ist ungetrübt, nach Startschwierigkeiten in Dortmund hat er sich in die Herzen der schwarz-gelben Anhänger gespielt." Als Rummenigge bei der Präsentation der Endspielteilnehmer den Borussen-Fans zuwinkte, wurde diese Geste begeistert aufgenommen. Selten ist es einem Spieler gelungen, ein negatives Image derartig schnell und erfolgreich abzulegen.

Doch bis Berlin war es ein langer Weg. Die Saison begann zunächst mit einem Paukenschlag. Noch im Trainingslager packte Saftig seine Koffer, nachdem Mill die Kraftprobe um die Kapitänsbinde für sich entschieden hatte. Saftig hatte den umgänglicheren Michael Zorc für dieses Amt ausgeschaut. Für den Fall, daß Frank Mill Kapitän bleiben sollte, was seitens des Vorstands unterstützt wurde (vermutlich aus den gleichen Gründen, aus denen die Frankfurter Eintracht später Uli Stein zum Kapitän kürte – der potentielle „Quertreiber" sollte in die „Gesamtverantwortung" eingebunden werden), hatte er sein Gehen angedroht. Nun machte der integere Saftig, der für seine konsequente Haltung, die später auch noch der VfL Bochum zu spüren bekam, bekannt war, seine Drohung wahr und verließ die Borussia. Sein Nachfolger wurde Beckenbauers Strohmann Horst Köppel. In der Meisterschaft lief es zunächst bescheiden an. Fast schon gewohnheitsgemäß startete man mit einer Niederlage in die Saison (1:2 gegen den VfB Stuttgart). Nach sechs Spieltagen lautete die Bilanz 3:9 Punkte. Erst am 7. Spieltag gelang mit einem 3:0 bei Waldhof Mannheim der erste Saisonsieg. Von nun an lief es aber deutlich besser. In einigen Spielen – z.B. beim 6:0 gegen Eintracht Frankfurt und beim 3:1 in Stuttgart – zelebrierte die Borussia Fußball vom Feinsten. Vom späteren Meister Bayern München, der den Wettbewerb dieses Jahr wieder dominierte, trennte man sich jeweils 1:1. Am Ende der Saison belegte der BVB den 7. Platz, dreizehn Punkte hinter Meister Bayern, zwei Punkte hinter dem Tabellenfünften VfB Stuttgart.

Im Pokal gewann der BVB zunächst gegen die Zweitligisten Eintracht Braunschweig und FC Homburg mit 6:0 bzw. 2:1. Zum Schlüsselspiel wurde die dritte Runde beim dritten Zweitligisten in Folge, dem ewigen Rivalen Schalke 04. Der BVB gewann mit 3:2. Norbert Dickel, der spätere Pokalheld, zurückblickend: „Ab einem bestimmten Punkt konzentrierte man sich unterbewußt auf den DFB-Pokal. Das muß wohl nach dem Achtelfinale gegen Schalke gewesen sein." Im Viertelfinale wurde der Karlsruher SC im Westfalenstadion 1:0 besiegt, und auch das Halbfinale durfte der BVB vor heimischer Kulisse bestreiten. Hier besiegten die Borussen in einem erstklassigen Spiel, das alles bot, was das Fußballherz begehrt, den VfB Stuttgart mit 2:0. Zum ersten Mal seit 1965 stand der BVB wieder in einem Pokalfinale. Gegner war Werder Bremen. Das Endspiel fand am 24. Juni statt, auf den Tag genau 33 Jahre nach dem 4:2-Sieg über den Karlsruher SC, der für den BVB den ersten Meistertitel bedeutete. Mit dem Olympiastadion war auch die Spielstätte die gleiche, ein gutes Omen also.

Etwa 40.000 Fans begleiteten den BVB nach Berlin, womit das Finale zum Heimspiel geriet. Michael Zorc nach dem Spiel: „Als wir das Stadion betreten haben, lief uns ein Schauer über den Rücken. Überall nur Schwarz-Gelb. 500 km von zu Hause entfernt kommen über 40.000 Fans ins Stadion. Unvorstellbar." Die erste Überraschung war, daß Norbert Dickel mit der Anfangsformation auflief. Nur sieben Wochen nach seiner schweren Knieoperation feierte der Torjäger sein Comeback ausgerechnet in einem Pokalfinale.

In der 14. Minute ging Werder durch Riedle in Führung, aber nur sieben Minuten später gelang Dickel der Ausgleich, psychologisch ungemein wichtig. Mit 1:1 wurden die Seiten gewechselt. In der 58. Minute brachte Mill den BVB mit 2:1 in Führung. Die Borussen spielten sich nun in einen Rausch. Dickel erhöhte in der 73. Minute auf 3:1, Lusch setzte nur eine Minute später mit seinem Treffer zum 4:1 den Schlußpunkt. Nach 76 Minuten verließ Dickel den Platz, da das Knie wieder zu schmerzen begann.

Der Held des Tages hieß Norbert Dickel, dessen fußballerische Karriere bereits viele abgehakt hatten. Andreas Möller nach dem Schlußpfiff: „Für mich ist der Norbert einfach sensationell. Ich hätte nach einer so schweren Verletzung heute nicht einmal einen Pieps machen können." Das Finale von Berlin sollte sich später leider auch als das Finale der spektakulären, aber viel zu kurzen Karriere des Norbert Dickel erweisen. In der folgenden Saison 1989/90 absolvierte Dickel nur noch sechs Bundesligaeinsätze für den BVB, bevor er sich zum Sportinvaliden erklären ließ. Nur zwei der sechs Spiele kickte er über die volle Distanz. Dickel ruinierte für den BVB sein Knie, was die BVB-Fans ihm bis heute nicht vergessen haben.

▷ Die siegreiche Mannschaft des BVB: de Beer, Kroth, Kutowski, Helmer, MacLeod, Breitzke (ab 73. Lusch), Zorc, Möller, Rummenigge, Dickel (ab 76. Storck), Mill.

Nach dem Triumph von Berlin, der die erste Trophäe für den BVB seit 23 Jahren bedeutete, hagelten auf die BVB-Führung die Lobeshymnen nur so nieder. Trainer Köppel: „Früher war Dortmund berühmt-berüchtigt für Trainer-Entlassungen. Doch nun hat der Klub einen besonnenen, zielstrebigen Vorstand, der dem Trainer den Rücken freihält. Die Arbeit beim BVB entschädigt mich für manche Enttäuschung, wie ich sie zum Beispiel zuletzt in Uerdingen erlebt habe. Ich könnte mir vorstellen, wie Otto Rehhagel in Bremen über einen längeren Zeitraum in Dortmund zu arbeiten." (Daraus wurde allerdings nichts, weil Köppel zwar ein netter Mensch und ein guter Fachmann ist, aber sicherlich kein Rehhagel und auch kein Hitzfeld.) Und Co-Trainer Michael Henke, der heute auch noch Ottmar Hitzfeld assistiert: „Der Klub ist einfach ideal geführt." Der allseits gelobte Präsident demonstrierte sein Faible für Tradition: „Heute haben die alten Borussen wie Erich Schanko oder Erwin Schlebrowski im Geiste mitgespielt. Durch ein engagiertes Spiel lebte die alte Pokaltradition des BVB wieder auf. Kampf, Bereitschaft und Einstellung waren vorbildlich." Traditionsbewußt war auch die Spielkleidung des BVB: Erstmals wurden die alten Ringelsocken wieder herausgekramt.

Zu den ersten Gratulanten des BVB gehörte natürlich die Sozialdemokratie – namentlich Alt-Bundeskanzler Willy Brandt, NRW-Ministerpräsident Johannes Rau, Berlins regierender Bürgermeister Walter Momper und selbstverständlich Dortmunds Oberbürgermeister Samtlebe. In Dortmund

Nach dem Pokalsieg 1989: Jubelfeier für die zurückgekehrte Mannschaft.

Der Pokal ist in Dortmunder Hand: Helmer und Möller nach dem Spiel.

empfingen fast 200.000 Menschen die siegreiche Mannschaft. „Dickel, Dikkel, wir danken dir", rief die begeisterte Menge immer wieder.

Anschließend gewann der BVB auch noch den Supercup, als er in Kaiserslautern Meister Bayern München mit 4:3 besiegte. Die Torschützen für den BVB waren Breitzke (2), Wegmann und Möller.

▷ Der BVB bestritt dieses Spiel in folgender Aufstellung: de Beer (ab 76. Meyer), Kroth, MacLeod (ab 46. Kutowski), Helmer, Schulz, Breitzke, Zorc, Möller, Rummenigge, Driller, Wegmann.

Nach dem Pokalsieg war es erneut Frank Mill, der die Richtung angab. Nur der BVB habe das Zeug dazu, zu einem ernsthaften Gegenspieler der Bayern zu werden, verkündete der Stürmer. Tatsächlich sprach bereits zu diesem Zeitpunkt vieles dafür: der ruhige und solide Aufbau, die wachsenden Einnahmen kraft Erfolg und Begeisterung, die kürzer werdenden Pausen zwischen den Erfolgsphasen, die ruhige, solide und qualifizierte Vorstandspolitik.

Nach dem Pokalsieg ermittelte das Wickert-Institut, daß bundesweit 75% der Fußballinteressierten Borussia Dortmund sympathisch fanden. Der BVB durfte sich als beliebtester Klub der BRD bezeichnen.

Saison 1989/90: Weiter bergauf

Nach der erfolgreichen Saison war der Rücktritt von Gerd Niebaum eigentlich bereits eine besiegelte Angelegenheit. Aus Gründen der Arbeitsüberlastung wollte der Präsident sein Amt abgeben. Niebaum: „Der Fußball hatte sich weiter verändert. Für einen ehrenamtlichen Präsidenten waren die Anforderungen zu groß." Hinzu kam die persönliche Enttäuschung über Andreas Möller und Thomas Helmer, „typische Kinder der Bundesliga" (Niebaum), von denen sich Niebaum eine größere Identifikation und Loyalität gegenüber dem Verein erhofft hatte. Ihre Pokerei war Auslöser für einen Frust, denn sie waren nicht bereit zu honorieren, was der Klub ihnen gegeben hatte. Niebaum ist sicherlich kein blauäugiger Idealist, sein Verständnis für den Profiklub als mittelständisches Unternehmen und sein Sinn fürs Kaufmännische sprechen klar dagegen. Aber Niebaum ist durchaus ein Mann mit ethischen und moralischen Prinzipien.

Daß Niebaum dem Klub erhalten blieb, hatten Verein und Fans nicht zuletzt einem gewissen Michael Meier zu verdanken, der im Dezember 1989 den Job des Managers übernahm und somit für Entlastung sorgte. Das operative Geschäft des Vereins wurde nun vom Manager übernommen. Eigentlich sollte die Meier-Verpflichtung nur Teil der Bemühungen Niebaums sein, das Haus für den Nachfolger zu bestellen. Aber Meier stellte als Bedingung für sein Kommen, daß der „berechenbare" Niebaum Präsident bliebe. Zehn Jahre später als Bayern München leistete sich der BVB endlich einen Manager, der vom modernen Fußballbusiness etwas verstand, und die Amtszeit Niebaum durfte sich zu einer Ära Niebaum entwickeln. Zu den Verdiensten Niebaums zählt somit auch, daß er mit der Verpflichtung eines qualifizierten Managers die längst überfällige Professionalisierung der Vereinsstruktur bewerkstelligte. Das war eine Voraussetzung dafür, daß der Pokalerfolg keine Eintagsfliege blieb, auch leistungsmäßig Kontinuität einkehrte und der BVB zu einem ernstzunehmenden Konkurrenten der Münchener und Bremer avancierte. Die Versäumnisse von 1966 wurden somit 1989 nicht wiederholt.

Zu den Neuverpflichtungen für die Saison 1989/90 gehörte u.a. Jürgen „Kobra" Wegmann, der bereits von 1983-86 beim BVB gekickt hatte, bevor er zunächst zu Schalke und anschließend zu den Bayern wechselte. Mit Wegmann verpflichtete der BVB nach Rummenigge zum zweiten Mal einen Bayern-Spieler. Bei den Bayern hatte Wegmann, obwohl kein Top-Stürmer, seine wohl erfolgreichsten Jahre verlebt. In 58 Spielen hatte er immerhin 26 Tore für die „Roten" erzielt, darunter auch ein „Tor des Monats", und war 1989 Deutscher Meister geworden. Andererseits muß man berücksichtigen, daß die Bayern in diesen Jahren so ziemlich alles holten, was an Stürmern erhältlich war, ohne daß ihnen dabei der große Wurf gelang. Es wurde mehr Masse als Klasse verpflichtet, von einem gezielten Aufbau einer neuen Mannschaft konnte nicht die Rede sein. Aufgrund der Millionen, die sie aus den Transfergeschäften mit italienischen Klubs einnahmen, juckten die Bayern „Fehleinkäufe" nicht besonders. Wegmann war sicherlich kein Schlechter, aber sicherlich auch nicht der geeignete Stürmer für einen Klub, der sich zur europäischen Spitze rechnete. Bei den Bayern fiel es ihm, dank seiner Mitspieler, relativ leicht, Tore zu erzielen. In Dortmund sollte dies anders aussehen. Von der Verpflichtung wirklich großer und fertiger Stars war der BVB noch immer ein gutes Stück entfernt.

In der Bundesliga belegte der BVB am Ende einen hervorragenden 4. Platz. Nur zwei Punkte trennten ihn von Vizemeister 1. FC Köln. 14 Spieltage hintereinander blieb der BVB ungeschlagen. Das Zusammenspiel zwischen Rummenigge und Möller klappte immer besser. Aber allen schwülstigen Treuebekundungen zum Trotz, verließ der Jungstar den BVB nach der Saison, um nach Frankfurt zurückzukehren. Allerdings hatte Möller den BVB-Fans bei seiner spektakulären Benutzung des Stadionmikrofons lediglich versprochen: „Ich erfülle meinen Vertrag". Seitens der Fans wurde diese

Aussage allerdings mit „Ich bleibe in Dortmund" interpretiert. Möller gab später zu, daß sein Abgang in Dortmund sehr unglücklich verlaufen sei und die Entscheidung, nach Frankfurt zu gehen, der größte Fehler seiner Laufbahn gewesen sei. Tatsächlich hätte er besser noch ein weiteres Jahr in Dortmund dranhängen können, um dann direkt nach Italien zu wechseln. Der Zuschauerschnitt wuchs in dieser Saison um mehr als 5.000 auf 34.810. Der Sieg im DFB-Pokal hatte den BVB-Boom weiter geschürt. Die guten Vorstellungen in der Bundesliga taten ein übriges, die Zuschauer zu mobilisieren.

Im DFB-Pokal erlebte der Pokalverteidiger eine Blamage, als er in der 2. Runde im eigenem Stadion dem Zweitligisten Eintracht Braunschweig 2:3 unterlag.

Im Europapokal der Pokalsieger schlug sich der BVB höchst achtbar, obwohl bereits in der 2. Runde das Aus kam. Zum Auftakt gewannen die Borussen bei Besiktas Istanbul 1:0. Das Rückspiel geriet zeitweise zu einer Zitterpartie, bevor Jürgen Wegmann sechs Minuten vor Schluß den 2:1-Siegtreffer erzielte. In der 2. Runde empfing der BVB mit Sampdoria Genua einen ganz harten Brocken. Im Westfalenstadion reichte es nur zu einem 1:1, nachdem Manzini für die Genuesen zwei Minuten vor Schluß den Ausgleich erzielt hatte. Beim Rückspiel in Genua verlor der BVB trotz einer großartigen Vorstellung durch zwei späte Tore 0:2. Sampdoria gewann später den Wettbewerb. Als Trostpflaster blieb dem BVB aus seinen zwei Heimspielen eine Einnahme von 3,8 Mio. DM.

Saison 1990/91: Im Westen nichts Neues

Vor dem Start in die Saison 1990/91 tätigte der BVB mit Flemming Povlsen (PSV Eindhoven) den bis dahin teuersten Transfer seiner Geschichte. 4,1 Mio. DM kostete der Däne die Borussen. Des weiteren wurden u.a. die beiden vielversprechenden Talente Thomas Franck (SV Waldhof Mannheim) und Gerhard Poschner (VfB Stuttgart) verpflichtet. Mit den Bayern konnte der BVB auf dem Transfermarkt noch nicht konkurrieren, wohl aber mit Klubs von der Größenordnung Stuttgarts.

Es war die Saison, in der die Bayern, nachdem sie bereits seit einigen Jahren auf europäischer Ebene keine Trophäen mehr einheimsen konnten, nun auch in der Bundesliga ins Taumeln gerieten. Überraschungsmeister wurde der 1. FC Kaiserslautern, der im Vorjahr noch gegen den Abstieg gekämpft hatte. Besonders im Schlußspurt zeigte sich, daß die alte Souveränität der Bayern dahin war. Der BVB belegte in der Endabrechnung mit einem aus-

Flemming Povlsen

geglichenen Punktekonto nur den 10. Platz. Allerdings konnte er sich zugute halten, zum Sturz der Bayern beigetragen zu haben. So gewann der BVB nach seiner besten Saisonleistung in München sensationell mit 3:2. Der Tiefpunkt der Saison war hingegen die 0:7-Niederlage beim VfB Stuttgart.

Das unbefriedigende Abschneiden des BVB war vor allem seiner eklatanten Heimschwäche geschuldet. Vor der Saison hatte Horst Köppel die Parole ausgegeben: „Das Westfalenstadion muß wieder eine Festung werden!" Aber in 17 Heimspielen blieb der BVB nur viermal siegreich – gegen die drei Absteiger Hertha BSC, Bayer Uerdingen und FC St. Pauli sowie den Viertletzten VfL Bochum. Der Vorstand hielt bis zuletzt an Köppel fest, möglicherweise um den Preis einer Teilnahme am UEFA-Cup. Niebaum war der Beweis von Seriosität und Solidität wichtiger. Außerdem machte Niebaum „ethische Erwägungen" geltend: „Köppel hatte für den BVB den ersten Titel seit 23 Jahren geholt. Es konnte nicht angehen, daß wir diesen Mann wie einen begossenen Pudel aus dem Tempel jagen würden." Allerdings wurde das Verhältnis mit Köppel im beiderseitigen Einvernehmen zum Saisonende beendet.

Die BVB-Fans ertrugen den Saisonverlauf mit großer Geduld. Als der BVB im Westfalenstadion gegen den 1. FC Köln nach vier Pfosten- und Lattenschüssen und enormem Kampf 1:2 verlor, wurden die Spieler von der Südtribüne trotzdem minutenlang gefeiert. Trotz des schwachen und enttäuschenden Abschneidens lag der Zuschauerschnitt mit 33.564 nur um wenige Hundert unter dem des Vorjahres. Zum letzten Spiel gegen den FC St. Pauli kamen noch über 30.000 Zuschauer. Der 10. Platz reichte aus, um die Stellung des BVB als Nr. 1 im Revier vor Wattenscheid und Bochum zu verteidigen.

Im UEFA-Cup schaltete der BVB zunächst den Chemnitzer FC aus. Die Borussen gewannen beide Begegnungen mit 2:0. Auch die nächste Hürde, Universitatea Craiova, wurde mit einem 3:0-Auswärts- und einem 1:0-Heimsieg problemlos genommen. Doch wie schon 1987/88 kam in der 3. Runde das vorzeitige Aus. Erneut erwies sich der belgische Vertreter als Stolperstein. Beim RSC Anderlecht verlor der BVB mit 0:1, wobei der Siegtreffer der Gastgeber erst in der 76. Minute fiel. Somit konnten sich die Borussen für das Rückspiel noch gute Chancen ausrechnen. Der Dortmunder Fahrplan geriet allerdings durcheinander, als der RSC Anderlecht im Westfalenstadion in Führung ging. Zwar gelang Gorlukowitsch wenige Minuten nach dem Anpfiff der 2. Halbzeit der Ausgleich und Schulz in der 79. Minute auch noch der Siegtreffer, aber aufgrund des einen auswärts erzielten Tores hatte der RSC Anderlecht am Ende die Nase vorn.

Saison 1991/92: Hitzfeld kommt

Köppels Nachfolger wurde der bis dahin weithin unbekannte Ottmar Hitzfeld, der für den VfB Stuttgart in der Saison 1977/78 22 Bundesligaspiele absolviert hatte, bevor er zum Schweizer Klub St. Gallen ging. Hitzfelds Verpflichtung löste Verwunderung und Skepsis aus. Als Trainer wurde Hitzfeld zwar in der Schweiz mit Grashopper Zürich zweimal Meister sowie Pokalsieger und führte die Mannschaft 1989/90 bis ins Viertelfinale des Europapokals der Pokalsieger, wo man (wie der BVB) gegen Sampdoria Genua, den späteren Gewinner des Wettbewerbs, ausschied. Aber was ist schon die Schweiz?

Hitzfeld begegnete anfangs typisch deutsche Arroganz. Viele fragten sich, ob denn einer, der aus der zweitklassigen Schweizer Liga kommt, den Ansprüchen der deutschen Bundesliga überhaupt gewachsen sei. Als ob nur im deutschen Fußball gut gearbeitet würde. Heute, drei Jahre nach der Hitzfeld-Verpflichtung, befinden sich mit Sforza, Chapuisat und Sutter drei Schweizer unter den Stars der Bundesliga. Drei Spieler, die die Bundesliga nicht zuletzt um Spielkultur und Flair bereichert haben. Auch Peter Közle, der beim MSV Duisburg groß einschlug, kickte einige Jahre in der Schweiz. Allerdings ist Közle kein Schweizer. Des weiteren ist noch der Karlsruher Stürmer Adrian Knup zu erwähnen. Die viele Jahre unterschätzte und als

Ottmar Hitzfeld

Stephane Chapuisat

„Rentnerparadies" abgehandelte Schweiz konnte sich für das WM-Turnier in den USA qualifizieren und rangierte im August 1993 in der (allerdings höchst fragwürdigen) FIFA-Rangliste auf Platz 3. Mit Rausch arbeitet heute ein weiterer Trainer in der Bundesliga, der sich einst in der Schweiz verdingte. Die Frage hätte schon zum Zeitpunkt der Hitzfeld-Verpflichtung lauten müssen: Wie kann es den hiesigen „Experten" entgehen, daß es in der Schweiz Trainer gibt, die auch für die Bundesliga von Interesse sind? Das Dilemma der Trainerpolitik ist, daß es keine systematische Sichtung gibt. Jeder Bundesligaverein schickt seine Späher über die Dörfer, um brauchbaren Spielernachwuchs auszugraben. Aber wenn es um die Verpflichtung neuer Trainer geht, bedient man sich in der Regel immer wieder aus dem gleichen Pool. So verkommt so manches Trainertalent in Amateurgefilden.

Mit dem gelernten Mathematiker Hitzfeld präsentierte der BVB einen neuen Trainertypus, der zugleich den Wandel des BVB wie der Stadt symbolisierte. Der auch „Gentleman-Trainer" titulierte Hitzfeld unterschied sich nicht nur von den alten Haudegen im Trainingsanzug, sondern auch von den Showtrainern à la Neururer, Ristic und Daum, deren Zeit nun langsam aber sicher ablief. Hitzfeld: „Wenn ich rumschreie und gestikuliere, wäre das für mich sicher werbewirksamer, aber dieses Showgehabe lehne ich ab." Die Showtrainer waren nur eine kurze Zwischenetappe, als die Medien nach mehr Action an der Seitenlinie und flotten Sprüchen riefen. Als solche verbrauchten sie sich jedoch in Windeseile. Daß Daum überlebte, lag daran, daß dieser rechtzeitig den Zeitenwandel erkannte und von seinen Show-Mätzchen Abstand nahm. Gleiches gilt auch für Ristic, der sich von seinen Sprüchen in der Amateuroberliga regenerierte. Zu den positivsten Erscheinungen im Fußball der letzten Jahre zählt sicherlich, daß sich Typen wie Finke, Lienen, Hitzfeld, Möhlmann und Held durchgesetzt haben. Bei aller Unterschiedlichkeit eint sie seriöse und gute Arbeit. Hitzfeld besonderes Augenmerk gilt seit seinem Amtsantritt der Verbesserung der spielerischen Substanz und des taktischen Verhaltens der Borussia, was sich alles andere als einfach gestaltete.

Die Skepsis gegenüber Hitzfeld nahm weiter zu, als dieser Stephane Chapuisat holte, was einigen nach Kumpanei roch. Schließlich war auch Chapuisat „nur" ein Schweizer, im Gegensatz zu Hitzfeld noch dazu ein waschechter, und seine einzigen Bundesligareferenzen bestanden in zehn Einsätzen für den Absteiger Uerdingen, in denen er vier Tore erzielt hatte. Außerdem galt er als verletzungsanfällig. Doch Chapuisat, vielleicht der Instinktfußballer schlechthin, sollte zum Shooting Star der Saison avancieren, zum wohl besten Einkauf des BVB seit vielen Jahren.

Nach der Saison urteilte Michael Rummenigge über seinen neuen Trainer: „Er ist der beste Trainer, den ich je hatte. Das bezieht sich gleichermaßen auf das Fachliche und das Menschliche. Er arbeitet absolut professionell, verfolgt mit schlafwandlerischer Sicherheit sein Konzept und bringt seinen ganzen Charakter voll ein. Er bleibt immer ruhig und sachlich, selbst dann, wenn wir ganz mies spielen. Er erklärt dann völlig souverän, was zu tun ist, und er hat recht. Das alles geschieht eindringlich, aber ohne aufgesetzte Emotionen. Er wird nie laut, bei ihm kann es nicht passieren, daß er einen Schiedsrichter beschimpft oder die Eckfahne herausreißt. Sowas überträgt sich auch auf eine Mannschaft. Man wird cool und clever. Auf seine sehr abgeklärte Art und Weise gewannen wir ein Spiel nach dem anderen."

Hitzfeld zeichnet außerdem aus, daß er die Spieler allein nach Leistung nominiert, ohne Ansehen von Namen und Personen. Dies brachte ihm bei den Spielern enormen Respekt ein. Allerdings geriet sein „Gerechtigkeits-Nimbus" nach dem Eintreffen teurer Stars etwas ins Wanken. In seinen Personalentscheidungen bewies er mehr als einmal ein glückliches Händchen. So ersetzte er im Tor de Beer durch das junge Dortmunder Eigengewächs Stefan Klos, der prompt einschlug und die Tradition guter BVB-Keeper (Rau, Kwiatkowski, Wessel, Tilkowski, Rynio, Bertram, Immel u.a.m.) fortsetzte, und bekam auch unbequeme Spieler wie Frank Mill in den Griff.

Mit Hitzfeld wurde das Dortmunder Führungstrio komplett. Niebaum und Meier hatten einen idealen Partner gefunden. Gleiches gilt aber auch umgekehrt, wie sich insbesondere in der schwierigen Saison 1993/94 zeigen sollte.

Die Saison 1991/92 wurde zur erfolgreichsten des BVB seit Bestehen der Bundesliga. Zum ersten Mal seit der Saison 1965/66 war der BVB wieder ein ernsthafter Konkurrent um den Meistertitel. Dabei benötigte die Mannschaft lange, um zu ihrem Spiel zu finden und in Schwung zu kommen. Dem BVB kam entgegen, daß die Saison – bedingt durch die Wiedervereinigung – mit ihren 38 Spieltagen einem Marathon gleichkam. Am 3. Spieltag verlor der BVB bei Hansa Rostock 1:5, weitere Packungen gab es ausgerechnet in Schalke (2:5) und in Kaiserslautern (0:4). Nach elf Spieltagen verfügte der BVB lediglich über ein ausgeglichenes Punktekonto. Doch dann war der BVB-Express kaum noch zu stoppen. Am 13. Spieltag gewann der BVB bei Bayern München, das in dieser Saison völlig von der Rolle war, überlegen mit 3:0. Vom 11. bis 30. Spieltag blieb der BVB nun ungeschlagen. Erst am 31. Spieltag gab es beim 1. FC Nürnberg wieder eine Niederlage (1:2). In den verbleibenden sieben Spielen verlor der BVB nur noch einmal. Als der BVB am 18. Spieltag bei Bayer Leverkusen 2:0 gewann, schrieb die

Presse erstmals von einem „Titel-Aspiranten". Nach einem 4:1-Heimsieg am 22. Spieltag gegen Rostock ging der BVB als Spitzenreiter in die Winterpause. Nach dem 2:1-Sieg am 27. Spieltag beim 1. FC Köln mochte auch Hitzfeld nicht mehr abwinken. „Jetzt sind wir total überzeugt, daß wir es schaffen können", erklärte der Trainer.

Das Saisonfinale geriet zu einem Krimi, wie ihn die Bundesliga noch nie erlebt hatte. Drei Mannschaften lieferten sich ein Kopf-an-Kopf-Rennen, außer dem BVB noch Eintracht Frankfurt, das spielerisch zweifellos beste Team der Liga, und der VfB Stuttgart, der zwar nie glänzen konnte, aber enorm effektiv spielte. Am 30. Spieltag trennten sich der BVB und die Eintracht im Westfalenstadion 2:2. Der anwesende Bundestrainer attestierte der Begegnung „europäisches Niveau". Eine Woche später verlor der BVB durch die Niederlage in Nürnberg die Tabellenführung. Der BVB fühlte sich betrogen, als der Schiedsrichter nach einer Wück-Schwalbe auf den Elfmeterpunkt zeigte. Am 34. Spieltag mußte der BVB zum Mitkonkurrenten VfB Stuttgart, wo die Borussen höchst unglücklich verloren. Im Nachhinein betrachtet, war dies bereits die Vorentscheidung. Erneut haderten die Borussen mit dem Schiedsrichter. Beim Stande von 1:1 verweigerte dieser in der Schlußminute der 1. Halbzeit einem astreinen Kopfballtor von Michael Schulz wegen angeblicher Abseitsstellung die Anerkennung. Der Stuttgarter Michael Frontzeck: „Von diesem Knacks hätten wir uns nicht mehr erholt." Stattdessen ermöglichte eine über Gebühr lange Nachspielzeit dem VfB, mit einer 2:1-Führung in die Pause zu gehen. In der zweiten Halbzeit verhinderten der Ex-Borusse Immel und Schußpech wiederholt den Ausgleich, und Schiedsrichter Harder machte – wenn es für den VfB eng zu werden drohte – Fouls von Chapuisat und Schulz aus, obwohl gerade diesen von der harten VfB-Abwehr einige Male übel mitgespielt wurde. Helmer gelang zwar sechs Minuten vor Schluß noch der Anschlußtreffer zum 2:3, aber am Ende hatte der VfB mit 4:2 die Nase vorn. Michael Schulz' Kommentar nach dem Schlußpfiff: „Wenn ich sage, was ich über den Schiri denke, werde ich lebenslang gesperrt."

Doch die Borussen gaben nicht auf. Ottmar Hitzfeld: „Daß die Mannschaft diese unglückliche Niederlage so bravourös weggesteckt hat, zeugt von hervorragendem Charakter und bewundernswerter Moral." Vor dem letzten Spieltag existierte wieder Punktgleichheit zwischen den drei Konkurrenten, allerdings hatten die Borussen das schlechteste Torverhältnis. In Dortmund hatte man die Meisterschaft vor dem 37. Spieltag eigentlich insgeheim bereits abgehakt. Die eigene Mannschaft befand sich gegen Leverkusen auf der Siegerstraße, als die Anzeigetafel vermeldete, daß Frankfurt gegen Bremen 1:2 zurücklag. Das Stadion tobte. Knut Reinhardt anschließend: „Ich dachte, eine der Tribünen stürzt ein." Und Ottmar Hitzfeld: „Es lief mir kalt den Rücken herunter – so etwas habe ich noch nie erlebt." Zwar schossen die Frankfurter noch den Ausgleich, aber der VfB Stuttgart verlor daheim gegen die SG Wattenscheid ebenfalls einen Punkt.

Alle drei Mannschaften hatten am letzten Spieltag auswärts anzutreten: Frankfurt in Rostock, Stuttgart in Leverkusen und der BVB beim MSV Duisburg. Während Rostock und Duisburg noch eine Chance auf den Klassenerhalt besaßen, ging es für Bayer Leverkusen noch um einen Platz im UEFA-Cup. Über 20.000 Fans begleiteten den BVB nach Duisburg und machten das Auswärtsspiel zu einem Heimspiel. Viele von ihnen müssen die Brisanz des letzten Spieltags vorausgeahnt haben, denn bereits Wochen vor der Begegnung gab es einen schwarz-gelben Ansturm auf die Duisburger Vorverkaufsstellen. Weitere 30.000 verfolgten das Spiel auf einer 50 Quadratmeter großen Leinwand auf dem Dortmunder Friedensplatz. Um 15.40 Uhr, zehn Minuten nach dem Anpfiff des 38. Bundesligaspieltags, ging der BVB in Duisburg durch das 20. Saisontor von Chapuisat in Führung. Die Chancen für den BVB verbesserten sich weiter, als um 15.50 Uhr die Stuttgarter in Leverkusen mit 0:1 in Rückstand gerieten. Kurz vor dem Halbzeitpfiff gelang dem VfB der Ausgleich, aber da der Halbzeitstand in Rostock 0:0 lautete, war der BVB zu diesem Zeitpunkt mit einem Punkt Vorsprung auf Stuttgart und Frankfurt Meister. Um 16.48 Uhr fiel in Rostock die 1:0-Führung für Hansa. Die Dinge entwickelten sich weiterhin zugunsten der Borussen. Drei Minuten später erzielte Frankfurt zwar den Ausgleich, aber noch immer hatte der BVB die Nase vorn. Um 17.12 Uhr passierte es dann: Guido Buchwald köpfte in der 86. Minute den VfB in Führung. Obwohl Dortmund das 1:0 in Duisburg über die Runden brachte, war der VfB Meister, da die Frankfurter, deren Torverhältnis von den drei Konkurrenten das Beste war, in Rostock 1:2 verloren. Vier Minuten fehlten dem BVB zu seinem 4. Meistertitel. Der „Plastikklub" aus Leverkusen hatte, als es darauf ankam, einmal mehr den erforderlichen Biß vermissen lassen. Die Republik hatte mit den Frankfurtern oder den Dortmundern gefiebert, für den VfB interessierte sich kaum jemand. Doch der langweiligste der drei Titelkandidaten machte schließlich das Rennen.

Trotzdem erlebte Dortmund eine schwarz-gelbe Party, die die Meisterschaftsfeier der Stuttgarter weit in den Schatten stellte. Als die Mannschaft am Tag nach dem Herzschlagfinale im Rathaus empfangen wurde, standen erneut 30.000 auf dem Friedensplatz. Stefan Klos mit Blick auf den Jubel

Das Westfalenstadion wurde zur Festung – vor allem dank der Fans.

vor dem Rathaus: „Der VfB wäre froh, wenn er eine derartige Stimmung in Stuttgart hätte."

44.399 Zuschauer pilgerten im Schnitt zu den Heimspielen des BVB, was einen neuen Zuschauerrekord bedeutete. Das Westfalenstadion, das noch in der Saison 90/91 ein Selbstbedienungsladen für die Gastmannschaften gewesen war, wurde wieder zu einer Festung. Der BVB blieb zu Hause unbesiegt, lediglich sechs der 19 Gegner konnten wenigstens einen Punkt entführen. Zu den Gewinnern dieser Saison zählte zweifellos Michael Schulz, der im März 1992, obwohl immerhin schon 30 Jahre alt, in der Nationalmannschaft debütieren durfte.

1992/93: Finale in Turin

Eine weitere sportliche Steigerung erschien manchen nach der Vizemeisterschaft zunächst als unwahrscheinlich, da mit Thomas Helmer einer der herausragenden Leistungsträger der letzten Jahre den Verein verließ. Obwohl der BVB Vizemeister wurde und die Bayern in einer Krise steckten, sah Helmer in München bessere sportliche (und finanzielle) Perspektiven. Allerdings betrachteten einige den Helmer-Wechsel, der auch als Versuch der

Münchener interpretiert wurde, den weiteren sportlichen und finanziellen Aufstieg der Dortmunder zu torpedieren, als eine Erlösung, waren sie doch der ständigen Pokerpartien des Spielers überdrüssig und wollten endlich Klarheit haben. Auch der letzte Akt hatte es noch einmal in sich: Helmer gab – in Absprache mit Hoeneß – vor, zum französischen Klub AJ Auxerre wechseln zu wollen. Niemand glaubte Helmer, da dies eine Verschlechterung seiner sportlichen Situation bedeutet hätte, auch mit Blick auf die Nationalmannschaft. Mailand, Turin, Rom oder München, aber nicht Auxerre. Da es Italien aber offensichtlich nicht war, konnte es sich nur um eine deutsche Adresse handeln. Hoeneß plante, Helmer in Auxerre nur kurzfristig zu parken, um so die Ablösesumme drastisch zu senken. Denn laut Vertrag durfte der Nationalspieler zwar für „nur" 3 Mio. DM ins Ausland wechseln, nicht aber innerhalb der Bundesliga.

Einige Jahre zuvor hätte man den BVB auf diese Weise noch mühelos übers Ohr hauen können, doch Niebaum und Meier durchschauten das Spiel von Hoeneß und Helmer, weshalb der Wechsel des Stars an die Isar für die Bayern eine teure Angelegenheit wurde. 7,5 Mio. DM mußten die Bayern schließlich für Helmer berappen, bis heute der teuerste Transfer innerhalb der Bundesliga. Alles in allem machte der BVB dabei ein gutes Geschäft. Als Helmer 1986 verpflichtet wurde, kostete er den BVB nur 430.000 DM. Für den Helmer-Ersatz Ned Zelic mußte der BVB nur 700.000 DM bezahlen, weniger als 10 Prozent des Erlöses. So blieb noch genügend Geld übrig, um während der Saison 1992/93 die Verpflichtung von Matthias Sammer zu finanzieren. In den 60ern und 70ern hätte der Wechsel Helmers noch ein großes sportliches Loch hinterlassen, weil es dem BVB in den Verhandlungen mit den Bayern an Kompetenz gemangelt hätte und nicht genügend Geld vorhanden gewesen wäre, um den sportlichen Kurs fortzusetzen. Aber 1992 sah dies anders aus. Der Weggang Helmers zeitigte also kaum Auswirkungen auf den weiteren Kurs des BVB, wohl aber vielleicht auf den Ausgang der Saison 1991/92. Die monatelange Helmer-Diskussion und die damit einhergehende Verunsicherung kostete den BVB möglicherweise die Meisterschaft. Letztendlich verhielt sich Helmer ziemlich unprofessionell, zumal er mit einem Titelgewinn seinen Marktwert hätte steigern können. Der Korschenbroicher Hans-Hubert Vogts schoß allerdings über das Ziel hinaus, als ihm zum Thema Helmer nur einfiel: „Habgier ist auch eine Gier."

Als weiteren Helmer-Ersatz holte der BVB für die Saison 1992/93 mit Stefan Reuter erstmals einen Italien-Rückkehrer. 1991 hatten die Bayern Reuter, der 1990 in der deutschen Weltmeisterelf stand, für 5 Mio. DM an den Juventus Turin verkauft und damit zweifellos ein gutes Geschäft gemacht. Der Mann mit dem „Raketenantritt", technisch nicht übermäßig beschlagen, in den Augen einiger Kritiker gar ein „Anti-Fußballer", wurde zu dieser Zeit allgemein etwas überschätzt. In jenen Jahren kauften die italienischen Klubs alles, was auf den ersten Blick einen guten Eindruck hinterließ und nicht „italienisch" aussah.

Bei Juventus kam Reuter (erwartungsgemäß) nicht zurecht, da der Klub für den Spieler einfach eine Nummer zu groß war. Auch in Dortmund, wo er hoffte, seine Lieblingsposition des Liberos bekleiden zu können, entwickelte er sich zunächst nicht zu einem Leistungsträger. Neuer Libero wurde stattdessen Ned Zelic, ein Riesentalent, der an seinen guten Tagen mit seiner Eleganz an Franz Beckenbauer erinnert. Die einzigen Probleme des Australiers sind seine Verletzungsanfälligkeit und seine für die Liberoposition geringe Erfahrung.

Die Saison begann mit einem 2:2 beim VfL Bochum, wo man nach nur 25 Minuten bereits 0:2 zurückgelegen hatte. Zum ersten Heimspiel empfing der BVB eine Woche später den Rivalen Schalke 04, trainiert von Udo Lattek, den Eichberg und Sponsor Müller-Milch zu einer schlecht dekorierten Schaufensterpuppe degradiert hatten. Die Schalker siegten 2:0, der erste Sieg der Blau-Weißen in Dortmund seit 20 Jahren und im Westfalenstadion. Erneut schienen die Schwarz-Gelben im Meisterschaftsrennen nicht rechtzeitig aus dem Quark zu kommen. Doch von nun an lief es besser. Zur Halbzeit belegte der BVB immerhin den 4. Platz, vier Punkte hinter dem wiedererstarkten Herbstmeister Bayern München.

In der Winterpause stieß mit Matthias Sammer der zweite „Ex-Italiener" zum BVB. Der Helmer-Transfer und die erklecklichen Einnahmen aus dem UEFA-Cup machten es möglich. 8,5 Mio. DM Ablösesumme – so viel Geld hatte noch nie ein Bundesligaverein für einen Spieler ausgegeben.

Aus den ersten fünf Spielen der Rückrunde holte der BVB 8:2 Punkte, aber die Bayern zeigten keine Blöße. Am 25.Spieltag verlor der BVB gegen die Bayern im mit 64.000 Zuschauern ausverkauften Olympiastadion 0:2. Der Abstand zum Rekordmeister betrug nun fünf Punkte, weshalb viele die Meisterschaft bereits abhakten. Doch eine Serie von vier Siegen brachte die Borussen noch einmal ganz dicht an die Spitze heran. Nach 29 Spieltagen betrug der Abstand zu den Bayern nur noch zwei Punkte. Zwischen den Bayern und den Borussen lag mit einem Punkt Differenz Werder Bremen. Am 30. Spieltag mußte der BVB nach Bremen reisen. Die zusätzlichen Belastungen durch den UEFA-Cup und den DFB-Pokal (in dieser Saison absolvierte der BVB 50 Pflichtspiele!) zeigten mittlerweile Auswirkungen. Die

Euphorie konnte den Kräfteverschleiß nicht mehr neutralisieren. Der BVB mußte in Bremen auf sechs Leistungsträger verzichten. Trotzdem schlug er sich recht achtbar, verlor die Partie aber etwas unglücklich 0:1. Das Ziel konnte jetzt nur noch UEFA-Cup-Qualifikation lauten. Aber bis es soweit war, mußten Verein und Fans noch einmal kräftig zittern. Gegen den VfB Stuttgart gab es am 31.Spieltag eine deftige 0:4-Heimniederlage. Nach dem verpatzten ersten UEFA-Cup-Finale, das für das Rückspiel kaum noch eine Chance ließ, drohte der BVB am Ende einer der erfolgreichsten Spielzeiten in der Vereinsgeschichte mit leeren Händen dazustehen. Dennoch überschütteten die Fans die ausgelaugte Mannschaft nach dem Schlußpfiff mit minutenlangen Ovationen. Im Westfalenstadion herrschte eine Stimmung, als wäre der BVB soeben Meister geworden – und das nach einer deftigen Niederlage.

Die Mannschaft dankte den Fans, indem sie eine Woche später Moral bewies. Obwohl auch das zweite UEFA-Cup-Finale glatt verloren gegangen war, kam der BVB nur drei Tage später beim 1. FC Nürnberg zu einem 2:1-Auswärtssieg. Die verbleibenden beiden Bundesligabegegnungen gingen zwar verloren, aber der 4. Platz und damit die neuerliche Qualifikation für den UEFA-Cup war den Borussen nicht mehr zu nehmen. Meister wurden nicht die Bayern, die zu ihrer alten Souveränität noch nicht wieder zurückgefunden hatten, sondern Werder Bremen, das sich auf leisen Sohlen an die Spitze schlich. Der Triumph der Bremer war einer des Durchschnitts. Die Freude über den Bremer Meisterschaftsgewinn nährte sich vorwiegend aus einer Schadenfreude über das Scheitern der Bayern. Die Bremer waren kein weniger langweiliger Meister als die Meistermannschaften der Bayern in den 80er Jahren und des VfB Stuttgart in der Vorsaison.

Für den BVB hätte möglicherweise mehr drin gesessen, wären nicht die zusätzlichen Belastungen durch den UEFA-Cup und den DFB-Pokal gewesen. So kam der BVB in der Rückrunde nur auf einen Pluspunkt weniger als in der Vorrunde, obwohl er aus den letzten fünf Spielen, als der Verschleiß nicht mehr zu leugnen war, nur zwei Punkte holen konnte. Um von drei Hochzeiten zumindest eine erfolgreich abzuschließen, hätte es mehr spielerischer Substanz bedurft. Nur so hätte man den physischen Verschleiß auffangen können.

Im DFB-Pokal stieß der DFB immerhin bis in die 4. Hauptrunde vor. In der 1. Hauptrunde gewann der BVB beim FC Halle 4:1. In der 2. Runde kam es zum Pokalkrimi mit Bayern München. Nach einem offenen Schlagabtausch stand es im Westfalenstadion nach 120 Minuten 2:2. Erst sieben Minuten vor Schluß war Chapuisat der Ausgleich gelungen. Im anschließenden Elfmeterschießen behielt der BVB mit 5:4 die Oberhand. In der 3. Runde siegte der BVB beim Amateur-Oberligisten SSV Ulm mit viel Glück 3:1. In der 4. Runde bzw. Achtelfinale war dann Werder Bremen die Endstation. Im ausverkauften Weserstadion verloren die Borussen 0:2.

Im UEFA-Cup hieß der erste Gegner FC Floriana La Valetta. Ein gutes Omen für die Borussia, waren die Maltesen doch auch die erste Station in der erfolgreichen Europacup-Kampagne 1965/66 gewesen. Die Borussen siegten nach einer dürftigen Vorstellung 1:0. Wie immer, wenn sich deutsche Mannschaften auf Zypern, Malta oder in Albanien schwer tun, wurden anschließend die schlechten Platzverhältnisse beklagt. Präsident Niebaum sah dies wohl ein wenig anders und lud die 200 mitgereisten BVB-Fans zum kostenlosen Besuch des Rückspiels ein. Aber auch das Rückspiel, das lediglich 11.200 Zuschauer sehen wollten, war lange Zeit kein Zuckerschlecken für den BVB. Nach 17 Minuten führte der drittklassige Gegner mit 2:1. Eine Minute später hatten die Borussen einem Eigentor der Malteser den Ausgleich zu verdanken. Erst in der 59. Minute gelang Franck die 3:2-Führung. Danach ging es Schlag auf Schlag. Am Ende siegte der BVB 7:2. Mill gelang mit den Toren 5, 6 und 7 ein lupenreiner Hattrick.

Der zweite Gegner war mit Glasgow Celtic (in keiner Stadt ist der BVB in den europäischen Wettbewerben häufiger angetreten als in Glasgow) schon ein bis zwei Nummern größer. Immerhin hatte Celtic in der 1. Runde den 1. FC Köln ausgeschaltet. Das Hinspiel im Westfalenstadion gewann der BVB 1:0. Erst in der 71. Minute gelang Chapuisat das Tor des Tages. Trotz des nur dünnen Polsters gab sich Hitzfeld optimistisch: „Auswärts schießen wir immer ein Tor."

Im Rückspiel konnten die Schotten bereits nach 13 Minuten den Dortmunder Vorsprung zunichte machen. Doch dank einer taktischen Meisterleistung siegte der BVB noch mit 2:1 und zog damit in das Achtelfinale ein. Zu diesem Zeitpunkt hatten sich auf dem Dortmunder Konto bereits 5 Mio. DM Europacupgelder angesammelt. Präsident Niebaum: „Unser Ziel ist das Viertelfinale. Wenn wir in diesem Wettbewerb noch das Weihnachtsfest erleben, dann ergeben sich für den Verein völlig neue Perspektiven."

Im Achtelfinale wurde vom BVB eine weitere Steigerung verlangt. Immerhin hieß der Gegner Real Saragossa, bei dem seit Saisonbeginn der deutsche „Weltmeister" Andreas Brehme spielte. Nach einer eindrucksvollen Vorstellung – Hitzfeld: „läuferisch, kämpferisch und spielerisch am oberen Limit" – gewann der BVB im Westfalenstadion 3:1. Bereits zur Halbzeit führten die Borussen 3:0. Im Rückspiel mußte der BVB trotzdem noch einmal zittern. Bis zur 64. Minute führte Saragossa 1:0, dann gelang Chapuisat der erlösende Ausgleich. Der Treffer zum 2:1-Sieg Saragossas in der letzten Minute durch einen von Brehme verwandelten Elfmeter hatte nur noch statistische Bedeutung. Der BVB hatte somit das Viertelfinale erreicht, der größte Erfolg der Dortmunder auf europäischem Parkett seit 1966.

Der Gegner war AS Rom mit dem Legionär Thomas Häßler. In Rom verloren die Borussen 0:1, „kein besonderes Ergebnis – kein besonders schlechtes, aber auch kein besonders gutes", wie Hitzfeld empfand. Beim Rückspiel konnte Schulz wenige Minuten vor der Pause den Vorsprung der Römer ausgleichen. Die 2. Halbzeit war kaum angepfiffen, da gelang Sippel mit einem Kopfball das überraschende 2:0. Da es bei diesem Ergebnis blieb, hatte Sippel für den BVB mit einem einzigen Tor seine Ablösesumme wieder eingespielt. (Nur deshalb wird man die Verpflichtung Sippels vermutlich nie als einen totalen Fehleinkauf bezeichnen.)

Der BVB stand somit im Halbfinale. Mit dem französischen Vertreter AJ Auxerre, der den Dortmunder Fans nur aufgrund der Helmer-Affäre ein Begriff war, erwarteten die Borussen die scheinbar leichteste aller möglichen Aufgaben. Denn die anderen Klubs, die das Halbfinale bestritten, waren immerhin Juventus Turin und Paris St. Germain. Mit 35.800 Zuschauern war das Westfalenstadion zum vierten Male hintereinander ausverkauft. Obwohl mit Reinhardt, Schulz, Sippel, Povlsen, Mill und dem für den Europapokal noch nicht spielberechtigten Sammer gleich sechs Spieler ausfielen, schlug sich das Dortmunder Not-Kollektiv prächtig. Karl und Zorc schossen bzw. köpften einen 2:0-Sieg heraus. Der glücklichste Spieler war zweifelsohne der Dortmunder Kapitän, der nur wenige Minuten vor seinem Treffer einen Elfmeter verschossen hatte. Die Fans sangen „Wir fahren nach Turin", aber Hitzfeld mochte vom Finale noch nicht reden. Tatsächlich erwartete den BVB 14 Tage später ein Tanz der heißesten Sorte. Bereits nach sieben Minuten lagen die Franzosen 1:0 vorn. Anschließend tat sich lange Zeit nichts, bevor Auxerre den BVB in der 72. Minute mit dem zweiten Tor schockte. Nach 90 Minuten mußte die Partie in die Verlängerung, in der jedoch keine weiteren Tore fielen. So entschied ein Elfmeterschießen über den Einzug ins Finale. Die ersten fünf Schützen beider Mannschaften verwandelten sicher. Als Sechster trat für die Borussen Michael Rummenigge an, der eigentlich nicht schießen wollte, dem Hitzfeld aber mitgeteilt hatte: „Wenn die ersten fünf vorbei sind, mußt du ran." Rummenigge verwandelte, während Auxerres Mahe mit dem 6. Elfmeter an Stefan Klos scheiterte. Der junge Dortmunder wurde zum vielumjubelten Held des Abends.

Auf dem Rasen spielten sich unbeschreibliche Szenen ab. Ein realistischer Hitzfeld anschließend: „Wir haben Glück gehabt. Auch ich, als ich die Elf-

UEFA-Halbfinale gegen AJ Auxerre: Michael Rummenigge verwandelt den entscheidenden Elfmeter zum 6:5, und...

...Torhüter Stefan Klos wurde zum Held des Abends (hier mit Zelic nach dem Spiel).

meterschützen bestimmt habe. Es ist schon ein kleines Wunder, mit dieser geschwächten Mannschaft das Finale des UEFA-Pokals zu erreichen." Ein sichtlich gerührter Präsident Niebaum erwies sich einmal mehr als überzeugter Revier-Patriot: „Ein großer Triumph für Dortmund und das ganze Ruhrgebiet. Darauf mußten wir 27 Jahre warten." Mit dem Einzug in das UEFA-Cup-Finale hatte der Alptraum, der die Borussen-Fans seit 1966 verfolgte, endgültig ein Ende gefunden.

Auch in den Finalspielen gegen Juventus Turin konnte Hitzfeld nicht auf seine stärkste Formation zurückgreifen. Die erste Begegnung fand in Dortmund statt. Die Liberoposition mußte der mit dem internationalen Parkett gänzlich unvertraute Uwe Grauer bekleiden. Obwohl der BVB bereits in der 2. Minute durch Rummenigge in Führung ging, besaß er an diesem Abend nicht den Hauch einer Chance. Roberto und Dino Baggio, Vialli und Ex-Borusse Möller kombinierten nach Belieben und gewannen am Ende hochverdient mit 3:1. Beim 2. Finalspiel in Turin ging es für die Borussen eigentlich nur noch darum, das Gesicht zu wahren. Im mit 65.000 Zuschauern ausverkauften Turiner Stadion gewann Juventus 3:0.

▷ Folgende Spieler bestritten die Finalspiele für den BVB: Klos, Zelic (beim Hinspiel nicht dabei), Grauer (beim Rückspiel nicht dabei), Schmidt, Franck, Lusch, Reuter, Zorc, Karl, Rummenigge, Poschner, Reinhardt, Mill, Sippel (nur Rückspiel), Chapuisat (nur Hinspiel).

Ca. 25 Mio. DM nahm der BVB in dieser Saison allein im UEFA-Cup ein. Bremens Manager Willi Lemke konstatiert am Ende der Saison 1992/93: „Wir haben den Bayern sportlich den Rang abgelaufen, die Dortmunder in wirtschaftlicher Hinsicht. Klare Nummer eins von Finanzkraft und wirtschaftlicher Potenz her ist Borussia Dortmund."

Saison 1993/94: Träume und Tatsachen

Für die Saison 1993/94 wurde mit Karlheinz Riedle (Lazio Rom) nach Sammer und Reuter bereits der dritte Ex-„Italiener" verpflichtet. Die Transferrechnung von 9,5 Mio. DM bedeutete einen neuen Rekord für die Bundesliga. Von Schalke 04 kam Steffen Freund zum BVB.

Bei keinem anderen Klub war die Kluft zwischen Transfereinnahmen und Transferausgaben bei Saisonbeginn derart groß wie bei den Borussen. Knapp zwölf Millionen gab der BVB aus, nur eine knappe Million nahm er durch Spielerverkäufe ein (durch die Verkäufe von Rummenigge und anderen Spielern während der Saison verringerte sich die Kluft allerdings noch). Der Wechsel von Riedle symbolisierte eine neue Situation an der Spitze des Bundesligafußballs. Galt lange Jahre, was die Bayern nicht bezahlen können, schafft kein anderer in der Bundesliga, so mußte der Münchener Renommierklub nun im Falle Riedles passen. Geld war indes möglicherweise nicht der einzige Grund, warum Riedle nicht nach München ging. Riedle hatte das Gefühl, daß die Bayern ihn nicht wirklich wollten. Vor Riedle waren bereits die Versuche geplatzt, Yeboah und Gullit nach München zu verpflichten. Die Zeiten, wo die besten deutschen Spieler den Bayern nur so zuflogen, weil sich keiner von ihnen etwas sportlich Besseres und finanziell Lukrativeres vorstellen konnte, als bei den Bayern zu spielen, schienen vorbei zu sein. Zudem erweckten die Bayern den Eindruck mangelnder Entschlossenheit und Souveränität.

Es war eine verrückte Saison, in der sich der Mainstream-Journalismus, insbesondere seine Boulevardvariante von „Sport-Bild" bis SAT.1 kräftig blamierte. Die Gesetze des tagespolitischen Geschäfts sind uns durchaus geläufig. Doch man sollte populistische und opportunistische Schlenker nicht hochtrabend zur Analyse verklären. Fast jede Mannschaft wurde im Laufe der Saison irgendwann hochgejubelt, um wenige Wochen später von den gleichen „Fachleuten" abgeschrieben zu werden. Für sachliche Analysen bietet die hektische neue Medienlandschaft nur noch Nischen.

Riedle begann mit einem Trainingsrückstand. Trotzdem konnte er im Fuji-Cup einen guten Einstand feiern. Im Finale dieses Pausenfüllers, mit dem die Bundesliga die Provinz beglückt, erzielte Riedle zunächst das Tor zum 1:1-Ausgleich. Wenig später verletzte er sich bei einem Luftkampf an der Augenbraue und mußte genäht werden. Doch Riedle lehnte eine Auswechslung ab, um sich stattdessen nur vorübergehend in die Kabine zurückzuziehen, wo er genäht wurde. Noch vor dem Halbzeitpfiff lief er unter dem tosenden Beifall der Dortmunder Fans erneut wieder auf. Sofern es noch Vorbehalte gegenüber dem teuren Neu-Dortmunder gab, so waren sie nun zunächst verflogen. In der zweiten Hälfte verletzte sich Riedle beim Versuch, eine scharf hineingedroschene Flanke noch über die Linie zu bugsieren. Ein Unternehmen, das kaum gelingen konnte, und dies war nur der Fuji-Cup. Aber Riedle wußte offensichtlich, was man in Dortmund von neuen Spielern an Einsatz erwartet. Der stark humpelnde Riedle zögerte zunächst erneut, sich auswechseln zu lassen, aber diesmal führte kein Weg daran vorbei. Die Diagnose lautete Muskelfaserriß, womit Riedle für die Saisonpremiere ausfiel. Es war nur die erste von vielen Zwangspausen Riedles in dieser Saison.

Zum Start gab es einen 2:1-Sieg gegen den Karlsruher SC, aber bereits am 2. Spieltag folgte mit einer 0:1-Niederlage in Schalke die erste Ernüchte-

Karlheinz Riedle in Aktion

rung. Einem hart erkämpften 3:2-Heimsieg am 3. Spieltag gegen den Neuling SC Freiburg folgte am 4. Spieltag ein 1:2 beim Mitkonkurrenten Bayer Leverkusen usw. Bis zum 25. Spieltag war der BVB nicht in der Lage, zwei Spiele hintereinander für sich zu entscheiden. Immer wenn die Fans dachten, die Mannschaft habe sich stabilisiert, folgte umgehend ein Tiefschlag. Zwischenzeitlich schied man auch noch im DFB-Pokal daheim gegen den Zweitligisten Jena aus. Von Mißerfolg zu Mißerfolg verkrampfte die Mannschaft mehr. Der Spaß am Spiel verschwand, ausgezeichnete Torhüterleistungen beim Gegner taten ein übriges, die Nervosität und Verkrampfung zu stärken. Ohne wenigstens etwas Spaß am Spiel geht es jedoch nicht.

Die Art, in der der – wieder einmal – mißlungene Saisonstart seitens der Medien kommentiert wurde, stank nach Opportunismus. Es waren teilweise die gleichen Medien, die den BVB noch einige Monate zuvor – allein aufgrund der Verpflichtung eines einzigen Spielers – zum Meisterschaftsfavoriten gekürt hatten, die nun – nicht ohne Häme – konstatierten, daß der Erfolg halt nicht käuflich sei. „Glücklicherweise!", möchten die Autoren hinzufügen, haben wir doch unseren Jubel nicht vergessen, als der 1. FC Kaiserslautern 1990/91 einer teuren Bayern-Truppe den Titel abspenstig machte. Der Titelgewinn des FCK war für uns damals vor allem deshalb so eminent wichtig, weil er bestätigte, woran wir nach den Jahren der Bayern-Dominanz schon nicht mehr glauben mochten: daß der Ball rund ist, der

Fußball seine eigenen Gesetze hat und es noch ein wenig Gerechtigkeit auf dieser Welt gibt. Nur: was nun einige Kommentatoren als großartige Erkenntnis priesen, konnte man bereits Monate zuvor aus den Mündern der BVB-Offiziellen vernehmen. Aber damals wollte es niemand hören, schließlich ließen sich damit keine Schlagzeilen produzieren.

Niebaum machte sich später zum Vorwurf, den Medien nicht deutlich genug die eigene, nüchterne Einschätzung mitgeteilt zu haben, „aber man will ja nicht immer die gleiche Platte auflegen". Abgesehen davon: selbst dann hätte man vermutlich geflissentlich weggehört. Es macht einen erheblichen Unterschied, ob man erklärt, „natürlich wollen wir ganz oben mitspielen" (Ottmar Hitzfeld) oder „wir wollen in diesem Jahr Meister werden" (Erich Ribbeck). Beim BVB betrachtete man sich selbst „nur" als einen von mehreren Titelanwärtern. Doch vergeblich hatte der Präsident gegenüber den Medien versichert: „Wir sind nicht mit dem Anspruch und Versprechen angetreten, in dieser Saison Meister zu werden."

Der Frust, der nun aus den Federn floß, beruhte auf einer eklatanten Überschätzung der BVB-Mannschaft und deren Chancen. Fans darf so etwas passieren. Fans dürfen launisch, übereuphorisch, zutiefst deprimiert und furchtbar ungerecht sein; Fachleuten, bzw. solchen, die sich dafür halten, sollte dies nicht unterlaufen. Als Grundlage der Einschätzung des BVB diente vor allem die erfolgreiche UEFA-Cup-Kampagne, wobei allerdings zwei Dinge übersehen wurden: Pokalwettbewerbe haben ihre eigenen Gesetze. Glück und Tagesform spielen hier eine größere Rolle als im Meisterschaftsrennen, wo kontinuierliche Leistung gefordert wird. Und: Die ersten beiden Runden ausgenommen, war das Weiterkommen des BVB im UEFA-Cup stets eine eher knappe Angelegenheit gewesen. Gegen Auxerre mußten Mannschaft und Fans gar durch die Tortur eines Elfmeterschießens. Im Finale war der BVB der Klassemannschaft Juventus Turin hoffnungslos unterlegen. Trotzdem bekam der BVB das Etikett „europäische Spitze" aufgedrückt. Eine nüchterne Bestandsaufnahme wäre zu dem Ergebnis gelangt, daß die Borussen davon noch ein gutes Stück entfernt waren.

Aber nicht nur die Medien überschätzten den UEFA-Cup-Finalisten, sondern auch manche Spieler erlagen einer Selbstüberschätzung. Ottmar Hitzfeld: „Wir waren in diesen Endspielen hoffnungslos unterlegen, aber einige Profis haben sich trotzdem maßlos überschätzt und geglaubt, sie seien reif für einen Wechsel nach Italien." Der BVB stand somit in dieser Saison vor dem gleichen Problem wie bereits nach dem überraschenden 4. Platz 1986/87 und dem DFB-Pokalsieg 1988/89.

Zu einer wesentlich realistischeren Einschätzung der Meisterschaftschancen 1993/94 wäre man gekommen, hätte man sich mehr dem Abschneiden in der Bundesliga gewidmet. Bedenkt man des weiteren, daß zum Saisonstart mit Povlsen nach wie vor ein wichtiger Teil der Seele des BVB-Spiels ausfiel, weitere Spieler verletzt wurden und die spektakulärste Neuverpflichtung ein erheblicher Trainingsrückstand plagte, so war der mäßige Saisonstart keineswegs eine Sensation oder Zeichen einer schweren Krise, wie von einigen Medien dargestellt.

Natürlich war auch die Konkurrenz alles andere als untätig gewesen. Die Bundesliga erfuhr einen Investitionsboom. Von den Sammer- und RiedleMillionen geblendet, wurde übersehen, daß ein Klub wie Leverkusen mit Schuster und Sergio zumindest ebenso spektakulär tätig war – mit dem Unterschied, daß man für Schuster keine Ablöse bezahlen mußte. Und mit Thom und Kirsten verfügte Bayer über das eingespielteste und in der Vorsaison erfolgreichste Sturm-Duo der Liga, während beim BVB die „SuperStürmer" Riedle und Chapuisat erst noch zueinander finden mußten. (Tatsächlich stand ihnen dafür – aufgrund der späten Ankunft von Riedle und der gleich folgenden Verletzung – nicht einmal die Saisonvorbereitung zur Verfügung.) Gleiches galt für Frankfurt, mit Abstrichen auch für Kaiserslautern und Stuttgart.

Die Tradition des schlechten Starts hat aber auch etwas mit Dortmund und der Stimmung in der Stadt zu tun. Die schlimmste Zeit in Dortmund ist die fußballlose Zeit zwischen dem Ende einer Saison und dem Beginn einer neuen. Der BVB-Präsident: „In der spielfreien Zeit werden hier die Zustände immer idealisiert". Der BVB wird in den Himmel gelobt, riesige Erwartungen werden formuliert, die Neuerwerbungen werden glorifiziert. Mahnende Interventionen seitens des Vorstands werden schlichtweg ignoriert. Nicht nur die Medien, die ganze Stadt diskutiert über den BVB und dessen Chancen in der neuen Spielzeit. Das geht an den Spielern nicht spurlos vorbei – ob beim Studium der Presse, beim Training, Einkaufsbummel oder beim Gang in die Pizzeria: Sie werden mit dieser Stimmung konfrontiert und können sich ihr nicht entziehen.

Anders als in München, Hamburg, Stuttgart oder Frankfurt ist in Dortmund tatsächlich alles auf den Fußball konzentriert. Dortmund ist Fußball, und Fußball ist Dortmund. Ob am Arbeitsplatz oder bei der Freizeitgestaltung: Der BVB ist das Thema in der Stadt schlechthin. Es gibt in Dortmund keine BVB-freien Zonen. Der BVB repräsentiert das Lebensgefühl einer ganzen Stadt.

Was sich so wunderbar anhört und den BVB tatsächlich von vielen anderen Bundesligisten unterscheidet, macht die Arbeit für Trainer und Mannschaft nicht leichter. Im Gegenteil: Es fördert die Orientierungsprobleme der Mannschaft, die erst im Laufe einer Saison zu sich selbst findet. Das verlorene Spiel am 2. Spieltag gegen den „Erzfeind" Schalke war hierfür typisch: Der BVB trat auf wie die Münchener Bayern zu ihren schlimmsten Zeiten – überheblich und langweilig, keine Spur von Kampf. „Können wir spielen, oder müssen wir kämpfen?", scheint die zentrale Frage am Anfang einer jeden Saison zu lauten. Die Antwort nimmt offensichtlich viel Zeit in Anspruch. Allerdings schien 1993/94 auch Ottmar Hitzfeld das spielerische Potential seiner Mannschaft überschätzt zu haben. Jedenfalls verpaßte er ihr noch während der Saison ein neues taktisches Korsett, das wieder stärker auf Kampfkraft und Disziplin aufbaute.

Erheblich verstärkt wurden diese traditionellen Selbstfindungsprobleme in dieser Saison durch die neue Rolle der Borussia als „Millionärstruppe" und „Mitfavorit". Erstmals befand sich der BVB nicht mehr in einer Außenseiterposition, in der einem die halbe Nation die Daumen drückt und man eigentlich nur gewinnen kann. Der BVB wähnte sich vielmehr in einer mit Bayern München vergleichbaren Situation, ohne darin Erfahrung zu besitzen. Michael Schulz: „Die Erwartungen waren enorm. Dann lief es nicht. Wir bekamen ungeheure Kritik ab, plötzlich waren wir die Millionärstruppe. Und dazu zählten auch die Spieler, die in den letzten Jahren immer das gleiche Geld bekommen haben. Eine unbekannte Situation, ein wirrer Kreis das alles."

Der Fall „Kalle" Riedle bot ein weiteres Beispiel für die Kurzatmigkeit der Medien. Die gleichen Medien, die den BVB aufgrund des Riedle-Transfers zum Favoriten gekürt hatten, wußten nun plötzlich, daß es sich bei dem Stürmer um einen Fehleinkauf gehandelt habe. Tenor vieler Kommentare war: „Von einem Spieler, der 9,5 Millionen gekostet hat, kann ich erwarten, daß er sofort und stets die volle Leistung bringt." In jeder anderen Branche wäre dieser Anspruch an einen für viel Geld verpflichteten Top-Angestellten durchaus gerechtfertigt. Aber der Fußball hat seine eigenen Gesetze und viel mehr mit Menschen und deren Stärken und Schwächen zu tun. Die Gesetze der freien Wirtschaft und deren Personalpolitik funktionieren im Fußball nur bedingt. Die Arbeit des Profis ist anderer Natur. Fußballer ähneln häufig „sensiblen Künstlern" (Niebaum). Sie können am Erfolg arbeiten, aber sie können ihn nur im beschränkten Maße erzwingen. Am stereotypen „ich war heute gut drauf" oder „schlecht drauf" ist fürwahr etwas dran – leider und zugleich glücklicherweise. Zuviele zutiefst menschliche Faktoren spielen eine Rolle. Ein Fußballer wird nie in gleicher Weise mit dem an ihn gerichteten Erwartungsdruck umgehen können wie z.B. ein leitender Angestellter im Versicherungsgewerbe, eben weil er den Erfolg nicht erzwingen kann. Könnte er es, würde dies den Tod des Fußballs einleiten. Das Unvorhersehbare, und hierzu zählt auch vermeintliches „Versagen", wäre ausgeschaltet. Per Computer könnten wir vor Saisonbeginn die jeweiligen Kader analysieren, um anschließend die „Salatschüssel" zu vergeben.

Richtig ist nur die Forderung, der Profi solle sich gefälligst bemühen. Was bei diesen Bemühungen dann herauskommt, ist eine ganz andere Sache, auf die ein Trainer nur bedingt Einfluß hat. Daß Riedle ein guter Fußballer ist, dürfte kaum jemand ernsthaft bestreiten. Da er sich redlich bemühte, hatte er die Geduld, mit der ihn Trainer, Vorstand und Südtribüne bedachten, völlig verdient. Auch in dieser Beziehung steuerten die Borussen einen anderen Kurs als viele andere Bundesligaklubs. Bei den Bayern wäre Riedle vermutlich ständig ausgewechselt worden.

Es sprach für den Stil der BVB-Führung, daß keine Panik und Hektik ausbrach. Hitzfeld konnte sich der Loyalität seines Präsidenten und seines Managers sicher sein. In der „Krise" wurde so deutlich wie nie zuvor, welchen Gewinn das Trio Niebaum-Meier-Hitzfeld nicht nur für Dortmund und den BVB, sondern für das gesamte Gewerbe bedeutet. Man muß nicht jeder Entscheidung in dieser Phase zustimmen, um zu dieser Erkenntnis zu gelangen. Speziell der Präsident erwies sich in seiner vielleicht härtesten Bewährungsprobe seit der Amtsübernahme als Glücksfall. Niebaum fand stets die richtigen Worte: Harte Kritik nach dem Schalke-Spiel, als die Mannschaft den notwendigen Einsatz vermissen ließ, hingegen Verständnis nach dem torlosen Remis im UEFA-Cup gegen Wladikawkas, als der BVB an seiner eigenen Verkrampfung scheiterte.

Die Saison geriet immer deutlicher zu einer des Übergangs. Die Mannschaft konnte offensichtlich weder mit ihrer neuen Rolle, nämlich nicht nur mehr Außenseiter zu sein, sondern von vornherein zu den Titelaspiranten zu zählen, noch mit der Tatsache, millionenschwere Stars in ihren Reihen zu haben, umgehen. Freiburgs Mannschaftskapitän Braun wußte nach der blamablen 1:4-Niederlage der Borussen im Breisgau zu berichten: „Das waren auf dem Platz elf einzelne Spieler und keine Mannschaft, die haben sich untereinander andauernd beleidigt. So etwas kann nicht leistungsfördernd sein."

Zu einem Zeitpunkt, als Niebaum – im Gegensatz zu Hitzfeld – auch die UEFA-Cup-Qualifikation bereits offiziell abgeschrieben hatte, kam dann doch noch die Wende. Mit Inter Mailand wartete im Viertelfinale des UEFA-Cups erstmals ein Gegner von internationalem Format auf den BVB. Bis dahin hatte sich der BVB gegen eher zweit- und drittklassige Gegner mehr schlecht als recht durchgemogelt. Daß die Borussen bis unter die letzten Acht vorgestoßen waren, was ihnen bereits eine gute Einnahme garantierte, hatten sie vor allem Chapuisats unglaublicher Treffsicherheit zu verdanken.

Im Hinspiel gegen Inter wurde zunächst eine weitere Hoffnung der BVB-Fans enttäuscht, nämlich die, daß der BVB sich mit dem Gegner steigern würde. Beim 3:1-Sieg der Mailänder wurde der BVB regelrecht vorgeführt. Drei Tage vor dem Rückspiel in Mailand lieferte der BVB in der Bundesliga eine tolle Vorstellung, als er am 25.Spieltag den MSV Duisburg mit 2:1 besiegte. Der A-Jugend-Spieler Lars Ricken, der bereits am 23. Spieltag gegen den VfB Stuttgart sein Debüt gegeben hatte, erzielte in diesem Spiel sein erstes Bundesligator. Mit seiner Unbekümmertheit machte Ricken so manchem verunsicherten etablierten Spieler Beine. Ricken begann seine fußballerische Laufbahn beim im Dortmunder Norden beheimateten TuS Eving-Lindenhorst, von wo auch Stefan Klos und Michael Zorc herkommen. Der TuS Eving-Lindenhorst ist bereits seit vielen Jahren der führende Klub nördlich der Bahnlinie und bekannt für seine gute Jugendarbeit.

Kaum jemand gab noch einen Pfifferling auf den BVB, als dieser zum Rückspiel ins Meazza-Stadion reiste, begleitet von 7.000 Fans, die die Saison innerlich bereits abgehakt hatten. Doch angetrieben von einem überragenden Matthias Sammer, verpaßte der BVB die Sensation nur knapp. Der BVB führte durch Tore von Zorc und Ricken bereits mit 2:0, als Sammer nur die Unterkante der Latte traf. Einen Zentimeter tiefer, und die Sensation wäre perfekt gewesen, denn die Mailänder hätten sich von diesem Schock wohl kaum erholt. Den Mailändern gelang am Ende noch der Anschlußtreffer, aber mit einem 2:1-Sieg beim späteren Sieger des Wettbewerbs hatten selbst die kühnsten Optimisten nicht gerechnet. Und nun sollte sich einiges ändern.

Auf dem Spielfeld hatte die Wende ganz wesentlich mit Sammer zu tun. Nach dem Spiel bemerkte er in Richtung seines Mannschaftskameraden Schulz, der das Gehaltsgefälle wiederholt zur Sprache gebracht hatte (so wurde ihm nachgesagt, einem der „Millionäre" zugerufen zu haben: „Lauf du doch, du Sack. Du verdienst doch die Millionen."), aber wohl auch in Richtung der Medien: „Heute haben wir bewiesen, daß auch Millionäre Fußball spielen können." Sammer war während der Saison immer mehr in die Rolle einer Leitfigur hineingewachsen. Die Politik des Vorstands, den

Borussias neue Leitfigur: Matthias Sammer

Trainer zu stützen und die hochdotierten Profis in die Pflicht zu nehmen, trug jetzt Früchte.

Dem Sieg in Mailand folgte ein respektables 0:0 bei Bayern München. Um ein Haar hätte Riedle, der zum Ende der Saison immer besser wurde, gar noch kurz vor dem Abpfiff mit einem schönen Kopfball das 1:0 erzielt. Fünf Minuten vor Zwölf legte der BVB nun eine Serie hin, auf die man bis dahin Woche für Woche vergebens gehofft hatte. Aus den letzten zehn Spielen holte der BVB 15:5 Punkte. Nur ein Spiel – gegen den späteren Vizemeister 1. FC Kaiserslautern – ging verloren. Der BVB beendete die Saison als Vierter und qualifizierte sich damit erneut für den UEFA-Cup. Vier Punkte trennten den BVB von Meister Bayern München, zwei Punkte vom Vizemeister 1. FC Kaiserslautern.

Am Ende der Saison wurde, wie angekündigt, aussortiert. Michael Schulz, dessen Vertrag ausgelaufen war, mußte gehen. Frank Mill, der bereits in den Spielzeiten 1991/92 und 1992/93 Opfer der von ihm geforderten Einkaufspolitik geworden war und mit dem Borussias Aufstieg in die Bundesligaspitze begonnen hatte, verließ nach sieben Jahren ebenfalls den Klub. Selbst auf der Auswechselbank war Mill längst nicht mehr erste Wahl, hinzu kam sein „hohes" Alter. Dies mag in Hitzfelds Überlegungen auch im Fall Schulz eine Rolle gespielt haben, zumal der Abwehrrecke in dieser Saison – sieht man einmal vom Finale ab – alles andere als überzeugend gewesen war. Die Schwachpunkte dieser Saison waren ganz klar die Abwehr und die Tatsache, daß Sammer im Mittelfeld die notwendige Unterstützung fehlte.

Auch Poschners Vertrag wurde nicht verlängert. Im Gegensatz zu Schulz war von Poschner allerdings bekannt, daß er sich selbst mit Abwanderungsgedanken trug. Den Mittelfeldspieler, der in Dortmund die Rolle des launischen Talents nie ganz abstreifen konnte, zog es zurück in seine Stuttgarter Heimat. Poschner verabschiedete sich mit zwei Galavorstellungen gegen Kaiserslautern und Nürnberg. Der bevorstehende Wechsel hatte offensichtlich eine zentnerschwere Last von seinen Schultern genommen.

Daß Schulz und Poscher gehen mußten, weil sie das Führungspersonal der sogenannten „Neidabteilung" (Riedle) stellten, wurde von Hitzfeld später energisch bestritten. „Ich wehre mich dagegen, wenn gesagt wird, Schulz und Poschner seien Quertreiber gewesen. Die beiden hatten einfach Pech, daß ihre Verträge ausliefen und wir einen Schnitt machen wollten – da kann man sich halt nur von Spielern trennen, deren Verträge auslaufen. Mehr steckte nicht dahinter." Daß es zwischen den „Millionarios" und dem Rest der Mannschaft Probleme gab, wollte Hitzfeld allerdings nicht leugnen: „Sie mußten lernen, daß nicht einer allein zum Sündenbock gemacht werden kann, sondern daß alle in einem Boot sitzen und gemeinsam rudern müssen." Denn, wie Helmut „Jockel" Bracht sagen würde: „Allein bist du eine Pflaume."

Saison 1994/95: Grandioser Auftakt

Die Borussen-Fans begleiteten die Abgänge mit gemischten Gefühlen, denn in Dortmund darf grundsätzlich nie einer gehen. In Dortmund ist fast jeder ein Held, wenn auch manchmal erst im nachhinein. Das war mit Lusch und Rummenigge so, und dies wird mit Poschner und Schulz womöglich nicht anders sein. Die BVB-Fans befanden sich in einem Widerspruch. Einerseits zählte der Kämpfer Schulz zu den Identifikationsfiguren, andererseits konnte sich die Mannschaft nur weiter verbessern, wenn sie ihre Defensive und das spielerische Element verstärkte.

Noch vor der Sommerpause ließ Niebaum keine Zweifel daran aufkommen, daß die Politik der Investitionen – trotz aller Kritik, mit der der BVB in der Saison 1993/94 in Sachen Riedle und Co. konfrontiert wurde – fortgesetzt würde. „Wir sind an einer Nahtstelle angekommen. Unsere Fans erwarten von der Vereinsführung ein Konzept des Handelns. Das läßt sich nicht von Kompromissen leiten." Die spektakulärsten Neuverpflichtungen waren der Ex-Borusse Andreas Möller, der den Kontakt zum BVB nie abgebrochen hatte, sowie dessen Turiner Mannschaftskamerad Julio Cesar. Für den offensiven und torgefährlichen Mittelfeldmotor und den Libero zahlten die unverändert finanzstarken Borussen zusammen „nur" 11,5 Mio. DM (9 Mio. Möller, 2,5 Mio. Cesar), was im Vergleich zu den Summen, die man noch ein Jahr zuvor für „italienische" Spieler berappen mußte, recht preiswert klang. Die finanziellen Probleme der italienischen Liga, die die Geldspirale überdreht hatte, machten es möglich. Möller ist nun bereits der vierte deutsche Ex-Italien-Legionär beim BVB. Mit Cesar sind es gar fünf Spieler, die zuvor in der italienischen Serie A kickten. Um eine Situation wie nach dem Riedle-Transfer zu verhindern, als einige Spieler Riedle in Stich ließen, weil sie von den Leistungen des Millionärs enttäuscht waren oder ihn von vorneherein nicht in der Mannschaft haben wollten, wurden vor der Möller-Verpflichtung Kapitän Zorc und einige Spieler gefragt, „ob wir so einen Mann noch verkraften können" (Hitzfeld). Die Antwort lautete „ja". Auch die Vertreter der Fan-Klubs wurden konsultiert.

Möller wurde auch von anderen Klubs umworben, u.a. von Bayern München. Der zurückgekehrte verlorene Sohn begründete seine Entscheidung für den BVB wie folgt: „Zum einen gab man mir bei meinem zugegebenermaßen unglücklichen Abschied in Dortmund das Gefühl, jederzeit wieder willkommen zu sein, zum anderen hatte ich jetzt das Gefühl, daß man mich in Dortmund wirklich haben wollte. Trainer und Manager haben sich im Unterschied zu anderen Bewerbern ernsthaft um mich bemüht." Ähnlich hatte sich bereits ein Jahr zuvor der ebenfalls auch von den Bayern umworbene „Kalle" Riedle geäußert.

Außer Möller und Cesar verpflichtete der BVB noch die Abwehrspieler Marco Kurz (1. FC Nürnberg) und Martin Kree (Bayer Leverkusen). Kurz und Kree waren nicht unbedingt Hitzfelds Wunschkandidaten, der lieber spielende Defensivleute bevorzugt hätte. Hitzfeld gilt als Gegner des biederen deutschen Konzepts von den zwei Manndeckern, sieht aber aktuell keine Möglichkeit, davon entscheidend abzuweichen, da es hierzu an dem notwendigen Spielermaterial mangele: „Die Fehler werden schon in der Jugend gemacht, wo die Trainer nach Meisterschaften streben, statt die Spieler mit Geduld auszubilden. Wenn sie dann Profi werden, haben sie taktische Defizite, weil sie immer nur Manndeckung gespielt haben. Hätte ich einen 25jährigen gesehen, der sich wegen seines spielerischen Potentials anbietet, hätten wir ihn verpflichtet. Das ist das große Problem in Deutschland. Welche Alternative gibt es in der Nationalelf denn zu Jürgen Kohler?" Insgesamt gaben die Borussen 13,52 Mio. DM für neue Spieler aus, ca. eine Millionen mehr als Bayern München, aber weniger als der Karlsruher SC, der ca. 15 Mio. DM investierte und dessen Verpflichtung von Thomas Häßler Präsident Niebaum süffisant mit „Willkommen im Klub der Millionäre" kommentierte. An Transfereinnahmen verbuchte der BVB 9,18 Mio. DM, so daß das Transferdefizit bzw. die Nettoinvestitionen deutlich geringer ausfielen als in der Vorsaison. Mit ca. 25 Mio. DM lag der Dortmunder Etat 1994/95 unter den Etats der Titelkonkurrenten München, Frankfurt und Leverkusen. Auch der Trainerstab erhielt einen Neuzugang. Neuer Torwarttrainer wurde Ex-Nationaltorhüter Harald „Toni" Schumacher. Damit wurde dem Problem Rechnung getragen, daß sich Stefan Klos, der in den Spielzeiten 1991/92 und 1992/93 noch viel Lob kassieren durfte, seither nicht weiterentwickelt hatte.

Während die Dortmunder Sammer, Möller und Riedle beim WM-Turnier in den USA sich und die Zuschauer quälten, wurde die A-Jugend von Borussia Dortmund erstmals deutscher Meister. Im Endspiel wurde Werder Bremen nach Toren von Lars Ricken (1) und dem überragenden Ghanesen Ibrahim Tanko (2) 3:2 besiegt. Die Modernisierung und Professionalisierung, die der BVB seit Beginn der Ära Niebaum erfährt, äußert sich auch im Jugendbereich.

Trotz der Verpflichtung von Möller und Cesar war der Erwartungsdruck, mit dem der BVB zum Saisonbeginn 1994/95 konfrontiert wurde, geringer als noch ein Jahr zuvor. Die Erfolgschancen des BVB wurden nun von den Fans, aber auch von einigen Medien realistischer beurteilt. Es wurde akzeptiert, daß nicht nur der BVB, sondern auch andere Mannschaften mit der Absicht antraten, Meister zu werden und dementsprechend aufgerüstet hatten.

Trotz einer ziemlich frustrierenden Vorbereitung sowie des Ausfalls des zunächst als Libero vorgesehenen Cesars und weiterer Spieler, mit denen Hitzfeld fest gerechnet hatte, gelang dem BVB ein Auftakt nach Maß. Im restlos ausverkauften Westfalenstadion wurde Neuling 1860 München mit 4:0 abgefertigt. Zu den besten Spielern zählten Andreas Möller, der sich sofort wieder in die Herzen der Fans spielte, und der in der Vorsaison so arg geschmähte „Kalle" Riedle, der auch ein Tor erzielte. Das folgende Auswärtsspiel beim alten West-Rivalen 1. FC Köln geriet zu einem Möller-Festival. Zur Halbzeit führte der BVB durch drei Möller-Tore bereits 3:1. Am Ende hieß es gar 6:1. Da konnte der BVB-Präsident sogar über einen

Druckfehler (?) in der Kölner Stadionzeitschrift lachen. Im Statistikteil über den BVB stand nämlich: „Vereinsfarben: Schwarz-Geld".

4:0 Punkte zum Auftakt, das hatte es in 28 Jahren BVB-Bundesligage-schichte noch niemals gegeben. „Millionarios jeden Pfennig wert", schrieb die „Frankfurter Rundschau". Und der „Kicker": „Die großen Investitionen der Dortmunder beginnen ihre Zinsen abzuwerfen." Der überragende Möl-ler reichte die Lobeshymnen, mit denen er überschüttet wurde, an Vorstand und Trainer weiter und traf damit den Nagel auf dem Kopf: „Hier stehen Präsidium, Trainer, Mannschaft und Fans voll hinter mir, in der Nationalelf war ich dagegen schon nach ein, zwei schwachen Spielen weg vom Fenster. (...) Das, was man im allgemeinen mit 'Umfeld' umschreibt, stimmt hier in der Westfalenmetropole. Hier ist man um mich besorgt, hier gibt man mir, meiner Frau Michaela und auch unserer anderthalbjährigen Tochter Valen-tina die Wärme und Geborgenheit, die ich brauche, um meine Leistung voll zu entfalten." Der Kontrast zwischen den Führungsstilen von DFB-Präsi-dent Braun und Bundestrainer Vogts einerseits und Niebaum und Hitzfeld andererseits kann in der Tat kaum größer ausfallen.

Mit dem 1. FC Kaiserslautern traf der BVB am 3. Spieltag erstmals auf eine Mannschaft, die von den Experten zum engsten Kreis der Titelanwär-ter gezählt wurde. Der 2:1-Heimsieg der Borussen kam souveräner zustande, als es das Ergebnis aussagt. Überragender Spieler auf dem Platz war Matthias Sammer, der auf der Libero-Position eine Weltklasse-Vorstel-lung bot. „Gegen Sammer habt ihr keine Chance", sangen die Fans. Der „Kicker" über Sammers Auftritt: „Immer, wenn er am Ball war, blieb den Zuschauern auf der Tribüne vor Staunen der Mund offen. Denn er hatte einen jener Tage erwischt, an denen alles gelingt. Er spielte einen Libero so stark wie bisher nur einer vorher – so grandios wie der grandiose Franz Bek-kenbauer. Nicht einen Fehler im Stellungsspiel, zog er die Bälle an wie fern-gesteuert, baute das Spiel intelligent auf, mit Blick für den öffnenden Paß, gewann jeden Zweikampf. Weltklasse, besser kann man die Liberorolle nicht interpretieren."

Am 4. Spieltag gab es bei der Frankfurter Eintracht die erste Niederlage, wobei der BVB eine schwache Leistung bot. Am 4:1-Sieg der Heynckes-Truppe gab es nichts zu deuten. Kapitän Michael Zorc: „Das war nicht die Mannschaft, die 6:0 Punkte geholt hat." Vor allem Andreas Möller, der an seiner ehemaligen Wirkungsstätte mit Pfiffen, Schmährufen und Tomaten bedacht wurde, enttäuschte. Ein kritischer Ottmar Hitzfeld: „Unsere Spie-ler können jetzt beteuern, sie hätten den Gegner nicht unterschätzt. Trotz-dem fehlte ihnen die Bereitschaft, das Letzte zu geben."

In der ersten Runde des UEFA-Cups empfing der BVB den schottischen Vertreter FC Motherwell. Im Hinspiel reichte es nur zu einem mageren 1:0 durch ein Tor von Möller. Da die Schotten nur zwei Trikotsätze mitgebracht hatten, die aber dem Schwarz-Gelb des BVB zu ähnlich waren, mußten die Borussen in einem häßlichen blütenweißen Dress antreten. Die Südtribüne skandierte „ausziehen, ausziehen".

Für Julio Cesar war die Begegnung seine Premiere im Westfalenstadion. Um ein Haar wäre sie zu einem Desaster geraten, denn der Brasilianer, dem es offensichtlich an Spielpraxis mangelte, ermöglichte der Sturmspitze der Schotten, dem irischen Nationalspieler Tommy Coyne, drei große Einschußchancen. Hitzfeld beorderte ihn deshalb zur Halbzeit ins Mittelfeld, während Sammer die Liberoposition übernahm. Allerdings demonstrierte der Brasilianer auch ein ums andere Mal seine technische Brillanz und erhielt dafür Szenenapplaus.

Gegen Motherwell konnte Hitzfeld erstmals seine „Wunschelf" aufbieten, die allerdings enttäuschte. Der Trainer befand sich in einer Bedrouille, die große Zahl hochkarätiger Spieler wurde plötzlich zum Problem. Mit Cesars Genesung war Sammer ins Mittelfeld vorgerückt, wo er jedoch nur als Mitläufer agierte. Man konnte sich nicht des Eindrucks erwehren, daß sich Sammer und Möller gegenseitig im Wege standen. Auf dem Liberoposten war Sammer von Möller weit genug entfernt gewesen, um diesem nicht ins Gehege zu kommen. Ein weiteres Problem war Povlsen, der zwar erst in der 2. Halbzeit ins Spiel kam, aber erneut in der Rolle des „Ergänzungsspielers" glänzte und sich als ein ganz wichtiger Teil der „BVB-Seele" erwies. Hitzfeld sah sich plötzlich einem ähnlichen Problem gegenüber wie Berti Vogts während der WM in den USA. Dieser hatte zwar die besten Spieler zur WM mitgenommen, aber dort nie die beste Mannschaft auflaufen lassen, weil er ständig wechselte und keinen der Stars für eine längere Zeit auf die Bank setzen wollte. Die Qual der Wahl führte dazu, daß er statt dessen einige der Spieler, bei denen er Skrupel hatte, sie auf die Bank zu verbannen, auf fremden Positionen spielen ließ. Im Mittelfeld behinderten sich die diversen Spielmacher, von denen keiner den Wasserträger für den anderen abgeben wollte, eher gegenseitig, als daß sie zum Vorteil der Mannschaft miteinander kombinierten.

Rassismus pur

„Riedle oder Povlsen?", „Sammer oder Cesar?" waren allerdings nicht die einzigen Probleme, mit denen sich Hitzfeld vor dem 5. Bundesligaspieltag, an dem der BVB bei Bayer Leverkusen anzutreten hatte, auseinandersetzen mußte. Einen Abend nach dem Motherwell-Spiel war Julio Cesar und seinem Dolmetscher in ziemlich rüder Weise der Zutritt zu der Dortmunder Diskothek „Village" verweigert worden. „Ihr kommt hier nicht rein", beschied ein schnauzbärtiges und sonnenstudiobraunes Zuhältergesicht kurz und knapp. Cesar versuchte zu beschwichtigen: „Wenn dieser Vorfall herauskommt, wird es für mich, aber auch für Sie peinlich. So etwas ist mir auf der ganzen Welt noch nicht passiert." Doch der Türsteher ließ sich nicht beeindrucken: „Interessiert mich nicht." Der miese Schuppen, den BVB-Fans tunlichst meiden sollten, war bereits zuvor wiederholt durch rassistische Diskriminierung auffällig geworden. Der Spieler schien kurz davor, den Dienst zu quittieren, zumal dies nicht der erste Zwischenfall war. So hatten es einige spießige Nachbarn in seinem Heimatort Herdecke für notwendig empfunden, die Polizei zu mobilieren, weil Cesar seinen Wagen mit zwei Reifen auf dem Gehweg geparkt hatte.

Cesars Angst vor dem neuen alten Deutschland, die Michael Meier bei seiner Verpflichtung erhebliche Überzeugungskünste gekostet hatte, war somit bestätigt worden. Bei der Vertragsunterzeichnung hatte sich Cesar vom Vorstand mündlich zusichern lassen, daß er im Falle rassistischer Diskriminierung den Verein vorzeitig verlassen dürfe. Hitzfeld brandmarkte die „Village"-Affäre völlig korrekt als „reinsten Rassismus". Manager Meier, der aus seinem Urlaub herbeieilte: „Schlimm, daß so etwas passiert, gerade in Dortmund, wo seit Jahrzehnten sehr viele Ausländer leben und integriert sind." Meier und Präsident Niebaum bemühten sich, den Vorfall gegenüber Cesar als einen „Einzelfall" zu behandeln, was er natürlich nicht war. Michael Meier: „Ich finde es beschämend, daß am Beispiel Julio Cesar in der ganzen Welt vom Revier ein Bild gezeigt wird, das diese Region nicht verdient hat." Das klang fast so, als sei das Problem nicht der Rassismus, sondern die Medienberichterstattung darüber. Immerhin hatte es das Dortmunder Ordnungsamt bereits einige Monate zuvor für notwendig befunden, an alle Discotheken-Besitzer zu appellieren, jegliche Diskriminierung zu vermeiden.

Auch im Ruhrgebiet, das doch über eine eigene Immigrationsgeschichte verfügt, gibt es Rassismus und teilweise erschreckende Wahlergebnisse für rechtsradikale Parteien, beispielsweise im Dortmunder Norden. Der BVB repräsentiert mit seiner untadeligen Haltung leider nicht alle Dortmunder, und auch nicht alle Klub-Anhänger. Zwar bekamen die Rassisten in den letzten Jahren im Westfalenstadion kein Bein auf den Boden, doch wie ambivalent die Haltung einiger BVB-Fans gegenüber schwarzen Spielern

Fan-Transparent für Julio Cesar.

ist, dokumentieren die folgenden zwei Beispiele: Als der BVB im Fuji-Cup gegen Eintracht Frankfurt antrat, war zu Beginn des Spieles eine gewisse Skepsis gegenüber dem „Neuen" zu registrieren, die sich allerdings bald legte, da Cesar an diesem Tag der beste Mann im Borussen-Dress war. Frankfurts Yeboah mußte sich hingegen von einigen BVB-Fans Rufe wie „Geh doch zurück in deinen Urwald, du Affe" gefallen lassen. Offensichtlich ist für diese Leute nur ein schwarz-gelber Schwarzer ein guter Schwarzer. Und auch dies nur, wenn er deutlich überdurchschnittliche Leistungen bringt. Beim Spiel gegen Schalke 04 beschimpften einige Südtribünen-Fans Schalkes Jiri Nemec als „Zigeunerpack". Während sich hieran nur eine kleine Minderheit beteiligte, stimmten Tausende mit ein, als Schalkes Betreuer Charly Neumann als „homosexuell" denunziert wurde.

Niebaums und Meiers Einzelfall-These war vermutlich vom Interesse an einer sportlichen Schadensbegrenzung geleitet. Politisch betrachtet bedeutete sie aber eine Verharmlosung des Problems, die im Widerspruch zur bisherigen Politik des Vereins in dieser Frage zu stehen schien. (Näheres im Teil II des Buches.) Thomas Kilchenstein in der „Frankfurter Rundschau": „Daß Menschen allein aufgrund ihres Äußeren, ihrer Hautfarbe, ihrer Herkunft Zutritt zu irgendwelchen Lokalitäten verwehrt wird, ist in diesen Zeiten in diesem Land eben nicht die Ausnahme, sondern bedauerliche Regel.

Daß derlei gängige Praktiken nicht häufiger öffentlich werden, liegt allein an der fehlenden Popularität des türkischen Schneiders, des senegalesischen Studenten, des arabischen Geschäftsmannes, denen das immer wieder widerfährt. Kaum jemand nimmt noch diese alltägliche Diskriminierung zur Kenntnis. Der Brasilianer Julio Cesar dagegen ist wegen seines Bekanntheitsgrades privilegiert. 'Promis', wie Yeboah, Dahlin oder Sergio, weist man nicht so leicht vor die Tür, und wenn doch, wie jetzt in Dortmund aus Versehen, verursacht das gewaltigen Wirbel in der Medienlandschaft."

Die Disco-Affäre setzte in Dortmund, einer Stadt, wo man gerne mit Verweis auf die sozialdemokratische und kommunistische Arbeitergeschichte und den Schmelztiegelcharakter der lokalen Bevölkerung den Rassismus-Vorwurf weit von sich weist, einiges in Bewegung. Der Schock ging tief, und die Reaktionen zeigten einmal mehr, welche Bedeutung der BVB für die Stadt und ihre Bevölkerung besitzt. Cesar erhielt von zahlreichen BVB-Fan-Klubs Solidaritätsbekundungen, in denen er aufgefordert wurde: „Bitte, bleib' bei uns." Der vom Polizeibeamten Klaus Gade geführte Fanclub Werl trug Cesar die Ehrenmitgliedschaft an. Der Geschäftsführer des „Village" erhielt zahlreiche Drohanrufe und -Briefe, deren harmloseste die Erstürmung des Schuppens ankündigten. SPD-Oberbürgermeister Samtlebe schrieb dem Spieler, er wäre „bestürzt über diesen Vorfall von Rassendiskriminierung" und kündigte Konsequenzen für die Disco an. Des weiteren protestierten u.a. der Betriebsrat der Krupp-Hoesch-Stahl AG und die DGB-Jugend. Zwei Tage nach dem Zwischenfall versammelten sich ca. zweihundert BVB-Fans vor dem Tatort des Skandals und machten mit Transparenten und lauten Protestkundgebungen ihrem Unmut gegen den Rassismus der Betreiber Luft. Einen Tag später, nach dem Auswärtsspiel in Leverkusen, kam es gar zu einer Blockade der Disco, an der sich dreihundert Menschen beteiligten. Der Schuppen blieb an diesem Abend – immerhin ein Samstagabend! – geschlossen. Zuvor hatte die BVB-Geschäftsstelle die Parole ausgegeben: „Laßt es sie am Umsatz spüren – nicht am Mobiliar." Als der Geschäftsführer ein BVB-Plakat und ein Entschuldigungsschreiben an die Tür pappen ließ, erhöhte dies eher noch den Unmut der Fans. Außerdem schickte er den für den Skandal unmittelbar verantwortlichen Türsteher vor die Tür, um mit den Fans zu diskutieren. Das Zuhältergesicht zeigte sich uneinsichtig und behauptete, Cesars Dolmetscher hätte sich „aggressiv" verhalten. Auch zahlreiche etablierte Organisationen fühlten sich nun bemüßigt, gegen den lokalen Rassismus wieder aktiv zu werden. So rief u.a. die Gewerkschaft ÖTV zu einer weiteren Protestveranstaltung vor der Discothek auf.

Einer hatte allerdings überhaupt nichts kapiert, nämlich Andreas Möller: „Irgendwie ist Julio gegenüber diesem Land ein bißchen negativ eingestellt. Ich finde seine Reaktion etwas überzogen. Julio muß wissen, daß hier eine andere Mentalität herrscht als in Italien." Er wußte es, wie seine bereits während der Vertragsverhandlungen geäußerten Befürchtungen belegen. Aber muß er den hiesigen Rassismus deshalb auch akzeptieren? Viel reifer hingegen der Kommentar von Stefan Reuter, der mit Cesar ebenfalls bereits in Turin gespielt hatte: „Julio hatte von Anfang an Angst vor dem Rassismus hier. Es ist schon erschreckend, wenn sich ein ausländischer Fußballer Gedanken machen muß, ob er nach Deutschland kommen kann."

Der „Fall Cesar" hatte aber auch über Dortmund hinaus Auswirkungen. Auch in einigen anderen Ruhrgebietsstädten wurden nun plötzlich Discos „geoutet", die bereits seit Jahren rassistisch diskriminierten. Man muß Julio Cesar dafür dankbar sein, daß er den Vorfall öffentlich gemacht hat.

Open End

Beim Spiel in Leverkusen empfingen die Fans Cesar mit Sprechchören, und Transparente baten: „Julio, bleib", was dem eher schüchternen Brasilianer sichtlich gut tat. Der BVB spielte über weite Strecken im Stile einer Heimmannschaft und ging zweimal durch Reuter, der sein erstes Pflichtspieltor für den BVB überhaupt erzielte, und Chapuisat, der im vierten Spiel sein viertes Saisontor machte, in Führung. Trotzdem reichte es am Ende nur zu einem 2:2, das aus Leverkusener Sicht glücklich war. Der mit Abstand beste Spieler auf dem Platz war erneut Matthias Sammer, der auf die Liberoposition zurückgekehrt war. Julio Cesar spielte auf seiner neuen Position als Manndecker zwar nicht immer sicher, wußte aber erneut mit Pässen über 50 Meter zu glänzen. Einer dieser öffnenden Traumpässe erreichte in der Schlußphase Andy Möller, der den Ball jedoch verzog. Gegenüber der Pleite in Frankfurt war der BVB nicht wiederzuerkennen. Povlsen hatten übrigens den Vorzug gegenüber Riedle erhalten und bedankte sich mit einer kämpferisch starken Leistung.

Drei Tage später traf der BVB in der 2. Hauptrunde des DFB-Pokals erneut auf den 1. FC Kaiserslautern. Diesmal genoß der FCK Heimrecht. Es wurde ein denkwürdiges Ereignis, von dem man vermutlich noch in vielen Jahren in Kaiserslautern und Dortmund erzählen wird. Vor dem Spiel heizte FCK-Trainer Rausch, der sich durch eine angebliche Riedle-Schwalbe beim 1:2 in Dortmund um einen Punkt betrogen fühlte, kräftig ein. Mit seinem Kollegen Hitzfeld war er sich schon zu Schweizer Zeiten nicht grün. Klappern gehört sicherlich mit zum (psychologischen) Geschäft, aber was Rausch während des Spiels entlang der Seitenlinie trieb, war schier verantwortungslos. Rausch, der mit seinem Karlsruher Kollegen Schäfer einen Minderwertigkeitskomplex gegenüber Hitzfelds Kopf und Trenchcoat teilt, begann zunächst eine Rempelei mit Dortmunds Co-Trainer Michael Henke, begleitet von wüstem Geschrei. Hitzfeld reagierte mit einer „Scheibenwischer"-Bewegung. Auslöser war eine Attacke von Andreas Möller gegen Lauterns Spielmacher Sforza, einem ehemaligen Hitzfeld-Zögling, der jedoch in Zürich nicht mit dem Trainer klargekommen war. Sforza mußte vom Platz getragen werden und wurde ins Krankenhaus gefahren. Offensichtlich vom Rowdytum ihres Trainers animiert, eröffneten die Lauterer Spieler die Jagd auf Andreas Möller. Man sollte sich nicht über Prügeleien zwischen verfeindeten Fan-Gruppen beklagen, wenn man mit seinem Verhalten selbst zur Legitimierung körperlicher Auseinandersetzungen beiträgt. Allerdings gebärdeten sich auch die BVB-Spieler keineswegs als Waisenknaben. Am Ende standen zehn gelbe und eine gelb-rote Karte. Fünf Spieler mußten verletzt vom Platz getragen werden, drei von ihnen kamen gar nicht mehr zurück.

Das Spiel war zwar – allein schon aufgrund der zahllosen Nickeligkeiten und Spielunterbrechungen – nicht hochklassig, aber trotzdem ein Pokalkrimi allererster Güte. In der 36. Minute brachte Chapuisat – nach herrlicher Vorarbeit von Povlsen – den BVB in Führung. Während der Halbzeitpause behauptete Rausch, Sforza habe einen Rippenbruch erlitten, und heizte damit die Atmosphäre weiter auf. In der 48. Minute glich Anders für die Lauterer aus, doch nur neun Minuten später erzielte Povlsen erneut die Führung für den BVB. Der BVB war über weite Strecken die bessere Mannschaft und hatte den Gegner weitgehend im Griff. In der 80. Minute durfte der kurz zuvor für den verletzten Povlsen eingewechselte Thomas Franck nach einer gelb-roten Karte bereits wieder duschen gehen. Das Spiel schien trotzdem zugunsten der Dortmunder gelaufen zu sein, da unterlief Bodo Schmidt eine Minute vor dem Schlußpfiff im eigenen Strafraum ein unglückliches Handspiel. Andreas Brehme ließ sich die Chance nicht entgehen und verwandelte den Elfmeter souverän zum 2:2.

Das Spiel mußte in die Verlängerung. In der 97. Minute brachte Matthias Sammer den BVB mit einem herrlichen Tor zum dritten Mal in Führung. Doch nur zwei Minuten später glichen die Lauterer durch Miroslav Kadlec erneut aus. Die Schwarz-Gelben waren nun sichtlich geschockt. Der Platzverweis für Franck und der Ausgleich zum 3:3 erwiesen sich im nachhinein betrachtet als die Schlüsselsituationen des Spiels. In der 102. Minute ging der FCK durch Olaf Marshall erstmals in Führung. Der BVB mußte nun alles riskieren, aber in Unterzahl kassierte die Mannschaft, bei der sich Frust und Müdigkeit breit machten, in der 114. bzw. 117. Minute durch Kuka und Wagner noch die Treffer fünf und sechs. Trotz der 3:6-Niederlage durfte die Mannschaft erhobenen Hauptes die Rückreise antreten.

Nach dem Schlußpfiff gaben sich die Dortmunder Verantwortlichen besonnen. Hitzfeld zu seinem Wortgefecht mit Rausch: „Ich bin die Wortgefechte mit Friedel aus unserer Zeit in der Schweiz gewohnt, nach dem Spiel ist das alles wieder vergessen." Trotzdem dürfte der Hitchcock vom Betzenberg die ohnehin schon bestehende Rivalität zwischen den beiden Klubs weiter genährt haben. Die Stimmung war bei den Dortmundern auch noch am Tag nach dem Fight so geladen, daß Hitzfeld seinen Spielern einen Maulkorb verordnete.

Bester Spieler auf dem Betzenberg war erneut Matthias Sammer, der eine Weltklasseleistung ablieferte. Lauterns Trainer Rausch: „Es braucht nicht mehr diskutiert werden, wer der beste deutsche Libero ist: Matthias Sammer." Und Spielbeobachter Jupp Heynckes: „Das war außerirdisch. Eigentlich ist Sammer für die Liberoposition in der Nationalelf zu schade; aber wie er sie interpretiert, ist er noch stärker als Baresi."

Bereits einen Tag nach seiner „schweren Verletzung", die sich im übrigen lediglich als Rippenprellung herausstellte, konnte Sforza wieder trainieren. Vier Tage später absolvierte der Jungstar gegen Schalke 04 90 putzmuntere Minuten, in deren Verlauf er ein Tor erzielte. Die peinlichste Figur in der gesamten Affäre gab allerdings einmal mehr der DFB ab, der ein Ermittlungsverfahren gegen Möller eröffnete. BVB-Präsident Niebaum: „Das macht mich betroffen, vor allem, wenn man das Randgeschehen betrachtet. Von den Rängen wurde zur Gewalt gegen Möller aufgerufen, er wurde brutal gefoult. Und nun pickt sich der Kontrollausschuß Andy Möller heraus. Wir fragen uns, warum beispielsweise Lauterns Torwart Ehrmann unseren Spieler Zorc bedrängen kann und da nichts unternommen wird."

Vor dem Topspiel gegen den stark gestarteten VfB Stuttgart erhielt Hitzfeld die Hiobsbotschaft, daß sich Flemming Povlsen in Kaiserslautern einen Kreuzbandriß zugezogen hatte. Im übrigen die einzige Verletzung im Pokalfight, die ohne Einwirkung des Gegners zustande gekommen war. Der Däne, der erst wenige Tage zuvor Karlheinz Riedle seines Stammplatzes beraubt hatte und dem Dortmunder Angriffsspiel enorm viel Schwung verliehen hatte, sah sich wieder einmal vom Pech verfolgt. Povlsen ging davon aus, daß er damit für den Rest der gerade erst begonnenen Saison ausfallen würde. Wer sich noch daran erinnerte, wie sehr das Spiel des Kämpfers und Antreibers dem BVB zu Beginn der Saison 1993/94 gefehlt hatte, befürchtete vor der Begegnung mit dem VfB das Schlimmste. Zumal sich der Meister von 1992 zu einem Angstgegner des BVB entwickelt hatte. So lautete die Bilanz für die letzten acht Duelle mit den Stuttgartern 2:14 Punkte (sechs Niederlagen, zwei Unentschieden) und 5:23 Tore. Doch die Borussen bewiesen eindrucksvoll, daß hier eine andere Truppe auf dem Feld stand als ein Jahr zuvor. Der Mitkonkurrent um den Titel, dem Hitzfeld zuvor – nicht zu Unrecht – attestiert hatte, den „aktuell vielleicht schönsten Fußball der Liga" zu spielen, wurde mit 5:0 vom Platz gefegt. Der „Kicker" nominierte mit Sammer, Reuter, Möller und Chapuisat gleich vier Borussen für seine „Elf des Tages". Die Anwesenheit von Bundestrainer Berti Vogts animierte die Südtribüne, zu einem neuen Lied. Nach der Melodie von „Bruder Jakob" sangen die Fans: „Berti Vogts, siehst du nicht? Sammer ist der beste – Libero!" Der Bundes-Berti fand's „nett und sympathisch", während Sammer selbst sich zur Liberodebatte in der Nationalmannschaft nicht äußern mochte: „Mich interessiert im Augenblick nur die Borussia." Damit gab er die Haltung eines wachsenden Teils der BVB-Anhängerschaft wieder. Früher erfüllte es viele Fans mit Stolz, wenn Spieler „ihres" Klubs zu Nationalspielern berufen wurden. Heute wird dies von vielen Fans mehr als unnötige zusätzliche Belastung betrachtet, die die Leistung des Spielers im Verein beeinträchtigen könnte. Der Verein besitzt klaren Vorrang.

Beim UEFA-Cup-Rückspiel in Motherwell trat der BVB mit der gleichen Formation an, die den VfB Stuttgart deklassiert hatte – Riedle für den verletzten Povlsen und Freund für Franck. Der abergläubische Präsident Niebaum vergrub während des Abschlußtrainings an den Eckfahnen des Spielfelds Vereinsnadeln. Dank einer konzentrierten und disziplinierten Vorstellung gewann der BVB hochverdient mit 2:0. Insbesondere die in der vergangenen Saison so oft gescholtene Dortmunder Defensive wußte zu glänzen. Gegen den überragenden Julio Cesar vermochte sich Motherwells irischer Nationalstürmer Coyne nie durchzusetzen. Karlheinz Riedle bewies erstmals im Dortmunder Trikot echte Torjägerqualitäten, indem er beide Dortmunder Treffer erzielte.

Am 7. Spieltag erzielte Julio Cesar beim 2:0-Sieg in Uerdingen sein erstes Bundesligator. Das Tor war lediglich das Sahnehäubchen auf einer Weltklassevorstellung des Brasilianers, bei der sein Trainer und seine Mitspieler ins Schwärmen gerieten. Ottmar Hitzfeld: „Er ist als Libero und Manndekker gleichermaßen Weltklasse. Er hat ein tolles Spiel gezeigt und ist eine riesige Verstärkung für uns." Und Mannschaftskapitän Michael Zorc: „Julio ist

Cesar und Möller jubeln, Lehmann ist enttäuscht: Der BVB besiegt den Erzrivalen Schalke.

eine Bombe. Er hat die richtige Antwort auf die Disco-Geschichte gegeben." Der „Kicker" nominierte Cesar erstmals für seine „Mannschaft des Tages"; gemeinsam mit dem anderen Teil des Turiner Doppelpacks, Andreas Möller, der ebenfalls ein Tor erzielte.

Erneut war den Borussen ein riesiger Tross gefolgt. Ungefähr zwei Drittel der 30.000 Zuschauer in der Krefelder Grotenburg waren Schwarz-Gelbe, die die Begegnung für den BVB in ein Heimspiel verwandelten.

Am 8.Spieltag empfing der BVB den alten Revierrivalen Schalke 04, der seit dem Amtsantritt von Hitzfeld zum Angstgegner avanciert war. Die Angst vor einer erneuten Blamage „Goliaths" gegen „David" war Spielern wie Fans deutlich anzumerken. Die Borussia agierte teilweise sehr verkrampft, während es auf der Südtribüne zeitweise ungewöhnlich ruhig war – zumal für ein Revierderby. Nach einem tollen Spiel, in dem die Blau-Weißen den Schwarz-Gelben nichts schenkten, behielt der BVB schließlich mit 3:2 die Oberhand. Angesichts der größeren Zahl von Torchancen ging der BVB-Sieg völlig in Ordnung. Die wichtigste Erkenntnis war vielleicht, daß der BVB der Saison 1994/95 nicht nur spielen kann, sondern auch kämpfen. Die Truppe bewies Moral, steckte die Schalker 1:0-Führung ebenso weg wie den Ausgleich der Blau-Weißen zum 2:2. Cesar und Riedle spielten trotz einer Grippe, und Möller, in der Vergangenheit oft wegen seiner angeblichen Wehleidigkeit kritisiert, bestritt die 2. Halbzeit trotz eines Kapselanrisses. Möller war es auch, der in der 72. Minute den Siegtreffer erzielte. Zu den besten Akteuren auf dem Platz gehörte der Ex-Schalker Steffen Freund. Nach dem Spiel kommentierte Schalkes Olaf Thon: „Vielleicht haben wir heute den neuen Deutschen Meister gesehen."

Gegenüber der Saison 1993/94 unterschied den BVB nach den ersten acht Spieltagen vor allem ein deutlich größerer Teamgeist, größeres Selbstbewußtsein und die stark verbesserte spielerische Substanz. Der neue Teamgeist war das Ergebnis der hartnäckigen psychologischen Arbeit von Präsident, Manager und Trainer, die dabei von den Spielerpersönlichkeiten Sammer und Zorc unterstützt wurden. Auch Andy Möller fügte sich in menschlicher Hinsicht hervorragend ein. Steffen Freund über den neuen „Millionario": „Ich habe selten erlebt, daß ein Star so locker ist und eine Mannschaft nicht mit Allüren nervt, sondern vor allem gute Laune erzeugt." Stefan Reuter über die „neue" Borussia: „Es hat sich viel verändert, wir gehen samstags oft gemeinsam weg. Im vergangenen Jahr war jeder für sich. Es gab keine Grüppchen, sondern nur Einzelgänger."

Die Verbesserung der spielerischen Substanz war stets Hitzfelds besonderes Anliegen gewesen. Mit den „Millionarios" Sammer, Möller, Cesar und Co. wurde sie möglich. In der Defensive blieben zwar gewisse Schwächen unübersehbar, aber mit dem Duo Sammer und Cesar verfügten die Borussen nun über eine Abwehr von hoher spielerischer Qualität, die Hitzfelds Idealvorstellungen ein gutes Stück näherkam. Das Prunkstück der Borussia 1994/95 war aber sicherlich das neue Offensivtrio Riedle, Chapuisat, Möller, das dem Dortmunder Angriffsspiel erheblich mehr Variationsmöglichkeiten und Unberechenbarkeit verlieh. In der Saison 1993/94 hatten viele der Dortmunder Angriffe immer gleich ausgesehen und waren deshalb für den Gegner leicht auszurechnen: Der Libero gab den Ball zu Schulz, der das Leder lang auf Chapuisat schlug. In einigen Spielen der Saison 1994/95 wurden phasenweise traumhafte Kombinationen geboten. Von den 33 Pflichtspieltoren, die der BVB bis einschließlich des 8. Spieltags in der Liga, im DFB-Pokal und UEFA-Cup erzielte, entfielen nicht weniger als 21 auf dieses Trio. Nimmt man Povlsen (als Riedle-Alternative) noch hinzu, so waren es gar 23 Treffer. In keinem der 12 Pflichtspiele ging das Trio leer aus. Ein Blick in die Geschichte des BVB zeigt, daß die Schwarz-Gelben immer dann besonders erfolgreich waren, wenn sie über ein gutes Angriffstrio verfügten. In den 50ern stellten dies die „drei Alfredos" Kelbassa, Preißler, Niepieklo; in den frühen 60ern Schmidt, Konietzka und Schütz; und in der Europapokalsaison 1966 Held, Emmerich sowie Libuda.

Hinzu kam, daß Spieler wie Reuter und Freund, die in der Saison 1993/94 viel verletzt waren und über die Rolle von Mitläufern nicht hinauskamen, geradezu aufblühten. Und mit den enorm talentierten Nachwuchsspielern Ricken (18) und Tanko (17) verfügte der BVB über ideale Ergänzungskräfte. Zu jung, um bereits Ansprüche auf einen Stammplatz zu formulieren und damit Unruhe in das Team zu bringen, aber doch bereits gut genug, um dem BVB-Spiel bei einer Einwechslung neuen Schwung zu verleihen.

Borussia als Top-Team

Wenn man ständig im oberen Drittel der Tabelle vertreten ist, und dies scheint das Nahziel der BVB-Führung zu sein, dann besteht eine gute Chance, irgendwann auch mal Meister zu werden. Werder Bremen, zum ersten Mal abgeschrieben nach der Vizemeisterschaft 1985/86, zum zweiten Mal abgeschrieben nach der Saison 1989/90, als alle davon überzeugt waren, nun habe Otto Rehhagel sein Pulver endgültig verschossen und des Trainers gereizte und hilflose Auftritte dies auch zu bestätigen schienen, ist das beste Beispiel dafür. Seither hat Werder je einmal Meisterschaft, DFB-Pokal und den Europapokal der Pokalsieger gewonnen. Es gibt Situationen, da sind auch der beste Trainer und der fähigste Vorsitzende ratlos und können nichts anderes als Geduld predigen. Werder-Fans können sich glücklich schätzen, daß ihr Klub seinerzeit nicht auf die Kommentatoren hörte, sondern seinen Kurs unbeirrt fortsetzte.

Auch wenn der BVB noch immer seiner ersten Bundesligameisterschaft hinterher rennt: BVB-Fans und Fußballschreiber sollten nicht vergessen, wo der Verein noch vor einigen Jahren stand und wo er sich heute befindet. In den bislang acht Spielzeiten der Präsidentschaft Niebaum hat der BVB in der Bundesliga die Ränge 4, 13, 7, 4, 10, 2, 4 und noch einmal 4 belegt. 1986/87 wurde der BVB noch „Überraschungs-Vierter". Heute ist er, nicht zuletzt dank seiner umstrittenen Einkaufspolitik, eine feste Größe unter den Top-Teams der Liga. Der BVB qualifizierte sich sechsmal für einen europäischen Wettbewerb (fünfmal UEFA-Cup, einmal Pokalsieger-Cup). Eine Kontinuität auf vergleichbarem Niveau hatte es in der Bundesligageschichte des BVB zuletzt in deren Anfangsjahren – 1963/64 bis 1966/67 – gegeben. Der BVB hat zudem 1989 den DFB-Pokal und den Super-Cup gewonnen, die ersten Trophäen seit 1966, und er ist 1992/93 im UEFA-Cup bis ins Endspiel vorgedrungen. Den insgesamt nur vier Europapokalbegegnungen, die der BVB im Zeitraum 1966/67 bis 1986/87 austrug, im übrigen alle gegen Glasgow Rangers, stehen seither 36 Spiele in europäischen Wettbewerben gegenüber (Stand: Saisonende 1993/94). Außerdem hat sich der Klub, der wiederholt am Rande des Ruins stand, eine gesunde finanzielle Basis zugelegt. Und endlich können im Westfalenstadion nicht mehr nur die Gegner mit Stars und „Internationalen" glänzen. Lediglich drei Trainer beanspruchte der BVB im Zeitraum 1986 – 1994 (zum Vergleich: Bayern München verschliß sechs, Schalke 04 acht – nur Werder Bremen und der Karslruher SC beschäftigten weniger Trainer als der BVB, nämlich mit Rehhagel und Schäfer jeweils nur einen...). Entlassen wurde beim BVB keiner, während es beim FC Bayern zu drei vorzeitigen Trennungen kam. Mit Hitzfeld ist eine Zusammenarbeit bis 1996 vereinbart. Hitzfeld ist jetzt schon Rekordhalter unter den Bundesligatrainern des BVB, gefolgt von den beiden anderen Trainern der Ära Niebaum: Horst Köppel und Reinhard Saftig. Im Bewußtsein vieler Fans war der Traum, irgendwann mal wieder einer Spitzenmannschaft folgen zu dürfen, eigentlich schon abgehakt. Wir hatten uns fast schon damit arrangiert, Fans eines Klubs zu sein, der irgendwo zwischen oberem Mittelfeld und Abstiegszone rangiert und ständig irgendwelche Hiobsbotschaften produziert.

Vorstand und Management haben gemeinsam mit den Fans die Basis geschaffen, um an die großen Erfolge der Dekade 1956 bis 1966 anzuknüpfen. Zum ersten Mal in seiner Bundesligageschichte besitzt der Verein ein Management, das den Anforderungen des modernen Profifußballs gerecht wird. Zum ersten Mal in seiner Bundesligageschichte – von der kurzen Ära Rauball abgesehen – zählt der Verein auch auf seiner Führungsebene zu den Top-Klubs des hiesigen Profifußballs.

Trotz aller Professionalität, die die heutige BVB-Führung auszeichnet, haben Niebaum und Meier einen Ethos beibehalten, der sich durch Seriosität und Verantwortungsbewußtsein auszeichnet. In einer Zeit, die von einem schnellebigen „Brutalo-Kapitalismus" geprägt wird, wo die Ellbogenmentalität soziale Solidarität zusehends zerstört, ethische Grundsätze immer mehr ins Wanken geraten und der Zweck die Mittel heiligt, bietet die BVB-Führung zuweilen ein angenehmes Kontrastprogramm. Zu Niebaums Prinzipien zählt, daß man jedem ehemaligen Mitarbeiter nach der Trennung noch in die Augen schauen kann. Und wo bei einem Auswärtsspiel in Krisenregionen viele andere ausschließlich das Problem der Gefährdung der eigenen Mannschaft angesprochen hätten, war von Niebaum 1993 beim UEFA-Cup-Spiel in Wladikawkas auch Grundsätzliches zu hören:

„Angesichts des Krieges in der Nachbarschaft, wo Flugzeuge vom Himmel geholt werden und Menschen sterben, empfinde ich es als makaber, ein fröhliches Fußballspiel zu veranstalten." Mag sein, daß manche solcher Statements in der Öffentlichkeit plaziert werden, weil es für ethisch und moralisch korrekte Formulierungen eine Marktlücke gibt. Aber als Kontrastprogramm zur Abgezocktheit des Profifußballs und der Herrschaft der grellbunten Papageien ist die BVB-Führung einfach angenehm. Der „neue BVB" ist ein Gewinn für die Liga, und man kann nur hoffen, daß er seinen Stil durchhält.

Bei der Suche nach den Ursachen für die Schwäche des Ruhrgebiets, in mittlerweile 31 Jahren Bundesliga nicht einmal den Meister gestellt zu haben, stößt man immer wieder auf Defizite in den Bereichen Professionalität und Kontinuität. Solange das Geld noch keine allzu große Rolle spielte, die umgesetzten Summen überschaubar blieben und Spitzenmannschaften sich aus lokalen und regionalen Talentepools formieren ließen, konnte man mit dem Mangel an qualifizierten, modern denkenden und professionell arbeitenden Führungskräften noch einigermaßen leben. Wenngleich schon damals – siehe Dortmunds Entwicklung nach dem Triumph von 1966 – das Problem offensichtlich war. Doch je stärker ein modernes Management erforderlich wurde, desto mehr fiel man ab. Das fing schon an bei den Neuverpflichtungen. Da die Sichtung von Talenten ehrenamtlich betrieben wurde, konnte diese nicht mit der notwendigen Intensität erfolgen und war der Radius entsprechend klein. Ob ein Kandidat etwas taugte oder nicht, konnte in den seltensten Fällen noch vor der Vertragsunterschrift ausreichend geklärt werden. Die Ausweitung des „Wettrüstens" der Klubs über die eigene Region hinaus erforderte mehr Professionalität, denn um hierbei mitzuhalten, bedurfte es eines gewissen finanziellen Volumens sowie hauptamtlicher Mitarbeiter.

Nirgendwo gab es so lange Vorbehalte gegenüber dem Job des Managers wie im Ruhrgebiet, obwohl die Überforderung des traditionellen Führungspersonals offensichtlich war. Wie eng sportlicher Erfolg und professionelle Führungsstrukturen miteinander verquickt sind, dokumentieren der 1. FC Köln, Borussia Mönchengladbach und Bayern München. Der 1. FC Köln wurde nicht von ungefähr der erste Bundesligameister, galt der Klub unter der Führung von Franz Cremer doch seinerzeit als das Vorbild für den professionellen Fußball-Klub schlechthin. Die große Zeit der Gladbacher hatte auch mit einem Manager namens Grasshoff zu tun. Die Dominanz der Bayern in den 70ern beruhte nicht zuletzt auf der innovativen Kraft ihres Präsidenten Neudecker und der Einstellung eines hauptamtlichen Managers namens Robert Schwan. Der frühere Versicherungsdirektor wurde zum Wegbereiter des modernen Managements im Fußball. Sein Präsident sorgte als Vorsitzender des Liga-Ausschusses dafür, daß die Obergrenzen bei den Ablösesummen fielen. Neudecker war überdies der erste Präsident, der mit den TV-Anstalten Millionen-Summen aushandelte und sich für die Finanzierung seines Kaders um Sponsoren kümmerte. Als Neudeckers innovative Kraft verbraucht war, stand mit dem damals erst 27jährigen Uli Hoeneß ein zeitgemäßer Erneuerer und Profi parat. Seit Cremer, Grasshoff und Neudecker/Schwan weiß man eigentlich, daß nicht zuletzt die Qualität des Managements eines Vereins über dessen Status im Profifußball entscheidet. Für die heutige Zeit gilt das noch mehr als damals, wobei dies auch seine negativen Seiten hat: Die Aufmerksamkeit konzentriert sich zusehends auf das Management des Fußballs, die Manager werden selbst zu Stars, die die Schlagzeilen beherrschen und Autogramme verteilen. Das Spiel selbst gerät darüber zuweilen in den Hintergrund.

Ein Mangel an Professionalität und Modernität war also der Grund, warum man es in den 70er und 80er Jahren im Ruhrgebiet nicht verstand, aus der dortigen Fußball-Begeisterung sportlich und finanziell Kapital zu schlagen. Die sportlichen und wirtschaftlichen Probleme der Ruhrgebiets-Bundesligisten beschleunigten das Personalkarussell. Gleichzeitig heizte das Tempo des Personalkarussells die finanzielle und sportliche Krise an. Kontinuität ist aber ein ganz wichtiger Faktor für Erfolg, wie das Beispiel Werder Bremens am anschaulichsten zeigt. Überall dort, wo ein qualifiziertes Kollektiv über einen längeren Zeitraum zusammenarbeitet, wo fachlich gute und im Umgang mit ihren Angestellten geschulte Leute den Kurs bestimmen, stellt sich früher oder später auch der sportliche Erfolg ein. Die grellen Profilneurotiker, die den Verein als ihr persönliches Spielzeug mißbrauchen, können hingegen – siehe das Beispiel Schalke – nur kurzzeitig für einen Aufschwung sorgen. Einen Verein innerhalb kurzer Zeit hochzupowern, ist nicht besonders schwierig. Viel schwieriger ist es, ihn dann über einen längeren Zeitraum oben zu halten.

Wenn Klubs über Jahre hinweg – gemessen an ihren potentiellen Möglichkeiten – erfolglos spielen, stinkt der Fisch nicht selten vom Kopfe her. Wenn mit den Strukturen eines Klubs und seinem Führungspersonal etwas nicht stimmt, äußert sich dies irgendwann auch in den Leistungen des Teams. Entweder in Form von Verunsicherung, oder aber als „Angestellten-mentalität". Ständige Trainerwechsel führen selten zum Erfolg, sondern sind in der Regel ein völlig falsches Signal. Sie fördern die Hibbeligkeit im Team wie in seinem Umfeld. Noch immer geben viele Klubs ihren Trainern keine Chance, ihre konzeptionellen Vorstellungen durchzusetzen, wozu es in der Regel mehr als nur einer Saison bedarf. Den Spielern wird so die Möglichkeit gegeben, sportlichen Mißerfolg auf den Trainer abzuwälzen, was ihrer sportlichen und persönlichen Entwicklung kaum förderlich ist. Für die Vorstände und die Manager gilt das Gleiche. Anstatt ihre eigene Politik zu überdenken, schiebt man die Verantwortung dem Trainer zu. Nicht, daß es nicht immer wieder auch Trainer erwischen würde, die es nicht anders verdient haben, wie z.B. Egon Coordes vor einiger Zeit in Hamburg, der die Mannschaft mit einer Bundeswehr-Truppe verwechselte. Aber die Vorstände müssen sich über die Aufgeregtheit der Medien nicht wundern, solange sie diese auch noch mit Nahrung versorgen und ständig bestätigen. Ein guter Vorstand und ein gutes Management zeichnen sich heute nicht zuletzt dadurch aus, daß sie ihre mittel- und langfristigen strategischen Überlegungen nicht der Sensationsgier der Medien opfern. Den größten Fehler, den Uli Hoeneß als Manager begangen hat, war die Entlassung von Jupp Heynckes während der Saison 1991/92. Zumal Hoeneß selbst davon überzeugt war, daß Heynckes der richtige Mann sei, um den Umbruch bei den Bayern erfolgreich zu bewerkstelligen. Hoeneß handelte seinerzeit gegen seine persönliche Überzeugung, um stattdessen dem Druck der Medien und eines Teils der Zuschauer – des extrem erfolgsorientierten auf der Haupttribüne – nachzugeben.

Das Neue an der Ära Niebaum ist vor allem, daß hier erstmals ernsthaft versucht wurde, Professionalität und Kontinuität auch bei einem Klub aus dem Ruhrgebiet durchzusetzen. In den 23 Jahren von 1963 bis 1986 verschliß der BVB nicht weniger als neun Präsidenten. Hingegen amtierte in den acht Jahren von 1986 bis 1994 nur eine Person, eben Niebaum. Und in seinen 19 Jahren Erstligazugehörigkeit vor Niebaum entlohnte der BVB nicht weniger als 24 Trainer. Der Wandel, der sich in Dortmund unter Niebaum vollzogen hat, ist unübersehbar, und er findet seine Bestätigung auch auf dem Spielfeld.

Die wahre Größe eines Vereins und seiner Führung zeigt sich jedoch gewöhnlich erst, wenn es sportlich nicht so gut läuft. Diesbezüglich war die Saison 1993/94 eine Feuertaufe, die die Vereinsführung mit Bravour überstand. Nach dem 1:3-Desaster gegen Inter Mailand schrieb Harald Stenger in der „Frankfurter Rundschau": „Wenn sich wahre Größe in der Niederlage zeigt, dann ist es um Borussia Dortmund bestens bestellt. So desillusionierend die 1:3-Niederlage im Viertelfinale gegen Inter Mailand war, so souverän war der Auftritt Präsident Niebaums beim 'Nachspiel'. Und da der Fisch bekanntlich vom Kopfe her stinkt, läßt dies den Umkehrschluß zu, daß in der BVB-Führungsetage in einer ziemlich schwierigen Situation des Vereins die Weichen für die nahe Zukunft schon richtig gestellt werden. Trotz aller emotionalen Betroffenheit präsentierte sich Niebaum jedenfalls bald nach dem Abpfiff im Westfalenstadion als Chefdenker, der in seiner Sachlichkeit und Gelassenheit nicht zu überbieten war. Natürlich bewegte ihn genauso wie die maßlos frustrierten Zuschauer, die geknickten Spieler und den entnervten Trainer Hitzfeld die desolate Vorstellung der Schwarz-Gelben. Doch mit jedem Wort, das über seine Lippen kam, veranschaulichte Niebaum im Gegensatz zu manch hektischen und profilierungssüchtigen Kollegen, daß er es wirklich ernst meint, wenn er die 'Fortsetzung der seriösen Arbeit' gerade nach den jüngsten Rückschlägen als vorrangige Aufgabe angibt." Stenger zählt allerdings zu den wenigen Journalisten, die verstanden haben, was die Ära Niebaum konkret auszeichnet.

Dortmunds sportlicher Aufschwung erfolgte nicht von ungefähr nach dem Desaster gegen Inter. Die Mannschaft wußte, daß der Trainer nicht zur Disposition stand und war somit selbst in die Pflicht genommen. Michael Zorc: „Wir haben gesehen, daß man keinen großen Erfolg haben kann, wenn in Mannschaft und Verein Mißstimmung herrscht. In der Rückrunde sind wir als Mannschaft enger zusammengerückt." Eine „gewisse Genugtuung" mochte der Kapitän nicht verhehlen, „nachdem wir zum Teil so hart kritisiert wurden". Ottmar Hitzfeld, der sicherlich einen erheblichen Anteil an der Wende hatte: „Ich bin sehr glücklich, daß der Verein Ruhe und Menschlichkeit bewahrt hat. Bei anderen Klubs wäre ich vielleicht schon im Herbst entlassen worden." Und der Präsident: „Wir haben auf die zum Teil berechtigte, zum Teil aber auch überzogene Kritik nicht vor Mikrophonen und Kameras, sondern mit harter Arbeit nach innen reagiert."

Im mannschaftlichen Gefüge der Borussia wie im Selbstverständnis der Mannschaft hat sich mit dem Erfolg sicherlich einiges verändert. In der Saison 1993/94 wurden Mannschaften wie Freiburg, Duisburg und Karlsruhe immer wieder als Alternativen zur Dortmunder „Millionärstruppe" gepriesen. Im Unterschied zum BVB herrsche bei diesen kein Neid, sondern mannschaftliche Geschlossenheit. Ein wesentlicher Grund hierfür sei das Fehlen von Millionären bzw. krassen Gehaltsunterschieden. Gegen Ende der Saison wurden diese Stimmen allerdings leiser, denn der SC Freiburg erreichte nur ganz knapp den Klassenerhalt (wenn auch hochverdient), die Duisburger verfehlten einen UEFA-Cup-Platz, der ihnen zwischenzeitlich zugetraut wurde. Die Karlsruher (im übrigen mit den Freiburgern und Duisburgern nicht umstandslos vergleichbar), die in dieser Saison über

·lange Strecken eine ähnliche Rolle gespielt hatten wie 1991/92 und 1992/93 der BVB, schieden im Halbfinale des UEFA-Cups gegen einen schwächer eingestuften Gegner aus und verspielten am letzten Spieltag auch noch die Gelegenheit, in der nächsten Saison erneut europäisch vertreten zu sein. KSC-Trainer Schäfer gehörte 1993/94 zu den schärfsten Kritikern der Einkaufs- und Gehaltspolitik des BVB. Auf keinen Fall, so Schäfer, würden die Karlsruher die Fehler der Dortmunder begehen. Ähnlich äußerte sich auch sein Präsident, der sich keine „italienische Laus" in den Pelz setzen wollte. Mit jeder Runde, die der KSC im UEFA-Cup weiterkam, wurde diese Kritik jedoch relativiert, bis Präsident Schmider am Ende behauptete, man habe die Dortmunder niemals kritisiert. Der Mann ahnte, was auf ihn zukam: Zum Saisonstart 1994/95 war der KSC mit ca. 15 Mio. DM der Bundesligaklub mit den höchsten Transferausgaben.

Mit den 17 Mio. DM, die die Karlsruher im UEFA-Cup kassierten, stellten sie nichts anderes an als ein Jahr zuvor die Dortmunder: Der KSC verpflichtete mit Thomas Häßler einen teuren Italien-Legionär, der erheblich mehr kassieren dürfte als die überwiegende Mehrheit seiner Mitspieler. Auch beim KSC geriet nun das Gehaltsgefüge durcheinander. Außerdem investierte der KSC in das Stadion und verstärkte seine Rücklagen – wie die Dortmunder ein Jahr zuvor. Mit dem einzigen Unterschied, daß der BVB nicht das Stadion modernisierte, sondern seine Trainingsmöglichkeiten verbesserte. Geld, das im Fußballbusiness eingenommen wird, ist halt dazu da, reinvestiert zu werden – vor allem in die Mannschaft. Was soll mit diesem Geld auch anderes passieren? Die KSC-Fans würden wohl rebellieren, wenn der Verein das Geld komplett auf die Bank bringen oder davon ein gigantisches Vereinsheim bauen würde.

Letztendlich setzten sich in der Saison 1993/94 die Mannschaften durch, die am meisten investiert hatten. Die beiden Mannschaften, die die „Sportbild" am 8. Spieltag zu den „Versagern" der Saison kürte, Bayern und der BVB, wurden Meister bzw. Vierter. Im nachhinein klingt manche Kritik an den Dortmundern, selbst die von Volker Finke, wie eine hohle Phrase. Natürlich nützen auch die besten Stars nichts, wenn das Team nicht harmoniert. Aber ein Verein kann sich nicht in der Leistungsspitze etablieren, wenn er zwar über ein ausgezeichnetes Kollektiv verfügt, dessen spielerische Qualitäten jedoch beschränkt sind. Solche Teams können, wenn man einen Trainer hat, der auch noch das letzte aus ihm herauszuholen versteht, vielleicht Überraschungsmeister werden, wie 1990/91 Kaiserslautern, mehr aber auch nicht. Und die Zeiten, in denen man Meister nach Gladbacher Muster schmieden konnte, sind vorbei.

Gehaltsdifferenzen taugen zur Erklärung von sportlichen Mißerfolgen nur bedingt, denn auch beim AC Mailand werden nicht alle Akteure in gleicher Weise dotiert. Das hätte eigentlich auch ein Spieler wie Michael Schulz wissen müssen, der in dieser Frage eine erstaunliche Unprofessionalität offenbarte, obwohl er vom Zusammenspiel mit Chapuisat, Sammer und Co. sportlich und finanziell profitierte. Immerhin avancierte er in dieser Mannschaft zum Nationalspieler. Und mit der Ankunft der „Millionarios" stieg das Gehaltsniveau der Mannschaft insgesamt. Ganz abgesehen von den Punktprämien, an deren Zustandekommen die Stars nicht ganz unbeteiligt waren. Der sportliche Erfolg ist für die Stimmung innerhalb einer Mannschaft vermutlich viel entscheidender als die Frage der Gehälter. Trotz der Verpflichtung weiterer „Millionarios" war der Teamgeist des BVB in den ersten Wochen der Saison 1994/95 erheblich besser als ein Jahr zuvor. Die Gehaltsdifferenzen werden erst dann zum zerfleischenden Thema, wenn der Erfolg ausbleibt.

Hinzu kommen noch die gesteigerten Erwartungen der Zuschauer, gerade an einem Ort wie Dortmund. Diesbezüglich ist Dortmund mit Freiburg, Duisburg oder auch Bochum überhaupt nicht vergleichbar. Die Ziele sind hier höher gesteckt. Kein BVB-Vorstand könnte es sich leisten, den Fans mitzuteilen, die Hauptsache sei ein gutes Kollektiv, ohne Stars und Gehaltsgefälle, wenn dies implizieren würde, daß man sich einen Platz im oberen Drittel abschminken kann. Die Träume der Dortmunder Fans sind andere als die der Freiburger und Duisburger. Borussia Dortmund wird von den Fans immer an den Erfolgen der 50er und 60er Jahre gemessen.

Die TV-Gelder tun ein übriges, das Kollektiv zerbrechen zu lassen. Schließlich wissen die Spieler auch, wie es um die finanziellen Verhältnisse des Vereins bestellt ist, und fordern eine Beteiligung an den Geldern. Diese Gelder bleiben nicht in der Vorstandsetage hängen, sondern ein großer Teil sickert direkt zu den Spielern durch (weshalb man bei ihnen eigentlich schon von „Mitunternehmern" sprechen muß) oder findet auf dem Transfermarkt Verwendung.

Der Entwicklung, die in Dortmund eingetreten ist, wohnt somit etwas Zwangsläufiges inne. Auch sympathisch-bescheidene Teams wie die Freiburger und Duisburger werden vermutlich gewisse Veränderungen erfahren. Schließlich bestehen ihre Mannschaften auch nicht mehr nur aus Namenlosen. Den Status quo werden sie nur beibehalten können, wenn sie von anderen Ambitionen als dem Klassenerhalt bewußt Abstand nehmen. Das Konzept vom „Team ohne Stars" funktioniert nur so lange, wie es lediglich darum geht, überhaupt erst einmal nach oben vorzustoßen. Mitnichten sollen daher die Erfolge Finkes und Lienens geschmälert werden. Ein Abstieg beider Klubs wäre eine Katastrophe gewesen, denn viele hätten sich in ihrer Ansicht bestätigt gewähnt, daß die Politik Finkes und Lienens nichts taugen würde.

Im heutigen Fußballsystem kann es eine Borussia, die sich vorwiegend über Kampf, Begeisterung und Kollektivität („Elf Freunde müßt ihr sein") über einen längeren Zeitraum in der Spitze hält und bei der alle Spieler die gleichen Gehälter empfangen, nicht mehr geben. Genau betrachtet war dies auch schon in der Saison 1986/87 mehr ein Mythos. Der Erfolg konnte nur vorübergehend die individuelle Konkurrenz zudecken. Zwar konnte Michael Rummenigge noch 1989 erklären: „Beim BVB geht es sehr familiär zu. Es gibt keinen Neid und keine Mißgunst." Für den ehemaligen Bayern-Spieler damals eine „ganz neue Erfahrung". Allerdings befand sich der BVB damals erst noch auf dem Weg in die Spitze. Bereits in der Saison 1991/92 ließ Frank Mill durch seine Frau den Medien mitteilen: „Bei Borussia herrscht keine Herzlichkeit mehr, es ist alles leistungsorientiert." Trotzdem – oder deswegen? – wurde der BVB Vizemeister. Allerdings war es vor allem Mill, der immer wieder gefordert hatte, der BVB müsse zum Hauptherausforderer der Bayern werden. Was Mill offensichtlich nicht wahrhaben wollte: Der BVB konnte nur zu einem gleichwerten Konkurrenten der Bayern werden, wenn er sich den in München üblichen Spielregeln annäherte, ohne diese vollständig zu übernehmen.

Der BVB wird immer anders sein als der „Plastik-Klub" Bayer Leverkusen und auch als die Bayern, denn „jeder Verein hat sein eigenes Seelenleben" (Niebaum), woran auch die Mutation der Vereine zu Unternehmen der Showbranche, die Saison für Saison ca. 20 unabhängige Subunternehmer beschäftigen, nur bedingt etwas ändern wird. Auch unter den Showunternehmen bleibt ein Fußballklub stets eine Besonderheit, zumal ein Traditionsklub wie der BVB, der auch noch heute das Seelenleben einer ganzen Region verkörpert. Das spezifische soziale und kulturelle Milieu Dortmunds und der Region wird dem Verein stets seinen Stempel aufdrücken. Den Fußball unterscheidet von anderen Showunternehmen noch etwas anderes: Das Ensemble muß harmonieren. Der Fußball bleibt, selbst in seiner professionellsten Variante, „irgendwie ein sozialer Sport, weil elf Leute versuchen müssen, miteinander klarzukommen. Fußball hat etwas von gelebter Kultur" (Ewald Lienen).

Aber der BVB wird – zumindest in der Rolle eines deutschen und europäischen Spitzenvereins – nie wieder so sein wie in den 60ern, ja nicht mal wie im ersten Jahr der Saftig-Ära. Der BVB hat sich verändert, aber dies ist eine Voraussetzung für seinen Erfolg. Es ist der Preis, den die Fans zu zahlen haben, wollen sie ihre Borussia dort sehen, wo sie ihrer Auffassung nach hingehört. Dies soll nicht heißen, daß sie nicht immer wieder ihre Finger in neu entstehende Wunden legen sollen, um ausufernde Entwicklungen zu verhindern. Nur sollte man sich darüber im klaren sein, daß man beides nicht haben kann: die sogenannten „guten alten Zeiten" und zugleich den Status eines deutschen und europäischen Spitzenklubs.

So bleiben nur zwei Alternativen:

▷ Die Flucht in die „zweite Fußballkultur", in die unteren Regionen des Amateurfußballs, wo die soziale Kommunikation zwischen den Zuschauern und den Spielern noch authentisch ist und nicht von oben organisiert und dirigiert wird. Die Autoren empfehlen auch hier (noch) den Spagat: samstags ins Westfalenstadion, sonntags auf den Dorfplatz – um, wie es in der Fußballersprache heißt, „den Kopf frei zu bekommen." Tatsächlich läßt sich ein solcher Trend in Ansätzen bereits erkennen. So hört man verstärkt, daß sich Fans von Profiklubs bei den Spielen der Amateurabteilung oder der Jugendmannschaften ihrer Vereine regenerieren.

▷ Die demonstrative Solidarität mit dem SC Freiburg und dem Finke-Motto „Spaß haben, Leidenschaft und Emotionen reinbringen." Wohl wissend, daß die Freiburger wahrscheinlich niemals in der Lage sein werden, im Konzert der Großen mitzumischen. Heute verkörpert der SC Freiburg „die Sehnsucht danach, daß Fußball nicht nur in Verbindung gebracht wird mit perfektem Management, knallhartem Geschäftsgebaren und professioneller Kälte" (Finke). Der SC Freiburg ist eine immanente Alternative, die der BVB nicht kopieren kann. In Dortmund sind der Ruhm und die Träume so hoch gewachsen, daß es ohne Geld nicht mehr geht.

Teil II

Der BVB und die »schöne neue Fußballwelt«

Modernes Management trifft moderne Spielkunst: BVB-Manager Meier, Matthias Sammer, BVB-Präsident Niebaum.

Bundesliga-Boom und TV-Gelder

Die Bundesliga boomt, zumindest oberflächlich betrachtet. 1988/89 verzeichnete die Liga mit 17.959 noch den drittschlechtesten Zuschauerschnitt ihrer Geschichte. Nur 1985/86 (17.662) und 1972/73 (unter dem Eindruck des Bestechungsskandals kamen nur 16.372) hatten weniger Zuschauer die Stadiontore passiert. In der Saison nach der WM 1990 betrug der Schnitt 20.716, was gegenüber der Vorsaison (20.449) nur ein geringfügiger Anstieg war. Der deutsche Titelgewinn hatte somit keine meßbaren Auswirkungen auf den Zuschauerzuspruch der Liga, was auch nicht verwunderlich war, kickten doch viele der frischgebackenen Weltmeister noch im Ausland. Für den nun folgenden rasanten Anstieg waren somit andere Faktoren ausschlaggebend. 1991/92 registrierte die Liga einen Schnitt von 22.634, 1992/93 gar 25.175. Nur zweimal kamen mehr Zuschauer: 1964/65 (27.052) und 1977/78 (25.937).

Vor dem Startschuß der Saison 1993/94 konnte die Liga mit einem neuen Rekord beim Verkauf von Dauerkarten aufwarten. Rund 140.000 verkaufte Dauerkarten, davon mit 28.000 ein Fünftel in Dortmund (gegenüber 3.000 am Anfang der Ära Niebaum), ließen bereits vor dem Anpfiff 60 Mio. DM in die Kassen der Erstligisten fließen. Wenn man es beim BVB gewollt hätte, wären noch mehr Dauerkarten über den Ladentisch gegangen. Dem BVB folgten mit dem 1. FC Kaiserslautern (14.700) und dem 1. FC Nürnberg (12.100 – jeweils Stand vom 21.7.1993) zwei weitere Traditionsklubs. Außer den Einnahmen aus dem Dauerkartenverkauf kassierten die Bundesligisten noch vor dem Startschuß 74 Mio. DM TV-Gelder aus dem ISPR-Vertrag und 35 Mio. DM aus der Trikotwerbung.

Der neue Boom manifestierte sich zunächst vor allem in der Renaissance traditioneller Fußballstandorte, die von vielen Fans als Antwort auf das „Bayern-Modell" und die jahrelange Dominanz der Münchener betrachtet wurde. Wie wir noch sehen werden, sind es auch aktuell vor allem die Traditionsklubs, die die Massen mobilisieren. In Nürnberg wurde der Boom auch durch den Umbau und Ausbau des Franken-Stadions befördert. Nürnberg verzeichnete in den Spielzeiten 1991/92 und 1992/93 Zuschauerschnitte von 34.640 bzw. 32.328. In Gelsenkirchen betrugen entsprechende Zahlen 39.954 und 38.338, in Kaiserslautern 31.848 und 32.210, in Dortmund 41.188 und 40.028. Für die Saison 1992/93 sind insbesondere die Angaben aus Nürnberg und Kaiserslautern überraschend, da das sportliche Abschneiden der beiden Mannschaften in dieser Spielzeit eher enttäuschend ausfiel. In der 2. Bundesliga verzeichnete der Hamburger Stadtteil- und Traditionsklub FC St. Pauli 1992/93 mit ca. 12.000 den besten Zuschauerschnitt, obwohl der Mannschaft, die beim Saisonstart noch vom Aufstieg träumte, erst am letzten Spieltag der Klassenerhalt gelang.

Der Dortmunder Zuschauerschnitt von 40.028 war 1992/93 der zweithöchste in der Liga. Vor den Dortmundern rangierte nur Bayern München mit 45.689. Im Gegensatz zu den Dortmundern hatten die Bayern allerdings bis zum letzten Spieltag um den Titel mitgespielt. Daß die Bayern bei den verkauften Eintrittskarten vor den Dortmundern lagen, hatte nichts mit größerer Popularität zu tun, sondern mit dem erheblich größeren Fassungsvermögen des Olympiastadions (69.261 : 42.800). Bei einigen Spielen hätte der BVB weit mehr Karten absetzen können, als es die Kapazität des Westfalenstadions gestattete. Bei den Bayern gibt der Zuschauerschnitt am Saisonende hingegen ziemlich exakt das reale Interesse wieder.

Gemessen an der Einwohnerzahl der jeweiligen Stadt waren allerdings weder München noch Dortmund die Nr. 1, sondern der 1. FC Kaiserslautern. München landete in dieser Tabelle gar nur auf Platz 14, noch hinter Bochum und Uerdingen! Allerdings findet der FCK in seinem Einzugsbereich Bedingungen vor, die in mancher Hinsicht den 50er Jahren entsprechen, als der Fußball seinen größten Zuschauerboom erlebte. Auf dem Unterhaltungssektor hat der FCK kaum Konkurrenz, und wie der BVB steht er für das Lebensgefühl nicht nur einer Stadt, sondern einer ganzen Region.

In der Saison 1993/94 gab es die gleiche Reihenfolge wie im Vorjahr. Mit einem Schnitt von 48.676 wurden die Bayern erneut Zuschauerkrösus Nr. 1, gefolgt vom BVB (41.339), Schalke 04 (34.317), Absteiger (!) Nürnberg (33.971) und Kaiserslautern (33.318). Mit 26.486 lag der Gesamtschnitt der Liga noch über dem von 1992/93.

Die Krise der Bayern als Boom-Katalysator

Am Anfang des jüngsten Bundesliga-Booms stand die Krise des „Bayern-Modells" vom Fußball als hochdotiertes, effektives, aber seelenloses Angestelltengekicke. Mit ihrer Dominanz hatten die Bayern nicht nur die Bundesliga zur Langeweile verurteilt (in der alternativen „tageszeitung" begann die Bundesligatabelle zeitweise erst mit dem 2. Platz, da man die Erwähnung des Spitzenreiters für überflüssig erachtete), sondern auch sich selbst. Bei keinem anderen Klub war die Entwicklung zum Angestelltengekicke mit entsprechender Spielermentalität mehr gefördert worden als bei den Bayern. Doch 1990/91 wurde deutlich, daß man sich gewissermaßen selbst besiegt hatte. Die fehlende emotionale Bindung der Spieler an den Verein begann sich zu rächen, indem sie sich auch auf dem Spielfeld bemerkbar machte. Vor lauter wirtschaftlicher Blüte hatten die Bayern-Macher ignoriert, daß die Wurzeln ihres Baumes abstarben. Verstärkt wurde diese Tendenz noch durch die Einkaufspolitik der italienischen Klubs, die den südlichsten und reichsten der deutschen Profivereine zu einem Durchlauferhitzer degradierten. Das Tragen des Bayern-Trikots war nicht mehr länger die sportlich höchste und finanziell lukrativste Auszeichnung, die deutsche Kicker im Vereinsfußball erreichen konnten. Man wechselte zu den Bayern, um sich dem italienischen Markt anzubieten. Die Erringung der Deutschen Meisterschaft war dabei nur eine Zwischenprüfung. Ein weiteres Motiv für einen Wechsel zu den Bayern waren die zur Bequemlichkeit und Angestelltenmentalität einladenden „paradiesischen" Arbeitsbedingungen bei den Bayern.

Die Ernennung der ehemaligen Bayern-Stars Rummenigge und Beckenbauer zu Vizepräsidenten sollte dem Klub wieder mehr Erdenschwere verleihen und die Identifikation der Spieler mit dem Unternehmen erhöhen. Vor allem aber sollte dieses Manöver den in die Schußlinie geratenen Bayern-Präsidenten Scherer retten. Doch das Manöver verlief zunächst nur bedingt erfolgreich. Durch das Mitwirken der beiden Promis wurde der Einfluß anderer Präsidiumsmitglieder geschwächt. Nicht, daß Beckenbauer und Rummenigge sich nun übermäßig engagierten, aber aufgrund ihrer Beziehungen zu den Medien konnten die neuen Vizes einfach nicht ihren Mund halten – selbst wenn sie es gewollt hätten. Wann immer Beckenbauer und Rummenigge etwas von sich gaben, hat dies auch Auswirkungen auf den Verein. Im Umfeld wuchs die Hibbeligkeit, in der Mannschaft die Verunsicherung.

Beckenbauer, Rummenigge und Scherer bewiesen dabei auch mangelhaftes Fingerspitzengefühl im Umgang mit den Spielern: Die Aumann-Köpcke-Kontroverse, die ständige Kritik an den Stürmern verbunden mit Andeutungen über eventuelle Neuverpflichtungen und das Theater um Matthäus verstärkten eher noch das Problem der Angestelltenmentalität. Wie sollen sich Spieler mit einem Verein identifizieren, wenn dieser sie bei erstbester Gelegenheit zur Disposition stellt und von Neuverpflichtungen redet? Konkurrenz belebt im Fußball nicht immer das Geschäft, sondern kann – wenn übertrieben wird – auch zu dessen Zerstörung führen.

Insbesondere die Art und Weise, wie mit Aumann in den letzten Jahren verfahren wurde, immerhin der Dienstälteste und einer der Zuverlässigsten im Bayern-Trikot sowie ein Spieler mit Bezug zur Region, wirkte abstoßend. Als den Bayern nichts Besseres mehr einfiel, als Kritikern mit administrativen Maßnahmen zu drohen, begann das Theater von neuem. Kapitän Aumann bemerkte zu Recht, daß der Maulkorb auch für die Vereinsführung gelten müsse, die an einzelnen Spieler in der Öffentlichkeit ständig persönliche Kritik übt, selbst anläßlich von Vorstellungen im Nationaltrikot. Beckenbauer drohte daraufhin in einem seiner berüchtigten spontanen Ausfälle mit einer Abmahnung für den Kapitän, der bei nächster Gelegenheit der Rausschmiß zu folgen habe. Aber wenn Loyalität eine Einbahnstraße ist, kann man die Angestelltenmentalität nicht austreiben. Im Gegenteil: das taktische Verhalten der Spieler ist dann nur allzu verständlich. Weniger die Tatsache als solche, als die Art, wie ein Roland Wohlfahrt nach 254 Bundesligaeinsätzen mit 119 Toren abgeschoben wurde, sprach Bände. Es muß schon einiges passiert sein, wenn ein Spieler wie Wohlfahrt nach fast 10 Jahren im Bayern-Trikot zum Abschied erklärt: „Ich will nur eines, unbedingt weg von den Bayern! Ich halte es nicht mehr länger aus hier. Beim FC Bayern ist es nicht das, was es früher einmal war. Und es kann hier nicht mehr länger gutgehen. Deswegen will ich nur ganz schnell weg und alles ganz schnell vergessen. Ich will keine Abfindung, kein besonderes Spiel mehr, nichts. Nur weg!"

Ein Jahr später war es Jorginho, der „nur weg" wollte. Jorginho kritisierte u.a. den Umgang mit Valencia. „Ein bißchen mehr Gefühl für ihn, und wir hätten noch viel Freude mit ihm gehabt. Aber wäre Romario beim FC Bayern, würde er auch nicht spielen, wäre Reservist." Tatsächlich erhielt Valencia beim FC Bayern nicht annähernd die gleiche Chance wie Karlheinz Riedle in Dortmund, obwohl er deutlich erfolgreicher agierte. Des weiteren kritisierte Jorginho die generell geringe Anerkennung, die Bayern-Spieler seitens des Präsidiums erfahren würden.

In Sachen Menschenführung verfügt der BVB sicherlich z.Zt. über die weitaus bessere Führungsmannschaft, wobei das Problem in München nicht Uli Hoeneß heißt. Hoeneß wird im allgemeinen ein guter Umgang mit den Spielern nachgesagt. Es war Hoeneß, der die perfekte Rundumversorgung der Bayern-Spieler aufbaute, und selbst die „Spielergewerkschaft" vdv (Verband der Vertragsspieler) gesteht ein, daß ihr niedriger Organisationsgrad bei den Bayern auch damit zu tun habe, daß dort bereits viele ihrer

Forderungen erfüllt seien. Aber in Dortmund wird niemand gleich in grundsätzlicher Weise zur Disposition gestellt, wenn er mal ein, zwei schlechte Spiele macht. Die Ungeduld beim FC Bayern hat nicht in erster Linie mit der Münchener Boulevardpresse zu tun, wie dort immer gern behauptet wird, sondern mit einem Teil des Führungspersonals des Vereins. Jorginho: „Beim FC Bayern reden viele Leute zu viel." Und Mannschaftskamerad Jean Pierre Papin: „Ich habe es einfach satt, daß man meine Leistungen nach nur viereinhalb Spielen beurteilt."

Solche Unzufriedenheit ist derzeit in Dortmund undenkbar. Der BVB wird in einer fachlich wie menschlich qualifizierten Weise geführt. Kein Vorstandsmitglied plagen übermäßige Profilierungsneurosen, weshalb sich auch niemand ständig öffentlich mit irgendwelchen Taten brüsten muß, für die er angeblich verantwortlich zeichnet. Beim BVB ziehen Präsident, Vizepräsident, Schatzmeister, Manager und Trainer tatsächlich an einem Strang. Beim FC Bayern ist dies nur selten der Fall.

BVB-Trainer Hitzfeld äußerte zum Stunk um Aumann wie zu der Frage nach dem Sinn administrativer Maßnahmen: „Ich würde den Spielern keinen Maulkorb umhängen, aber ich verlange von ihnen, sich so auszudrükken, daß kein Mitspieler, der Trainer oder der Verein insgesamt angegriffen werden." Dies ist allerdings interpretierbar und läßt doch einen sehr engen Spielraum vermuten. Wichtiger ist wohl der folgende Satz Hitzfelds, der den eigentlichen Unterschied zwischen der Bayern-Spitze und dem BVB-Management wiedergibt: „Gleichzeitig gehört es zu den Rechten der Spieler, daß sie im Verein nicht öffentlich angegriffen werden." Exakt dies ist der springende Punkt.

Der Anspruch, daß die Kritik zunächst in den eigenen Reihen zu äußern ist, ist richtig. Ob man deshalb im Falle von Verstößen gleich mit administrativen Maßnahmen antworten muß, steht auf einem anderen Blatt. Auch beim BVB ist hier nicht alles nur bestens: Was die Bayern-Führung nämlich zum Saisonbeginn 1993/94 einführte, existierte in Dortmund schon längst. So steht in einem Zusatzpassus der Verträge, daß Kritik an der Vereinsführung, am Trainer und an den Mitspielern verboten ist. Verstöße kommen teuer zu stehen, denn die Höchststrafe beträgt das Zweieinhalbfache eines Monatsgehalts. In den ersten zwei Amtsjahren Hitzfelds wurden sechs Spieler mit Geldstrafen belegt. Breitzke, Povlsen, de Beer und Poschner, weil sie sich über ihre Nichtnominierung abfällig geäußert hatten; Michael Schulz für das Umtreten eines Wassereimers nach einem Platzverweis; und Frank Mill wegen seiner verbalen Attacken gegen Povlsen und Hitzfeld (nach einem folgenschweren Foul Povlsens im Training, das Mill auf einen vom

Trainer angeheizten Konkurrenzkampf zurückführte). Lediglich im Fall Mill wurde die Höhe der Geldstrafe bekannt, die 6.000 DM betrug. Duisburgs Präsident Fischdick und Bremens Manager Willi Lemke denken da anders. Fischdick: „Bei uns kann jeder seine Meinung sagen, alles andere wäre falsch und nicht zeitgemäß. Ich muß mir auch kritische Worte gefallen lassen. Die Spieler müssen selbst wissen, was unkollegial ist." (Beim Fall Rollmann war dann allerdings das Ende der Fahnenstange erreicht.) Und Lemke: „Innerhalb von zwölf Jahren hat es noch nicht eine einzige Geldstrafe gegeben. Wir sind doch alle erwachsene Menschen."

Noch in anderer Hinsicht verdient die Dortmunder Vereinspolitik eine kritische Beleuchtung: Beim BVB wird der Kapitän nicht von den Mitspielern gewählt, sondern vom Trainer bestimmt. Der ehemalige vdv-Vorsitzende und heutige HSV-Trainer Benno Möhlmann: „Der Mannschaftsführer ist der Repräsentant der Mannschaft. Also soll er auch von den Spielern gewählt werden. Die Mannschaft muß sich ihr Sprachrohr selbst wählen. Als Trainer muß ich diese Wahl akzeptieren. Zudem bin ich überzeugt davon, daß unsere Profis clever und mündig genug sind und somit die Person wählen, die ihre Interessen am besten vertritt." Das gleiche Vorgehen wie die Dortmunder praktizieren u.a. auch die Bayern. In Bremen, Schalke, Mönchengladbach, Hamburg, Nürnberg, Freiburg und Duisburg wird der Kapitän indes von der Mannschaft bestimmt.

Andererseits muß betont werden: Wohl nur wenige Profivereine geben sich gegenüber ihren Spielern so loyal wie der BVB. Davon weiß auch und gerade ein Spieler wie Michael Schulz ein Lied zu singen. Schulz' Ruf war nach einer Serie Roter Karten und Sperren praktisch ruiniert, aber der Verein ließ ihn nicht fallen. So avancierte Schulz beim BVB gar zum Nationalspieler. Obwohl Schulz mit der Art, wie er Ende der Saison 1993/94 aussortiert wurde, alles andere als zufrieden war, bewertete er anschließend seine Jahre in Dortmund als „ohne Wenn und Aber positiv. Es war eine große Zeit. Der Verein hat mir unglaubliche Hilfestellung geleistet, insbesondere Michael Meier." Und wohl kaum ein Präsident ist so sensibel für die Probleme und Bedürfnisse der Spieler wie Gerd Niebaum. Dies ist möglicherweise wichtiger als die Frage, ob der Kapitän gewählt wird oder nicht und wie der Verein mit gegenüber Dritten artikulierter Kritik verfährt. Für Niebaum ist es ein Prinzip, daß Trennungen von Spielern und Trainern in einer Weise erfolgen müssen, die für beide Seiten respektabel und akzeptabel ist.

Anstatt der favorisierten Metropolenkicker gewann der Traditionsklub 1. FC Kaiserslautern aus der pfälzischen Provinz, der zuletzt in den 50er Jahren Fußballgeschichte geschrieben hatte, die Meisterschaft 1991. Nur ein Jahr zuvor hatte der FCK, noch gegen den Abstieg kämpfen müssen. Es war ein eher mittelmäßiges Team, das die Bayern auf den 2. Platz verwies. Und dennoch besaßen die „Roten Teufel" etwas, woran es den Bayern mangelte – nämlich ein erheblich größeres Maß an Zusammenhalt und Bodenhaftung, was sich u.a. in einem nicht zu bändigenden Kampfeswillen manifestierte. Daß das Publikum zum 12. Mann wurde und so manches Spiel in dieser Saison entschied, funktionierte nur, weil es sich mit der Mannschaft und deren Spiel voll und ganz identifizieren konnte. Die Trennung zwischen Publikum und Spieler war in dieser Saison – nicht nur räumlich betrachtet – nirgendwo so gering wie in Kaiserslautern, wo es schon als Verrat gilt, wenn jemand (wie einst Wolfram Wuttke) im benachbarten feinen Kurort Bad Dürkheim anstatt in der Stadt selbst wohnt. Die familiäre Enge der Provinz, die abgehobenen Angestelltenfußball einfach nicht zuläßt, wurde zur stärksten Waffe der vom „SPIEGEL" als „Puppenstube der Bundesliga" charakterisierten Lauterer. „Die Enge der Stadt, die Leutseligkeit ihrer Bewohner schafft ein Klima, das zwischen Fan und Fußballer eine innige und offenbar leistungsfördernde Beziehung herstellt", konstatierte das Magazin.

Für den Fußball und die Bundesliga war der Sieg der Pfälzer ein Glücksfall zum richtigen Zeitpunkt. Der Fußball benötigt periodisch den demonstrativen Beweis, daß der Ball noch immer rund ist und der Erfolg nur bedingt planbar und käuflich.

Die Krise der Bayern ermöglichte überdies anderen Klubs, zu ihnen sportlich und finanziell aufzuschließen, was die Spannung in der Liga und deren Anziehungskraft erhöhte.

Mit dem 1. FC Kaiserslautern erlebten auch andere Traditionsklubs eine Renaissance. Im gleichen Jahr erfolgte der Wiederaufstieg von Schalke 04, begleitet von einem für Zweitligaverhältnisse sagenhaften Zuschauerzuspruch. Zuvor hatte bereits Borussias Comeback begonnen. Von den Fans wurde diese Entwicklung dankbar angenommen. Die Renaissance der „Traditionsklubs mit Herz" bot eine willkommene Abwechslung zur Bayern-Einöde, wenngleich deren Rolle inzwischen zu einem populären Ritual geworden ist. Ob Dortmund, Schalke, Lautern oder Nürnberg: für solche Vereine sind die Bayern nicht nur der „Feind", sondern zugleich ein wichtiger Beitrag zur eigenen Identitäts- und Imagebildung und natürlich ein willkommener Kassenfüller.

Die unterschiedlichen Charaktere der Klubs wurden in der Darstellung durch die Medien beträchtlich verstärkt. Alle nur irgendwie denkbaren Positionen im Ensemble des Bundesligatheaters wurden besetzt und vermarktet. Insbesondere das „Andere" (im Kontrast zu den Bayern!) hatte in seinen diversen Ausformungen und Abstufungen Hochkonjunktur: in der Form des tapferen Provinzklubs aus der Pfalz, bei dem die Welt noch in Ordnung ist; in der Form des „kleinen" Stadtteilklubs aus Hamburg-St. Pauli, mit dem sich auch die Linke identifiziert und dessen Begegnungen mit den Bayern zum „Klassenkampf" hochstilisiert wurden; in der Form der „Arbeiterklubs" aus dem Land von Kohle und Stahl oder der von Offensivgeist und Spielfreude beseelten Techniker aus der Hauptstadt von „Rot-Grün", Frankfurt.

Die Nähe zum „gemeinen Volk" ist in Dortmund sicherlich größer als bei den Bayern, ebenso das Bemühen der Vereinsführung, nicht völlig abzuheben. Aber natürlich ist auch in Dortmund die Distanz gewachsen. Nur sechs Spieler des 24-köpfigen Kaders, den der BVB vor dem Saisonstart 93/94 präsentierte, kamen aus Dortmund, der Region oder dem weiteren Zuschauereinzugsbereich des BVB: Klos (Dortmund), Zorc (Dortmund), Lusch (Hamm), Rummenigge (Lippstadt), Grauer (Soester Raum), Kutowski (Ostwestfalen). Zwei von ihnen – Rummenigge und Lusch – verließen den Klub wenig später.

Zum Vergleich: Bei Bayer Leverkusen waren es einer von 24, bei Bayern München zwei von 28 (insgesamt sieben Spieler kommen aus Bayern). Bei Eintracht Frankfurt fiel der lokale/regionale Anteil etwas höher aus als beim BVB. Beim Ruhrpott-Rivalen Schalke 04 kamen vier von 20 aus der näheren und weiteren Region. Der BVB ist also in dieser Beziehung nicht besser und nicht schlechter als andere Klubs. Speziell dem BVB zu unterstellen, er unterhalte eine „zusammengekaufte Truppe", macht also keinen Sinn.

Die geringe räumliche Distanz der Zuschauerränge zum Spielfeld des Westfalenstadions suggeriert somit eine kulturelle und soziale Nähe, die der Realität nur bedingt entspricht. Aber da in Dortmund alles auf den Fußball konzentriert und der Fußball ein wesentlicher Bestandteil des Lebensgefühls in der Stadt ist, können sich die Spieler dem lokalen sozialen Milieu nicht völlig entziehen. Eine Mannschaft mit dem Selbstverständnis der Bayern hätte in Dortmund Probleme.

Es gibt nichts Schlimmeres als ein entfremdetes Team, das auch noch langweiligen und schlechten Fußball spielt. Zumindest dies ist in Dortmund nicht der Fall. Attraktiver Fußball kann Distanzen übertünchen – zumal wenn er unter den Fittichen eines Traditionsklubs gespielt wird. Das berühmteste Beispiel hierfür ist der ehemalige Arbeiterklub AC Mailand und dessen Millionärstruppe. Dortmunds offensives und kampfbetontes

Spiel – zumal vor heimischer Kulisse – eignet sich ideal zur Vermarktung, denn gerade auch das neue Fußballpublikum liebt das Spektakel. Gleichzeitig wirkt es aber auch als Bindeglied zwischen dem traditionellen und neuen Publikum. Ersteres honoriert vor allem das Bemühen der Mannschaft, letztere das Spektakel. Medien-Mogul Berlusconi, der Mann hinter den Erfolgen des jüngeren AC Mailand, erkannte dies, als er 1987 den bis dato ziemlich unbekannten Arrigo Sacchi als Trainer verpflichtete. Sacchi trainierte zu diesem Zeitpunkt den damaligen B-Ligisten Parma, dessen herzerfrischender Offensivfußball im Land der Sicherheitsfanatiker eine Ausnahmeerscheinung war. Berlusconi wußte, daß durch Sicherheitsfußball errungene Punkte keine Aufmerksamkeit erregen würden. Sacchi Jahre später: „Das schönste Kompliment ist für mich, wenn meine Mannschaft verloren hat und die Zuschauer trotzdem applaudieren." Seinen AC Mailand hätten die Menschen nicht wegen dessen Siege, sondern wegen seines spektakulären Fußballs geliebt. Seither hat sich in Mailand allerdings einiges verändert.

Sponsor TV

Der Boom wurde auch durch die Revolution im Medienbereich gefördert. Wer glaubte, die Zunahme der Fernsehberichterstattung würde die Zuschauer vom Besuch der Stadien abhalten, sah sich getäuscht. Es verhält sich (vorerst) eher umgekehrt. Das Fernsehen und andere Medien inszenieren Ereignisse, die das Publikum zumindest dann und wann auch live erleben will. Die „FAZ" sah zudem einen „Synergieeffekt": „Viele junge Leute gehen plötzlich zum Fußball, weil sie sehen wollen, wie sich die bis in ihr Privatleben ausgeleuchteten Stars an ihrem Arbeitsplatz geben." Und das Unbehagen, daß das traditionelle Fußballpublikum angesichts der überkandidelten und hibbeligen medialen Aufbereitung durch die Privatsender (allen voran SAT. 1) verspürt, wird von den neuen Quereinsteigern kaum geteilt. Es entspricht ihrer „Erlebnisorientierung" und ihrer Liebe für die Show. Die meisten von ihnen sind mit dem Fußball erst in Berührung gekommen, als dieser schon zum Showbusiness mutiert war.

Die vom Fernsehen ausgezahlten Gelder verstärkten den durch die Bayern-Krise ausgelösten Prozeß der Verdichtung der Leistungsspitze. Die Krise der Bayern und die Revolution im Medienbereich fielen – zum Glück für die Bayern-Konkurrenz wie die TV-Macher – zeitlich zusammen.

Hauptprofiteur war die Borussia, wenngleich die Revolution im Bereich der Organisation der Medien zunächst vom Bayern-Manager Hoeneß eingeleitet wurde. Kein Bundesliga-Manager agitierte so vehement gegen das Monopol der öffentlich-rechtlichen Anstalten wie Uli Hoeneß, der durch private Konkurrenz die Preise für Übertragungsrechte in die Höhe treiben wollte. Tatsächlich wurden Fußballübertragungen bis dahin unterbezahlt. 1966 kassierte der BVB für die Live-Übertragung seines Rückspiels gegen Atletico Madrid 35.000 DM von der ARD. Als die Bayern 1981 im Halbfinale des Europapokals der Landesmeister gegen den FC Liverpool antraten, mußten sie mit einem Boykott drohen, um 300.000 DM zu bekommen. „Heute bekommen deutsche Klubs zweieinhalb Millionen Mark in der ersten Runde des UEFA-Pokals, wenn sie gegen Famagusta antreten", bemerkt Hoeneß. Als die ARD für die Spielzeit 1965/66 den ersten Globalvertrag mit dem DFB über die TV-Rechte an der Bundesliga abschloß, kostete dieser die Anstalt 647.000 DM. Noch in der Saison 1984/85 wies die Bilanz von Eintracht Frankfurt unter der Position „Fernsehübertragungen" nur eine Summe von 249.435,42 DM aus. Doch mit dem Verkauf der Fernsehrechte an die Ufa erfolgte von der Saison 1988/89 an eine wahre Explosion bei den TV-Geldern. Die Ufa mußte für die vier Spielzeiten 1988/89 bis 1991/92 insgesamt 190 Mio. DM berappen, d.h. zwischen 40 und 55 Millionen pro Saison. 26 Jahre nach dem ersten Globalvertrag erhielt 1991 die „Internationale Sportrechte-Verwertungsgesellschaft" (ISPR) den Zuschlag für ein Angebot, das für die Zeit von 1992 bis 1997 die Zahlung von 650 Mio. DM (130 Mio. pro Saison) vorsieht. „Spätestens das nächste Fünfjahrespaket wird die Milliardengrenze erreichen, vielleicht sogar überschreiten", prognostiziert der „Kicker". Und Pay-TV und Pay-Per-View werden die Einnahmen weiter erhöhen, allerdings nur für die Klubs, die das Publikum auch sehen will. Trotzdem ist der Fußball für die Sendeanstalten noch immer vergleichsweise „preiswert". So weist die ARD-Statistik für das Finanzjahr 1989 für mit dem Fußball vergleichbare publikumswirksame Veranstaltungen Ausgaben von rund 686 Mio. DM für rund 67.000 Sendeminuten aus. Im gleichen Zeitraum waren für 24.653 Sendeminuten Sport rund 132 Mio. DM zu zahlen. Der Sport kommt so den Sendeanstalten um ca. 40% billiger.

Die Bundesliga verzeichnet mit dem ISPR-Paket nicht einmal den größten Deal in Europa. Als die englische Football League Trevor Phillips zu ihrem Commercial Director ernannte, bestand seine erste und hauptsächliche Aufgabe darin, das seit über 20 Jahren bestehende Kartell zwischen BBC und ITV zu brechen. Aus dem neuen Vertrag mit der Gesellschaft BSkyB, deren Programm nur per Schüssel zu empfangen ist, bezieht allein die erste Liga ca. 180 Mio. DM pro Jahr, womit dies der gegenwärtig größte Deal zwischen Fußball und Fernsehen in Europa ist.

Kurioserweise profitierte die Borussia von diesen Entwicklungen, die zu kritisieren wir gewöhnlich nicht müde werden – allen voran der immer größer werdende Einfluß des Fernsehens als Sponsor und Organisator. Aber Fußballfans sind nun einmal schrecklich ungerecht, was auch nicht weiter schlimm ist, sofern man sich in anderen Bereichen des Lebens fair verhält. Wenn Geldsegen und Medienboom schon nicht aufzuhalten waren, dann sollte unsere Borussia wenigstens zu den Nutznießern zählen. Man stelle sich vor, die UEFA-Cup-Millionen aus der Saison 1992/93 wären in die Taschen der ohnehin schon wohlhabenden Bayern gewandert! Ein Alptraum – nicht nur für Borussen-Fans! Dortmund kassierte zum denkbar günstigsten Zeitpunkt ab. Nicht weniger als ca. 25 Mio. DM soll die UEFA-Cup-Kampagne den Borussen insgesamt eingebracht haben. Davon kamen allein ca. 16 Mio. DM vom Fernsehen. Der BVB profitierte davon, daß die anderen deutschen Mannschaften bereits frühzeitig ausschieden. Ab dem Viertelfinale war der BVB der einzige deutsche Verein in den Europapokalwettbewerben. So kassierte Borussia als geschlagener Finalist 40% der deutschen TV-Gelder und mehr als dreimal so viel wie der Sieger des prestigeträchtigeren Landesmeisterwettbewerbs, der Krone unter den europäischen Klub-Wettbewerben. Dies war nicht allein das Verdienst eines klugen Managements. Da spielten auch – wie im Fußball üblich – viel Glück und Zufall mit, was Manager Meier auch unumwunden eingestand: „Wir haben im abgelaufenen Jahr ein wahrhaft außergewöhnliches Ergebnis erwirtschaftet und können einen Umsatz von 50 Millionen Mark ausweisen. Das ist in der Geschichte des deutschen Fußballs schon einmalig. (...) Fairerweise muß man eingestehen, daß wir Glück hatten: In dem entscheidenden Jahr, als die bahnbrechenden Fernseh-Verträge abgeschlossen wurden, haben wir uns bis ins UEFA-Cup-Finale spielen können – die anderen deutschen Klubs waren international längst draußen. Salopp gesagt: Das hat's gebracht."

Zwei-Klassen-Gesellschaft

Natürlich rief dies die Kritiker auf den Plan. Stuttgarts Präsident Mayer-Vorfelder, zugleich auch DFB-Vizepräsident: „Die Verteilung der Fernsehgelder muß anders geregelt werden. Es darf nicht mehr so sein, daß sich ein Verein in einer Saison für fünf Jahre sanieren kann." Stuttgart war vier Jahre zuvor ebenfalls ins UEFA-Cup-Finale eingezogen. Damals kassierte der VfB allerdings nur drei Mio. DM. Und Werder-Manager Willi Lemke, dessen Mannschaft sich als Meister für den Landesmeister-Cup qualifizierte: „Der DFB muß die öffentlich entstehenden Ungerechtigkeiten ausgleichen. Auch wir wollen an dem DFB-Topf partizipieren, weil der Meisterwettbewerb den höchsten Stellenwert hat. Da kann es nicht angehen, daß wir wirtschaftlich benachteiligt werden."

Auch wenn wir den Herrn absolut nicht mögen: Mayer-Vorfelders Einwand ist sicherlich ernster zu nehmen als Lemkes. Gleiches gilt auch für die folgenden Worte des HSV-Managers Bruchhagen: „Die Liga boomt auch deshalb, weil im Moment jeder jeden schlagen kann. Wenn die Reichen noch reicher werden, dann geht die Finanzschere noch weiter auseinander, die Liga wird langweilig, die Zuschauer bleiben weg."

Der Ligaausschuß des DFB zog mittlerweile erste Konsequenzen. Ein neuer Verteilungsschlüssel setzt nun eine „Schallmauer" bei etwa zwölf Millionen. Jedem Teilnehmer an einem der europäischen Wettbewerbe winken in der ersten Runde etwa zwei Mio. DM aus dem Fernsehtopf, was eine Erhöhung von 10% bedeutet. Damit soll die Leistung der Qualifikation angemessen berücksichtigt werden. Dafür soll es in den folgenden Runden mit ca. 1,7 Mio. DM etwas weniger geben. Für die Champions League gelten allerdings eigene Regelungen, da diese nicht Teil des Vertrags mit der Ufa ist. Soviel Geld, wie der BVB 1992/93 im UEFA-Cup verdiente, wird somit ein deutscher Teilnehmer vermutlich nie wieder einnehmen können.

Die Gefahr einer „Zwei-Klassen-Gesellschaft" ist nicht zu leugnen. Die in europäischen Wettbewerben erwirtschafteten Einnahmen könnten eine kleine Zahl von Klubs, wenn sie zwei- oder dreimal abkassiert haben, in die Lage versetzen, dauerhaft oben zu bleiben. Die Kluft zwischen oben und unten könnte sich verfestigen, wenn mit den TV-Geldern der Talentepool ärmerer Profiklubs geplündert wird. Genau betrachtet, entstehen drei Klassen: Die erste Gruppe bilden vier bis fünf Klubs, die Dauergäste im Europacup sind (Bayern München, Dortmund, Leverkusen, Bremen, Kaiserslautern). Die zweite Gruppe besteht aus ebenfalls vier bis fünf Vereinen, die immer wieder als Kandidaten für einen Platz in Europa gehandelt werden (z.B. Stuttgart, Karlsruhe, Hamburg, Mönchengladbach). Ab und an gelingt einem von ihnen die Qualifikation, aber über die Stabilität der ersten Gruppe verfügen sie nicht. Vom Rest der Liga unterscheiden sie sich dadurch, daß sie aufgrund des Zuschauerzuspruchs, potenterer Sponsoren und der (unregelmäßigen) Europacup-Einnahmen finanziell besser gestellt sind und in anderen Größenordnungen investieren können. Einige von ihnen verstehen überdies, den Vorsprung der ganz Großen durch Kampf, Begeisterung und eine gute Portion Glück über einen gewissen Zeitraum auszugleichen. Die dritte und größte Gruppe bildet nur die Staffage für die anderen. Die Möglichkeit, daß es zu faustdicken Überraschungen kommt, wird sich verringern. Die Durchlässigkeit zwischen unten und oben nimmt ab. In der Liga entstehen zwei Welten. Die des VfL Bochums ist eine völlig andere als die des Nachbarn Borussia Dortmund. Die Verhältnisse könnten denen in den Niederlanden ähnlich werden, wo die Meisterschaft bereits seit vielen Jahren allein zwischen Ajax Amsterdam, Feyenoord Rotterdam und PSV Eindhoven entschieden wird. Was mit Lauterns Meisterschaft so gut angefangen hat – größere Vielfalt an der Spitze, größere Leistungsdichte, Reduzierung des finanziellen Vorsprungs der Bayern – würde dann erneut relativiert werden.

Das Lebenselixier des Fußballs, das Unvorhersehbare, läuft Gefahr, zur Ausnahme und zur Momentaufnahme zu werden. Freiburg mag Dortmund schlagen, Dresden die Bayern, aber einen Überraschungsmeister à la Kaiserslautern 1990/91 wird es in den nächsten Jahren wohl kaum mehr geben. Als Meisterschaftskandidaten kommen nur noch fünf, sechs Mannschaften in Betracht, der Rest ist schon froh, wenn er nicht in den Abstiegskampf verwickelt wird. Die Zusammensetzung der Gruppe der Großen kann nur noch dadurch verändert werden, daß einen von ihnen außergewöhnliches Pech verfolgt oder aber eine schlechte Führungscrew den Reichtum verspielt.

BVB-Manager Michael Meier ist diesbezüglich weit weniger skeptisch. Tatsächlich möchten wir für unsere These nicht die Hand ins Feuer legen. Zu oft schon hat sich der Fußball gegenüber negativen Entwicklungen erstaunlich resistent erwiesen. Meier: „Im Fußball läßt sich vieles kompensieren. Wenn einer kein Geld hat, um teure Stars zu kaufen, kommt er beispielsweise über eine starke Mannschaftsleistung." Daran ist sicherlich etwas dran. Ein Starensemble muß nicht zwangsläufig erfolgreich spielen, sondern kann auch an einer „falschen Chemie" oder Unruhe im Umfeld scheitern. Umgekehrt kann ein weniger wohlhabendes Team mit der Verpflichtung weitgehend unbekannter Talente ein glückliches Händchen beweisen. Entscheidender als die Verpflichtung von Stars für die Teams der Reichen ist wahrscheinlich ohnehin, daß sie mit ihrem Geld den Aufbau der „Ärmeren" torpedieren können. Ein Spieler, der von Dresden nach München geht, muß für die Bayern nicht unbedingt eine Verstärkung bedeuten, wohl aber eine Schwächung der Dynamos. Außerdem verfügen die Reichen über die Möglichkeit, sich jederzeit zu verstärken, wenn es sportlich nicht nach Wunsch läuft. Deshalb sollte der DFB dafür sorgen, daß Transfers nach Saisonbeginn nur noch in der Winterpause getätigt werden können. Weitere sicherlich schwer berechenbare Faktoren sind das jeweilige Verletzungspech (wovon gerade die Starensembles der Dortmunder und Münchener ein Lied singen können) und die aufputschende Wirkung eines begeisterten Anhangs (siehe Kaiserslautern 1990/91). Für Uli Hoeneß sind nicht die TV-Gelder ausschlaggebend, sondern die Vorstandspolitik, weshalb er einen anderen Schlüssel bei der Verteilung ablehnt: „Der Sozialismus funktioniert da nicht, und das Gießkannen-Prinzip hilft uns bestimmt nicht weiter. Wir haben ja auch praktisch zwei Jahre ohne Europapokal überbrückt, das vergessen die meisten. (...) Es kommt halt auf eine solide Finanzpolitik an."

Der Verlauf der Saison 93/94 schien Meier zunächst Recht zu geben. Am Ende standen allerdings mit München, Kaiserslautern, Leverkusen, Dortmund und Frankfurt Mannschaften auf den begehrten ersten fünf Plätzen, die zu den sieben Mannschaften mit den höchsten Einnahmen 1992/93 zählten. Weiter gehören hierzu Werder Bremen (via DFB-Pokal ebenfalls für einen europäischen Wettbewerb qualifiziert) und der hochverschuldete Sonderfall Schalke 04. (Schalke ist u.a. deshalb ein Sonderfall, weil hier ein inkompetenter Präsident eine deutlich überdotierte Mannschaft unterhielt und das Trainerkarussell besonders heftig drehte. Kaum ein anderer Klub dürfte in den letzten Jahren so viel Geld für so wenig Leistung ausgegeben haben.)

Unter sechs Klubs, die sich für einen europäischen Wettbewerb qualifizieren konnten, befand sich gegenüber der Vorsaison mit dem 1. FC Kaiserslautern nur ein Neuling, der allerdings schon 1990/91, 1991/92 und 1992/93 europäisch vertreten gewesen war und auf gewisse Rücklagen zurückgreifen konnte. Von den Qualifikanten der Saison 1992/93 war nur der Karlsruher SC nicht mehr dabei, der allerdings im UEFA-Cup so gut absahnte, daß er wohl auch weiterhin im engeren Kandidatenkreis bleiben wird (ähnlich wie Kaiserslautern nach der verkorksten Saison 1992/93).

Arme und reiche Klubs hat es immer gegeben, wie die Entwicklung des Kräfteverhältnisses im Ruhrgebietsfußball der 50er Jahre belegt. Dortmund und München werden gegenüber Freiburg oder Wattenscheid allein schon deshalb stets einen finanziellen Vorteil besitzen, weil sie – bedingt durch die Größe der Städte – mehr Zuschauer mobilisieren können. Wenn Dortmund erfolgreich spielt, kann die Geschäftsstelle theoretisch 60.000 und mehr Karten absetzen. In Freiburg dürften es indes selbst dann kaum mehr als 30.000 sein, wenn der SC Spitzenreiter wäre. Allerdings sind mit den TV-Geldern diese Ungleichgewichte weiter gewachsen.

Die TV-Gelder begründen und verstärken die Interessensunterschiede zwischen den Klubs, die auch in Europa spielen, und denen, die sich mit der Teilnahme an den nationalen Wettbewerben zufrieden geben müssen. Das gemeinsame Boot Bundesliga könnte deshalb kentern. Früher benötigten die Großen die Konkurrenzfähigkeit der Kleinen, weil nur so der Wettbewerb spannend blieb. Dies war auch der Hintergrund für die Einführung von Ablösesummen. Die Ablösesummen sollten den durch einen Wechsel geschädigten Verein in die Lage versetzen, für gleichwertigen Ersatz zu sorgen.

Von der Möglichkeit, daß David Goliath schlug, profitierten auch die Großen. Heute ist dies anders. Heute wollen die Großen nach Möglichkeit eine Garantie dafür haben, daß ihnen die Kleinen ihren Weg zu den TV-Geldern nicht mit Stolpersteinen pflastern. Denn aufgrund ihrer enormen Investitionen steht zu viel auf dem Spiel.

Die Interessensunterschiede zwischen den Großen und den Kleinen beginnen im nationalen Maßstab bereits bei der Größe der Ligen. Die „Europäer" müssen – aufgrund der vielfachen Belastung – auf eine Reduzierung des Ligaspielplans drängen, beschränken damit aber die wichtigste Einnahmequelle der „Nicht-Europäer". Die „Europäer" erzielen mit einem Europapokalspiel ungleich höhere Einnahmen als mit einer Bundesligabegegnung, weshalb sie auf einige davon gut verzichten können. Dies führt zu einer Abwertung der nationalen Wettbewerbe. Erich Ribbeck: „Heute ist es nicht mehr wichtig, ob du Meister wirst oder nicht. Es ist nur wichtig, daß du dich für einen internationalen Wettbewerb qualifizierst." Bestätigt wird diese Verschiebung durch eine Äußerung von Werder-Torhüter Oliver Reck vor den Europapokalspielen gegen Levski Sofia. Reck, der mit Werder immerhin bereits zwei Deutsche Meisterschaften und einen Pokalsieg errungen hat, erklärte diese Begegnungen zu den wichtigsten seiner Karriere! Der Hintergrund: Es handelte sich zwar nur um die 2. Runde im Wettbewerb, aber der Einzug unter die letzten acht Mannschaften bzw. in die Champions League bedeutete für Werder eine Einnahme von 10 Mio. DM. In Schottland war Ende der letzten Saison überall zu lesen und zu hören, Rangers habe eine äußerst erfolgreiche Saison in Europa absolviert. Darunter war mitnichten zu verstehen, daß die Rangers den Cup der Landesmeister gewonnen hätten. Rangers kam nicht einmal bis ins Endspiel, kassierte aber durch die Teilnahme an der Champions League eine riesige

Summe an TV-Geldern. Gespielt wird nicht mehr um Titel und Pokale, sondern um TV-Gelder. Umgekehrt wurde nach dem Ausscheiden von Bayern München in der 2. Runde des UEFA-Cups 1992/93 lediglich vorgerechnet, welche Verluste an TV-Einnahmen dies bedeuten würde. Es blieb Uli Hoeneß vorbehalten, auf den sportlichen Imageverlust hinzuweisen.

Die Interessensunterschiede setzen sich auf der europäischen Ebene fort. Silvio Berlusconi ist der Auffassung, daß die Gefahr, daß „first-class"-Klubs wie sein AC Mailand bereits in der ersten Runde aufgrund schlechter Witterungsverhältnisse, umstrittener Schiedsrichterentscheidungen oder schlicht einem Mangel an Glück eliminiert werden, nicht „modernem Denken" entspricht. Deshalb haben die Großen darauf gedrängt, daß das Reglement für den Landesmeistercup in ihrem Sinne geändert wird. Die Modifizierung des Reglements bedeutet, daß den Großen nun von vornherein eine bestimmte Anzahl von Spielen und die damit verbundenen Einnahmen sicher sind.

Die Manipulation erfaßt auch die Fans. Nach dem erlösenden Tor von Chapuisat in Wladikawkas, das dem BVB den Einzug in die 2. Runde des UEFA-Cup-Wettbewerbs 1993/94 sicherte, ertappten wir uns bei dem Gedanken, daß nun weitere 1,5 Mio. aus dem Fernsehtopf gesichert seien und daß die deutsche Konkurrenz, eben aus dem gleichen Grunde, hoffentlich in einem möglichst frühen Stadium scheitern würde. Wenn die Bayern gegen Twente Enschede, Karlsruhe gegen Eindhoven und Frankfurt gegen Moskau spielen, treten sie aus der Sicht eines BVB-Fans in Wahrheit gegen den eigenen Verein an. Denn es geht um Gelder, die für die Zukunft der nationalen Konkurrenz von erheblicher Bedeutung sind.

Ein anschauliches Beispiel für die Entwicklung zur Zwei-Klassen-Gesellschaft bietet Schottland. In der Saison 1994/95 spielt die dortige 1. Liga nur noch mit zehn Klubs. Diese Reform geht vor allem auf das Drängen von Glasgow Rangers zurück, wenngleich eine Reduzierung der Anzahl der Spiele (vorher: 44 Ligaspiele plus zwei Pokalwettbewerbe) auch ohne Rangers' europäischen Terminplan angesagt gewesen wäre. Rangers war der erste britische Klub, der sich bewußt europäisch orientierte. Der Gewinn der Landesmeisterschaft ist mittlerweile eine pure Pflichtübung. Rangers ist der reichste Klub Großbritanniens und unterhält mit 54 Profis den größten Kader aller britischen Klubs. In Schottland kann mit den Rangers niemand mehr konkurrieren. Die letzte spektakuläre Neuverpflichtung war der Stürmer Duncan Ferguson von Dundee United, an dem auch die Bayern interessiert waren. Aber angesichts des britischen Rekordbetrags von 10 Mio. DM mußten die Münchener passen. Allerdings hat die Entwicklung zu einem europäischen Spitzenklub die Rangers keineswegs beliebter gemacht. Als Rangers 1993/94 die Qualifikation für die Champions League nicht gelang, an deren Einrichtung der Klub im übrigen heftig mitgebastelt hatte, herrschte bei den Fans der nationalen Konkurrenz große Schadenfreude. Für die Attraktivität der schottischen Liga war es geradezu überlebenswichtig, daß ihr Repräsentant auf dem internationalen Parkett im Cup der Landesmeister frühzeitig ausschied.

Das Entstehen einer Zwei-Klassen-Gesellschaft hat für den Fußball wie für seine Fans negative Auswirkungen. Die Existenz von festgefügten Monopolen widerspricht der Faszination des Spiels, die im wesentlichen von einer relativ hohen Durchlässigkeit zwischen oben und unten und dem Unvorhersehbaren lebt. Helfen kann nur die möglichst frühe Einsicht der Großen, daß sie mit den Kleinen, auch im nationalen Maßstab, in einem Boot sitzen. Außerdem bedeutet ein Mangel an Konkurrenz in der Regel, daß sich die Qualität des Produkts verschlechtert – zum Leidwesen der Kunden, der Fans.

Der Schein trügt

Der Geldregen aus den TV-Anstalten hat noch ein weiteres Problem geschaffen: Abhängigkeit. Die TV-Gelder forcieren die Umschichtung bei den Einnahmen. Im Schnitt bestreiten die Klubs nur noch maximal 40-45% ihrer Budgets aus Zuschauereinnahmen, 35% kommen vom Fernsehen, der Rest von Sponsoren und aus der Werbung. Die rund 7,5 Mio. Zuschauer, die in der Saison 1992/93 die Stadiontore passierten, brachten ca. 120 Mio. DM in die Kassen der Vereine. Um aber auch nur das Abrutschen in rote Zahlen zu verhindern, benötigten sie mehr als das Doppelte dieser Summe. Für die Differenz mußten Sponsoren und Fernsehen aufkommen, keine gesunde Entwicklung. Prognosen besagen, daß der Anteil des Kartenverkaufs an den Gesamteinkünften noch weiter zurückgehen wird, auf 20 bis 25%. Der BVB kassierte 1992/93 18,2 Mio. DM aus dem Kartenverkauf und war damit Spitzenreiter (vor Bayern München mit 15 Mio. – die Differenz basiert vor allem auf der Nichtteilnahme der Bayern an einem europäischen Wettbewerb). Trotzdem wurde diese Summe von den TV-Einnahmen mit 19,1 Mio. DM noch übertroffen. Nimmt man noch die 9,5 Mio. DM aus der Werbung und die 2 Mio. DM sonstige Einnahmen (Freundschaftsspiele, Transferüberschüsse, Mitgliedsbeiträge, Spenden etc.) hinzu, dann betrugen die Gesamteinnahmen 48,8 Mio. DM, von denen deutlich weniger als die Hälfte aus dem Kartenverkauf resultierte.

Mit diesen 48,8 Mio. DM war der BVB auch bei den Gesamteinnahmen Spitzenreiter, gefolgt von München (33 Mio.), Bremen (26,5 Mio.) und Frankfurt (25,6 Mio.). Aber bei keinem anderen Verein fiel die Differenz zwischen Einnahmen aus dem Kartenverkauf und Einnahmen vom TV, aus der Werbung etc. krasser aus als beim BVB. Hätte der BVB die gleichen TV-Einnahmen wie die Bayern zu verzeichnen gehabt (5 Mio. DM), hätte der BVB bei den Gesamteinnahmen lediglich um 1,1 Mio. DM vor den Bayern gelegen. Der Vorsprung der Borussen basierte also vor allem auf den TV-Einnahmen. Aufgrund der hohen Einnahmen aus dem Kartenverkauf wäre der BVB allerdings auch ohne die Gelder aus den UEFA-Cup-Übertragungen in der Lage gewesen, seine Ausgaben von 32,5 Mio. DM, darunter Lohnkosten von 15,5 Mio. DM (nach Bayern München – 17,5 Mio. DM – die höchsten der Liga), zu begleichen. Am „gesündesten" gestaltete sich das Verhältnis bei Bremen (14,5 Mio. DM aus dem Kartenverkauf gegenüber 12 Mio. DM vom Fernsehen, aus der Werbung und sonstigen Quellen), Nürnberg (10 Mio. DM gegenüber 7,4 Mio. DM) und Schalke (14 Mio. DM gegenüber 12,5 Mio. DM). Bei Werder dürften die Logen nicht unerheblich zum guten Ergebnis beigetragen haben, in Nürnberg und Schalke war es hingegen ganz klar die Masse der Zuschauer. Aufgrund der im Vergleich zu Dortmund geringen TV-Einnahmen sowie ihrer Verschuldung konnten sich Schalke und Nürnberg trotzdem vor der Saison 1993/94 keine großen Sprünge leisten. Das finanzielle Gefälle in der Liga wird also weniger durch den Zuschauerzuspruch als durch die TV-Gelder bestimmt. Was man an finanziellem Plus gegenüber den anderen hat, beruht vornehmlich auf TV-Geldern.

Die Umschichtung bei den Einnahmen bedeutet, daß die Gehälter der Spieler mittlerweile zu einem nicht unerheblichen Teil vom Fernsehen bezahlt werden. Während die Spieler (und noch mehr die Manager) für das Fernsehen nahezu jeden Blödsinn mitmachen, besteht die Gefahr, daß ihre Distanz zu den Fans weiter wächst. Was zählen schon die Fans auf den Stehrängen und deren Bedürfnisse gegenüber den Millionen, die die TV-Anstalten investieren? HSV-Manager Bruchhagen ließ bereits einen Verhaltenskatalog an die Spieler verteilen, in dem von den Angestellten eine erhöhte Medien- und Sponsorenfreundlichkeit verlangt wurde. Bruchhagen vergaß auch nicht daran zu erinnern, daß ein Drittel der Einnahmen des Klubs vom Fernsehen bezahlt werden. Die Fans wurden in Bruchhagens Katalog hingegen mit keiner Silbe erwähnt. Außerdem glauben viele Spieler, daß es die Medien und nicht die Fans sind, die Stars kreieren und damit ihren individuellen Marktwert bestimmen. An die Stelle der Beziehung Verein-Spieler-Fan scheint die Konstruktion Verein-Spieler-Fernsehen zu treten.

Allerdings ist dies viel zu kurz gedacht. Denn in Wahrheit zahlt auch beim Fernsehen der Fan, und zwar nicht nur beim Pay-TV. Denn ohne die Begeisterung für König Fußball, ohne die Popularität, die bestimmte Mannschaften und Spieler bei den Fans genießen, würden die TV-Anstalten nicht mit dreistelligen Millionenbeträgen um die Übertragungsrechte buhlen. Viele Funktionäre und Spieler sind sich dieses Zusammenhanges leider nicht bewußt.

Es ist keineswegs gesichert, daß das Fernsehen sich im gegenwärtigen finanziellen Ausmaß auf immer und ewig für den Fußball interessieren wird und nicht irgendwann die Subvention anderer Ereignisse vorzieht. Aber viele Vereine verlassen sich auf den Heilsbringer Fernsehen, der sie zum Leichtsinn verleitet. Günther Netzer registriert ein blindes Vertrauen, „daß es bald allen so geht wie den Dortmundern". Tatsächlich ist der Fußball für die privaten Anstalten nur Mittel zum Zweck. Es geht um die Erhöhung von Marktanteilen, und hier gilt der Sport als Zugpferd. Rein finanziell betrachtet, rechnet sich das Engagement von SAT.1 noch nicht, im Gegenteil. Das kostspielige Bundesliga-Investment führte 1992 zu einem Ertragsrückgang von mindestens 62%. Die Werbeeinnahmen konnten im gleichen Jahr nur 50% der Kosten decken. Aber mehr Werbung würde die ohnehin schon manchmal ätzende Sendung, die der Fernbedienung eine ganz neue Aufgabe zuweist, vollends kaputt machen. Ähnliche Erfahrungen sind auch aus dem „gelobten Land der Fernsehrechte" („Kicker") USA zu berichten. Live-Übertragungen vom Football, Basketball oder Baseball werden von den engagierten Anstalten längst als reine Prestigeobjekte betrachtet, die sie mit immensen Verlusten zu bezahlen haben. Hinzu kommen sinkende Einschaltquoten aufgrund der Dauerberieselung auf sämtlichen Kanälen. Es ist also keineswegs auszuschließen, daß die Entwicklung auch mal wieder in eine andere Richtung verläuft. Dann nämlich, wenn der Fußball seine Schuldigkeit getan hat oder die privaten Anbieter ihr derzeitiges finanzielles Engagement nicht mehr durchhalten können. Wenn es stimmt, daß das Fernsehen den Fußball durch eine spezifische Form der Aufbereitung zum Ereignis macht, wie es die These vom Synergieeffekt behauptet, dann wird es diesen als Ereignis auch eines Tages wieder abschaffen können. Deshalb muß der Fußball die Kontrolle über das Ereignis und die Form seiner Inszenierung unbedingt in seinen Händen behalten.

Als nächste Stufe droht aber zunächst das Pay-TV, von dem sich Hoeneß Einnahmen von bis zu 20 Mio. DM pro Spiel verspricht. Spätestens dann dürfte der Egoismus einzelner gegenüber den gemeinsamen Anliegen der Liga die Oberhand behalten. Warum sollen dann München oder Dortmund weniger bekannte Klubs mitfinanzieren, wenn erkennbar ist, daß mehr Leute für die Spiele zahlen, an denen die beiden Top-Teams beteiligt sind? Uli Hoeneß sieht dieses Problem: „Da müßten alle partizipieren, da käme von jeder TV-Einnahme beim Pay per view ein Großteil der Gelder in einen gemeinsamen Topf, der Rest würde unter den beiden Klubs aufgeteilt. Das ist die einzige Chance der Liga zu überleben." Ob dem wirklich so sein wird, bleibt abzuwarten. Pay-TV schränkt außerdem die Öffentlichkeit des Ereignisses weiter ein. Während man heute in vielen Regionen über einen Kabelanschluß verfügen muß, um die Bundesliga um 18 Uhr und die „besonderen Begegnungen" (Europapokal etc.) zu empfangen, kommt dann noch der Decoder hinzu. Da es in der Regel die besonders treuen Fans sind, die sich so etwas anschaffen, zahlen sie gleich zweimal.

Vielleicht wird die öffentliche Reaktion aber wie in England aussehen. Die Hersteller von Satellitenschüsseln hatten sich vom Erwerb der Übertragungsrechte durch BSkyB erhofft, daß der Verkauf von Schüsseln erheblich anziehen würde. Dies war jedoch nicht der Fall. Stattdessen ziehen es viele Fans vor, mit 15 und mehr Personen das Spiel gemeinsam zu sehen. Was im Stadion durch die Versitzplatzung teilweise aufgelöst wird, erfährt somit vor dem Pantoffelkino im heimischen Wohnzimmer seine Rekonstruktion: Fußball als Forum sozialer Kommunikation.

Die Medientotale schafft Stars, die die Klubs aus eigener Kraft schon längst nicht mehr bezahlen können. Der „SPIEGEL" sieht eine „neue Fußballwirklichkeit, deren Protagonisten irgendwo zwischen Beatles und Royal Family angesiedelt sind." Und Uli Hoeneß klagt: „Die 39 Grad Fieber von Olaf Thon sind wichtiger als der Solidarpakt." Der Starkult entspricht indes ganz dem Geschmack des neuen Fußballpublikums, weshalb eine mediale Aufbereitung des Fußballs à la SAT.1 leider durchaus ankommt. Ein nicht unerheblicher Teil des neuen Fußballpublikums identifiziert sich mehr mit einzelnen Spitzenspielern als mit deren Klubs. Die klassische Vereinsbindung ist ihm unbekannt. Deshalb leidet er mit „seinem" Klub auch nicht in gleicher Weise wie der traditionelle Fan. Vom legendären Bill Shankly stammt die Aussage, daß der Fußball mehr sei, als „nur" eine Sache auf Leben und Tod. Für das neue Publikum ist der Fußball nur noch eine Form der Unterhaltung, und entsprechend leichter werden Niederlagen verkraftet. Tränen sieht man immer weniger in den Stadien, und wenn, dann in Dortmund, Schalke, Nürnberg, Kaiserslautern oder St. Pauli. Die österreichischen Fußballforscher Horak und Marschick nennen den neuen Zuschauertypus einen „fußballinteressierten Konsumenten", der „keine eigentliche Vereinsbindung mehr kennt, sondern, nach Maßgabe der Qualität der 'Leistung', immer wieder aufs Neue auswählt. Fußball gilt ihm dabei als Angebot der Freizeitindustrie unter vielen anderen; von Fall zu Fall – sollte es opportun sein – bezeichnet er sich auch als Fußballanhänger." Uli Hoeneß sieht noch einen anderen Grund für die veränderte Stimmung im Umfeld des Fußballs: „Es ist schon richtig, daß wir uns zu einer recht kritiklosen Gesellschaft entwickeln. Auch so etwas, was wir von den Amerikanern übernommen haben. In deren populären Profiligen steigt keiner ab, die berauschen sich einfach am Spiel. Wenn wir früher gegen Freiburg 1:5 verloren hätten, hätte es 200 Vereinsaustritte gegeben und im nächsten Heimspiel 20.000 Zuschauer weniger. Heute registrieren wir in der Woche nach der Niederlage 500 neue Mitglieder, und beim nächsten Heimspiel gegen Gladbach hatten wir 57.000 Zuschauer."

Für die Klubs heißt dies: Können sie keine Stars aufbieten, kehren ihnen diese Zuschauer den Rücken, um sich einem anderen Klub oder einem anderen Ereignis zuzuwenden. Was dann bleibt, sind immense Lohnkosten für eine durchschnittliche Garnitur, deren Gehälter von den Stars – zwecks Erhaltung des Betriebsfriedens – hochgepuscht wurden. Werder-Manager Willi Lemke will nicht ausschließen, daß „das Kartenhaus dann ganz schnell zusammenbrechen" kann, und Wattenscheids Präsident Steilmann prognostiziert gar – „wenn der DFB nicht aufpaßt" – den „GAU". Tatsächlich sollte das Beispiel Italien ein Warnung sein. Noch vor wenigen Jahren blickten viele mit Neid nach Italien und wünschten sich nichts sehnlicher als die Einführung „italienischer Verhältnisse" auch hierzulande. Heute plagen die dortigen Klubs ca. 400 Mio. DM Schulden. Es häufen sich die Finanzskandale, während das Zuschauerinteresse nachgelassen hat. Nur die Großen haben die „italienischen Verhältnisse" überlebt, wenngleich auch sie von der Krise nicht verschont blieben.

Immerhin machen die Gehaltszahlungen an die Profis ca. 50% der Bundesliga-Gesamtausgaben aus. Das Durchschnitts-Bruttoeinkommen der Spieler beträgt ca. 325.000 DM pro Jahr. Mehr als die Hälfte aller Profis verdient Jahresgagen von 300.000 DM, der gehobene Durchschnitt liegt bei 500.000 und mehr, die Spitzenkräfte kassieren bis zu 1,6 Mio. Weitsichtigere Profis wie der Hamburger Keeper Richard Golz gestehen ein, daß es „so nicht weitergehen" kann: „Der Profifußball muß kürzer treten".

Hinzu kommt das Unbehagen zumindest eines Teils der Fans. Die Fans verstört die neue Rolle des Fernsehens nicht nur, weil sie ihre Einflußmöglichkeiten beschneidet. Der Verkauf der Bundesligarechte an das Privatfernsehen ist Teil eines Verlustes an Öffentlichkeit, der mit dem Vormarsch von Pay-TV und Pay per View noch verstärkt werden wird.

Je mehr der Fußball sich an das Fernsehen verkauft, desto mehr ignoriert er die Bedürfnisse der „echten" Fans, die niemand um ihre Meinung fragt. Das beginnt bereits mit der Organisation des Bundesligaspieltags. Der Fan ist einen kompakten Spieltag gewohnt, bei dem er spätestens am Samstagabend über eine komplette Übersicht des Bundesligageschehens verfügt. Die Privatsender ziehen den Bundesligaspieltag auseinander. Mittlerweile erstreckt er sich über bis zu vier Tage, um SAT.1 durch hohe Einschaltquoten an gleich mehreren Tagen die Refinanzierung der Rechte zu erleichtern. Das Fernsehen ist längst vom Berichterstatter zum Organisator aufgestiegen, weshalb Ex-KSC-Manager Carl-Heinz Rühl warnt: „Wir müssen höllisch aufpassen. Heute denken viele nur an die schnelle Mark vom Fernsehen, doch dies könnte sich bald als Bumerang erweisen." Auch Uli Hoeneß, sicherlich einer der Intelligentesten und Vorausschauendsten im Manager-Gewerbe, ist die von ihm mit losgetretene Entwicklung nicht mehr ganz geheuer. Er will nun die Macht von SAT.1 durch die Reaktivierung der Öffentlich-Rechtlichen einschränken: „Ich war einer, der die Privaten forciert hat, aber jetzt sehe ich mich in der Rolle, Schadensbegrenzung zu betreiben. Ich werde jetzt versuchen, daß die Öffentlich-Rechtlichen ihren Anteil am Kuchen bekommen, weil wir diese Konkurrenz brauchen. ... Ich habe damals die Öffentlich-Rechtlichen bekämpft, weil sie geschlafen haben, weil sie aus dem Fußball überhaupt nichts gemacht haben. Ich bin aber stark daran interessiert, daß die Öffentlich-Rechtlichen im Sport am Leben gehalten werden. Ich stelle mir eine Zukunft nur mit den Privaten ziemlich schwierig vor." Sicherlich haben die Öffentlich-Rechtlichen die gegenwärtige Situation mitverschuldet. Für neue Ideen waren sie kaum empfänglich, talentierte Nachwuchskräfte wurden immer wieder frustriert. Die Öffentlich-Rechtlichen sind ein unbeweglicher Tanker, und auch aktuell fällt ihnen gewöhnlich nicht viel mehr ein, als die Privaten zu kopieren, anstatt eine Alternative jenseits von Faßbender und Beckmann aufzuzeigen, die zugleich seriös, modern und intelligent ist.

Der traditionelle Zuschauer benötigt auch keine Einblendungen, die zentimetergenau die Entfernung von Weitschüssen und der Mauer zum Ausführungsort des Freistoßes angeben, die Zahl der jeweiligen Fouls nennen, Nettoangaben bezüglich der Spielminuten machen, jede Porträtaufnahme mit einer Kurzbiographie begleiten. Das ist noch nerviger als der Zaun, der einem im Stadion die Sicht versperrt. Die Pseudo-Präzision und -Objektivität der SAT.1 und Co. zerstört den Gesprächsstoff und die Lust am Spekulieren. Wie dankbar ist man doch, daß noch immer nicht aufgeklärt werden konnte, ob sich der Ball beim berühmten dritten Tor von Wembley nun vor, auf oder hinter der Linie befand. „Der Fußball ist so populär, weil er immer wieder Stoff für hitzige Diskussionen liefert. Unter anderem durch die Fehler der Schiedsrichter. Wer immer sich Gedanken macht darüber, wie man durch Einsatz aller möglichen Hilfsmittel die Entscheidungen 'gerechter' machen kann, sollte sich davor hüten, den Spielraum für die Entscheidungen der Schiedsrichter einzuengen. Mögen auch bald elektronische Hilfsmittel genau feststellen können, ob der Ball hinter der Torlinie war oder nicht, sie auch einzusetzen, hieße, dem Fußball ein Stück Menschlichkeit zu nehmen. Oder kann sich jemand vorstellen, daß es den Leuten Spaß macht, auf ein 'elektronisches Auge' zu schimpfen. Da ist der Schiedsrichter doch eine menschlichere 'Ansprechstation'", schreibt Karl-Heinz Heimann, die graue Eminenz des „Kicker".

Nervtötend ist auch die per neuer Kameras eingeführte eigene Dramaturgie des Fernsehfußballs, mittels der eine „Spannung" erzeugt wird, die real mitunter gar nicht existiert. Was die neuen Macher nicht kapieren: Ein Fußballspiel plus Zuschauer ist bereits ein Ereignis, und je krampfhafter man versucht, durch überdrehte Formulierungen, technische Spielereien, überflüssige Interviews (mit selten dämlichen Fragen) eine Fernseh-Show daraus zu machen, desto mehr zerstört man seinen Kern. Noch einmal Karl-Heinz Heimann: „Zur guten Show gehört das gute Drehbuch. Die Stärken des Fußballs liegen genau anders als bei der Show: Die Ungewißheit, die Spontaneität machen wesentlich die Reize des Fußballs für die Zuschauer aus."

Erste Analysen aus England zeigen, daß die Mehrheit der Fußballfans nahezu alle Modernisierungen in der Organisation des Fußballs und der Übertragung von Fußballereignissen (Abkoppelung der 1. Liga vom Rest des Profifußballs, Versitzplatzung, Termingestaltung nach den Bedürfnissen der TV-Anstalten etc.) vehement ablehnt.

Die so zusammengebastelten TV-Inszenierungen geben oft die Realität nicht wieder. Da das Fernsehen viel Geld in den Fußball investiert hat, wird es nicht müde, die Ware schön zu reden. Um nur ein Beispiel zu geben: Während der Saison 1993/94 wurde die Trefferquote von 2,98 Toren pro Spiel als „tolles Ergebnis" präsentiert. Die Statistik enthüllt indes, daß diese Quote die achtschlechteste in der 31jährigen Bundesliga-Geschichte war. Nicht selten stellt man fest, daß die TV-Präsentation des Spiels, das man noch eine Stunde zuvor selbst live und in voller Länge erlebt hat, mit dem tatsächlichen Ereignis nur wenig zu tun hat. Die TV-Präsentation gerät zu einer eigenen Inszenierung. Dragoslav Stepanovic: „Die Spieler werden besser gemacht, als sie wirklich waren." Boom und Qualität sind zu einem nicht unwesentlichen Teil nur eine Erfindung von Investoren, die um eine Refinanzierung ihrer Investitionen besorgt sind. Auf die Frage des „Stern", ob es nicht ein Problem sei, „wenn der Berichterstatter gleichzeitig vom Gelingen der Veranstaltung profitiert, wie SAT.1?", antwortete Uli Hoeneß: „Gar keine Frage. Das ist ein schmaler Grat. Die schießen in ihrem Übereifer oft übers Ziel hinaus. Und sie dürfen natürlich nie das Gefühl haben, wer zahlt, schafft auch an."

Dabei sind die mit TV-Hilfe getätigten Umsätze gar nicht so grandios, wie die astronomischen Summen, die durch die Medien geistern, suggerieren mögen. Zwar nahmen die 18 Klubs der 1. Liga in der Saison 1992/93 nicht weniger als 361 Mio. DM ein, denen lediglich 319 Mio. DM an Ausgaben gegenüberstanden. Doch den Schnitt machten die Großen der Branche, allen voran der BVB (auf sechs Vereine entfielen ca. 55% der Einnahmen). Zum Schuldenabbau kam es kaum, stattdessen wurden rund 74 Mio. DM in neue Kicker investiert. Zum Saisonstart 1993/94 wurden die Schulden der Liga auf immerhin 90-100 Mio. DM (einige Quellen sprachen auch von 120 Mio. DM) beziffert.

Laut „Wirtschaftswoche" waren zu diesem Zeitpunkt lediglich vier Bundesligaklubs schuldenfrei: Werder Bremen, Borussia Dortmund, Karlsruher SC und Wattenscheid. Der Kampf um die begehrten, weil finanziell lukrativen Plätze in Europa lassen für den Schuldenabbau keine Zeit, geschweige denn für die Bildung stabiler Rücklagen. In dieser Hinsicht waren die Bayern schon immer weitsichtiger als die Konkurrenz, indem sie einen Teil ihrer Überschüsse in sicheres Immobilienvermögen steckten. So besitzen die Bayern eine 11-Millionen-Liegenschaft an der Säbener Straße. Auch der 1. FC Kaiserslautern kann auf handfesten Besitztum verweisen, denn das Fritz-Walter-Stadion ist das einzige vereinseigene Stadion in der Bundesliga. Aufgrund seiner innerstädtischen Lage wird sein Wert als Bauland auf ca. 70 Mio. DM geschätzt.

Die Dortmunder haben auch in dieser Hinsicht gelernt. So investierten die Borussen einen Teil ihrer Überschüsse (ca. 5 Mio. DM) in den Bau einer Geschäftsstelle und eines vereinseigenen Trainingsgeländes. Michael Meier: „Die beste Geldanlage, neben den Spielern, sind Immobilien." Allerdings betrachtet Präsident Niebaum diese Projekte weniger unter dem Aspekt der Rücklagenbildung, sondern als Maßnahme zur Förderung des Fußballs beim BVB.

Wie der Einfluß der TV-Gelder und die Entwicklung einer Zwei-Klassen-Gesellschaft Klubs ruinieren können, dafür stehen Schalke und Nürnberg. Da Schalke noch an anderer Stelle behandelt wird, hier nur einige Anmerkungen zum Fall Nürnberg. Unter Schatzmeister Professor Dr. Dr. (!!!) Böbel, derzeit in Untersuchungshaft, wuchs der Schuldenberg auf rund 20 Mio. DM. Mit ihren Investitionen setzten die Nürnberger auf die UEFA-Cup-Qualifikation. Wäre diese gelungen, wären die Fehlinvestitionen und Schulden der Nürnberger vermutlich kein Thema. So aber stehen sie nun am Rande des Bankrotts und sind froh, die Lizenz für die 2. Liga erhalten zu haben.

Nürnberg wird möglicherweise kein Einzelfall bleiben. Auch in Zukunft werden einige Klubs vor der Entscheidung stehen, entweder riskante Investitionen zu wagen, in der Hoffnung, daß sich diese durch das Erreichen eines europäischen Wettbewerbs refinanzieren, oder aber sich mit dem Status einer zwischen den Plätzen 8 und 15 rangierenden „grauen Maus" zufrieden zu geben. Gehen sie das Risiko nicht ein, besteht die Gefahr, daß ihnen die derzeitigen Großen auf immer davonlaufen. Gehen sie das Risiko ein, besteht die Gefahr, daß es mit dem Kollaps endet.

Der Boom in Dortmund und Schalke

Der BVB und Schalke erzielten ihre besten Zuschauerschnitte nicht während des Montanrausches der 50er Jahre, sondern in den von ökonomischer Krise und regionalem Niedergang gekennzeichneten 70ern und 80ern. Damals konnten beide Klubs keine spektakulären Erfolge vorweisen (abgesehen von den Pokalsiegen 1972 und 1989), sondern waren gar zeitweise nur zweitklassig. Dabei muß man natürlich auch die größeren Kapazitäten des Westfalenstadions und vor allem des Parkstadions gegenüber den Vorgängern „Rote Erde" und „Glückaufkampfbahn" berücksichtigen. Außerdem gab es in der alten Oberliga West nicht so viele attraktive Gegner wie später in der Bundesliga. Zum Aufeinandertreffen mit den Spitzenklubs aus dem Süden und Norden der Republik kam es erst in der Endrunde zur Deutschen Meisterschaft.

Für den Boom in Dortmund und „auf Schalke" gibt es regionalspezifische Gründe:

▶ Der Ruhrgebietsfußball hat eine „Kräftekonzentration" erfahren. Klubs wie Herne, Erkenschwick, Katernberg, Solingen etc. kicken nur noch drittklassig und tiefer. Viele Fußballfans in den traditionellen Vororten des Ruhrgebiets, die noch in den 50ern und 60ern ihr „local team" unterstützt hatten, orientieren sich heute nach Dortmund und Schalke. Der eigene Klub ist etwas, das man, so es die Zeit erlaubt, am Sonntag noch zusätzlich mitnimmt. Aber er spielt nicht mehr unbedingt die erste Geige. Früher war es umgekehrt: Zuerst kam in Herne, Erkenschwick, Solingen oder Horst-Emscher das „local team", die Borussen und Schalker besuchte man zu den „großen Spielen", etwa wenn diese in der Endrunde zur Deutschen Meisterschaft spielten. Zwischen dem Fußball eines drittklassigen Vorortvereins und dem der Borussen oder Schalker lagen noch nicht solche Welten wie heute – weder von der Intensität des Trainings her, noch was den sozialen Status der Spieler anbetraf. Die Schalker und Dortmunder waren (jedenfalls in den 50ern) noch keine Vollprofis, geschweige denn Millionäre. Bei einem dritt- oder viertklassigen Vorortklub mit guten Beziehungen zum lokalen Bergbau fand man ähnliche Rahmenbedingungen wie bei der Borussia. Und auch das Publikum war zu einem großen Teil das gleiche. Obwohl es natürlich auch damals schon eine Spaltung in große und kleine Fußballereignisse gab, konnte man doch im großen und ganzen noch von *einer* Fußballkultur sprechen. Heute ist dies anders. Spätestens ab dem Mittelfeld der Drittklassigkeit beginnt eine andere Welt.

▶ Eine Wirtschaftskrise tut der Fußballbegeisterung normalerweise keinen Abbruch. Im Gegenteil: Der Fußball und das Stadion werden zum letzten stabilen Bezugspunkt in einer sich verändernden Landschaft. Hier kann man sich an die „guten alten Zeiten" erinnern und findet Ablenkung von den Nöten des Alltags. Das bekannteste Beispiel hierfür ist Liverpool, wo die Klubs FC und Everton sowie deren Stadien „Anfield Road" und „Goodison Park" wirklich das einzige sind, was den Menschen in dieser heruntergekommenen Stadt geblieben ist. Voraussetzung ist allerdings, daß der Stadionbesuch finanziell erschwinglich bleibt. Daß die immerhin 8,5 Mio. DM teure Verpflichtung von Matthias Sammer für die von Arbeitslosigkeit bedrohten Hoesch-Kollegen kein Thema war, sondern sich viele bei ihrem Arbeitskampf mit BVB-Insignien schmückten, ist deshalb nicht verwunderlich. Der BVB bleibt der letzte Stolz, seine Erfolge werden als Beweis dafür verstanden, daß Dortmund (und man selbst) keineswegs völlig darniederliegt und ohne Zukunft ist. Das alles funktioniert natürlich nur so lange, wie der Verein den Menschen das Gefühl vermittelt, daß er sie nicht vergißt, sondern für seinen Erfolg benötigt und ihnen somit erlaubt, den BVB als Teil ihres eigenen Besitzstandes zu betrachten. Die Politik der BVB-Führung versteht sich darauf.

▶ Hinzu kommt noch das „neue Publikum", in Dortmund Resultat des lokalen Strukturwandels wie des Imagewandels des Fußballs, der selbst in

Regionen wie dem Ruhrgebiet längst nicht mehr nur das Vergnügen der männlichen Arbeiterschaft ist. In Gelsenkirchen spielen vor allem auswärtige Fans eine große Rolle. Es handelt sich hierbei u.a. um Leute, die für einige Stunden „authentisches Ruhrgebiet" schnuppern wollen, um anschließend wieder in ihr heimeliges mittelständisches Zuhause zurückzukehren. Das neue Publikum fliegt geradezu auf Klubs mit Flair, auch und gerade, wenn diesen noch eine gewisse proletarische Folklore anhaftet. Dann gleicht der Besuch des Stadions dem eines sozial- und industriegeschichtlichen Museums, in dem man mit den unangenehmen Seiten der ausgestellten Realität nicht direkt konfrontiert wird, weshalb man in nostalgischen Verklärungen schwelgen darf. Michael Meier: „Borussia hat es geschafft, viele, viele Leute anzuziehen. Auch solche, die vorher keine BVB-, ja, nicht einmal Fußball-Fans waren. Unser Stadion ist zum Kommunikationszentrum geworden." Man sollte die Existenz des neuen Publikums nicht per se verdammen. Wenn dem Fußball weitere Zuschauer zugeführt werden, kann man dies kaum kritisieren; jedenfalls solange wie die Kultur des Fußballs dadurch nicht zerstört wird. Der Fußball hat lange gegen das gesellschaftliche Vorurteil angehen müssen, daß er ein Spiel für „schlichte Geister" und Proleten sei. Spätestens mit der WM 1990 in Italien, mit ihren modernen Fußballarenen und den drei Tenören Pavarotti, Domingo und Carreras im kulturellen Beiprogramm, hat sich hier einiges geändert. Italien war für die Popularisierung des Fußballs bis weit in die oberen Mittelschichten hinein der ideale Ausgangspunkt. Denn in Italien waren die Verhältnisse schon immer anders als in Deutschland. Das Engagement des Big Business für den dortigen Fußball ist erheblich älter als in Deutschland, wo sich z.B. Mercedes lange zierte, mit dem Fußball assoziiert zu werden. Fußball in Italien ist selbst Big Business und als solches anerkannt. Der Fußball war dort immer schon gesellschaftsfähiger als hierzulande, wie bereits die ersten deutschen Italien-Legionäre zu berichten wußten. Ein Stadion wie „Guiseppe Meazza" in Mailand gilt als die Scala des Fußballs, und niemand amüsiert sich über diesen Vergleich. Auch der Anteil der Frauen unter den Fußballfans war in Italien stets deutlich höher als hierzulande. Mehr als die Hälfte der Fans von Sampdoria Genua sind Frauen.

Auch beim BVB wird registriert, daß mit dem neuen Publikum mehr und mehr Frauen die Stadionpforten passieren. Und dies in einer Region, in der Fördertürme und Hochöfen eine reine Männerwelt symbolisierten. Dies ist zweifellos ein positiver Aspekt, es sei denn, man will den Fußball partout als exklusiv männlich-chauvinistisches Ereignis erhalten. Ganz offensichtlich existiert ein Zusammenhang zwischen der Art, in der Fußball sich präsentiert, und der steigenden Zahl von Frauen in den Stadien. Nicht von ungefähr ist Fußball in den USA, wo das Spiel vor allem bei den weißen Mittelklassen der Vorstädte populär ist, ein Sport, der zu 40% von Frauen betrieben wird. Das größere Interesse von Frauen dürfte außerdem dem Typenwandel bei den Spielern geschuldet sein. Für Sutter, Zarate oder auch Povlsen interessieren sich halt mehr Frauen als für die biederen Rackerer und Klopper.

Gerd Niebaum konstatiert eine Zunahme von Frauen im Westfalenstadion „quer durch alle sozialen Schichten". Die neue Attraktivität des BVB bei Frauen habe möglicherweise auch damit zu tun, daß es beim BVB wieder „familiärer" geworden sei und es keine Ausschreitungen mehr gäbe. Hinzu kämen die Ruhe und Stabilität, die heute im Verein herrschen würden.

▶ In Dortmund und Schalke wurden in den letzten Jahren enorme Erwartungen geweckt. Man träumt von der Rückkehr der großen Zeiten, was zumindest in Dortmund auch nicht unberechtigt ist. Und vor dem Hintergrund der ökonomischen und sozialen Situation kommen derartige Versprechungen im Ruhrgebiet allemal gut an.

Fußball und Wirtschaft, Wirtschaft und Fußball

Die Beziehung von Fußball und lokaler Wirtschaft ist fast so alt wie das Spiel selbst. Mit seiner sozialen Ausbreitung und Entwicklung zum Zuschauersport wurde es auch für örtliche Industrielle und Geschäftsleute interessant, in England erheblich früher als in Deutschland.

Am offensichtlichsten war das Interesse der Getränkeindustrie. In den 80er und 90er Jahren des letzten Jahrhunderts befanden sich viele Plätze prominenter englischer Fußballklubs im Besitz von Brauereibesitzern. Diese kassierten nicht nur die Miete, sondern verdienten an ihrer Beziehung zum Fußball vor allem über den Getränkeverkauf im Stadion, für den sie das Monopol besaßen. Lokale Industrielle nahmen Klubs unter ihre Fittiche, um auf diese Weise ihre Arbeiterschaft enger an das Unternehmen zu binden. Der von der Unternehmensführung gesponserte Arbeiterklub symbolisierte die „heile Welt" der „Betriebsfamilie". Die Unternehmer glaubten, daß eine Identifikation mit dem Betrieb sich positiv auf die Disziplin und Arbeitsproduktivität der Belegschaft auswirken würde.

Doch die Ausbreitung der Fußballindustrie ging noch weiter: Auch die Zigarettenhersteller, die den Päckchen Fußballbildchen beilegten, gehörten zu den Profiteuren, des weiteren viele Hotel-, Restaurant- und Pub-Besitzer, deren Etablissements vor und nach dem Spiel von den Fans aufgesucht wurden. Eine Birminghamer Fußballzeitung enthielt bereits 1904 über 400 Anzeigen von Hotels, Restaurants und Pubs sowie mehr als 100 von Tabakwarenhändlern. Versicherungsgesellschaften versicherten das Klubeigentum und die Spieler, und die Ärzteschaft profitierte von den auffallend vielen Verletzungen, die der Fußball der frühen Jahre verursachte. Die Eisenbahn verdiente an den Tausenden von Auswärtsfans, die jedes Wochenende kreuz und quer durch das Land fuhren. Bereits 1913 transportierten nicht weniger als 40 Sonderzüge 20.000 Birmingham-Fans zu einem Spiel nach London. Und an dem Ausbau des Eisenbahnnetzes verdienten wiederum die bereits erwähnten Hotel-, Restaurant- und Pubbesitzer, da sie ihre Kundschaft nun auch noch um die Auswärtsfans erweitern konnten.

Lokale und regionale Wirtschaftsunternehmen profitieren in der Regel auch heute noch vom Fußball. Es sei denn, der Fußball verfügt über eine schlechte Reputation. Gewalt im Zusammenhang mit Fußballspielen könnte Einkaufsbummler und potentielle Investoren abschrecken. Einkaufsbummler zumal, wenn das Stadion im Innenstadtbereich liegt. Dies ist mit ein Grund, warum die Thatcheristen in England seit Jahren darum bemüht sind, die Profiklubs – durch erzwungene Stadionneubauten (Sitzplätze) – an den Stadtrand zu drängen. Auch ein ausschließlich proletarisches Image könnte abschrecken, jedenfalls Konsumenten aus den Mittelschichten. Beides ist in Dortmund indes nicht der Fall.

Sponsor Borussia

Wie sehr die Unternehmen in und um Dortmund sowie auch das städtische Geldsäckel von der Borussia profitieren, hat BVB-Manager Meier einmal vorgerechnet. Laut Meier würden der Stadt Dortmund und dem Land Nordrhein-Westfalen einige Millionen entgehen, gäbe es das Wirtschaftsunternehmen Borussia Dortmund nicht. Für seine Lizenzspieler und sonstigen Angestellten führte der BVB im Geschäftsjahr 1992/93 5 Mio. DM an Lohn- und Einkommenssteuer ab. Die Mehrwertsteuer, die der Staat bei jedem Transfer, pro verkauftem Ticket und vom Fernsehhonorar kassierte, betrug ca. 3 Mio. DM. An Körperschafts- und Gewerbesteuer zahlte der BVB 520.000 DM. An Stadionmiete kassierte die Stadt 1,1 Mio. DM. 900.000 DM erzielte sie aus der Bandenwerbung. Damit ist man bereits bei einer Summe von 10 Mio. DM, in der jedoch noch nicht die Umsätze und somit Steuereinnahmen berücksichtigt sind, die an einem Spieltag gemacht werden. Der Betreiber der Würstchenbude zahlt Pacht. Die Fans füllen vor und nach dem Spiel die örtlichen Kneipen. Die Fans aus dem Sauerland, Münsterland und Ostwestfalen zahlen Mineralölsteuer. Michael Meier: „Realistische Schätzungen gehen davon aus, daß in der Region Dortmund anläßlich jedes Spiels noch einmal eine Million umgesetzt wird." Nicht zu vergessen, daß der Verkehrsverbund in Dortmund, ein staatliches Zuschußunternehmen, 50 Pfennig pro verkaufter Eintrittskarte kassiert, weil deren Besitzer die öffentlich-rechtlichen Verkehrsmittel benutzen dürfen. Pro Saison bedeutet dies 370.000 DM.

Mittlerweile drängt der BVB, sich seines neuen Marktwertes bewußt, auf eine andere Form der Aufteilung der Einnahmen aus der Bandenwerbung. So will der BVB das Geschäft mit der Bandenwerbung, das bislang über eine in Nürnberg ansässige Firma abgewickelt wird, selbst übernehmen. Der BVB bietet der Stadt freiwillig 224.000 DM mehr an, als die Nürnberger zahlen. Allerdings: die Nürnberger führten in der 1. Bundesliga

80% ihrer Einnahmen ab, der BVB hingegen schlägt eine Pauschale vor. Da der BVB die Preise für die Bandenwerbung – entsprechend seinem neuen Marktwert – kräftig angehoben hat, bedeutet dies, daß der BVB vom neuen Deal in einem erheblich größeren Maße profitieren würde als die Stadt. Stadt und Region profitieren aber nicht nur unmittelbar finanziell vom BVB. In einer Region, bei der viele Auswärtige nur an Arbeitslosigkeit und industriellen Niedergang denken, steht der BVB für Begeisterung und Erfolg. Daß ein Fußballklub das Image des Ruhrgebiets aufpoliert, ist dabei keineswegs neu. Schon in den späten 20ern und 30ern hatte Schalke 04 dafür gesorgt, daß die Menschen außerhalb des Reviers erstmals einen positiveren Eindruck von der Region erhielten.

Keines der in Dortmund ansässigen Unternehmen ist derzeit in seiner Branche so erfolgreich wie der BVB. Nicht nur aufgrund seines eigenen Booms, sondern auch aufgrund des Niedergangs der traditionellen Industrien, ist der BVB für Dortmund als Wirtschaftsfaktor bedeutender denn jemals zuvor. Der BVB ist außerdem der beste Werbeträger für die Stadt Dortmund. Ex-BVB-Präsident Friedhelm Cramer, Vorsitzender des Dortmunder Brauereiverbandes und Geschäftsführer von zwei Dortmunder Brauereien: „Ich habe Leute in Amerika getroffen, die wußten nicht, wo Dortmund liegt, aber sie kannten Dortmunder Bier und unsere Borussia." Und schließlich offeriert der BVB auch ein Stück Lebensqualität. Wer in Dortmund und der Region wohnt, hat es nicht weit zur Fußball-Oper Westfalenstadion, wo alle vierzehn Tage ein Fußballfest inszeniert wird.

Die Stadt Dortmund tat also gut daran, als sie 1984 dem vom Konkurs bedrohten BVB die Stadionmiete stundete und die Einnahmen aus der Bandenwerbung überließ. Denn wäre der BVB in die Amateuroberliga zwangsversetzt worden, wären der Stadt die folgenden hohen Einnahmen aus der Bandenwerbung entgangen; für einen Amateurligisten zahlt man nicht die gleiche Summe wie für einen Bundesligaverein. Zu Unrecht löste die Entscheidung der Stadt seinerzeit große Empörung aus. Damals waren 17% der erwerbsfähigen Bevölkerung Dortmunds arbeitslos. Allerdings wäre den Arbeitslosen durch eine andere Entscheidung keine Mark mehr in die Taschen geflossen. Hier werden immer wieder in populistischer Manier Äpfel mit Birnen verglichen.

Wer fordert, Profiklubs dürften keine Subventionen erhalten, da es sich bei ihnen um Wirtschaftsunternehmen handeln würde, sollte bedenken, daß an einigen Orten mittlerweile nicht die öffentliche Hand den Fußball subventioniert, sondern der Fußball die öffentliche Hand und das lokale

Kleingewerbe. Mit der völligen Privatisierung von Profiklubs würden einigen Städten erhebliche Einnahmen verloren gehen.

Die Rolle des 1. FC Kaiserslautern für die Wirtschaft seiner Region erläuterte einmal der Leiter des dortigen Amtes für Wirtschaftsförderung: „Wenn der FCK abstiege, ginge hier alles den Bach runter. Dann wären wir verloren." Für Dortmund mag es nicht ganz so dramatisch aussehen, aber ein schwerer Verlust, der sich auch auf das Image der Stadt und damit möglicherweise auch auf ihr wirtschaftliches Wohlergehen auswirken würde, wäre ein Abstieg des BVB schon.

Abgesehen davon, hat die Forderung nach der Streichung öffentlicher Subventionen für den Profifußball zumeist einen elitären Hintergrund. Von einem Theater oder einer Oper verlangen wir auch nicht, daß sie sich vollständig selbst tragen. Jeder Platz im Theater wird mit Hunderten von Mark pro Monat subventioniert, obwohl auf ihm gewöhnlich Leute sitzen, die auch einen höheren Eintrittspreis zahlen könnten und in der Regel nicht zu den Erwerbslosen in diesem Lande zählen. Die Kritiker der öffentlichen Subvention des Profifußballs sind nicht selten mit einem engstirnigen und elitären Kulturbegriff ausgestattete Fußballbanausen, die nicht anerkennen wollen, daß auch der Fußball ein Kulturbetrieb ist. Und die Nachfrage in Sachen Fußball fällt erheblich größer aus als die für Theater und Oper.

Fußball als Abbild der lokalen Wirtschaft

Daß Fußball einen positiven Beitrag zur örtlichen Wirtschaftsstruktur leisten kann, ist also unbestritten. Aber kann Fußball umgekehrt auch vom Zustand der lokalen und regionalen Wirtschaft profitieren? Am offensichtlichsten ist ein solcher Zusammenhang in den USA, wo Baseball- und Footballklubs schon mal ihren Standort wechseln, um sich in einem besseren ökonomischen Umfeld niederzulassen. Ähnlich offensichtlich verhält es sich mit der noch jungen japanischen Profiliga, deren Klubs werkgebunden sind. Die Klubs sind ausschließlich in industriellen Wachstumszentren beheimatet.

Umgekehrt zeigt eine Untersuchung aus England, daß nahezu sämtliche Klubs, die dort seit 1950 ihren Status als Mitglieder der League (d.h. eine der vier obersten Ligen, die alle Profi-Klassen sind) verloren, aus Städten kamen, deren Wirtschaftsstruktur von der niedergegangenen Schwerindustrie dominiert wurden. Des weiteren läßt sich ein Trend zugunsten des ökonomisch besser gestellten Südens feststellen, wo die moderne Technologie-Industrie den Ton angibt. Die „Londonization" des League-Fußballs korrespondiert mit dem relativen Wohlstand und der regierungspolitischen Bevorteilung der Region London.

Wenn der Geldgeber erfolgreich ist, steigt seine Bereitschaft, den Klub zu verstärken. Umgekehrt können natürlich positive Leistungen des Klubs das Image des Geldgebers verbessern.

Im Ruhrgebiet läßt sich vor allem für die 30er, 40er und 50er Jahre ein Zusammenhang zwischen wirtschaftlichem Wohlergehen und fußballerischen Erfolgen feststellen. Bergbau- und Stahlindustrie agierten – mit Unterstützung des lokalen Kleinhandels – als Mäzene diverser Fußballklubs. Ihr Engagement sorgte dafür, daß an einigen Orten bereits zu einem Zeitpunkt semiprofessionelle Zustände existierten, als offiziell noch Amateurismus angesagt war. Mit der Krise des Bergbaus gerieten viele solcher Klubs in Schwierigkeiten und sackten sportlich ab. Der Fußball im „Pott" war bald nicht mehr so leistungsfähig wie noch in den 30ern, 40ern, 50ern und 60ern. Stattdessen dominierten nun Klubs aus den Großstädten außerhalb des Ruhrgebiets und aus Dienstleistungszentren.

Allerdings stellt sich die Frage, ob der Niedergang in dieser Form wirklich unvermeidlich war. Für Vereine wie Katernberg oder Erkenschwick mag dies so gewesen sein, für Dortmund, Schalke oder Essen aber möglicherweise nicht. Denn wirtschaftliche Depressionen schaffen oft ein Milieu, wo die Fußballbegeisterung – vorausgesetzt natürlich, es wird etwas geboten – besonders groß ausfällt, weil der Fußball für viele Fans angesichts des Zusammenbruchs ihrer Industrien die letzte Institution darstellt, die ihnen einen gewissen Halt gibt. Der wirtschaftliche und soziale Niedergang manifestiert sich dann mehr darin, daß die Anzahl der Vereine einer Region, die in den oberen Ligen spielen, abnimmt, weil die wirtschaftlichen Potenzen fehlen, um gleich mehrere Vereine oben zu halten. Aber einzelne überleben nicht nur, sondern tun dies auch noch außerordentlich erfolgreich. Es findet ein gewisser Konzentrationsprozeß statt.

Eines der bekanntesten Beispiele hierfür ist der bereits erwähnte FC Liverpool, wenngleich der Klub momentan nicht mehr so funktioniert wie noch in den 80er Jahren. Während für den BVB das Europacup-Finale von 1966 im nachhinein betrachtet das Ende einer großen Ära markierte, verhielt es sich im Falle Liverpools genau andersherum – trotz des Niedergangs der Stadt. Zwischen 1973 und 1984 gewannen die Liverpooler sechs Europapokale und wurden zehnmal englischer Meister. Die Geschichte Manchester Uniteds weist mehr Parallelen mit dem BVB auf. United gewann 1968 als erste englische Mannschaft den Europacup der Landesmeister. Aber wie im Falle des BVB war dieser Triumph nicht Auftakt, sondern Ende einer

Ära. Danach herrschte viele Jahre Funkstille, zwischenzeitlich stieg United – wie der BVB – gar in die Zweitklassigkeit ab. 1985 und 1990 war United immerhin wieder so weit, daß der Verein den englischen Pokalwettbewerb gewinnen konnte. 1991 gewann man gar den Europapokal der Pokalsieger, aber zum Gewinn der englischen Meisterschaft – ein Ziel, das erheblich höher bewertet wurde – langte es erst wieder in der Saison 1992/93 (in der Vorsaison scheiterte man ähnlich knapp wie der BVB 1991/92). Die Rückkehr Manchester Uniteds an die Spitze des englischen Fußballs beruhte auf Geduld und auf einer mehrjährigen massiven Investitionspolitik. Gewisse Parallelen zwischen Dortmund und Manchester gibt es auch bezüglich der Stadtentwicklung. So hat sich Manchester in den letzten Jahren zu einem Dienstleistungszentrum entwickelt.

Als städtischer Repräsentationsverein erlitt der BVB nicht das gleiche Schicksal wie die einseitig vom Bergbau abhängigen stark monostrukturellen Klubs. Hinzu kam, daß im Stahlbereich die Krise später eintrat als im Bergbau. Schalke überlebte ebenfalls, u.a. weil der Klub schon frühzeitig „verdeutscht" und „verkauft" wurde.

Für den neuen fußballerischen Aufschwung in Dortmund existieren zwei scheinbar widersprüchliche ökonomische und soziale Erklärungsmuster:

1. Aufgrund von Arbeitslosigkeit (z.Zt. etwa 18%) und industriellem Niedergang wächst der Wunsch, sich vom Fußball ablenken zu lassen. Die Menschen strömen durch die Stadiontore, um Zerstreuung zu finden und weil der BVB etwas ist, was ihnen trotz Umbruch und sozialer Krise bleibt. Mehr denn je wird der BVB als „ideeller Besitzstand" begriffen. Die soziale Entwicklung wird die Faszination des Fußballs eher noch weiter erhöhen.

2. Dortmunds relativ erfolgreicher Strukturwandel manifestiert sich auch in fußballerischen Erfolgen und dem neuen Reichtum des Klubs.

Tatsächlich sind beide Erklärungen korrekt, da der BVB auch von beiden Entwicklungen profitiert. Denn Dortmund besteht sowohl aus strukturellem Wandel wie industriellem Niedergang. Der führende Wirtschaftszweig ist heute das „tertiäre Gewerbe" mit Handel, Banken, Versicherungen und Dienstleistungen. Fast 10.000 Dortmunder arbeiten heute im Versicherungswesen, das sind mehr als im Stahlbereich. Insgesamt sind heute über die Hälfte der Beschäftigten Dortmunds im Dienstleistungsgewerbe tätig. Die Stadt hat eine Universität und Fachhochschule, deren Studentenzahl mittlerweile 28.000 beträgt. Des weiteren ist in Dortmund ein bedeutendes, zukunftsorientiertes Technologiezentrum beheimatet. Auch in kultureller Hinsicht hat die Stadt mit Opernhaus, Theater und diversen Museen mittlerweile einiges zu bieten. Im Wirtschaftsrat des BVB ist heute neben Repräsentanten der traditionellen lokalen Industrien Stahl (Hoesch) und Bier (DAB, Union und Kronen) u.a. auch das Versicherungsunternehmen „Continentale", das Stahl und Bier als Hauptsponsor ablöste, vertreten. Auch und gerade in Dortmund ist längst die Stadtwerbung an die Stelle der Regionalwerbung getreten. Das negative Image des Ruhrgebiets, geprägt von industrieller Demontage, miserabler Lebensqualität und geringen Zukunftschancen, konnten auch noch so teure und ausgeklügelte Werbekampagnen nicht korrigieren. Laut einer Umfrage aus dem Jahre 1993 möchten 54% der Bundesbürger „auf keinen Fall" in der Region wohnen. „Ehemalige" Ruhrgebietsstädte flüchten aus Imagegründen in neue regionale Zusammenhänge. Duisburg, der westliche Pfeiler des Ruhrgebiets, liegt nun „am Rhein" und „im Herzen Europas", während der östliche Pfeiler Dortmund als „Wirtschafts- und Handelszentrum Westfalens" firmiert. Nur für die Heimat Schalkes, der Emscherregion, dem Kohle-Kern des Ruhrgebiets, gibt es keine Fluchtmöglichkeit. Anderseits ist die Dortmunder Erwerbslosenquote unverändert hoch. Nicht nur in dieser Hinsicht ist Dortmund Ruhrgebiet geblieben.

Das Westfalenstadion ist der Ort, wo sich die beiden Dortmunds – das der im Dienstleistungsbereich Tätigen und des erfolgreichen Strukturwandels wie das des traditionellen Arbeitermilieus und des industriellen Niedergangs – treffen. Der vom BVB praktizierte Spagat zwischen Tradition und Moderne ist letztlich auch ein Balance-Akt zwischen zwei sozialen Welten. Das traditionelle Publikum geht nach wie vor zum BVB, vielleicht gar mehr denn je, und dies wird auch so bleiben. Gleichzeitig hat die Zahl der „konsumfreundlicheren" Stadionbesucher, die sich im Versicherungsgewerbe oder anderen Berufen des „tertiären Gewerbes" verdingen, stark zugenommen.

Zu den Lehren aus dem fußballerischen Niedergang nach 1966 zählt auch, daß die BVB-Führung versucht, eine „anti-zyklische Politik" (Niebaum) zu verfolgen. Man läßt sich nicht von krisenhaften Entwicklungen außerhalb des Fußballs mitreißen, sondern versucht vielmehr, im Bereich des Fußballs bewußt gegenzusteuern. Damals schwamm der BVB mit dem Strom des allgemeinen Niedergangs des Ruhrgebiets, anstatt auf dem Triumph von Glasgow aufzubauen und aus dem BVB eine „Wachstumsinsel" in einer wirtschaftlichen Krisenregion zu schaffen. Von der „anti-zyklischen Politik" der gegenwärtigen BVB-Führung profitiert nicht nur der Klub, sondern die gesamte Region. Den Malochern verleihen die Erfolge Stolz und Hoffnung, was in Zeiten, wo das soziale Selbstwertgefühl massiv angegriffen wird, nicht zu unterschätzen ist. Gleichzeitig demonstrieren die Darbietungen des BVB, daß sich die Region nicht unterkriegen läßt und leistungsfähig bleibt. Wer dies als Ablenkung von wichtigeren Dingen betrachtet, begreift den sozialen Inhalt der Fußballbegeisterung im Ruhrgebiet nicht.

Fußball als Business mit besonderen Gesetzen –
Borussias Spagat zwischen Vereins- und Unternehmenspolitik ━━━━━

Der Fußball ist und bleibt ein Business mit besonderen Gesetzen. Profiklubs sind heute zwar mittelständische Unternehmen, allerdings mit mehr „human touch", als einigen ihrer Betriebsleiter lieb ist. Der Erfolg ist nur schwer kalkulierbar. Außerdem gibt es in keinem anderen Business die Möglichkeit, daß die Kunden den Vorstand in die Wüste schicken. Fußballfans sind Aktionäre ohne Aktien, die hin und wieder demonstrieren, daß der Fußball nicht einer kleinen Gruppe von Funktionären und Sponsoren gehört. Fußball ist ein Volksspiel, auch auf den Rängen und in seinem Umfeld. Wird ihm – aus kurzsichtigen persönlichen und geschäftlichen Interessen – das Herz herausgerissen, bleiben nicht nur die Fans auf der Strecke, sondern auch das Business selbst nimmt schweren Schaden.

Am Ende der Saison 1992/93 kam es im englischen Fußball zu einem Aufsehen erregenden Eklat, als Alan Sugar, Präsident des englischen Erstligisten Tottenham Hotspur, seinen Geschäftsführer Terry Venables feuerte. Nur zwei Jahre zuvor waren beide als Retter des hochverschuldeten Londoner Renommierklubs gefeiert worden. 1991 hatten Venables, der damals noch Trainer von Hotspur war (mittlerweile ist er englischer Nationaltrainer), und Sugar die Mehrheit der Klubaktien erworben und Tottenham damit vor dem Ruin oder einem Ausverkauf an den umtriebigen Verleger Robert Maxwell bewahrt. Im gleichen Jahr führte Venables Tottenham auch noch zum Pokalsieg.

Die Entlassung von Venables schlug deshalb so hohe Wogen, weil sich noch nie zuvor ein „money man" und ein „football man" so frontal gegenübergestanden hatten. Sugar ist ein klassischer Quereinsteiger, wie sie im Profifußball in den letzten Jahren mehr und mehr zu finden sind. Als Inhaber einer Firma, die Schüsseln für den Empfang von TV-Satellitenprogrammen herstellt, ist sein Interesse am Fußball und Tottenham primär geschäftlicher Natur. Sugar macht keinen Hehl daraus, daß er vom Fußball eigentlich keine Ahnung hat. Hingegen ist Venables von einem ganz anderen Kaliber.

Auf die wütenden Proteste der Tottenham-Fans und das Unverständnis der Presse reagierte Sugar mit einer dürren Erklärung, in der er dafür garantierte, daß die Bilanzen des Klubs auch in Zukunft in Ordnung sein würden. Aber nach Bilanzen hatte den „money man" niemand gefragt. Die Erklärung Sugars verdeutlichte lediglich totales Unverständnis für die Empfindungen der Fans. Tatsächlich dürfte Venables an seiner Popularität gescheitert sein, die Alan Sugar ein Dorn im Auge war.

Mit der Entlassung von Terry Venables endete auch eine bis dahin einzigartige Zusammenarbeit zwischen einem hohen Funktionär eines Profiklubs und einer unabhängigen Fan-Initiative. Venables war einer der wenigen Funktionäre im englischen Profifußball, dem die Fans uneingeschränkt ihr Vertrauen schenkten. Den Fans blieb einmal mehr nur die Erkenntnis, daß sie Veränderungen in der Politik ihrer Klubs zwar soufflieren, aber nur sehr schwer durchsetzen können. Hierzu fehlt ihnen die finanzielle Kraft.

1989 stieg der westfälische Traditionsklub Preußen Münster, Gründungsmitglied der Bundesliga, nach Jahren des Amateuroberligadaseins endlich wieder in den bezahlten Fußball auf. Doch bereits nach dem zweiten Jahr der Zweitligazugehörigkeit war es mit der Preußen-Herrlichkeit wieder vorbei. Obwohl der Klub hinter Schalke und Duisburg, den Aufsteigern zur 1. Liga, den besten Zuschauerschnitt verzeichnete und schwarze Zahlen schrieb, stieg er erneut ab. Die Geschäftsleute in der Klubführung hatten sich geweigert, die zur Vermeidung des Abstiegs notwendigen Investitionen zu tätigen. Schwarze Zahlen waren ihnen wichtiger, was ihnen die Fans bis heute nicht verziehen haben. Der Abstieg von 1991 wird in Münster allgemein als „unnötig" betrachtet und allein der Klubführung angelastet. Viele Fans werden sich im Preußen-Stadion erst dann wieder sehen lassen, wenn die Zweitligazugehörigkeit wieder hergestellt ist. Die Weigerung, das Abenteuer 2. Bundesliga unter professionellen Bedingungen anzugehen, hat dazu geführt, daß sich der Klub mittlerweile finanziell – vor allem aufgrund ausbleibender Zuschauer – nicht mehr die Sprünge leisten kann, die notwendig wären, um in den Profifußball zurückzukehren. Im Gegenteil – die finanzielle Situation hat sich nach dem Abstieg rapide verschlechtert, was mittlerweile auch im sportlichen Bereich Folgen hat – ein Teufelskreis.

Ein weitaus weniger dramatisches, nichtsdestotrotz erwähnenswertes Beispiel für einen Verstoß gegen die besonderen Gesetze des Fußballbusiness lieferte in den 80ern die Personalpolitik von Bayern München. Mit dem Verkauf von Spielern nach Italien konnte der Verein sein Bankkonto erheblich aufstocken, verkaufte damit aber gleichzeitig den Erfolg. Und mit dem verkauften Erfolg kamen auch finanzielle Einbußen. Die Krise der Bayern wäre möglicherweise zu vermeiden gewesen, hätte man im einen oder anderen Fall auf das Geld aus Italien verzichtet.

Tottenham und Preußen Münster stehen für einen Trend, der Fußballklubs umstandslos mit gewöhnlichen Unternehmen gleichsetzt, um sie total den Gesetzen der freien Marktwirtschaft zu unterwerfen. Hierzu zählt auch die völlige Trennung des sportlichen vom wirtschaftlichen Bereich. Dies ergibt jedoch keinen Sinn, denn das Business, das Tottenham, Münster oder die Bayern betreiben, ist der Fußball. Und der unterliegt besonderen Gesetzen, die von denen der freien Wirtschaft teilweise abweichen. Was im „richtigen Leben" richtig sein mag, kann sich im Fußball als falsch erweisen – auch unter ökonomischen Aspekten. Was nützen einem, um noch einmal das Beispiel Münster zu strapazieren, schwarze Zahlen, wenn das Team absteigt und deshalb in der folgenden Saison die Zuschauer ausbleiben? Hätten sich die Preußen damals verschuldet, wobei eine Investition in einer derartigen Größenordnung vermutlich gar nicht notwendig gewesen wäre, stünden sie heute sportlich wie finanziell deutlich besser da.

Es geht nicht darum, daß Mitwirken von Leuten aus der Wirtschaft per se zu verdammen. Im heutigen Profifußball werden gigantische Summen umgesetzt, die ehrenamtliche Laien oft überfordern. Das Fußballbusiness ist heute ungleich komplizierter als noch bei der Gründung der Bundesliga bzw. der Einführung des Profitums. Da sind von Geschäftsleuten eingebrachte Erfahrungen häufig sehr hilfreich. Gegen das Mitwirken der „money men" ist so lange nichts einzuwenden, wie diese explizit anerkennen, daß der Fußball seine eigenen Gesetze hat. Gerd Niebaum: „Erfahrungen aus dem geschäftlichen und beruflichen Bereich lassen sich nicht automatisch auf die Bundesliga übertragen."

Aufgrund der besonderen Gesetze sind Fußballklubs auch nicht ohne weiteres in Aktiengesellschaften umzuwandeln. Echte Aktiengesellschaften, deren Anteilscheine an der Börse erwerbbar sind, sind ohnehin nur sehr wenige Klubs. Für die Bundesliga, wo das Aktienmodell ebenfalls diskutiert wird, gilt: Nur wenige Klubs dürften auf neues Kapital per Aktienverkauf spekulieren, nämlich die, die den Aktienkäufern realistische Gewinnerwartungen bieten. Das AG-Modell käme demnach nur für die Großen der Branche in Betracht. „Für die Gesamtheit der Vereine ist das keine praktikable Lösung", konstatiert deshalb auch DFB-Pressechef Niersbach.

Fußball-AGs würden sich mit schwerwiegenden Problemen konfrontiert sehen:

▶ Der Fußball ist schwer kalkulierbar. Alle Versuche, ihn berechenbarer zu machen, gehen an seine Substanz und auf Kosten seiner Attraktivität. Ein Fußballklub, der vorwiegend als Business funktioniert, muß jedoch an einem möglichst hohen Grad von Kalkulierbarkeit interessiert sein. Ist die Substanz des Spiels allerdings ausgehöhlt, läßt sich mit dem Spiel auch kein Geschäft mehr machen. So beißt sich die Katze selbst in den Schwanz.

▶ Mit der Auszahlung von Dividenden ist es so eine Sache. In England, wo längere Erfahrungen mit AGs existieren, wird die Dividende in der Regel in das Team reinvestiert. Da das Team erfolgreich sein soll, ist dies auch nur logisch. Dann aber läßt sich kein Gewinn mit dem Aktienbesitz erzielen. Das gleiche gilt für den Fall, daß Dividenden ausgezahlt werden. Diese fehlen dann für eine Verstärkung des Teams. Da der Klub dann das sportliche Niveau nicht halten kann, wird er bald auch keine Gewinne mehr erwirtschaften und keine Dividenden mehr auszahlen können.

▶ Der Aktienbesitz hat deshalb selbst bei solchen Klubs, die tatsächlich an die Börse gegangen sind, einen oft eher ideellen Wert. Mit der Aktie darf sich der Fan als Miteigentümer des Klubs wähnen. Ein mehr politisches Argument gegen das AG-Modell ist der Verlust an Öffentlichkeit. Dieses Argument gilt allerdings nur für Deutschland, da sich in England die Profi-klubs ohnehin in privaten Händen befinden. Das Sagen hätten die, die über die Mehrheit der Aktien verfügen, wozu der gewöhnliche Fan, weil er sich bestenfalls den Kauf einiger weniger, letztendlich bedeutungsloser Aktien leisten könnte, sicherlich nicht zählen würde. Der Verein liefe Gefahr, fremdbestimmt zu werden.

BVB-Präsident Niebaum war selbst einmal ein Verfechter des AG-Modells, da er hierin eine Möglichkeit sah, die ehrenamtlichen Strukturen im Profifußball aufzubrechen. Doch mittlerweile ist er zu der Erkenntnis gelangt, daß sich dies auch im Rahmen der existierenden Vereinsform bewerkstelligen läßt. Zwar will sich Niebaum nicht prinzipiell gegen das AG-Modell aussprechen, aber AGs sind für ihn nicht länger ein „Allheilmit-tel". „Eine freie AG kann es ohnehin nicht geben. Man müßte Fehlentwick-lungen vorbeugen. Es wäre dann eine stark kastrierte AG." Außerdem sieht Niebaum die Gefahr, daß durch die Verstärkung der Eigenkapitalbasis der gut geführten Vereine eine Zwei-Klassen-Gesellschaft entstehen könnte. Aber Niebaum ist dagegen, daß der DFB den Vereinen Zwangsjacken ver-ordnet. „Die Vereinsautonomie sollte gewährleistet bleiben."

Auch Michael Meier erblickt in Kapitalgesellschaften nicht die Ideallö-sung, will aber mehr Kalkulierbarkeit: „Das größte Risiko im Fußballge-schäft ist die Mitgliederversammlung. Leute, die im Jahr 100 Mark Beitrag zahlen, entscheiden über die Verwaltung von mehr als 50 Millionen Mark." Meier plädiert deshalb für ein Wahlmänner-Gremium, das Präsidentschaftskandidaten prüfen soll, bevor sie der Mitgliederversammlung präsentiert werden. „Die Bundesliga kann sich nicht länger Profilneurotiker leisten, Drei-Tage-Präsidenten, die ihr Amt vorwiegend dem Alkoholpegel der Mitgliederversammlung verdanken." (Meiers Vorschlag klingt ein wenig elitär. Drei-Tage-Präsidenten werden nicht primär aufgrund des in der Versammlung herrschenden Alkoholpegels gewählt, sondern weil sie nicht mit glaubwürdigen und vermittelbaren Alternativen konfrontiert werden. Daß ein Niebaum durch den Getränkekonsum der Vereinsmitglieder Schwierigkeiten bekommen sollte, halten wir für sehr unwahrscheinlich. Noch jede Hauptversammlung eines Bundesligaklubs, auf der es zum Tumult kam, hatte ihre Vorgeschichte – auch „auf Schalke".)

Das Gespann Niebaum-Meier

Um die Dortmunder Politik des Spagats zwischen Tradition und Moderne besser verstehen zu können, lohnt es sich, die Führungsetage des Klubs näher anzuschauen.

Mit Freiburgs Stocker, Bremens Böhmert und Kaiserslauterns Thines bildet Gerd Niebaum das Kontrastprogramm der Liga, wenngleich er ein ganz anderer Typ ist. Beruflich und geschäftlich profitiert der Rechtsanwalt von seiner ehrenamtlichen Tätigkeit nach eigenem Bekunden nicht. „Wer wirklich ein existentielles Problem hat, der geht nicht zum Niebaum, sondern wird sich vielmehr sagen: 'Der Niebaum hat für mich ohnehin keine Zeit, der hat doch nur den BVB im Kopf.'" Niebaum, ein überzeugter Lokalpatriot, ist bereits seit seiner Jugend BVB-Fan, hat die großen Erfolge des BVB live erlebt. „In Dortmund bekommt man Borussia quasi in die Wiege gelegt."

Als Niebaums schwarz-gelbe Sozialisation begann, „wurde man noch nicht von Fußball so überflutet wie heute. Das Ereignis hatte noch einen höheren Stellenwert. Ab Montag bereitete sich der Fan auf den Samstag vor." Bevor Niebaum im Oktober 1984 in den Notvorstand geholt wurde, war er ein Fan wie jeder andere, der auch in gleicher Weise das Für und Wider der jeweiligen Vereinspolitik diskutierte. Daß er 1986 Rauballs Nachfolger auf dem Präsidentenstuhl wurde, war im Oktober 1984 „so nicht vorgesehen. Aber es war kein anderer da. Wenn heute so ein Vakuum entstehen würde, würden wahrscheinlich gleich zehn Leute anstehen." Niebaum agiert als Brücke zwischen dem alten und dem neuen Dortmund.

Gerd Niebaum

Niebaum ist im nord-östlichen Stadtteil Wambel aufgewachsen, lebt aber heute südlich vom Westfalenstadion. Seine Anwaltspraxis befindet sich in der südlichen Innenstadt. Niebaum ist sich der proletarischen Tradition des BVB bewußt, zählt aber selbst zur „neuen lokalen Elite". Der Experte für Wirtschaftsrecht, der in Münster studierte, strahlt ein hohes Maß an Ruhe und Seriosität aus. Cholerische Ausfälle, wie in diesem Geschäft gang und gäbe, scheinen ihm völlig fremd zu sein, ohne daß er deshalb arrogant, abweisend und distanziert wirken würde. Vielmehr verkörpert Niebaum eine seltene Verbindung von Intellektualität und Volksnähe.

Ein typisches Beispiel hierfür ist die folgende Episode vom UEFA-Cup-Spiel in Auxerre: Um Dankbarkeit und Solidarität zu demonstrieren, mischten sich Niebaum und Manager Meier unter das Dortmunder Stehplatzpublikum. Anschließend stellten sie klar, daß man nicht daran denke, diese Aktion nun Samstag für Samstag zu wiederholen. Niebaum weiß, was er ist und wo er hingehört und versucht dies auch nicht zu vertuschen. Er fühlt mit den Fans auf Dortmunds Südtribüne, er kennt deren Freuden und deren Leiden, aber er weiß auch, daß deren Alltag anders aussieht als der seinige. Trotzdem (oder deshalb) verfehlte die Aktion in Auxerre nicht ihre Wirkung. Denn zur Faszination des Fußballs, zumal unter den Fittichen der Borussia, gehört auch die vorübergehende Aufhebung aller sozialen und kulturellen Schranken. Hierzu paßt auch seine Haltung gegenüber „Top-Zuschlägen", die der Präsident ablehnt. Als der BVB im UEFA-Cup den AS Rom empfing, hätte der Unternehmer im Präsidenten gern einen ordentlichen Top-Zuschlag verlangt. Doch der Vereinspolitiker machte ein „Entfremdungspotential" aus, das ihn von einer Preiserhöhung abhielt. „Die Leute hätten klaglos gezahlt, sich den Vorgang gemerkt und sich bei Gelegenheit gerächt." Nach enttäuschenden Vorstellungen in der Bundesliga 1993/94 beschlossen Niebaum und der Vorstand zwecks Entschädigung der Fans einen Preisnachlaß von 50% auf allen Plätzen für das UEFA-Cup-Spiel gegen Maribor. Der BVB verzichtete so auf eine Einnahme von ca. 500.000 DM. (Allerdings stellt sich die Frage, ob es diesen Nachlaß auch gegeben hätte, wenn der Gegner attraktiver gewesen wäre und ohnehin ein volles Haus garantiert hätte. Beim Spiel gegen Inter Mailand forderte der BVB nämlich erstmals einen Zuschlag.)

Niebaum ist ein Mann sachlicher und messerscharfer Analyse. Mit seiner Fan-Sozialisation verfügt Niebaum über etwas, woran es vielen anderen Fußballfunktionären allzu offensichtlich mangelt. In all seinen Analysen schwingt stets auch die Sichtweise des „gewöhnlichen" Fans mit. Seine Biographie stattet ihn mit einer gewissen Sensibilität gegenüber bestimmten Entwicklungen im Fußball aus, über die ehemalige Spieler im Funktionärsgeschäft, weil sie den Fußball nie so richtig aus der Perspektive des leidenden Fans erlebt haben, und viele Quereinsteiger aus der Wirtschaft ignorant hinweggehen. Niebaum versteht nicht nur viel vom Fußball als Business, sondern auch von dessen Faszination und seinen besonderen Gesetzen. Möglicherweise ist dies mit ein Grund für seine Ruhe in „Krisensituationen" wie in der Saison 1993/94. Da Niebaum um diese besonderen Gesetze weiß, kann er ihre Wirkung leichter akzeptieren.

Niebaum verfügt über ein großes Einfühlungsvermögen für die Spieler („verletzliche Künstlerseelen") und einen ausgeprägten Sinn für Tradition, der nicht aufgesetzt wirkt, sondern sich aus einer Fan-Biographie ergibt, zu der auch die drei Deutschen Meisterschaften von 1956, 1957 und 1963 sowie der Europapokal-Triumph von 1966 gehören. Niebaum: „Die Zukunft braucht Herkunft. Wir sollten nicht anderen Vereinen nacheifern, unser Vorbild ist die Borussia der 50er und 60er Jahre, die damals erfolgreichste Nachkriegself. Genau dorthin wollen wir den BVB wieder führen, dabei die Volkstümlichkeit der alten Borussia bewahren, ihr aber ein modernes Gesicht geben."

In einer Zeit, wo immer mehr Vereinsfunktionäre die Geschichte und sozialen wie kulturellen Wurzeln ihres Klubs ignorieren und ihre Spieler wie austauschbare Angestellte behandeln, schleppt Niebaum die Neuerwerbungen Riedle und Freund erst einmal zum Stammtisch des Ältestenrats, um „eine gewisse Nachdenklichkeit bei ihnen zu provozieren". Für den ehemaligen Borussen-Torwart, Europapokalsieger und Vizeweltmeister Hans Tilkowski, der öffentlich gegen die zu hohe Bezahlung der heutigen Profis wettert, ist Niebaum trotz der Spitzengehälter vieler Borussen-Spieler „der beste BVB-Präsident der Nachkriegszeit". Die ehemaligen Deutschen Meister Herbert Sandmann und Helmut Bracht sehen dies nicht anders. Beide loben vor allem Niebaums Sinn für Tradition und sein Engagement für den Ältestenrat. Die Amtszeit des Sanierers Heinz Günther hatte einen Bruch in der Traditionspflege des BVB bedeutet. Selbst um einige popelige Ehrenkarten mußten die „Alten" betteln und sich dabei zuweilen auch noch als „Parasiten" beschimpfen lassen. Unter Niebaum, der auf den Sitzungen der „alten Fuhrleute" oft selbst anwesend ist, hat der Ältestenrat eine Stärkung erfahren. So wird der Ältestenrat u.a. vor Neuverpflichtungen konsultiert. Sandmann: „Ich bin seit 1938 im Verein, aber so einen guten Präsidenten hatten wir noch nie. Das Schöne ist, daß Dr. Niebaum sehr stark auf die Tradition achtet."

Niebaums „Programm" entspricht den Hoffnungen all jener Borussen-Fans, die den Triumph von 1966 und den folgenden Alptraum persönlich miterlebt haben: Daß der BVB wieder zur nationalen Spitze gehört und auch europäisch eine Rolle spielt. Wobei die Teilnahme an den europäischen Wettbewerben gerade auch mit Blick auf die Finanzierung des nationalen Wettstreits von Bedeutung ist. Denn, so Niebaum, groß ist ein Klub selbst im nationalen Maßstab erst, wenn er zugleich europäisch spielt. Um in der nationalen Liga permanent oben mitzuspielen, benötige man die Einnahmen aus den europäischen Wettbewerben. 1966 und die folgenden Jahre spielen in Niebaums Denken die gleiche traumatische Rolle wie bei den meisten Borussen-Fans seiner Generation. Wann immer der Präsident über sein „Programm" redet, kommt er auf die Lehren dieser Jahre der frustrierten Hoffnungen zu sprechen, als sportliches und finanzielles Kapital binnen kürzester Zeit verspielt wurde.

Schließlich betreibt Niebaum eine Professionalisierung der Vereinsstrukturen, ohne dabei die Bodenhaftung preiszugeben. Als Niebaum sein Amt antrat, „war der BVB-Präsident noch in Personalunion auch Manager. Wer Präsident war, war auch der große Macher. Der Präsident repräsentierte und leitete nicht nur, sondern mußte sich auch um die Verträge kümmern. Ein ehrenamtlicher „full-time-job" ist aber auf die Dauer nicht durchzuhalten. Heute sind die Kompetenzen stärker verteilt. Im ehrenamtlichen Bereich sind außer Niebaum vor allem noch Vizepräsident Dr. Ernst G. Breer und Schatzmeister Hans-Jürgen Freundlieb zu nennen. Beide kommen wie Niebaum aus der Region. Breer stammt aus Werne a.d. Lippe, wo es schon immer einen großen BVB-Anhang gab, Freundlieb aus dem Dortmunder Stadtteil Hörde, wo sein Vater zu den Gründern des renommierten Handballklubs OSV Hörde (heute OSC Thier Dortmund) gehörte. Sowohl Breer wie Freundlieb sind erfolgreiche Unternehmer. Wichtiger ist allerdings die Arbeit, die beide in den Verein investieren. Auf Medienpräsenz legen sie wenig Wert, weshalb dem BVB Zustände, wie sie zuweilen in München existieren, erspart bleiben. Helmut Bracht ist der Auffassung, daß der Verein heute an seiner Spitze so stabil sei, „daß wir nie wieder eine Führungskrise bekommen werden. Selbst wenn Niebaum eines Tages zurücktreten würde." Herbert Sandmann bestätigt ihn in dieser Auffassung: „Wir haben heute einen Vorstand, der nur aus Könnern besteht. Der Präsident, der Vizepräsident, der Schatzmeister, der Manager – alles Könner."

Michael Meier wurde in der nördlich von Dortmund gelegenen Arbeiterstadt Lünen geboren und ging in der Dienstleistungsstadt Bonn zur Schule. Meier studierte Jura und Betriebswirtschaftslehre und absolvierte eine Ausbildung zum Diplomkaufmann. Die Parallelen mit Niebaum sind offensichtlich: Beide stammen aus proletarischen Städten, lernten aber über einen längeren Zeitraum auch Städte mit einer ganz anderen Sozialstruktur kennen. Möglicherweise waren beide durch diese Sozialisation für die Aufgabe einer Modernisierung

Michael Meier

und Professionalisierung der Borussia, ohne dabei die Bodenhaftung aufzugeben, geradezu prädestiniert. Meier war schon immer ein BVB-Fan gewesen, allerdings der einzige in seiner Familie. Seine Karriere als Manager begann er beim alten BVB-Rivalen 1. FC Köln, für den er über sieben Jahre arbeitete. In Köln verfügte er zunächst über keine Bindung zum Verein. „Am Anfang war es nur ein Job", was sich jedoch mit der Zeit änderte. Meier verließ die Domstädter, als diese Lattek zum Technischen Direktor bestellten, wodurch der Manager in seinen Befugnissen arg beschnitten wurde. Die nächste Station hieß Bayer Leverkusen. Zu Kölner Zeiten hatte Meier den Werksklub einmal vor einem Derby als „Plastikklub" denunziert. Bei Bayer wurde Meier nie richtig heimisch. Eine emotionale Bindung zum Verein hält Meier aber in seinem Beruf für „unabdingbar". Nach seiner Zeit bei Bayer wollte er eigentlich „raus aus dem Fußball", aber Niebaum überzeugte ihn zum Weitermachen im Fußballmanagement.

In Dortmund hatte Meier nach eigenem Bekunden keine Integrationsprobleme. „Ich hatte meine westfälische Mentalität noch behalten, ohne allerdings zu wissen, was diese war." Dies wurde ihm allerdings schnell beigebracht, als die Fans den Neuankömmling mit den Worten begrüßten: „Was willst du denn hier? Du willst doch sowieso nur unsere Kohle!" Meier: „Da wußte ich, daß ich wieder zu Hause war. Der direkte Angriff als Teil der westfälischen Mentalität." Niebaum schildert Meiers Anfangszeit etwas anders: Meier habe zunächst lernen müssen, „daß man bestimmte Dinge in Dortmund nicht machen kann", der BVB ein anderes Seelenleben habe als der 1. FC Köln oder Bayer Leverkusen. Aber mit der Zeit habe Meier ein hervorragendes Feeling für die Dortmunder Situation entwickelt. Er habe diese regelrecht „in sich aufgesogen". Dies und seine „mitgebrachte Professionalität" hätten ihn so erfolgreich gemacht.

Laut Meier hat ein Manager am Spielort zu leben, was zu seiner Leverkusener Zeit nicht der Fall gewesen war. „Der Manager muß spüren, was da los ist. Ansonsten baut er Fehlentscheidungen par excellence." Der Manager müsse sein Ohr am Volk haben und sich mit den Fans ständig in einem stillen Dialog befinden.

In kaufmännischer Hinsicht ist Meier sicherlich ein Glücksfall für die Borussia und gehört zweifellos zu den fähigsten Vertretern seiner Branche. Auch seine menschlichen Führungsqualitäten – hier vor allem der Umgang mit den Spielern – sind weithin unbestritten.

Im Gegensatz zu vielen seiner Kollegen beteiligt sich Meier – sieht man einmal von der Calmund-Saftig-Affäre ab – nicht an verbalen Schlagabtauschen. Meier bemängelt die fehlende „corporate identity" in der Liga, den fehlenden Respekt voreinander, das fehlende Verständnis von der Liga als gemeinsames Produkt. Es würde zuviel gegeneinander anstatt miteinander agiert. Der Branche mangele es an Gefühl dafür, daß Sprüche wie vom „Drecksgeschäft" schlimm für ihr Image seien. Das Gerede vom „Haifischbecken" (Calmund) als Alibi für moralisch fragwürdige Aktivitäten läßt Meier nicht zu, ist ihm „zu primitiv." „Es ist nicht unsere Aufgabe, die Zeitungen mit Sprüchen zu füllen." Bei vielem, was er sagt, vermengen sich seine ethisch-moralischen Grundsätze mit seinem ausgeprägten kaufmännischen Denken. Wenn er über das Fehlen einer „corporate identity" in der Bundesliga spricht, dann geht es natürlich auch ums Geschäft. Meier scheint eine Organisation nach dem Vorbild der amerikanischen NFL vorzuschweben. Die Vermutung liegt nahe, daß Meier, sollte es zum großen Knall zwischen einem Teil der Liga und dem DFB kommen, wohl eher zu den Befürwortern einer Abkoppelung der Liga zählen würde.

Der BVB war der erste Bundesligaklub, der eine Anti-Rassismus-Aktion organisierte. Die Initiative hierzu ging von Michael Meier aus. Vor dem Spiel gegen die Stuttgarter Kickers im Oktober 1991 veranstalteten die ausländischen Spieler aller BVB-Mannschaften eine Demonstration gegen den Rassismus. Mit dabei war auch Marcel Raducanu. Beim anschließenden 3:1-Sieg der Borussen trafen im übrigen nur Ausländer…

Meier war auch Initiator des Bundesligaaktionstags „Friedlich miteinander – Mein Freund ist Ausländer". Der Bundesverkehrsminister hatte der Liga angetragen, gegen „Alkohol am Steuer" zu werben. Als die Tagung der Bundesligamanager diesen Tagesordnungspunkt diskutierte, machte der BVB-Manager seine Kollegen darauf aufmerksam, daß es aktuell wichtigere Dinge gäbe und man außerdem nicht der verlängerte Arm des Ministers sei. Für den BVB war der Aktionstag nicht die erste Aktion gegen Ausländerfeindlichkeit. Meier: „Wir wurden auch deshalb aktiv, weil wir durch die Geschichte mit der Borussen-Front gebrandmarkt waren." Als der BVB seine erste Aktion startete, gab es starke Bedenken, vor allem seitens der Stadt und des Ordnungsamtes, die befürchteten, durch diese könnten „Radikalinskis" mobilisiert werden. Meier: „Mit Bedenken konnte man mir aber nicht kommen, man hätte es mir schon verbieten müssen. Wenn wir keine Zivilcourage zeigen, dann haben die Rechten bereits gesiegt."

Als ausgesprochen ärgerlich empfand Meier im Vorfeld des Aktionstags das Verhalten des Mönchengladbacher Trikotpartners, der seinen Platz auf dem Trikot der Spieler zugunsten des Slogans wider die Ausländerfeindlichkeit nur bei Zahlung einer Entschädigung räumen wollte. Meier: „Wir hätten in unserer Runde die 50.000 Mark sammeln sollen, um gleichzeitig intern dafür zu sorgen, daß dieser Werbepartner nie wieder auf dem Trikot eines Bundesligisten erscheint." Daß es dazu nicht kam, ist für Meier nur ein weiteres Indiz für die fehlende „corporate identity" der Liga.

Die Anti-Rassismus-Aktionen waren nicht die einzigen des BVB seit Meiers Amtsantritt. Wiederholt schickte er die Mannschaft zum Blutspenden, zweimal bestritt der BVB Benefizspiele für die Kinder von Tschernobyl. Eine sehr schöne Idee erwuchs aus den Kontakten des BVB nach Israel, wo der BVB zwei Trainingslager veranstaltete. (Mit seinen zahlreichen Kontakten nach Israel handelt sich Meier bei den Spielern den Spitznamen „Moshe" ein.) Bei einem Besuch 1992 in Dortmund war die israelische Künstlerin Miriam Neiger in ein Meer begeisterter BVB-Fans geraten. Nur ein paar Tage vorher war sie mit deutschen Neonazis konfrontiert worden. Aus diesen unterschiedlichen Erlebnissen entstand eine Bildserie „Engel über Deutschland". Ein Bild aus dieser Serie ist ein „Borussia-Bild", das u.a. vier schwarz-gelbe Fußballer zeigt, deren Aktionen Begeisterung und Verständigung hervorrufen. Meier überlegt, von diesem „Borussia-Bild" eine bestimmte Anzahl von Drucken anfertigen zu lassen und zu verkaufen. Mit den Verkaufseinnahmen soll der Bau einer Zahnklinik für israelische und palästinensische Kinder unterstützt werden.

Bodenhaftung

Auch der Profi-Fußball kommt ohne ein gewisses Maß an Bodenhaftung nicht aus. Der BVB versucht dem in mehrfacher Weise Rechnung zu tragen. Bayern München und Bayer Leverkusen unterhalten lukrativere Trikot-Deals als Borussia Dortmund. Doch der Deal mit der Continentale-Versicherung symbolisiert auch eine Verbindung mit der heimischen Wirtschaft.

Auch die VIP-Logen im ausgebauten Westfalenstadion will Niebaum vornehmlich an die heimische Wirtschaft verkaufen.

Angesichts der sozialen Probleme in der Stadt und der Region gerät die Transferpolitik des BVB häufig zum Politikum. Die erste Möller-Verpflichtung (1987), der erste wirklich teure und spektakuläre Neuzugang in der Ära Niebaum, war eine riskante Angelegenheit, die den CDU-Politiker Blüm zum scharfen Protest provozierte. In Dortmund war man zu dieser Zeit derartige Summen noch nicht gewohnt. Zudem fehlte noch der sportliche Erfolg, der Verpflichtungen à la Möller legitimieren konnte.

Über die erheblich teureren Sammer und Riedle sprach man wenige Jahre später indes fast nur noch außerhalb Dortmunds. Ob die Ausgabe von 18 Mio. DM für zwei neue Spieler angesichts der hohen Arbeitslosigkeit in der Stadt und des drohenden Endes für den Stahlstandort Dortmund moralisch zu rechtfertigen ist, wurde in Dortmund selbst kaum diskutiert. Anläßlich der Sammer-Verpflichtung verteilte der Vorstand an die Stahlarbeiter 5.000 Freikarten für das Freundschaftsspiel gegen dessen ehemaligen Arbeitgeber Inter Mailand. Der Vorstand feierte den Coup nicht mit Sekt, sondern mit Pils. „Die Identität als Traditionsverein", so Manager Meier, „soll bei allem Wohlstand erhalten bleiben. Wir wollen kein Lackschuhklub werden", was den Fans auch immer wieder aufs Neue bewiesen werden muß.

Bei Riedle schien man tunlichst darauf bedacht zu sein, unter der 10 Mio.-Grenze zu bleiben. „Die 9,5 Millionen ... klingen ... nach einem 99,99 Mark-Sonderangebot, bei dem es darum geht, aus psychologischen Gründen dem Verbraucher nur ja nicht zu viele Nullen im Preis zuzumuten", mutmaßte die „Frankfurter Rundschau". Das Verhalten der Führung bei den Sammer- und Riedle-Transfers zeigt immerhin davon, daß einem die Stimmung in der Stadt nicht gleichgültig ist.

Das Problem vieler auswärtiger Kritiker der BVB-Ausgabenpolitik ist, daß sie von der Diskussion in Dortmund selbst keine Ahnung haben. Abgesehen davon implizieren die Einwände, daß ein wohlhabender Fußballklub nur dann Geld ausgeben darf, wenn er auch in einer wohlhabenden Region beheimatet ist. Mit anderen Worten: Was Bayern München darf, darf Borussia noch lange nicht. Das Dortmunder Publikum, inklusive seines proletarischen Teils, würde ein entsprechendes Verdikt wohl mit einem gellenden Pfeifkonzert quittieren. Es käme einer doppelten Bestrafung gleich: Erst muß man sich aus dem Süden der Republik ständig anhören, man sei eine sterbende Region ohne Perspektive, in die zu investieren sich nicht lohne, um anschließend auch noch bei den eigenen Investitionen Bescheidenheit statt „anti-zyklisches" Verhalten verordnet zu bekommen. Die Millioneninvestitionen der Bayern sind kaum ein Thema. Man erwartet von den Bayern ohnehin nichts anderes. Erstaunen lösen da eher „Billigeinkäufe" aus. Aber im Falle des „Arbeitervereins" BVB verhalten sich Medien und Öffentlichkeit deutlich kritischer.

Auch die Gehälter der Spieler sind in Dortmund nicht in der Weise ein Thema, wie es außerhalb der Stadt vielfach vermutet wird. Die Kritik an Spielergehältern ist ohnehin mit Vorsicht zu genießen. Ähnlich wie bei der Subventionierung des Fußballs lohnt es sich, genau hinzuschauen, von welchem Ende der Gesellschaft sie vorgetragen wird. Nicht selten ist die Kritik an den Gehältern elitär („Fußballspieler ist kein richtiger Beruf"). Eine faire Beurteilung der Gehälter muß diese mit denen anderer Akteure der Showbranche vergleichen. Wenn man mit der TV-Fernbedienung über die Shows auf den diversen Privatsendern huscht, wird deutlich, daß sich dort eine Menge von Figuren tummeln, die nicht weniger, teilweise sogar mehr als viele Kicker verdienen, aber selbst von einem Riedle in Formkrise an Qualität noch übertroffen werden.

Im Verständnis der BVB-Führung hat ein Profiverein keine Pflicht, Profite zu erwirtschaften und Dividenden auszuschütten. Sein Auftrag ist, Fußball zu spielen und den Fußball zu fördern. Die Verpflichtung eines Matthias Sammers und eines Karl-Heinz Riedles sind somit nichts anderes als die Erfüllung dieses Auftrags. Selbst die Anschaffung der Immobilie Trainingsgelände will Niebaum primär unter diesem Aspekt verstanden wissen. Würde das Geld nicht in die Mannschaft investiert werden, käme dies einer Zweckentfremdung der Einnahmen gleich. (Nebenbei: was den Fußballbetrieb auch von einem normalen Betrieb unterscheidet, ist, daß das erwirtschaftete Geld nicht auf der Betriebsleiterebene hängen bleibt, sondern direkt in die Taschen der Spieler weiterfließt.)

Bei der Auswahl der Spieler versucht der BVB darauf zu achten, daß sie zu Dortmund und der Region passen, wobei dies sicherlich nicht immer gelingt. Angesichts der sozialen Probleme kann man sich nicht allzu viele Angestelltenfußballer leisten. Der ehemalige Trainer Horst Köppel: „Wenn die Fans spüren, daß wir ehrliche Arbeit leisten, dann geben sie ihren letzten Pfennig für Borussia." Spieler wie MacLeod, Zorc, Schulz, Kutowski und Dickel hatten hier keine Schwierigkeiten. Michael Rummenigge mußte sich die Anerkennung hingegen erst erkämpfen. Auch der im Abschluß oft glücklose Povlsen kommt dank seines unbedingten Einsatzwillens in Dortmund gut klar.

Wenn Niebaum und Meier darauf achten, daß die Spieler zum Verein passen, hat dies aber wohl auch noch einen anderen, weniger lokalen Grund: Auch Niebaum und Meier wissen um die negativen Erfahrungen der Bayern. Niebaum: „Wir kaufen nicht jedes Jahr fünf neue Spieler. Wir wollen, daß sich die Fans an die Spieler und die Spieler sich an diese Stadt und ihre Menschen gewöhnen." Der BVB versucht, seinen Spielern eine möglichst lange Verweildauer einzuräumen. Niebaum: „Dahinter steht die Erkenntnis, daß die Vereine Galionsfiguren benötigen. Spieler wie Kurrat, Schütz oder Konietzka konnten nur BVB-Helden werden, weil sie lange genug da waren."

Der Einkauf von Stars bedeutet nicht, daß der BVB auf regionale Gewächse keinen Wert mehr legt. Für Niebaum ist „die Identifikation des Zuschauers mit dem Verein das Entscheidende". Deshalb hält Niebaum es für unbedingt sinnvoll, daß immer wieder auch junge Spieler aus der Region ihre Chance erhalten, wie zuletzt Lars Ricken und davor Stefan Klos.

Die an die Borussia gerichteten Erwartungen erschweren eine solche Politik allerdings. Typisch hierfür sind die Diskussionen um einen Spieler wie Kutowski. Ab und zu hört man, daß der BVB mit einem biederen Handwerker wie „Kutte" niemals deutscher Meister oder europäische Spitzenklasse werden könnte. Bis zu seinem Wechsel nach Kaiserslautern wurde hier auch noch Lusch genannt. Tatsächlich braucht der BVB solche Spieler zu einem gewissen Ausmaß. Denn Spieler wie Kutowski gehören ebenfalls zur Seele des BVB-Spiels. Ihr Wert erweist sich immer dann, wenn es bei den Stars mal nicht läuft.

Ein anderes Problem bereitet die wachsende Gruppe der Stars, vor allem im Mittelfeld. Symptomatisch hierfür ist der Rummenigge-Wechsel nach Japan. Als Matthias Sammer für 8,5 Mio. DM von Inter Mailand geholt wurde, war allen Beteiligten klar, daß dieser eine Spielgarantie erhalten würde. Zumindest über einen gewissen Zeitraum, denn 8,5 Mio. DM setzt man allein schon deshalb nicht auf die Bank, weil man unter dem Beweisdruck steht, daß sich die Investition gelohnt hat. Und auf der Bank werden Spieler in der Regel nicht besser. Durch den Kauf von Sammer wurde die Konkurrenz im ohnehin schon engen Mittelfeld noch größer. Da Zorc als Integrationsfigur und lokales Idol sowie eher defensiv ausgerichteter Mittelfeldspieler genauso wenig wegzudenken war wie die Neuerwerbung Sammer, war klar, daß den verbleibenden Mittelfeldakteuren kein Stammplatz mehr garantiert werden konnte; zumal, als mit dem Einkauf von Riedle sowie der zu erwartenden Rückkehr von Povlsen auch im Sturm alle Plätze vergeben waren.

In dieser Situation muß Hitzfeld Rummenigge zu verstehen gegeben haben, mit ihm als zentralen Spielgestalter nicht mehr zu operieren, sondern ihn mit Poschner, Freund, Franck und Karl je nach Leistungsstand und Herausforderung einzusetzen. Rummenigge kritisierte dies nach seinen Einsätzen in der zweiten Halbzeit recht bissig und ironisch mit dem angeblich von Hitzfeld kreierten Begriff des „Ergänzungsspielers". Das Problem ist nur, daß man nicht mit einem Rummenigge, ja nicht mal mit einem Steffen Karl so verfahren kann. Das Konzept von der „gleichwertigen Reservebank" ist zum Scheitern verurteilt bzw. kann bestenfalls nur über einen relativ knappen Zeitraum funktionieren. Vor allem läßt sich dies nicht mit fertigen und profilierten Spielern praktizieren. Denn eine zu große Konkurrenz kann sich auch als tödlich für die Stimmung in einer Mannschaft erweisen und eine negative Angestelltenmentalität fördern. Vor allem dann, wenn einige Spieler den Eindruck haben, daß die Mannschaft nicht nach Leistung, sondern nach Namen aufgestellt wird, wie während der Saison 1993/94 beim BVB zeitweise der Fall, als Hitzfeld von seinen Prinzipien abwich, bis Sammer für die benachteiligten Spieler intervenierte.

Besser wäre es, die Bank vornehmlich mit mehr oder weniger unbekannten Namen zu besetzen, die zwar selbstverständlich auch nach oben wollen, aber die existierende Hierarchie erstmal akzeptieren, um auf ihre Chance zu warten. Solche Spieler sind im Krisenfall immer wieder dazu fähig, Erstaunliches zu leisten. Kein Spieler, der sich bei einem auch nur halbwegs gleichwertigen Verein eines Stammplatzes sicher sein könnte, hält es längere Zeit als „Ergänzungsspieler" aus – mit Ausnahme von Thomas Berthold vielleicht. Und will der Verein sie mit astronomischen Gehältern ruhig stellen, fördert er damit nur die Angestelltenmentalität.

Angesichts der Unzufriedenheit Rummenigges war sein Wechsel nach Japan keine Überraschung. Mit Rummenigge verlor der BVB den Mittelfeldakteur, der von seiner Einstellung her vielleicht noch am ehesten dazu in der Lage gewesen wäre, die Rolle des im zentralen Mittelfeld die Fäden ziehenden Spielmachers zu übernehmen. Michael Rummenigge ist sicherlich nicht umstandslos in die Reihe der Kutowskis und Co. einzureihen. Trotzdem bleibt anzumerken, daß er sich in Dortmund etwas erarbeitet hatte und zu einer relativ verläßlichen Größe avanciert war, die vom Publikum mit Sympathiekundgebungen bedacht wurde. Ob der BVB allerdings überhaupt die Möglichkeit besaß, Rummenigge zu halten, ist eher fraglich. Niebaum: „Der Spieler konfrontierte uns mit einem Angebot, das ihm im Leben nicht wieder gemacht wird. Wegen seiner großen Verdienste haben wir uns schweren Herzens entschlossen, ihn freizugeben. Hätten wir seinem Wunsch nicht entsprochen, wäre ein unzufriedener Spieler in Dortmund geblieben, dessen Leistungsfähigkeit vielleicht nicht mehr einzuschätzen gewesen wäre."

Ottmar Hitzfeld ist sicherlich ein brillanter Analytiker und Taktiker. Aber der Süddeutsche Hitzfeld verstand in der Vergangenheit nicht immer die lokale Mentalität. Dies betraf bestimmte Spielertypen, aber auch Ereignisse wie Derbys gegen Schalke. Auch wenn es völlig richtig ist, daß eine Meisterschaft oder ein Endspielsieg bedeutendere Erfolge sind als ein Sieg gegen den Rivalen: Gegen Schalke auf Ergebnissicherung und Schadensbegrenzung zu spielen, wird der Tradition des Derbys nicht gerecht, provoziert Unmut und gilt vielen als Bestätigung dafür, daß Hitzfeld eben „kein Mann der Region" sei. Man kann einen Verein und das Spiel einer Mannschaft niemals völlig umkrempeln. Alle Bemühungen in diese Richtung werden zwangsläufig Schiffbruch erleiden, ob in Frankfurt, Kaiserslautern oder Dortmund praktiziert. Frankfurt wird immer eine Mannschaft sein, die vor allem das spielerische Element pflegt. In Kaiserslautern und Dortmund wird der Kampf immer eine große Rolle spielen.

Diese Kritik an Hitzfeld ändert nichts daran, daß er zweifellos Dortmunds bester Trainer seit Eppenhoff ist und der erfolgreichste seit Einführung der Bundesliga. „Fischken" Multhaup holte zwar den Europapokal nach Dortmund, aber Hitzfeld ist der Trainer, der den BVB bislang am längsten auf hohem Niveau hielt.

Eintrittspreise

Die besondere soziale Situation Dortmunds und des Ruhrgebiets zwingt bei den Eintrittspreisen zur Zurückhaltung. Der BVB hat jahrelang die niedrigsten Eintrittspreise der Liga gehabt. Unter Niebaum wurden die Eintrittspreise auf den Stehplätzen unter 10 DM gesenkt. Auf diese Weise wollte der Verein die Loyalität seiner treuesten Fans honorieren. Mittlerweile kostet ein Platz auf der Südtribüne allerdings 15 DM. Die soziale Sensiblität wird außerdem durch die UEFA-Vorschriften für Europapokalspiele beschränkt. Die Bestuhlung der Nordtribüne für 3,1 Mio. DM bedeutet, daß Auswärtsfans in Dortmund – aufgrund der Trennung von heimischen und auswärtigen Fans – kräftig blechen müssen. Zwar soll die Nordtribüne wieder in einen Stehplatzbereich zurückverwandelt werden, aber erst wenn die Aufstockung der Haupttribüne (d.h. der Ausbau der Sitzplatzkapazität an anderer Stelle im Stadion) erfolgt ist. Bedenkt man, daß der BVB ohne die Bestuhlung der Stehplatztribüne auf deren Benutzung bei Europapokalspielen verzichten müßte, weil die UEFA bei Spielen mit „erhöhtem Risiko" ab der Saison 1993/94 nur noch 8.000 Stehplätze, bei „normalen" Begegnungen nur noch maximal 22.000 Stehplätze zuläßt, erscheint die BVB-Politik plausibel. Der Umbau der Nordtribüne wurde notwendig, um erhebliche finanzielle Verluste zu vermeiden. Aber im Bundesligaalltag müssen die Zeche die Auswärtsbesucher bezahlen, jedenfalls sofern es sich bei ihnen um Stehplatzkandidaten handelt.

Der BVB mußte sich anläßlich der Umwandlung der Nordtribüne in eine reine Sitzplatztribüne von den Fans anderer Klubs daher herbe Kritik gefallen lassen. So schrieb etwa „Die Welle", eine Fan-Beilage zur offiziellen Stadionzeitung des 1. FC Kaiserslautern: „Fußballvereine und -verbände haben soziale Verpflichtungen in unserer Gesellschaft. Sozial schwächer gestellte Menschen wie Arbeitslose, Sozialhilfeempfänger, Schüler oder Ausländer können sich oftmals die teuren Sitzplatzkarten nicht leisten. Aus dieser Sicht ist eine Preisentwicklung à la Dortmund, wo nach dem Umbau der Nordtribüne die billigste Karte DM 30,- kostete, nicht tolerabel. Gerade in der dortigen Region ist die Geschichte des Fußballs untrennbar mit der Arbeiterschicht, mit den Bergleuten, verbunden. Jeder sollte die Möglichkeit haben, hochklassigen Fußball hautnah im Stadion zu erleben – nicht nur am Fernsehschirm. Der Ausschluß unterer Gesellschaftsschichten durch überhöhte Eintrittspreise ist menschenverachtend und asozial."

Im Kampf gegen die Versitzplatzung, wie sie von der UEFA gefordert wird (ab 1997/98 dürfen bei europäischen Spielen überhaupt keine Stehplätze mehr angeboten werden), agiert der BVB nach dem 1. FC Kaiserslautern am engagiertesten. Der angekündigte Rückbau der Nordtribüne zu einer Stehtribüne wurde von Niebaum zu einer „bewußten Entscheidung gegen die UEFA" erklärt. Niebaum: „Wir machen diesen großen Unfug nicht mit. Die richtigen Fans wollen stehen. Notfalls übernimmt der BVB die Vorreiterrolle." Und Michael Meier ist der Auffassung, daß die „Erlebniswelt Fußball" den finanziell schwächeren Anhängern nicht vorenthalten werden dürfe. Aufgrund des Gewichtes, über das der Verein im nationalen und europäischen Fußball verfügt, ist sein Engagement gegen die Versitzplatzung eine willkommene Hilfe für die Fans. Denn leider können Vereinsführungen, zumal solche „mächtiger" Vereine, oft mehr bewirken.

Die Dortmunder Stehplatz-Politik wird sicherlich nicht nur von sozialen Erwägungen bestimmt, sondern auch von einem ökonomischen Kalkül, das die BVB-Führung, im Gegensatz zur UEFA, immerhin als Kenner der „besonderen Gesetze" ausweist. Denn auch der Logen-Besitzer und der Fan auf der Sitzschale wollen Stehplatz-Folklore und Rabatz schnuppern. Was wäre Dortmund – auch unter Marketinggesichtspunkten – ohne die Fans von der Südtribüne? Nicht von ungefähr bietet der 1. FC Kaiserslautern die Logen und Business-Seats auf seiner neuen Nordtribüne mit einem Hochglanz-Faltblatt an, dessen Titelfoto keine Spielszene, sondern die Fan-Kurve zeigt! Und selbst das Fernsehen und dessen Kunden benötigen die Fantribüne, damit die Atmosphäre bis ins Wohnzimmer hineinstrahlt. Die Fans sind einfach unbezahlbar, ein nicht weniger wichtiger Teil des „Gesamtkunstwerks Borussia" als die Spieler. Wer ein Europa-Cup-Spiel der Borussia einschaltet, weiß, daß in der Regel von der ersten bis zur letzten Minute gefightet wird und das Stadion einem Tollhaus gleicht. Der Marktwert der Borussia wird nicht zuletzt durch deren Fans bestimmt. Der hauptsächliche Unterschied zwischen der Übertragung eines UEFA-Cup-Spiels von Bayer Leverkusen und eines von Borussia Dortmund besteht in dem anderen Ambiente.

Deshalb würde die Vision vom reinen TV-Fußball auch nie funktionieren. Manager Meier: „Ein großes, volles Stadion mit blendender Atmosphäre zieht attraktive Werbepartner an. Meinen Sie denn, die wollen aus einem halbleeren Kühlhaus senden?" Die Stimmung kommt aber immer vor allem von den Stehrängen. So ist in England, wo ab der Saison 1993/94 im Oberhaus nur noch Sitzplätze zugelassen sind (dies wurde hier staatlich angeordnet und finanziert), bereits ein Verlust an Atmosphäre zu beklagen. Im Glasgower „Celtic Park" fiel die legendäre Stehplatztribüne „The Jungle" dem „law and order"-Wahn zum Opfer. Der Großteil der Fans versammelte sich anschließend in der Celtic-Kurve, der einzigen noch verbliebenen Stimmungsecke im Stadion, von wo aus nun in Richtung des versitzplatzten „Jungles" das Lied erklang: „Can you hear the Jungle sing? No, no, no."

Aber auch in Dortmund ist es nicht mehr so wie früher. Die große Zahl von Dauerkarten und der Umbau der Nordtribüne zu einem Sitzplatzbereich haben zweierlei zur Folge: 1. Dem „Vorspiel", d.h. den Aufwärmaktionen der Teams, wohnt nur noch die Südtribüne bei. Die Behauptung des Ex-DFB-Präsidenten Neuberger, daß der „bisherige Stehplatzbesucher" nun merke, „wie vorteilhaft es doch ist, noch fünf Minuten vor dem Anpfiff eines großen Spieles ins Stadion zu können, um seinen reservierten Sitzplatz einzunehmen", zeugt von totaler Unkenntnis bezüglich der Bedeutung des „Vorspiels", das ein Ereignis für sich ist. 2. Die Fans der Gastvereine sind deutlich weniger geworden. Die Südtribüne hat keinen echten Kontrahenten mehr. Eine gegnerische Fankurve existiert eigentlich nur noch, wenn es gegen Mannschaften aus dem Ruhrgebiet geht, die zusätzlich zum Eintrittspreis nicht auch noch einen saftigen Fahrpreis berappen müssen.

Fans müssen sich für niedrige bzw. sozialverträgliche Eintrittspreise nicht bedanken. So wie die Spieler ein Recht darauf haben, über ihre Gehälter an den Einnahmen teilzuhaben, so haben die Zuschauer, deren Anwesenheit und Inszenierungen den Wert der Vermarktung eines Klubs steigern, einen Anspruch auf akzeptable Eintrittspreise.

Höchst problematisch ist das Dauerkartensystem. Der Verkauf dieser Karten brachte Borussia bereits vor dem 1. Spieltag 1993/94 rund 10 Mio. DM ein, mehr als der Riedle-Transfer gekostet hatte. Bei 28.000 stoppte der Vorstand den Verkauf, obwohl noch mehr möglich gewesen wäre. Man wollte auch noch solchen Fans eine Chance lassen, die sich Dauerkarten nicht leisten können oder nur einigen Spielen beiwohnen wollen. Selbst diese Intervention kam eigentlich schon zu spät, da in der Regel nur noch einige tausend Karten frei erhältlich sind. Das Dauerkartensystem garantiert den Vereinen eine gewisse Sicherheit. Die Gefahr, daß schlechte Leistungen des Teams den kalkulierten Zuschauerschnitt (und damit die finanzielle Kalkulation insgesamt) versauen, daß teure Neuverpflichtungen sich nicht refinanzieren, wird so eingedämmt. Der kalkulierte Zuschauerschnitt muß nicht mehr Woche für Woche erarbeitet werden, sondern es genügt eine gewisse Erwartungshaltung zu Beginn der Saison.

Aber mittel- bis langfristig kann sich das System als Schuß nach hinten erweisen. Es besteht die Gefahr, daß das Publikum veraltet. Am Anfang eines Fanlebens steht normalerweise nicht der Erwerb einer Dauerkarte, sondern der Besuch eines einzelnen Spiels, zu dem man von einem Verwandten oder Bekannten mitgeschleppt wird. Mit dem Dauerkartensystem entsteht aber eine geschlossene Gesellschaft, die sich nicht verjüngen kann. Der Einstieg in die Fan-Kultur wird immer schwieriger, weshalb Neuzugänge ausbleiben. Verstärkt wird dieses Problem noch dadurch, daß die 28.000 Dauerkarten nur einmal auf dem freien Markt waren. Wer 1993/94 bereits eine der begehrten Karten besaß, verfügte für 1994/95 über ein Vorgriffsrecht. Der BVB funktioniert somit teilweise wie ein privater Klub. So bleibt für potentielle Neueinsteiger nur die perverse Hoffnung, daß der BVB wieder ins Mittelmaß absackt, auf daß möglichst viele der bisherigen Kartenbesitzer ihre angestammten Plätze räumen; oder aber zum Rivalen Schalke 04 zu wechseln, in dessen Stadion mehr Platz ist. Daß es heute für viele Menschen nahezu unmöglich ist, bei attraktiven Spielen den BVB im Westfalenstadion zu sehen, hat nicht nur mit der enormen Nachfrage und der Reduzierung der Stadionkapazität zu tun, sondern auch mit dem Dauerkartensystem. Immerhin werden solche Probleme von der BVB-Führung (verbal) anerkannt. So äußerte Manager Meier im Zusammenhang mit dem geplanten Stadionausbau: „Vor sieben Jahren hatten wir 3.500 Dauerkarten. Heute sind es 30.000. Bei uns haben viel zu viele Fans keine Chance mehr, an Karten zu kommen."

Die Bundesliga-Manager werden sich hierüber Gedanken machen müssen. Auch darüber, daß es durch die Ausweitung der Sitzplatzbereiche immer weniger preiswerte Karten gibt. Trotz TV-Gelder sind die Eintrittspreise nicht niedriger geworden, sondern faktisch höher.

Bei der Bewertung der Politik einzelner Vereine, auch der des BVB, besteht das Problem, daß der Fußball als Teil der Unterhaltungsbranche mehr und mehr zur Show verkommen ist. Deshalb ist zuweilen schwer auszumachen, was „ehrlich" gemeint und was lediglich „PR" ist. Heutzutage wird alles vermarktet, selbst noch soziales Engagement. Und selbst ein „alternativer" Klub wie der SC Freiburg macht nichts anderes, als sich optimal zu vermarkten, wobei die Freiburger nur eine andere Marktposition besetzen als die Konkurrenz. Nämlich die desjenigen, der die Dinge anders macht als alle anderen. Ohne dieses eingängige Image würden sich außerhalb Freiburgs für den SC viel weniger Menschen interessieren.

Teil III

Die »Erzfeinde«, die Fans und das Stadion

Die »Erzfeinde«:
Schalke und Bayern _____

Der BVB befindet sich in einer neuen Rolle. Aus dem allseits beliebten Klub mit den fantastischen Fans wurde binnen weniger Jahre der mißtrauisch beäugte Krösus. Dies ist eine völlig neue Situation für den Verein und seine Fans. Heute sind auf der Südtribüne Schlachtrufe wie „Wenn wir wollen, kaufen wir euch auf!" zu vernehmen, wenn es gegen finanziell schwächere Gegner wie z.B. Schalke geht. Vor einigen Jahren wäre dies noch undenkbar gewesen.

Die neue Rolle des BVB wird auch das Verhältnis zum alten „Erzfeind" Schalke berühren. Zumal dann, wenn der BVB ein Dauergast im oberen Tabellendrittel der Bundesliga und in den europäischen Wettbewerben werden sollte, während Schalke zwischen einem sicheren Mittelfeldplatz und der Abstiegszone herumdümpelt. Aus Schalker Sicht wären die Dortmunder dann die „neureichen Nachbarn", das Verhältnis würde in etwa dem zwischen den Glasgower „Giants" Celtic und Rangers ähneln, wenngleich dort die Differenz in sozialer Hinsicht schon immer faßbarer war und eine konfessionelle Komponente hinzukommt. Vielleicht ist ein Vergleich mit dem FC Liverpool zutreffender. Die Fans des FC sind berühmt-berüchtigt, und sein Stadion an der „Anfield Road" ist stets gut gefüllt. Aber aufgrund seiner Erfolge und des damit verbundenen relativen Reichtums war der FC – obwohl ein „working-class"-Klub – nichtsdestotrotz jahrelang als „arrogant" verschrien. Trotz seines völlig anderen sozialen Hintergrunds war Liverpool das Bayern München des englischen Fußballs.

Für Klubs wie Liverpool und München und deren Fans war es durchaus positiv, daß sie, die scheinbar ein Abonnement auf Titel besaßen, in den letzten Jahren keine Silberware einheimsten. So konnten sie endlich beweisen, daß ihre Popularität längst authentisch geworden ist und keineswegs nur vom permanenten Erfolg abhängt. Denn von ihren Gegnern wurde diesen Klubs stets vorgeworfen, daß sie eigentlich nur deshalb große Massen mobilisieren würden, weil man als Liverpool- bzw. Bayern-Fan halt die Garantie besäße, mindestens einen Pokalgewinn pro Saison bejubeln zu dürfen. Wie gut diese Phase der Erfolgslosigkeit den Bayern getan hat, dokumentiert der

Zuschauerschnitt der Saison 1992/93, als der Klub wieder mit einer starken Mannschaft aufwarten konnte: Im Schnitt sahen über 45.000 die Bundesliga-Spiele der Bayern, der beste Zuschauerschnitt des Vereins in seiner Bundesliga-Geschichte.

Aus der Sicht vieler Schalker Fans ist der BVB bereits heute „das Bayern München des Reviers", Schalke indes der „Underdog", was die Popularität der Schalker bei den Nicht-Dortmundern verstärken dürfte. Einem Sieg der Schalker über die Dortmunder wird man in Zukunft möglicherweise auch außerhalb Gelsenkirchens applaudieren, so wie es seit vielen Jahren der Fall ist, wenn die Bayern patzen. In Gelsenkirchen haben Siege über den BVB noch nie zuvor eine so große Bedeutung besessen wie heute. Ein Sieg über den BVB kann für eine gesamte (verkorkste) Saison entschädigen, was aus Schalker Sicht absolut verständlich ist. Die Borussen-Stars werden von den Schalker Fans abfällig als „Zucker-Püppchen" bezeichnet, als eine Truppe zusammengekaufter Millionäre, der gegenüber als Schalker Stärken mannschaftliche Geschlossenheit, Bodenständigkeit und Kampfkraft betont werden. Die Namenlosigkeit des Schalker Teams wird zu einer identitätsstiftenden Ideologie erhoben. Im Schalke-Fanzine „Schalke Unser" wird BVB mit „Barmherzigkeit für Vermögende Ballspieler" übersetzt.

Sportlich dominierende und wohlhabende Klubs sind immer bei einem Teil der Fans unbeliebt. Den Automatismus dieses Phänomens bestätigt auch eine Leserumfrage der englischen Fan-Zeitung „When Saturday Comes". Auf die Frage, was der schlimmste Moment in der Saison 1992/93 gewesen sei, nannte die Mehrheit den „Meisterschaftsgewinn für Manchester United", trotz der enormen Popularität, die der Verein seit dem Flugzeugunglück der „Busby-Babes" genießt. Die gleichen Leser nannten aber Manchester United auch als das Team, das am besten anzusehen sei. Gerade wenn Erfolge mit Geld zu tun haben, wie im Falle Uniteds, neigt der Rest zu Verschwörungen. Noch ein Jahr zuvor hätte jeder United den Titelgewinn zutiefst gegönnt, zumal der Konkurrent das nicht unbedingt beliebte Team von Leeds United war. Schließlich wartete der Klub mit der vielleicht weltweit größten Anhängerschaft bereits seit 1967 auf den zweiten Titelgewinn. Aber als es endlich so weit war, wurde vor allem über den Geldsegen gesprochen, den United aus dem europäischen Meisterwettbewerb zu erwarten habe. Nach dem Gewinn der Meisterschaft verstärkte Manchester seinen Kader mit weiteren teuren Verpflichtungen. Viele befürchten nun, daß Manchester zu einem Abonnementsmeister avancieren könnte, und die Saison 1993/94, in der United nicht nur Meister, sondern auch noch Pokalsieger wurde, scheint sie zu bestätigen. Parallelen mit dem BVB sind unübersehbar. 1991/92 hätte der BVB noch der beliebteste Meister der Bundesligageschichte werden können. 1993/94 hätte dies – aufgrund der Einnahmen im UEFA-Cup und der Verpflichtung der Stars Sammer und Riedle – bereits etwas anders ausgesehen.

Der BVB und Schalke

Sowohl der BVB wie Schalke sind Klubs mit proletarischen Wurzeln. Ihre Wiegen waren Arbeiter-Wohnbezirke. Beide Klubs hatten eine rebellische Anfangsphase. Zu einem gewissen Maße hat die „proletarische Ungezogenheit" bis heute überlebt. Nicht in den Vorstandsetagen, sondern auf den Stehrängen, wo sie sich in frechen Gesängen und Schlachtrufen äußert.

Die BVB-Gründer rebellierten gegen einen Pater, der den Fußball und die Fußballkultur vehement ablehnte. Die Schalker rebellierten gegen den bürgerlichen Sportbetrieb, der sie auszuschließen versuchte. Schalke begann als wilde Straßenmannschaft, weshalb sich das Gründungsdatum nicht genau ermitteln läßt. Die Neukonstituierung als FC Schalke 04 (zuvor firmierte der Klub unter dem Namen Westfalia Schalke) erfolgte am 5. Januar 1924 in der Gastwirtschaft Oeldermann an der Grenzstraße in Gelsenkirchen-Schalke.

Der „Proleten und Polackenverein", wie er von seinen bürgerlichen Kontrahenten verächtlich genannt wurde, geriet wiederholt in Zwist mit der bürgerlichen Sportbürokratie. 1923 erließ der WSV einen Auf- und Abstiegsstop für seine Fußballklassen, um der zunehmenden Härte und Hektik auf den Fußballplätzen Einhalt zu gebieten. Die bürgerlich-biederen Funktionäre versuchten durch ihre Politik des „Neuen Wegs", die Vereine zur Ruhe zu bringen und zu verhindern, daß „die Spiele durchgepeitscht werden mußten, das Profitum grassierte, der Sportplatzpöbel den Ton angab, wo…der Konkurrenzneid, die gegenseitige Zieherei, die Sportmoral und Anständigkeit auffraßen…" Erst nach Ende der Saison 1925/26 wurde der „Neue Weg" beendet. Aber in Schalke interpretierte man den Auf- und Abstiegsstopp als dreisten Versuch, dem Arbeiterverein den Zutritt zur damaligen Nobelklasse des deutschen Fußballs – der Bezirksklasse – zu verwehren. Noch 1925, als der DFB sein 25jähriges Jubiläum beging, wurde Schalke 04 in einem Artikel über „30 Jahre Gelsenkirchener Fußball" schlichtweg totgeschwiegen.

Was für den BVB der DSC 95 war, war für den FC Schalke 04 der Klub Spiel und Sport Schalke 96. Allerdings konnten sich die Schalker gegenüber der lokalen bürgerlichen Konkurrenz erheblich früher durchsetzen als der BVB.

Historisch besehen spielen soziale Differenzen für die Konkurrenz zwischen dem BVB und Schalke wohl nur bedingt eine Rolle. Dortmund war von seiner Industriestruktur her immer etwas vielfältiger und besaß eine starke Kaufmannsschaft. Der eigentliche „Pott" war die Emscherregion, mit Gelsenkirchen als Zentrum. Hier befand sich der Schwerpunkt von Kohle wie der Immigration aus dem Osten. Schalke wurde deshalb zum „Polakkenverein" schlechthin. Aufgrund seiner sprunghaften industriellen und demographischen Entwicklung verfolgte Gelsenkirchen stets stärker der Ruf einer Problemzone als etwa Dortmund. Wie groß die Zahl der Immigranten war, dokumentiert die Volkszählung von 1890. Diese ergab, daß 81,8% der Einwohner Gelsenkirchens polnischer und masurischer Herkunft waren.

Außerdem hatte Dortmund gegenüber Gelsenkirchen den Status einer „Metropole" voraus. Heute sind derartige Unterschiede besonders sichtbar. Wer mit dem Zug durch den Dortmunder Bahnhof fährt, blickt auf die Leuchtreklamen von Versicherungen und Brauereien. Dagegen wirkt die Kulisse des Gelsenkirchener Bahnhofs eher trostlos. Dortmund hat seine höhere Lebensqualität nicht zuletzt seinem Status als heimliche SPD-Hauptstadt zu verdanken. Außerhalb Dortmunds wird der Stadt vorgeworfen, durch das Land bevorteilt zu werden. Dortmund würde alles Moderne und Zukunftsweisende im Bereich von Forschung und Lehre, Industrie und Kultur bei sich konzentrieren. Außerdem soll es der SPD stets gelungen sein, die fähigsten sozialdemokratischen Kader des Ruhrgebiets nach Dortmund abzuziehen. Andere Städte müßten sich deshalb bis heute mit „zweitklassigen" Kräften begnügen. Die Kritik an den Dortmundern gestaltet sich häufig parteiübergreifend. Aus der Sicht vieler Gelsenkirchener oder Hammenser gilt Dortmund als arrogant.

Schalke 04 wurde früher und konsequenter unter die Fittiche der lokalen Industrie genommen als der BVB. Während Hoesch den BVB 1937 aus Wambel vertrieb, konnte sich Schalke der Protektion durch die Zeche „Consolidation" erfreuen.

Um die „Ära Eichberg" zu verstehen, muß man das dortige soziale Milieu etwas näher betrachten. Daß Schalke immer wieder in die Schlagzeilen gerät, hat auch mit der spezifischen Industrie- und Sozialgeschichte der Emscherregion zu tun. Die Industrialisierung des Ruhrgebiets war von Beginn an eine staatliche Veranstaltung. Der Staat hielt – aus strategischen Gründen – seine schützende Hand über Stahl und Kohle, während die Industriebarone ihrerseits gegenüber der Bevölkerung „Staat" spielten. Besonders deutlich war dies an solchen Orten, wo die Industrie einseitig ausgerichtet war. Die Zeche errichtete Straßen, Wohnsiedlungen, Schulen und diverse gemeinnützige bzw. öffentliche Einrichtungen. Und sie sponserte den Sport. Mit Hilfe des Bergbaus wurden Sportplätze und Stadien gebaut. Vereine wurden entschuldet, bevor die „zuständige" Zeche sie übernahm, und durch die Bereitstellung von Arbeitsplätzen und die Freistellung von Kickern wurden semiprofessionelle Verhältnisse geschaffen. Für einige Jahrzehnte erging es den „Arbeitervereinen" materiell erheblich besser als den „bürgerlichen Klubs". Natürlich tat die Zeche das alles nicht aus purer Nächstenliebe, sondern um die Arbeiterschaft ruhig zu stellen und an den betreffenden Betrieb zu binden.

Aufgrund dieses „Staatskapitalismus" konnten sich das Kleingewerbe und der Dienstleistungsbereich in dieser Region kaum entwickeln.

Der Niedergang des Bergbaus, der sich immer weniger in der Lage sah, quasi-staatliche Aufgaben zu übernehmen, sowie seine organisatorische Umstrukturierung (Entmachtung der einzelnen Zechenbarone durch die Schaffung der RAG) hinterließen an Orten wie Schalke in der Politik, in der Wirtschaft und im Fußball ein „administratives Vakuum". Der Fußball war davon in besonderer Weise betroffen, da er gewöhnlich ohnehin nicht die fähigsten lokalen Kräfte bei sich konzentrierte. Diese wurden von der Partei (SPD) und den Gewerkschaften absorbiert. Wer qualifiziert und ambitioniert war, engagierte sich nicht unbedingt im lokalen Fußballklub, sondern ging in die Politik oder Wirtschaft. In Schalke und an anderen Orten konnte das entstandene Vakuum noch für einige Jahre durch Leute wie Günther Siebert ausgefüllt werden. Siebert kontrollierte den Bierausschank rund um die Glückauf-Kampfbahn. Unter dem engagierten Siebert, dem man Fußballverstand nicht absprechen konnte, erlebte Schalke mit zwei Vizemeisterschaften und einem Pokalsieg seine erfolgreichsten Bundesligajahre, aber auch die Ära Siebert war bereits mehr oder weniger eine Ein-Mann-Veranstaltung. Je mehr die Bedeutung des Geldes wuchs, desto weniger konnte der Getränkehändler bewirken. Irgendwann hatte sich der Funktionär Siebert einfach überlebt. Im heutigen Bundesligageschäft würde Siebert wie ein Anachronismus anmuten, zumindest in der 1. Bundesliga.

Dortmund, das über eine differenziertere Industriestruktur verfügt, hat es im notwendigen Strukturwandel verstanden, den Rest des Ruhrgebiets um Längen abzuhängen und seinen regionalen Metropolenstatus auszubauen. So konnte sich trotz des Niedergangs des Bergbaus und der Krise der Stahlindustrie in Dortmund eine qualifizierte lokale Führungsschicht entwickeln, wovon auch der BVB profitierte. Einen Niebaum gibt es in Schalke nicht und wird es dort vermutlich auch nicht in einigen Jahren geben. Diese Situation bedingt eine extrem hohe Anfälligkeit der Schalker gegenüber vermeintlichen Heilsbringern von außen und sogenannten „Sonnenkönigen".

Die Rivalität zwischen Dortmund-Schalke war in der Vergangenheit aber vor allem eine zwischen den zwei erfolgreichsten und (deshalb) populärsten Klubs in einer Region, wo der Fußball einen Zuspruch fand und findet wie in keiner anderen Ecke Deutschlands.

Der BVB war Schalkes erster regionaler Rivale, der ebenfalls einen proletarischen Hintergrund hatte und deshalb in der Lage war, Massen zu mobilisieren. Ende der 20er hatten sich die Schalker, die 1929 ihre erste Westdeutsche Meisterschaft errangen, gegenüber den bürgerlichen „Lackschuhklubs" endgültig durchgesetzt. Die soziale Wachablösung im Ruhrgebietsfußball war damit perfekt. Schalkes Sieg von 1929 war der erste eines Klubs aus dem Ruhrgebiet in diesem Wettbewerb überhaupt. Bis 1929 waren, von zwei Titelgewinnen der Bielefelder Arminen abgesehen, sämtliche Meisterschaften an die bürgerlichen Klubs der „Rheinschiene" gegangen, deren erfolgreichster der Duisburger SV war. Von nun an waren die Blau-Weißen nicht mehr zu stoppen. Bis 1945 kannten die Schalker keinen ernsthaften Konkurrenten mehr.

Die Schalker errangen bis heute sieben Deutsche Meisterschaften, der BVB deren drei. Trotz (oder wegen?) der enormen Dichte von Fußballklubs im Ruhrgebiet: Der einzige Ruhrgebietsklub, der ebenfalls noch eine Deutsche Meisterschaft errang, ist Rot-Weiß Essen (1954). Obwohl seit der Einführung der Bundesliga weder Dortmund noch Schalke Meister wurden: In der Bilanz von 30 Jahren Bundesliga schneiden die beiden Klubs trotzdem von allen Ruhrgebietsklubs am besten ab. Unterbrechungen der regionalen Dominanz der Dortmunder und Schalker waren stets nur von kurzer Dauer. Der BVB belegt in der „ewigen Bundesligatabelle" Platz 9, Schalke Platz 10. Bochum folgt zwar bereits auf Platz 11, aber mit einer Differenz von 131 Punkten auf Schalke. Zudem verfügt der VfL, im übrigen ein Zusammenschluß eher bürgerlicher Vereine, über keine Tradition in Form von Titeln. Der MSV Duisburg liegt auf Platz 13, Rot-Weiß Essen auf Platz 25 (allerdings mit dem nach Dortmund und Schalke besten Zuschauerschnitt), Rot-Weiß Oberhausen auf Platz 28 und die SG Wattenscheid 09 auf Platz 29. Schalke gilt als der Skandalklub des deutschen Fußballs schlechthin. 1930 ertränkte sich Schalkes Schatzmeister Willi Nier im Rhein-Herne-

Im November 1943 schlug diese Mannschaft in der Roten Erde den FC Schalke mit 1:0. Dies war der erste Sieg eines BVB-Teams gegen die Schalker Knappen. Dritter von links: Max Michallek.

Kanal, nachdem die doppelte Kassenführung und illegale Zahlungen an die Spieler aufgeflogen waren. (Nach dem 2. Weltkrieg verübten zwei weitere Schalker Funktionäre Selbstmord: Kassierer Louis Radecker und Präsident Albert Möritz, nachdem Unregelmäßigkeiten in der Vereinskasse entdeckt worden waren.) 14 Spieler der 1. Mannschaft wurden vom Verband zu Berufssportlern erklärt und gesperrt, weil sie „für ihre Mitwirkung eine regelrechte Entlohnung erhalten haben". Zu diesem Zeitpunkt wurde in England bereits seit 45 Jahren Profifußball gespielt, und in Österreich, wo der Professionalismus 1924 legalisiert wurde, konnte ein Starspieler Ende der 20er bereits auf eine Monatsgage von 300 Schilling kommen. (Für ein komplettes Menü im Gasthaus bezahlte man in diesen Jahren einen Schilling, ein Paar Schuhe kosteten 15 Schilling.) Die betroffenen Schalker Akteure waren ausnahmslos Arbeiter, die sich von der rapide wachsenden Arbeitslosigkeit bedroht sahen. Gelsenkirchen lag zu dieser Zeit mit einer Arbeitslosenquote von 66% an der Spitze aller Ruhrgebietsstädte. So kam es, daß es nicht ein elitärer bürgerlicher Verein war, der für den spektakulärsten Verstoß gegen das Amateurstatut verantwortlich zeichnete, sondern der proletarische Zuschauermagnet Schalke 04, dessen Spieler an den Einnahmen teilhaben wollten. Schalke wurde somit zum Pionier des Professionalismus in Deutschland. Die NS-Zeit unterbrach diese Entwicklung jedoch, da der Professionalismus mit der nationalsozialistischen Ideologie nicht in Einklang zu bringen war.

In diesen Jahren wurde aus dem einstigen Außenseiter ein Hätschelkind von Politik und Sport. Die Nazis benutzten Schalke, um ihr Bild vom „deutschen Arbeiter", der von hartem Einsatz in der Produktion und unbedingtem Pflichtbewußtsein gegenüber der „Volksgemeinschaft" geprägt war, zu transportieren und ihre Ertüchtigungsideologie und deren Erfolgsträchtigkeit zu propagieren. Schalke blieb aber auch noch nach 1945 ein Sonderfall. Als der Klub 1949 in der Oberliga West auf einem Abstiegsplatz landete, wurde die Liga kurzerhand aufgestockt. Das gleiche Verfahren rettete den Schalkern 1965 den Bundesliga-Status. Auch beim Eichberg-Skandal erhielt man den Eindruck, daß der DFB, aufgrund übergeordneter Interessen, seine schützende Hand über Schalke hielt. Ein neuer Skandal wäre nicht gut für den Boom gewesen und hätte das seriöse Image beschädigt, das sich der Profifußball in den letzten Jahren erarbeitet hat. Außerdem ist man beim DFB wohl (zu Recht) der Auffassung, daß der Profifußball Schalke 04 benötigt.

Kein anderer Verein war mit so vielen Akteuren in den Bestechungsskandal der Saison 1970/71 verwickelt wie Schalke 04. Trotzdem wurde der Klub eine Saison später Vizemeister, da die Spieler erst während der Saison 1972/73 gesperrt wurden. Die eigentliche Tragödie war, daß die Schalker ohne Not mitwirkten. Außer einigen tausend Mark hatten die Schalker nichts zu gewinnen und nichts zu verlieren. Der weitere Aufstieg eines Hoffnungsträgers des Ruhrgebiets wurde somit jäh unterbrochen.

Auch der BVB hat seine Skandale gehabt, die in der Regel mit seinen Finanzen zu tun hatten. Aber auch zurückblickend betrachtet, gibt der BVB ein seriöseres Bild als Schalke ab. Gegenüber Gelsenkirchen wirkte und wirkt Dortmund fast „hanseatisch". Die Unterschiede zwischen den beiden Klubs manifestierten sich schon immer auch im Personal: Beim BVB rannte in den 60ern kein Vorsitzender mit Kippe im Mund aufs Spielfeld, um für Ordnung zu sorgen, wie es der Getränkehändler Günther Siebert tat. Der Vorstand verhielt sich immer etwas distanzierter, deshalb aber nicht unbedingt besser. Bei den Dortmundern gaben zur Zeit der Schalker Siebert-Ära der Hoesch-Prokurist Steegmann bzw. der SPD-Politiker Dr. Kliemt den Ton an. Beide agierten allerdings nicht mit der gleichen Leidenschaftlichkeit und fußballerischen Kompetenz wie der hemdsärmelige Siebert.

Im Januar 1989 übernahm Eichberg den Vorsitz in Schalke. Zu diesem Zeitpunkt drohte der Schalker Fahrstuhl-Mannschaft (drei Abstiege aus der 1. Liga in den 80ern) der direkte Durchmarsch ins Amateurlager. Die Anfälligkeit der Mitgliedschaft gegenüber einem vermeintlichen Heilsbringer war somit besonders groß. Eichberg versprach den Mitgliedern die Rückkehr der glorreichen Jahre. Unter seiner Führung sollte Schalke zum großen Gegenspieler des FC Bayern und „europäischen Spitzenklub" (Originalton Eichberg) werden. Mit derartigen Versprechungen traf Eichberg einen empfindlichen Nerv, appellierte er doch an den kollektiven Minderwertigkeitskomplex der Region gegenüber dem Süden der Republik, der ja nicht nur sportlich, sondern auch ökonomisch die Nase vorn hatte, und nicht müde wurde, das Ruhrgebiet für eine verfehlte Strukturpolitik zu geißeln und ihm eine Zukunft abzusprechen.

Anders als bei Niebaum in Dortmund war Eichbergs Amtsübernahme mit erheblichen finanziellen Versprechungen verbunden. Der Kandidat wurde von den Mitgliedern quasi legitimiert, den Verein zu übernehmen. Auf Schalke war man bereit, sich auf Gedeih und Verderb einem einzelnen Mann auszuliefern, dessen mangelnde Seriosität schon damals offensichtlich war. Während man sich anfangs noch fragte, ob sich der „feine Mann", der sich im Jaguar chauffieren ließ, in der Adresse geirrt habe, lag das Volk dem Protz bald zu Füßen. Schalkes Verwaltungsrat, das höchste Kontrollorgan des Vereins, bot als Gegenleistung für Eichbergs Investitionen an, sich mit des neuen Präsidenten finanziellen Gebaren nicht weiter zu beschäftigen. Das Verhalten der offiziellen Organe des Vereins ist deshalb auch der eigentliche Skandal auf Schalke. Offenbar hatte man sich dort mit der Hoffnung begnügt, es werde schon alles gutgehen.

Der Präsident errichtete abgekoppelt von den offiziellen Vereinsstrukturen eine Parallelkonstruktion mit dem Namen „Marketinggesellschaft", über die fortan die finanziellen Dinge abgewickelt wurden. Von den Medien wurde diese windige Einrichtung, die von einem ehemaligen Oberliga-Kicker namens Bruchhagen geführt wurde (heute Manager des Hamburger SV), zunächst in höchsten Tönen gepriesen und als Indiz für einen gelungenen Umbau Schalkes zu einem modernen, nach wirtschaftlichen Kriterien geführten Unternehmen gewertet. Spätestens als sich Bruchhagen in Richtung Hamburg verzog, um dort Herrn Hunke, eine weitere etwas zu grelle und windige Nummer im Bundesligageschäft, unter die Arme zu greifen, mußte jedem klar sein, daß mit dieser Marketinggesellschaft irgendetwas nicht in Ordnung war. Bruchhagen mochte nicht um jeden Preis mit Schalke in den Europa-Cup und drängte schon früh auf ein finanzielles Sanierungsprogramm. Aber Eichberg war bereits so verblendet, daß er die Ratschläge seiner Berater ausschlug. Mit Bruchhagen verließ der erste Funktionär das sinkende Schiff.

**Bittere Momente im Leben eines BVB-Fans, Folge I: Soeben hat der Schalker „Stan"
Libuda ein Tor gegen seinen ehemaligen Klub erzielt und dreht jubelnd ab. Im Hintergrund der heutige Schalke-Manager Rudi Assauer.**

Eichbergs Umfeld wurde komplettiert durch Rüdiger Höffken, der Schatzmeister wurde, weil sein Unternehmen Alu-Rad (Hersteller von Angeber-Felgen) sich als Sponsor betätigte. Daß Leute wie Netzer bereits nach kurzer Zeit das Weite suchten, war bei dieser Gesellschaft kaum verwunderlich.

Wer das Ruhrgebiet, insbesondere die Emscherzone kennt, weiß, daß es hier vor kleinen Eichbergs nur so wimmelt. Wenngleich Eichberg mit Düsseldorfer Kennzeichen vorfuhr und aus Gütersloh stammt, so besaß er doch Eigenschaften, die vielen irgendwie bekannt waren. Eichberg, ein ehemaliger AOK-Angestellter mit proletarischem Familienhintergrund, der zuvor bereits als Discothekenbesitzer einen Reinfall erlebt hatte, präsentierte sich als Kopf eines Imperiums von Privatkliniken, kein unbedingt seriöses Gewerbe, das er mit seiner Gefährtin, der Immobilienmaklerin Christa Paas betrieb. Auf Schalke wurde die schrille Paas nur „die Gräfin" genannt. Was

Eichberg und manchen Fan verband, war nicht nur die Liebe zu Schalke (die man Eichberg nicht absprechen sollte), sondern auch ein gewisser Minderwertigkeitskomplex. Hier der Aufsteiger, der jedoch im Milieu der Etablierten nicht so recht anerkannt wurde, da er sich in seinem verzweifelten Versuch, den Geruch des kleinen AOK-Angestellten abzuschütteln, allzu aufdringlich mit den Insignien von Macht und Wohlstand schmückte. (Uli Hoeneß, der Eichbergs Scheitern bereits frühzeitig geahnt hatte: „Die wirklich reichen Leute gehen nicht so mit Geld um, wie Eichberg dies tat.") Dort die Fans einer gedemütigten Region, die der frustrierenden Wirklichkeit von Arbeitslosigkeit und Betriebsschließungen entrinnen wollten. Eichberg offerierte ein Gegenbild zur Revier-Tristesse. „Im Troß, Küßchen links, Küßchen rechts, Schickis aus der Landeshauptstadt. Bockwurstgeruch vermischte sich im Vip-Raum mit dem Duft der großen weiten Welt." (Jürgen Schreiber in „Die Woche")

Zum Zeitpunkt des Präsidenten-Rücktritts knapp fünf Jahre später war der Verein trotz geschätzter Eichberg-Investitionen von 12 bis 20 Mio. DM, einem Trikot-Sponsor, der jährlich 2,6 Mio. DM überwies (insgesamt sollen die Investitionen über drei Jahre 9 Mio. DM betragen haben) und einem sagenhaften Zuschauerschnitt – in der Saison 1991/92 verzeichnete der Klub den besten Schnitt aller Bundesligisten! – mit ca. 15 Mio. DM verschuldet. Anstatt des versprochenen UEFA-Cup-Platzes schwebte der Verein in höchster Abstiegsgefahr. Denn unter der Regentschaft des „Sonnenkönigs" begann man in Schalke so viel Geld auszugeben, daß Einnahmen plus Eichberg-Bürgschaften die Kosten bald nicht mehr decken konnten. Allerdings wurde Schalke auch Opfer der Entwicklungen bei den TV-Geldern und der sich herausbildenden Zweiklassen-Gesellschaft. Wäre dem Klub die Qualifikation für einen europäischen Wettbewerb gelungen, wäre seine finanzielle Situation heute deutlich günstiger. Schalke ist deshalb auch ein Beispiel dafür, wie es einem Verein ergehen kann, der mit Blick auf mögliche TV-Mehreinnahmen erhebliche Investitionen tätigt, die sich dann aber, weil der erhoffte sportliche Erfolg sich nicht schnell genug einstellt, nicht amortisieren. Von daher kann sich der jüngste Skandal in Schalke auch an anderen Orten wiederholen.

Eichberg bereicherte sich nicht an Schalke, sondern schmiß mit dem Geld nur so herum. Ein Radmilo Mihajlovic wurde für 3 Mio. DM von den Bayern verpflichtet, worüber sich deren Manager Uli Hoeneß vermutlich noch heute ins Fäustchen lacht. Denn so viel Geld war der Spieler bereits zu diesem Zeitpunkt nicht mehr wert, was Eichberg jedoch nicht daran hinderte, den Transfer als ein Indiz für den Gezeitenwechsel im deutschen Profifußball zu bewerten. Erstmals habe Schalke den Bayern einen Spieler abspenstig gemacht und nicht – wie noch einige Jahre zuvor bei Olaf Thon – umgekehrt, prahlte er. Und natürlich liebäugelte er auch mit der Rückkehr des „verlorenen Sohnes". Daß aus einem Thon-Wechsel während Eichbergs Amtszeit nichts wurde, lag an dem schlichten Umstand, daß die Bayern den Ex-Schalker nicht abgeben wollten. Damit war Thon für Eichberg eine Nummer zu groß. Mihajlovic konnte sich bei den Blau-Weißen nicht etablieren. Der nächste gigantische Flop erfolgte mit der 5 Mio. DM teuren Verpflichtung des Dänen Bent Christensen. Um den hatten zwar auch andere Bundesligavereine, u.a. Eintracht Frankfurt, gebuhlt, die allerdings – klugerweise – alle ab einer gewissen Summe freiwillig ausstiegen. Nicht so der um Anerkennung in der Branche ringende Eichberg. Auch Christensen konnte sich nicht etablieren. Da sich beide nur schwer wieder verkaufen ließen, produzierte der Verein mit ihrer Verpflichtung enorme Verluste, zumal Mihajlovic und Christensen auch noch astronomische Gehälter kassierten (Mihajlovics Jahresgehalt soll alles in allem deutlich über 1 Mio. DM betragen haben).

Trainer Aleksandar Ristic soll es monatlich auf 121.000 DM gebracht haben und war damit der bestdotierte Bundesligatrainer aller Zeiten. Der Medienheld Ristic wurde nach Gelsenkirchen geholt, um dem „Prolo-Klub" ein weltmännisches und modernes Antlitz zu geben. Aber als mangelhafte sportliche Darbietungen Eichbergs Investitionen zu gefährden drohten, wurde Ristic entlassen, allerdings nicht ohne eine kräftige Abfindung einzustreichen. Die Ristic-Entlassung war gewissermaßen eine Zäsur, denn die Panik des Präsidenten ließ sich nur mit seinen eigenen finanziellen Schwierigkeiten erklären. Eichberg fürchtete um die Refinanzierung seiner enormen Investitionen. Nach einer Übergangsperiode mit Amateurtrainer Klaus Fischer, die eigentlich so gar nicht zum Protz und seinen Visionen paßte und von verdächtiger Bescheidenheit zeugte, wurde das Zepter an Udo Lattek übergeben. Dieser hatte zu diesem Zeitpunkt den Zenit seiner Karriere schon längst überschritten. In München nach eigener Einschätzung zum „erfolgreichsten Vereinstrainer der Welt" avanciert, war er anschließend in Köln in der Funktion des Sportlichen Leiters kläglich gescheitert. Dies hinderte Eichberg nicht daran, Lattek 8.000 DM Prämie pro Bundesliga-Punkt zu garantieren. Einen UEFA-Cup-Platz am Ende der Saison war Eichberg bereit, mit einer Million zu goutieren, für einen Tabellenplatz vor dem Revierrivalen Dortmund sollte es 500.000 DM geben. Doch auch Lattek warf schon bald das Handtuch. Sein Vertrag garantierte ihm allerdings, daß er weiterhin 12.000 DM pro Schalker Sieg kassieren durfte. Auf Lattek folgte Helmut Schulte, der von Jörg Berger abgelöst wurde. In den knapp fünf Jahren der Eichberg-Ära verschliß Schalke nicht weniger als sechs Trainer. In Dortmund waren es im gleichen Zeitraum lediglich zwei.

Das Schalker Trainerkarussell heizte die Inflation zusätzlich an. Auf Eichbergs Gehaltslisten tauchten des weiteren kurzzeitig auch Günther Netzer (16.000 DM monatlich für telefonische Beratung) und Toni Schumacher auf. Eichberg verfolgte die Sucht, sich mit großen Namen zu schmücken, wobei er sich – weil er vom Fußball eigentlich überhaupt keine Ahnung hatte – immer wieder vergriff. Letztendlich hatte Uli Hoeneß seinerzeit völlig Recht, als er sich weigerte, Eichberg ernstzunehmen.

Wer glaubte oder hoffte, mit dem „feinen Mann" und „Nicht-Schalker" Eichberg würde eine Wende zu einer soliden Zukunft eintreten, sieht sich heute getäuscht. Eichberg, der sich selbst Seriosität zugute hielt und im Skandalklub eine „Abteilung Realismus" eröffnen wollte, entpuppte sich als Illusionist. Offensichtlich zieht das jeweilige Image eines Vereines auch eine bestimmte Sorte von Menschen an. Daß ein Eichberg in München, Bremen oder Dortmund eine Chance besessen hätte, Präsident zu werden, ist unvorstellbar.

Zu den zahlreichen gescheiterten Vorhaben der Ära Eichberg zählte auch der Plan, Gelsenkirchen mit einem neuen Stadion zu beglücken. 300 Mio. DM sollte die neue Arena kosten, womit sich Eichberg noch zu Lebzeiten ein Denkmal errichtet hätte. Der lokale Minderwertigkeitskomplex ließ eine angemessene Debatte über Sinn und Unsinn des gigantischen Projekts nicht zu. Die Stadt war sogar bereit, den amerikanischen Investoren, die Eichberg an der Hand hatte, das mit Steuermillionen errichtete Parkstadion zu schenken.

Dem Geld des Präsidenten ausgeliefert, hatten vereinsinterne Kritiker keine Chance. Der „Kicker" in einem Interview mit Eichberg: „Sie haben Schalke Ihr Geld zur Verfügung gestellt, wollen das auch weiterhin tun, aber nicht mit der Opposition?" Eichberg: „So ist es. Wenn die Opposition kommt, dann müssen diese Leute schon ihr eigenes Geld mitbringen." Und Kompagnon Höffken: „Es ist ja bekannt, daß Günther Eichberg und ich Bürgschaften für Schalke laufen haben. Es geht natürlich nicht, daß andere damit arbeiten können." Wenn es noch eines Beweises dafür bedurfte, wie schädlich es ist, wenn Sponsoren und leitende Funktionäre identisch sind, Schalke lieferte ihn. Eichberg und Höffken hatten sich ihre Führungspositionen erkauft.

Wie man Schalke kennt, ist man dort nicht davor gefeit, sich ein weiteres Mal zu verkaufen. Schon zu Eichbergs Zeiten gab es dafür einen Interessenten: Den belgischen Finanzmakler Ignaz Meuwissen, der viele Millionen von amerikanischen und deutschen Geldgebern an der Hand hatte. Diese wollten in Deutschland, Belgien und den Niederlanden eine Fast-Food-Kette aufbauen. Der Fußball sollte dabei als Werbeträger fungieren. Meuwissen: „Wenn wir da (in den FC Schalke 04, Anmerk. dsm/ws) viel Geld reinstecken, müssen wir etwas zu sagen haben, müssen das Management in der Hand haben." Das Personal dafür hatte Meuwissen bereits parat: Den ehemaligen Schalke-Spieler (und Bundesligaskandalsünder) Jürgen Sobieray und einen gewissen Werner Kasper, beide Inhaber einer Gesellschaft namens „SOAKA – Fußball-Management-Verwaltungs GmbH" (derartige Gesellschaften gibt es mittlerweile wie Sand am Meeresstrand). Allerdings wollte Meuwissen auch nicht die Möglichkeit ausschließen, „den ganzen Klub aufzukaufen". Daß die Herren Schalke zum Objekt ihrer Begierde wählten, lag sicherlich nicht nur in der Popularität des Klubs begründet, sondern wohl auch im Wissen um das spezifische Schalke-Milieu. Ansonsten hätten sie ihr Angebot auch dem BVB unterbreiten können. Hinzu kam, daß der Klub mit einem Schuldenberg von zu diesem Zeitpunkt etwa 15 Mio. DM sturmreif für einen Aufkauf war.

Manager Rudi Assauer repräsentiert einen anderen Strang bei Schalke als Eichberg. Assauer versucht, strikt marktwirtschaftlich zu arbeiten und die Leidenschaft weitestgehend auszuschalten. Während seiner ersten Amtszeit „auf Schalke" scheiterte Assauer, weil er dazu bereit war, für mehr Realismus auch mit dem Abstieg zu bezahlen. In der Vergangenheit hatte Assauer wiederholt Schwierigkeiten mit den besonderen Gesetzen des Fußball-Business'. Überall, wo Assauer „sanierte" (neben Bremen und Schalke noch Oldenburg), erfolgte erst einmal der Abstieg. Für viele ist Assauer der typische Streber, dem es für die spezifische Situation im „Pott" mittlerweile an Sensibilität mangelt. Total peinlich gestaltete sich Assauers Vorgehen gegenüber der unabhängigen Schalker Fan-Initiative („Schalker gegen Rassismus"). Aus purem Trotz, man läßt sich ja nichts vorschreiben, wollte Assauer Galatasaray zu einem Freundschaftsspiel einladen, obwohl Fehnerbace, von der Fan-Initiative favorisiert, mit „Kalli" Feldkamp viel besser gepaßt hätte. Assauer war beleidigt, weil sich die Initiative nicht unter seine Fittiche begeben wollte. „Die wollen doch nur Kohle machen", warf der Provisionskassierer der Initiative allen Ernstes vor. Daß Schalke trotz des Abgangs von Eichberg nicht finanziell unterging, ist allerdings nicht zuletzt das Verdienst des Managers. In der augenblicklichen Situation scheint Assauer unersetzbar zu sein, weil der einzige, der etwas vom Business Fußball versteht.

Der Aufsichtsrat von Schalke 04 wurde in der Endphase der Ära Eichberg von niemand Geringerem als dem ehemaligen Wirtschaftsminister Möllemann geführt. Schalkes Schuldenberg wurde unter den Augen Möllemanns angehäuft. Aber Möllemann erwies sich einmal mehr als Wendehals. Nachdem das Scheitern Eichbergs offenkundig war, verkündete Möllemann, als hätte er es immer schon gewußt: „Eichberg hat sich überschätzt". Überschätzt hat sich auch schon wiederholt – in Bonn wie auf Schalke – der Staatsmann Möllemann, dessen Bonner Büro mit einer Deutschlandfahne drapiert ist, deren Größe beim Besucher wohl den Eindruck erwecken soll, er habe es mit dem Bundeskanzler persönlich zu tun.

Möllemann ist vielleicht das drastischste Indiz für den Mangel an lokalen Führungskräften. Möllemann ist kein Gelsenkirchener, sondern stammt aus der Dienstleistungsmetropole Münster. Was ihn indes mit Schalke verbindet, ist vor allem sein zweifelhafter Ruf und sein Händchen für Affären. Wo ein Möllemann ist, ist eine Affäre zumeist nicht weit. Die „Frankfurter Rundschau" zur Aussicht, daß ein Möllemann es in Schalke zum Präsidenten bringen könnte: „Immerhin brächte der Politiker gute Voraussetzungen mit: Er verfügt über reichlich Erfahrung in Wirtschaft und Vetternwirtschaft. Damit wäre zumindest gewiß, daß der Schalker (Jahrmarkts-)Kreisel kräftig in Schwung bleibt."

Möllemann ist aus den gleichen Gründen Schalker, aus denen er, der ursprünglich bei der Studentenorganisation der CDU aktiv war, der FDP beitrat. Keine andere Partei versprach einen so schnellen Aufstieg wie die FDP, die zwar klein und wenig populär ist, aber trotzdem Regierungspartei. In den Volksparteien CDU oder SPD hätte der Aufstieg Möllemanns wesentlich länger gedauert, wenn es überhaupt dazu gekommen wäre. Im Fußball verhielt es sich nicht anders: Beim BVB hätte Möllemann wohl kaum eine Chance gehabt, bei Schalke kam ihm die marode Situation und der Mangel an qualifizierten Funktionären entgegen.

Nicht, daß in Dortmund nur aufrechte und saubere Sozialdemokraten auf den besseren Plätzen sitzen würden. Zuweilen mischt sich auch der CDU-Bundesarbeitsminister Blüm unters Publikum. Zum Aktionstag gegen Ausländerfeindlichkeit erschien gar Bundespräsident von Weizsäcker. Aber Weizsäcker und Blüm sind andere Politikertypen als Möllemann, denn sie verkörpern Seriosität. Bei den Revier-Kumpels ist Möllemann vor allem als „Zechen-Killer" bekannt. Daß ein solcher Mann nichtsdestotrotz zum Aufsichtsratsvorsitzenden jenes Klubs bestellt wurde, der in seinem Vereinswappen das Arbeitsgerät der Bergleute führt, gibt den maroden Zustand ganz gut wieder. Möllemann befand sich in schlechtester Schalke-

Tradition, als er bezüglich eines Eichberg-Nachfolgers bemerkte, der neue Mann solle nach Möglichkeit Millionär sein. Natürlich wußte Möllemann auch schon wer: Der Eichberg-Nachfolger hieß Bernd Tönnies, war Großmetzger mit Standort Rheda-Wiedenbrück und Sponsor der nordrheinwestfälischen FDP. Tönnies, angeblich ursprünglich BVB-Fan, wurde mittels eines Erpressungsmanövers gewählt. Möllemanns Message war klar: Ohne Tönnies keine Lizenz. (Mit einem ähnlichen Manöver hatte Möllemann bereits in den 70ern in Münster versucht, den Posten des Preußen-Präsidenten zu ergattern.)

Tönnies, in vieler Hinsicht mit seinem Vorgänger seelenverwandt, starb im Juni 1994 im Alter von nur 42 Jahren. Zu seinem Nachfolger wurde jener Helmut Kremers gewählt, den Eichberg als Manager gefeuert hatte. Eine gut vorbereitete, wenngleich substanzlose Rede, deren Kern ein Seitenhieb auf den Erzfeind BVB war, sicherte Kremers einen Überraschungssieg gegen den blassen Möllemann-Kandidaten Volker Stuckmann. Kremers: „Wenn wir früher gegen den BVB angetreten sind, haben wir uns nicht einmal umgezogen, um die wegzuhauen." Die Wahrheit sieht allerdings anders aus. Denn für die Zeit, von der Kremers sprach, lautet die Bilanz 10:10 Punkte. Kommentar des „Borussia-Magazin": „So eine ausgeglichene Bilanz ist auch von einer Kapazität wie Helmut Kremers nicht in Schlips und Kragen zu erzielen."

Kremers mag noch so viel Emotionen gegen den „Erzfeind" schüren: Natürlich ist auch für ihn die „neue Borussia" das Vorbild. Ob Kremers überleben wird, ist höchst ungewiß. Kaum war der neue Präsident gewählt, mobilisierten Möllemann und die alten Eichberg-Verbündeten die Bürgen gegen den neuen Vorstand. Petra Klein von der Schalker Fan-Initiative: „Wir wissen gar nicht mehr, wem wir noch vertrauen können. Wir zweifeln am neuen Vorstand, wir zweifeln aber auch am Verwaltungsrat." Wehe dem, der vor der Alternative Kremers oder Möllemann steht. Solange sich ein Niebaum für Schalke nicht finden läßt oder aber dort nicht überlebt, bleiben dem Verein nur der Mythos der Vergangenheit sowie der notorische Hang zum Dubiosen und Halbseidenen. Schalke 04 – ein Revueverein.

Sowohl der BVB wie Schalke wurden in den letzten Jahren einer Modernisierung unterzogen. Aber was in Dortmund authentisch und auf lokale Kräfte gestützt vollzogen wurde, erfolgte in Schalke von außen und von den lokalen Verhältnissen abgekoppelt. Niebaum ist Dortmunder, Eichberg war aber kein Schalker. Schalke wurde einfach nur übernommen und fungierte gewissermaßen nur noch als Etikett für Eichberg, Höffken, Möllemann und Co.

Ähnlich verhält es sich auch mit den Sponsoren. Die Borussen laufen für einen in Dortmund ansässigen Versicherungskonzern auf. Wenngleich die Verbindung Borussias mit den traditionellen lokalen Industrien – Kohle, vor allem aber Stahl und Bier – nicht mehr von der gleichen Intensität ist wie früher, bleibt somit eine Verbundenheit mit der lokalen Wirtschaft bestehen. Auch in ökonomischer Hinsicht legt man in Dortmund großen Wert darauf, ein gewisses Mindestmaß an Bodenhaftung zu bewahren. Schalkes Trikot verunzierte bis zum Ende der Saison 1993/94 der Name „Müller-Milch", ein in Bayern beheimatetes Unternehmen, dessen Boß für seinen rüden Umgang mit Unternehmenskritikern und seine Sympathien für knallrechte Politik berüchtigt ist. Schalkes Vertrag mit „Müller-Milch" war lukrativer als Borussias mit „Continentale". Aber Bodenhaftung kann im Fußball mitunter – zumal auf längere Sicht hin – von noch größerer Bedeutung sein als schnelles Geld. In ökonomischer Hinsicht ist die Borussia viel mehr ein Verein der Region als Schalke.

Auch die Anhänger- und Mitgliedschaft beider Vereine hat sich verändert, aber auch hier mit gewissen Unterschieden. Dortmund hatte 1992/93 mehr Zuschauer in der Bundesliga als Schalke. Da die Dortmunder in dieser Saison deutlich erfolgreicher waren, war dies nicht verwunderlich. Trotzdem war die Schalker Zahl auf dem ersten Blick noch beeindruckender. Denn gemessen an der Einwohnerzahl Gelsenkirchens war Schalke sogar deutlich besser. Schalke belegte in entsprechender Tabelle Rang 2, der BVB indes „nur" Rang 7.

Allerdings: Schalke ist ein „Autofahrerverein". Ist das Stadion ausverkauft, dann dürfte nur eine Minderheit der 70.000 Zuschauer aus Gelsenkirchen selbst kommen. Im noch größerem Maße als beim BVB kommen die Fans Schalkes aus dem näheren und ferneren Umland. Daß das Park-Stadion direkt an einer Autobahn liegt, ist deshalb durchaus passend. Eigentlich muß das Stadion nicht einmal in Gelsenkirchen beheimatet sein. Es könnte auch im münsterländischen Dülmen stehen. Wichtig ist nur, daß die verkehrstechnische Anbindung stimmt. Auf den Zuschauerzuspruch würde ein solcher Umzug wenig Auswirkungen haben. Dieses Phänomen ist so neu nicht: Bereits in den 30ern erfolgte die „Verdeutschung" bzw. „Nationalisierung" Schalkes. Schalke wurde Deutschland, und damit ein Stück weit von der Region und deren Sozialmilieu unabhängig.

Dies erklärt auch, warum sich heute Leute wie Jürgen Möllemann in diesem Verein problemlos bewegen können. Als Möllemann bei Schalke einstieg, blieben nennenswerte Proteste aus. Wohl aber wurden an den Stadiontoren protestierende Bergleute abgewiesen, die im Parkstadion auf die anti-soziale Kohlepolitik der Bundesregierung aufmerksam machen wollten. Von Gelsenkirchen, einst „Stadt der tausend Feuer" genannt, geschweige denn vom Stadtteil Schalke können die Blau-Weißen heute nicht mehr leben. Auch wenn die Schalker noch immer „Die Knappen" genannt werden und der Bergmannshammer unverändert das Vereinsemblem ist (im übrigen der einzige Profiklub in Deutschland, der in seinem Vereinszeichen eine Verbindung zur Arbeitswelt dokumentiert): Bergleute spielen heute im Schalker Vereinsleben keine Rolle mehr. Früher stellte die Belegschaft der Zeche „Consolidation" die überwiegende Mehrheit der Mitglieder. 1990 waren 6.000 der damals 7.700 Mitglieder nicht einmal mehr Gelsenkirchener. 1993 war Schalke 04 mit 15.024 Mitgliedern der größte Sportverein in NRW, mit weitem Abstand vor dem Zweitplazierten TSV Bayer 04 Leverkusen. Borussia Dortmund zählt dagegen nur ca. 3.500 Mitglieder. Aber die überwiegende Mehrheit der Schalke-Mitglieder hat mit Gelsenkirchen überhaupt nichts zu tun. Ein Teil dieser Mehrheit sind mittelständische Ruhrpott-Romantiker, die sich am Wochenende in den PKW oder Bus setzen, um – mit den Vereinsinsignien und einem Liederbuch ausgerüstet – gen „Parkstadion" (nicht Gelsenkirchen) zu ziehen und für einen halben Tag lang „Ruhrpott-Mensch" zu spielen.

Der Bezug zur lokalen Kohleindustrie ist „auf Schalke" nur noch Folklore, Background für das Mannschaftsfoto des Vereins. Aber würde der Klub diesen Bezug völlig aufgeben, wäre er nur noch eine seelenlose Hülle, für den sich nicht einmal mehr die Eichbergs, sondern höchstens noch einige Möllemänner interessieren würden.

Soll man als BVB-Fan Häme angesichts der Schalker Probleme zeigen? Dies wäre sehr kurzsichtig, denn die Borussia benötigt den blau-weißen Konkurrenten, aus sportlichen wie finanziellen Gründen. Die Rivalität zwischen den beiden Ruhrpott-Giganten mobilisiert Zuschauermassen und wirkt leistungsfördernd. Dortmunder und Schalker Erfolge schließen sich nicht gegenseitig aus. Als der BVB 1976/77 nach vier Jahren Abstinenz wieder erstklassig spielte, wurde Schalke Deutscher Vizemeister. Für beide Klubs war es sportlich ein erfolgreiches Jahr, und beide Klubs mobilisierten enorme Zuschauermassen, nämlich 42.400 bzw. 37.710 im Schnitt. Ähnlich sah es in der Saison 1991/92 aus: Dortmund wurde Vizemeister, während Aufsteiger Schalke sicher den Klassenerhalt schaffte. Die Zuschauerschnitte betrugen 41.188 bzw. 39.954. Sofern die sportliche Kluft nicht allzu eklatant ausfällt: Weder nimmt der BVB Schalke Zuschauer weg, noch Schalke dem BVB.

Affären und Skandale „auf Schalke" beschädigen das Image des gesamten Ruhrpott-Fußballs, und damit auch das des BVB. Beim BVB war man über die Enthüllungen des „SPIEGEL" in Sachen Eichberg alles andere als begeistert. Nicht umsonst wurden Eichbergs und Schalkes Interesse vom ehemaligen BVB-Präsidenten Rauball wahrgenommen, wobei zugleich typisch war, daß Eichberg und Schalke auf einen Dortmunder zurückgreifen mußten. Insbesondere Beobachter von außerhalb werden zwischen den Verhältnissen beim BVB und denen beim FC Schalke 04 kaum differenzieren. Für Häme gibt es deshalb keinen Anlaß.

Beide Klubs haben sich in der Vergangenheit wiederholt gegenseitig geholfen, wenn auch der BVB mehr Schalke als umgekehrt. Als den BVB 1974 hohe Schulden plagten, trat Schalke 04 ohne Gage zum Eröffnungsspiel des Westfalenstadions an. „Das werden wir Euch nie vergessen", bedankte sich ein gerührter BVB-Präsident Günther. Als die Schalker im Winter 1981 Zwangsverkäufe tätigen mußte, nahm ihnen der BVB Rolf Rüßmann ab und linderte damit die finanziellen Nöte des Rivalen. (Rüßmann ist im übrigen der Schalker mit den meisten Bundesligaspielen für den BVB – nämlich 149. Libuda, beliebter und prominenter, kam hingegen nur auf 74 Einsätze.) Ähnlich wie im Falle Rüßmanns verhielt es sich möglicherweise auch 1993 mit dem Transfer von Steffen Freund, für den Schalke eine überhöhte Ablösesumme kassierte.

Soll Schalke „seriös" werden? Schalke verfügt immerhin über einen erheblichen Unterhaltungswert, aber unbeschwert ergötzen kann man sich daran vermutlich nur andernorts. Auch wenn die Schalker Fans stolz auf ihre Leidensfähigkeit sind (ein Mitglied der Schalker Fan-Initiative gegenüber einem der Autoren: „Wir können noch viel besser leiden als ihr!") und Zufriedenheit mit dem momentanen sportlichen Status ihrer Mannschaft demonstrieren: Auch die Schalker Fans träumen von mehr als nur von einem Sieg über den BVB. Wäre der Verein finanziell dazu in der Lage, Millionäre einzustellen, würde wohl kaum jemand in der Nordkurve Widerspruch erheben. Schalke 04 ist ein Skandalklub, aber immerhin einer mit viel Herz. Schalkes Problem ist nicht, daß dort zu viel Herz regiert, sondern zu wenig Verstand. Die Schalker Fans sind nicht einen Deut schlechter als die der Borussia. Erinnert sei nur an die Szenen nach der 2:3-Niederlage der Schalker in der Saison 1994/95. Als die meisten Borussen das Westfalenstadion schon längst verlassen hatten, wurden die Verlierer von ihren Fans noch immer frenetisch gefeiert. Schalkes Fans haben ein besseres Führungspersonal verdient. Dortmund benötigt Schalke, so wie Schalke Dortmund benötigt – dies gilt auch für die Fans der beiden Traditionsvereine aus dem Revier.

Die Bayern

Bayern München ist ein jüngerer „Erzfeind". Unter den Fans ist die „Feindschaft" mit der gegenüber Schalke nicht zu vergleichen, was sicherlich auch mit dem generell sehr „friedlichen", ja geradezu langweiligen Charakter der Bayern-Anhänger zusammenhängt. Als der BVB am vorletzten Spieltag der Saison 1993/94 beim 1. FC Kaiserslautern, Bayern Münchens Konkurrenten um die Meisterschaft, 0:2 zurücklag, begannen viele der mitgereisten Borussen-Fans die Bayern anzufeuern.

Die Konkurrenz zwischen dem BVB und den Bayern hat zwei zusammenhängende Ursachen: Zum einen manifestiert sich in ihr der allgemeine „Nord-Süd-Gegensatz" in der Republik; zum anderen, auf sportlichem Gebiet, die Tatsache, daß der Aufstieg der Bayern in der zweiten Hälfte der 60er mit dem Niedergang der Dortmunder und des „Malocher-Fußballs" allgemein einherging. Daß die Dortmunder mittlerweile zu den Bayern aufgeschlossen haben, hat die Konkurrenz zwischen den beiden belebt. Allerdings fällt die sportliche Kluft heute zwischen Bayern und Borussia zu gering aus, als daß dabei Minderwertigkeitskomplexe noch eine große Rolle spielen würden. Auch der Metropolencharakter Dortmunds in Westfalen und im Ruhrgebiet und die Professionalität, mit der der BVB heute geführt wird, dämmen das Aufkommen von Minderwertigkeitsgefühlen.

Borussia Dortmund hat heute mit dem FC Bayern fast genauso viel gemeinsam wie mit dem Nachbarn Schalke. Beide Klubs sind „Volksvereine", wenn auch mit einigen Unterschieden: In Dortmund passieren nicht mehr nur „Malocher" die Stadiontore, während bei den Bayern nicht nur die Münchener Schickeria zu Hause ist. Auch das Olympiastadion hat seine Stehkurve, und die Konflikte zwischen dem Stehplatzpublikum und der „besseren Gesellschaft" sind denen in Dortmund durchaus nicht unähnlich. (Wobei die „bessere Gesellschaft" in München noch „besser" ist als in Dortmund. Ein Edelpublikum ist in Dortmund kaum vertreten. Entsprechend gab es bislang auch keine abgesonderten Bereiche auf der Haupttribüne.) Erinnert sei hier nur an eine der wenigen Ausschreitungen, die das Olympiastadion je erlebt hat: Im Oktober 1991 rebellierten die Fans aus der Südkurve gegen die Edelfans von der Haupttribüne. Anlaß waren unterschiedliche Auffassungen über die Zukunft von Trainer Heynckes. Während die hibbeligen und extrem erfolgsorientierten Edelfans Heynckes stürzen wollten, stellte sich das Stehplatzpublikum hinter ihn.

Sowohl der BVB wie auch die Bayern sind ungeheuer populär, wobei es zwar mehr Bayern- als BVB-Fans gibt, aber zugleich auch mehr Bayern-Hasser. Mit ca. 30.000 Mitgliedern ist der FC Bayern der größte Profiklub in Deutschland (vor Schalke). Mehr als 30.000 Menschen sind in über 800 Fan-Klubs organisiert. Laut einer Umfrage sollen die Bayern 4,1 Mio. Fans in Deutschland haben. Die Bayern verfügen auch im Ruhrgebiet über eine ansehnliche Anhängerschaft, wie ihre Gastspiele immer wieder dokumentieren, der BVB indessen über keine vergleichbare in Bayern. So existieren in NRW z.Zt. ca. 80 registrierte Bayern-Fan-Klubs. Die Popularität der Bayern im Revier hat zum einen „landsmannschaftliche" Gründe (zu den Arbeitsimmigranten in Revier zählten auch Bayern). Vor allem aber machten den FC Bayern die internationalen Erfolge in den 70er Jahren auch im Ruhrgebiet populär. In diesen Jahren avancierten die Bayern mit dem dreimaligen Gewinn des Europacups der Landesmeister (1974, 75, 76) sowie dem bislang einzigen Sieg einer deutschen Mannschaft im Weltcup (1976) zum internationalen Repräsentanten des deutschen Fußballs. Noch heute erhalten die Bayern nicht zuletzt deshalb von vielen Fans Unterstützung, weil man nur ihnen zutraut, Klubs wie dem AC Milan oder FC Barcelona Paroli zu bieten.

Anders als der BVB war der FC Bayern von seinen Ursprüngen her kein Arbeiterverein, sondern ein bürgerlicher Klub, bei dem man anfangs gar das Abitur vorweisen mußte, um aufgenommen zu werden. Wegen der ausgefallenen Einheitskleidung seiner Spieler (außerhalb des Spielfelds trug man modische Strohhüte) wurde der FC Bayern, der zunächst in der vornehmen Schwabinger Leopoldstraße zu Hause war, anfangs auch „Kavaliersklub" genannt. Seine Mitglieder waren zunächst hauptsächlich Studenten, Künstler und Kaufleute. Das Lokalderby Bayern – TSV 1860 firmierte lange Zeit auch als „Akademiker" gegen „Arbeiter". (Wobei der Begriff Arbeiterverein ohnehin relativiert werden muß. Die wenigsten jener prominenteren Vereine, die heute als Arbeitervereine firmieren, wurden von Arbeitern gegründet und geführt. In der Regel läßt sich auf der Führungsebene eine sehr starke kleinbürgerliche Beteiligung feststellen. Nur unter den Aktiven und Zuschauern bildeten die Arbeiter eine Mehrheit, da die Klubs in proletarischen Gegenden beheimatet waren.) Jüdische Bürger spielten beim FC Bayern – ähnlich wie bei Eintracht Frankfurt – bis 1933 eine bedeutende Rolle. Als die Nazis an die Macht kamen, mußte der damalige Präsident der

Bayern, Kurt Landauer, aus „rassischen Gründen" in die Schweiz flüchten. Landauer präsidierte zunächst von 1913-1914, 1919-1921 und 1922 bis 1933. Nach dem Krieg bzw. dem Ende der NS-Zeit wurde Landauer ein weiteres Mal zum Präsidenten gewählt (1947-1951). Auch Richard „Little" Dombi, der ungarische Trainer der Bayern-Meisterelf von 1932, mußte aufgrund seiner jüdischen Herkunft flüchten.

Natürlich ist der FC Bayern längst ein „catch all-Klub", der Anhänger und Mitglieder aus allen Schichten der Gesellschaft mobilisiert, wenngleich die Sozialstruktur sich sicherlich – allein schon aufgrund des Fehlens von Kohle und Stahl in München – anders gestaltet als beim BVB. Beide Klubs werden ausgesprochen solide und professionell geführt und stehen damit für einen Wandel des Fußballs weg von einem halbseidenen Skandalgewerbe. Schalke und der BVB sind sich hinsichtlich ihrer Sozialmilieus noch immer relativ ähnlich, Bayern und der BVB hingegen von der Art ihrer Führung her. Bayern und der BVB sind moderne Fußballunternehmen, Schalke indes noch nicht. Es dürfte nicht allzu viele Wirtschaftsbetriebe geben, die so gut geführt werden wie der FC Bayern und der BVB. Beide Klubs verfügen über ein erstklassiges Management, wobei die Führungsebene der Dortmunder im ehrenamtlichen Bereich wahrscheinlich besser besetzt ist.

Im Gegensatz zu Schalke hat man sich in Dortmund und München nicht in die Abhängigkeit von einer Person bzw. einem einzigen Sponsor begeben. Auch in München muß man kein Geld mitbringen, um Präsident zu werden. Es gelten die gleichen Kriterien wie in Dortmund. Solidität und Seriosität à la München und Dortmund können natürlich auch eine gewisse Langeweile verbreiten. Der Profifußball lebt auch vom Spektakel und seinen Skandalen, von rasanten Aufstiegen und nicht minder rasanten Niedergängen, weshalb hier die Frage gestattet sei, ob die Liga die „bunten Hunde" und Skandale nicht genauso benötigt wie die Klubs, die für ein seriöses Image stehen.

Was im Ruhrgebiet für Dortmund Schalke ist, das ist in München für die Bayern der Lokalrivale TSV 1860. Allerdings stehen sich hier zwei Vereine mit unterschiedlichen sozialen Traditionen gegenüber. Der TSV 1860 wird derzeit von dem autoritären Großgastronom und Immobilienspekulanten Wildmoser geführt, der zugleich auch ein Geldgeber des Vereins ist. Im Doppelpaß mit dem „Freundeskreis 1860", dem sein Sohn vorsitzt, kann der Spekulant den Verein finanziell nun unter Druck setzen. Mit dem Machtpolitiker Wildmoser fanden die vereinsinternen Querelen ein Ende, allerdings zum Preis der Umwandlung des Klubs in ein streng hierarchisches Fußballunternehmen. Sympathischer und fortschrittlicher als Bayerns bisheriger

Präsident Scherer ist der Pascha Wildmoser (der Präsident über seine Sturmreihe: „Mit diesem Sturm hätten wir den 2. Weltkrieg gewonnen") mitnichten. Im Gegenteil. Ein „Fan" der „Blauen" wurde Wildmoser erst, nachdem er auf dem gesellschaftlichen Parkett der „Roten" keinen Anschluß gefunden hatte. Vermutlich war er dem FC Bayern und dessem Umfeld zu polterig und unseriös. Der profilierungssüchtige Wildmoser ist nach Eichberg der zweite Präsident eines Bundesligaklubs, der von sich selbst Autogrammkarten erstellen läßt.

Wie Schalke betrieb auch der TSV 1860 noch 1993/94 Trikotwerbung für einen Sponsor, dem Sympathien für ultrarechte Positionen nachgesagt werden. Mit Schalke gemeinsam hat der Münchener „Arbeiterverein" auch einen gewissen Hang zu Skandalen, wenn auch bei weitem nicht so ausgeprägt.

Gegenüber den Bayern existieren eine Reihe von Klischees: Das fängt damit an, daß der TSV 1860 als „Traditionsverein" bezeichnet wird, die Bayern hingegen als „Neureiche" firmieren. Dagegen spricht allerdings nicht nur das Gründungsdatum der Bayern (der Klub entstand 1900 aus einer Abspaltung vom Münchener Turnverein 1879, dessen Führung den Fußballern keine Autonomie einräumen wollte), sondern auch die schlichte Tatsache, daß es die Bayern waren, die 1932 den ersten Deutschen Meistertitel nach München holten. Der TSV 1860 gewann seine erste bedeutende Trophäe 1942 mit dem DFB-Pokal (die Bayern gewannen diesen erstmals 1957). Sollte es dem jüngeren FC Bayern anschließend noch immer an Tradition gemangelt haben, so dürfte dieses Problem spätestens mit den Erfolgen der 60er und 70er Jahre längst erledigt sein. Die „Roten" (Bayern) sind nicht erst seit Beginn der Ära Beckenbauer und Co. die Nr. 1 in München. Lediglich vom Beginn der 60er Jahre bis zum Gewinn der Deutschen Meisterschaft 1966 gelang es den „Blauen" (TSV 1860), dem Konkurrenten den Rang abzulaufen.

Richtig ist hingegen, daß der TSV 1860 innerhalb der Stadtgrenzen der beliebtere Verein ist. Eine Deutsche Meisterschaft für den TSV 1860 würde sicherlich weitaus mehr Menschen vor das Münchener Rathaus mobilisieren als ein Titelgewinn der Bayern. Daß der FC Bayern ein „Autofahrerverein" ist – in einer Vereinspublikation heißt es, daß die Fans „oft aus über 400 Kilometern anreisen" –, will Bayern-Manager Hoeneß allerdings positiv ausgelegt wissen: „Wir haben früh erkannt, daß diese Regionaltümelei falsch ist. Wir sind ein Verein für alle Deutschen, auch für den Ausländer, der in München beheimatet ist." Zweifellos ist dies mit ein Grund dafür, daß die Bayern Marktführer der Branche sind, vor allem im Bereich des Verkaufs von Fanartikeln. Die Bayern haben aus der Not, nämlich in München nicht besonders populär zu sein, eine Tugend gemacht. Der FC Bayern kennt keine (Markt-)Grenzen. Der BVB könnte auch als Klub, der sich vorwiegend auf die Stadt und Region konzentriert, überleben. Die Bayern, zumal angesichts ihrer Ambitionen, vermutlich nicht. Deshalb sind europäische Erfolge für die Bayern auch noch wichtiger als für den BVB. Bei vielen auswärtigen Fans existiert der FC Bayern weniger als Deutscher Meister, denn als *der* deutsche Repräsentant auf der europäischen Bühne. So richtig wahrnehmen kann er diese Rolle natürlich nur im Landesmeisterwettbewerb, weshalb der UEFA-Cup wohl nicht nur für Beckenbauer lediglich etwas für „Versager" ist.

Ein weiteres Klischee spricht von den Bayern als „CSU-Verein", während der „Arbeiterverein" aus Giesing als „rot" gilt. Zwar sitzt dem Aufsichtsrat des FC Bayern der CSU-Mann und Ministerpräsident Stoiber vor, der den schlimmen Begriff von der „durchrassten Gesellschaft" prägte, aber die Dinge liegen auch hier wesentlich komplizierter, als es das Klischee nahelegt. Unter den Fans im Olympia-Stadion mögen sich mehr „Schwarze" als „Rote" und „Grüne" befinden, während es an der Grünwalderstraße umgekehrt aussehen soll. Allerdings sollte man auch nicht vergessen, daß der „Arbeiterverein" TSV 1860 einige Jahre lang von einem bekannten CSU-MdB namens Erich Riedel geführt wurde – und dies ziemlich dilettantisch. Trotzdem kam damals niemand auf den Gedanken, die „Sechziger" als „CSU-Verein" zu brandmarken. Aktuell sieht es nicht besser aus: Wildmoser ist CSU-Anhänger und gilt als strammrechter politischer Grobklotz. Seinen ehemaligen Trainer Karsten Wettberger, der bei den Fans sehr beliebt war, feuerte er nicht nur aus sportlichen Gründen. Wildmoser: „Einen Gewerkschaftler kann ich sowieso nicht als Trainer gebrauchen." Als Nachfolger verpflichtete er den „Feldherrn" und „Schleifer" Werner Lorant. Die traurige Wahrheit lautet, daß der TSV 1860 München, von seinem Stadtteilcharakter und seinen tollen Fans her der FC St. Pauli des Südens, aktuell die in jeder Beziehung unsympathischste Führungscrew der 1. Bundesliga stellt.

Zu den Fans der „Blauen" zählen zwar u.a. Dieter Hildebrandt und Gerhard Polt, aber auch Theo Waigl und der bayerische Kultusminister Hans Zehetmair. Zu den Fans der Bayern zählen zwar – neben dem bereits erwähnten Edmund Stoiber – der rechtskonservative CDU-Politiker Wolfgang Schäuble und der Kanzler-Berater und ehemalige „BILD"-Kolumnist Peter Boenisch, aber auch Boris Becker, Iris Berben und Senta Berger. Die Beziehungen der Bayern zur CSU ergeben sich zwangsläufig aus den politischen Kräfteverhältnissen in Bayern und der überragenden Bedeutung des

Vereins. Er ist weniger ein Repräsentant Münchens als des Landes Bayern. Da will die Politik nicht abseits stehen, und der Fußball kann sich der Politik nur schwer entziehen. Wären die „Löwen" seit vielen Jahren die unumstrittene Nr. 1, würden sich Stoiber und Co. wahrscheinlich in deren VIP-Räumen tummeln. Aber immerhin ist das Management der Bayern so weltoffen, daß es sich um die Verpflichtung des für sein anti-rassistisches Engagement bekannten Ruud Gullit bemühte. (Hoeneß später in einem Interview: „Bei Gullit hätten wir alles gemacht, denn mit ihm hätten wir Charisma gekauft." Ein Jahr später kauften die Bayern Alain Sutter. Möglicherweise auch, weil es sich bei ihm um einen Spieler mit Flair handelt.) Aufgrund der „internationalen Sozialisierung" von Bayern-Offiziellen wie Hoeneß, Rummenigge und Beckenbauer verfügt der Klub quasi zwangsläufig über eine gewisse kosmopolitane Note. Von größerer Bedeutung ist allerdings vermutlich, daß ein allzu dumpfer Nationalismus den Interessen des FC Bayern als Konzern schaden würde. Im Rahmen der marktwirtschaftlichen Durchdringung des Fußballs werden unternehmerische Entscheidungen – wie der Einkauf von Spielern – primär nach ökonomischen Gesichtspunkten gefällt. Die Verpflichtung eines Gullits wäre deshalb weniger eine Frage der Moral als des Geschäfts gewesen.

Im Jugendbereich des FC Bayern kicken zur Zeit ca. 50% Ausländer. An Aktionen gegen Ausländerfeindlichkeit unternimmt der Klub sogar mehr als viele andere Bundesligavereine, die Reichskriegsflagge ist auf den Rängen nicht zu sehen, wohl aber waren schon „Nazis-raus"-Chöre zu vernehmen. Des weiteren stellen sich Bayern-Akteure für TV-Spots für die (allerdings unzulängliche) Kampagne „Mein Freund ist Ausländer" zur Verfügung. Hieraus sollte nun allerdings auch nicht der falsche Schluß gezogen werden, die Bayern bestünden in Sachen „Anti-Rassismus" nur aus Musterknaben. Am letzten Spieltag der Saison 1993/94 untersagte der Bayern-Ordnungsdienst Mitgliedern der Schalker Faninitiative, ihr bekanntes Transparent „Schalker gegen Rassismus" im Olympiastadion aufzuhängen, da dies eine Aussage politischer Natur und somit im Stadion unerwünscht sei. Als Schalke 1992/93 am Aktionstag „Mein Freund ist Ausländer" im Olympiastadion gastierte, wurde das gleiche Transparent auf der Laufbahn des Olympiastadions noch voller Stolz herumgeführt. Der Vorfall nährt den Verdacht, daß politische Äußerungen im Olympiastadion offensichtlich nur erlaubt sind, wenn diese der Vereinsführung und deren PR-Abteilung in den Kram passen.

Auf dem Benefiz-Sektor gehört der FC Bayern zu den aktivsten Klubs der Bundesliga, ohne seine Aktivitäten an die große Glocke zu hängen. Um nur zwei Aktivitäten jüngeren Datums zu erwähnen: Im August 1994 überreichte der FC Bayern zunächst 100.000 DM an die UNICEF zugunsten der Ruanda-Hilfe. 250.000 DM erhielt die fortschrittliche Organisation „Ärzte ohne Grenzen" für die Gorazde-Hilfe.

Die Spieler des FC Bayern sind sicherlich nicht mehr oder weniger sympathisch sind als die Kicker anderer Profiklubs. Im „Bayern-Jahrbuch 1993/94" antworteten 14 von 28 Kickern des Profikaders auf die Frage, was sie zuletzt bewegt habe, mit „Die Ausländerfeindlichkeit", „Die Morde von Solingen" oder „Der Rassismus in Deutschland". Und Bayern-Manager Hoeneß nennt auf die Frage, wen er gerne kennenlernen würde, nicht Helmut Kohl und auch nicht Cindy Crawford, mit der scheinbar die Hälfte aller Bundesligakicker ein Dinner bestreiten will oder auch mehr, sondern das südafrikanische Anti-Apartheid-Idol Nelson Mandela und Yassir Arafat. Als „Traumjob" gibt er „Arzt in Lambarene" an. In einem Interview mit dem „Kicker" sprach sich Hoeneß („Ich bin ein sehr politischer Mensch") – im Kontrast zur CDU/CSU-Parteilinie – für einen Bundespräsidenten Rau aus. Hoeneß ist viel zu eigenständig, als daß man ihm mit dem Etikett „CSU" erledigen könnte. Natürlich ist er kein „Roter", und seine Ausfälle gegen „intellektuelle Miesmacher" klingen ziemlich rechtspopulistisch. Nur: reduziert man Vereine auf die politische Gesinnung ihrer Führungsetage, dann sind die Bayern nicht der einzige Klub, den der „kritische Fan" meiden müßte. Der Wildmoser-geführte Lokalrivale TSV 1860 scheidet dann genauso aus. Das positive Image des TSV 1860 und sein Mythos werden ganz wesentlich durch seine Fans geprägt, die für die 1. Liga eine große Bereicherung sind. Das Image des FC Bayern wird hingegen weniger von seinen Fans, als von der Politik seines Managements bestimmt.

Dabei sind sich die Bayern durchaus bewußt, welchen „Wert" ihre Fans darstellen – vor allem jene auf den Stehplätzen. Während ein reiner „Business-Man" wie Willi Lemke in Bremen die Werder-Fans in der Ostkurve im Regen stehen läßt, weil mit ihnen kein Geld zu machen sei, kostet bei den Bayern eine Jahreskarte für die Kurve für Mitglieder nur 100 DM (inklusive der Spiele der Champions League 130 DM). „Der Zuschauer, der sich bei Wind und Wetter in die Kurve stellt, darf nicht als Melkkuh betrachtet werden. Die Finanzierung dieser Fans muß der übernehmen, der es sich zu Hause im Wohnzimmer mit Bier und seinen Kumpels vorm Fernseher bequem macht." Ein durchaus richtiger Gedanke. Und kein anderer Bundesligaverein versorgt seine Mitglieder und Fans mit so viel Professionalität wie der FC Bayern. Hier verfügt der FC Bayern gegenüber dem BVB noch immer über einen großen Vorsprung. Dem FC Bayern ist es mit viel Fleiß und guten Ideen gelungen, eine „corporate identity" zwischen Verein und Fans zu schaffen.

Bleibt noch das Klischee vom „Angestelltenfußball" der Bayern. Für die 80er Jahre trifft dieses Etikett sicherlich zu, wie wir bereits an anderer Stelle ausgeführt haben. Allerdings läßt sich die Geschichte des Bayern-Spiels nicht auf eine einzige Dekade reduzieren. In den 70ern zelebrierten die Bayern gemeinsam mit den Mönchengladbachern den schönsten Fußball der Liga. Was die Spielkultur anbetraf, waren dies bis heute die schönsten Jahre der Bundesliga, woran *beide* Klubs erheblichen Anteil hatten. Verkürzt gesagt, standen die Bayern für das effektivere, erfolgsbetontere Spiel. Im Gegensatz zu den Gladbachern drohten sie nie, mit fliegenden Fahnen unterzugehen. Tragische Niederlagen, der ideale Stoff für Mythen und Legenden, waren ihnen fremd, während noch jeder zu erzählen weiß, wie die Gladbacher gegen Inter Mailand und Real Madrid um den verdienten Erfolg gebracht wurden. Allerdings war das damalige Bayern-Spiel, im Gegensatz zu vielen Darbietungen des Klubs in den 80er Jahren, durchaus attraktiv, wie allein schon die hohe Zahl der von den Münchenern erzielten Tore belegt. Nicht nur die Bökelberger verfügten über eine Torfabrik. 1969/70 schoß Vizemeister Bayern erheblich mehr Tore als Meister Gladbach. 1971/72 stellten die Bayern als Meister mit 101 Toren einen Rekord auf, der bis heute Bestand hat (nicht zuletzt dank eines 11:1-Sieges über den BVB).

Sowohl die Bayern wie die Gladbacher mobilisierten durch die Art ihres Spiels sowie den Typ einiger ihrer Spieler neue Schichten und Gruppen für den Fußball. Die Gladbacher mehr die Intellektuellen, Kulturschaffenden und Frauen, die Bayern vor allem jene Teile des Bürgertums, die bis dahin zum Fußball ob seines proletarischen Stallgeruchs Distanz gehalten hatten.

Nicht von ungefähr standen im EM-Team von 1972, das gemeinhin, vor allem aber von den „Linken", als die beste deutsche Nationalelf bezeichnet wird, nicht weniger als sechs Bayern. Das Image der Gladbacher wurde ganz wesentlich von der Person Günther Netzer geprägt. Aber bei den Bayern war eine erheblich größere Zahl von kritischen und selbstbewußten Spielern versammelt als bei den Rheinländern oder irgendeinem anderen Bundesligisten. Die Bayern der 70er waren überdies eine ausgesprochen intelligente Elf (Breitner, Hoeneß, Kapellmann, Meier, Zobel, Beckenbauer). Welche Bundesligatruppe hatte in den 70ern die meisten Langhaarigen in ihren Reihen? Es waren – surprise, surprise – die Bayern. Allerdings

Bittere Momente im Leben eines BVB-Fans, Folge II: Bayern schlägt Dortmund 11:1.

waren die langen Haare ohnehin bald nicht mehr als eine Mode, drangen vom Rand der Gesellschaft in die Mitte vor und wurden zum Mainstream. Deshalb sollte man die Bedeutung der langen Haare nicht überschätzen.

Vermutlich war bei den Bayern damals mehr Selbstbewußtsein und Modernität versammelt als bei den Gladbachern, wo sich alles auf die Person Netzer konzentrierte. Mit Breitner befand sich im Bayern-Team gar der Bekennendste aller Linken im deutschen Fußball. Bei den Bayern war für Individualisten und Querdenker nicht weniger Platz als bei den Gladbachern, aufgrund des Weltstadtcharakters Münchens vermutlich sogar mehr als im kleinbürgerlich-katholischen Milieu Mönchengladbachs. Breitner war keineswegs der einzige Individualist im Bayern-Dress. Im Tor stand mit Sepp Maier der Karl Valentin des deutschen Fußballs, und Rainer Zobel, der sich noch heute als „68er" bezeichnet, war ebenfalls ein „Bayer". Als es nach dem WM-Sieg 1974 zum Eklat kam, weil die DFB-Funktionäre die Spielerfrauen vom Festbankett ausgeschlossen hatten, waren es die Bayern-Spieler Maier, Breitner und Hoeneß, die die „Gegenfeier" organisierten.

Die erste große Spielerrebellion im deutschen Fußball ereignete sich 1978/79 nicht zufällig bei Bayern München. Diese Rebellion war nachhaltiger als alle folgenden, bewirkte sie doch eine Reformierung des Verhältnisses Verein-Spieler, dessen Kern bis dahin ein dumpfer Loyalismus war, sowie eine Modernisierung des Fußball-Managements. Uli Hoeneß war der erste, der im deutschen Profifußball modernes Unternehmensmanagement einführte. Gleichzeitig markierte die Revolution allerdings auch den Übergang zum „Angestelltenfußball", und den „Revolutionären" Breitner, Hoeneß und Maier und Co. folgte die Generation des blassen Mainstreams. Das klingt trostloser, als es in Wahrheit ist. Denn auf der anderen Seite wird um den traditionellen Arbeiterfußball zu viel Verklärung betrieben. Neben den Typen gab es hier auch stets furchtbar viel Biedersinn, neben technisch brillanten und kreativen Straßenkickern auch damals schon beinharte Klopper und pure Leichtathleten. Und die Parole von den „elf Freunden" hatte auch ihre negative Seiten: Wer aus dem Kollektiv ausschied, wurde schnell des „Verrats" bezichtigt. Die individuelle Entwicklung wurde dadurch häufig behindert. Der Fußball hatte schon immer etwas mit gesellschaftlichem Aufstieg zu tun, und selbstverständlich gab es auch in den „guten" 50er Jahren schon Spieler, die gerne ihren Verein verlassen hätten, um für ein besseres Gehalt anderswo zu kicken. Wenn viele dies trotzdem nicht taten, lag dies daran, daß das Angebot nicht reizvoll genug und mit zu vielen Risiken behaftet war oder Verein und Community einen schlichtweg nicht wechseln ließen. Außerdem wird bei der Verklärung der „Typen" oft übersehen, daß viele von ihnen zugleich auch tragische Gestalten waren. Natürlich war Reinhard Libuda ein großartiger Flügelflitzer, den wir heute schmerzlich vermissen. Aber was ist daran gut, daß sein Vermögen in die Taschen falscher Freunde wanderte und Libuda seine Frau niederstach? Nicht wenige proletarische Kicker haben ihr „Typen-Dasein" mit dem persönlichen und finanziellen Ruin bezahlt, weshalb die Frage erlaubt ist, ob die Veränderung des gesellschaftlichen Status' des Profis nicht auch ihre positiven Seiten hat. Wer von den Intellektuellen, die so gern die Lebensläufe der Libudas und Co. referieren, um gleichzeitig den „guten alten Zeiten" nachzutrauern, als der Fußball noch Typen kannte, möchte denn mit diesen tatsächlich tauschen? Die Debatten über die „guten alten Zeiten" haben deshalb oft nicht nur etwas Verklärendes, sondern auch etwas Zynisches.

Daß die Bayern seit Ende der 60er immer wieder die Nase vorn hatten und auch heute noch eine Spitzenmannschaft sind, basiert nicht nur auf Glück und Geld, sondern vor allem auf Modernität, Professionalität und guter Arbeit. Der sportliche Erfolg mobilisierte die Zuschauer, aber dieser Erfolg wurde ursprünglich keineswegs mit fertigen, teuren Stars erkauft. Keiner der sechs Europameister der Bayern war bereits ein Star, als der Klub ihn unter seine Fittiche nahm. Ganz abgesehen davon, daß man den Bayern nicht vorwerfen kann, daß ihre Darbietungen viele Zuschauer lockten.

Die Bayern waren der Konkurrenz über viele Jahre hinweg einfach um mehrere Nasenlängen voraus, besaßen die modernsten Ideen und sorgten auch für deren Umsetzung. Vom Ende der 70er an wurden die Bayern von einer ehemaligen Spielergeneration übernommen, repräsentiert durch die Person Hoeneß, wobei sie vom intelligenten und „rebellischen" Charakter dieser Generation profitierten.

Selbst wenn die Vorurteile stimmen würden, wenn die Bayern „schlecht" wären, geldgierig und Plünderer der Talentepools anderer: Die Liga benötigt sie, wie die enormen Zuschauermassen zeigen, die die Bayern – selbst in Krisensituationen – in fremde Stadien mobilisieren. Die Liga lebt vom „Feindbild Bayern" – auch wenn dies nur ein Klischee sein sollte.

Das größte Problem der Bayern ist heute, daß sie zum Erfolg verdammt sind, weshalb ihre Identität teilweise auf tönernen Füßen steht. Viele der externen Fans akzeptieren nur den erfolgreichen FC Bayern, da allein der Erfolg – und weniger irgendwelche kulturellen und sozialen Verbindungen – der Grund war, warum sie Bayern-Fans wurden. Bis zur Phase des Mißerfolgs war es ausgesprochen einfach, Bayern-Fan zu sein, da nahezu jedes Jahr mindestens irgendeine Trophäe eingefahren wurde. Borussia Dortmund hat da eine völlig andere Geschichte, da die BVB-Fans ganz anderen Prüfungen ausgesetzt wurden. Die Begeisterung, die Vereine mit Trophäen mobilisieren, sagen über ihre soziale und kulturelle Verankerung sowie die Loyalität der Fans nur bedingt etwas aus. Entscheidender ist, was die Vereine mobilisieren, wenn der ganz große Erfolg ausbleibt. In Dortmund haben 1991/92 erheblich mehr Menschen die Vizemeisterschaft gefeiert als in München 1993/94 die Meisterschaft. Gleiches gilt für die Vizemeisterschaft des 1. FC Kaiserslautern 1993/94. Die Begeisterung, die im Westfalenstadion nach dem Schlußpfiff der Saison 1993/94 herrschte, obwohl die Mannschaft „nur" den 4. Platz errang, wäre bei gleicher Plazierung in München unvorstellbar. Die Bayern-Führung beliebt dies stets als etwas Besonderes herauszustellen, was den Klub halt vom Rest der Liga unterscheide. In Wahrheit handelt es sich dabei aber auch um eine Schwäche.

Die Unterschiede zwischen den Bayern und dem BVB spiegeln sich auch in den beiden jüngsten Klubsongs wider. Im Bayern-Song „Bayern forever number one" heißt es: „Für uns zählt nur der Erfolg", was eigentlich ein bißchen wenig ist, um dauerhafte Loyalität zu begründen. Man fragt sich, woraus die Bayern-Identität noch besteht, wenn der Klub mal über einen längeren Zeitraum lediglich „number two" ist. Nach der Ribbeck-Entlassung während der Saison 1993/94 äußerte Hoeneß: „Wir konnten nicht ewig das Bild vom FC Bayern vorgaukeln, ohne daß die Erfolge sich einstellten. Die Philosophie der Nummer eins muß auch irgendwann stimmen." Im Borussen-Lied werden ganz andere Werte betont als im „Forever-number-one"-Song, nämlich soziale und zwischenmenschlich-familiäre. Außerdem ist das Lied erheblich lokalspezifischer:

„Bei uns in Dortmund gibt's ein Phänomen,
daß alle Menschen hinter der Borussia steh'n.
Hier geht man schon aus Tradition
zu jedem Spiel ins Stadion,
als Kind bin ich mit meinem Vater gekommen,
und der wurd' auch schon von seinem mitgenommen:
Borussia verbindet Generationen,
Männer und Frauen, alle Nationen.
Hier fragt man nicht nach arm oder reich,
wir Fans auf der Tribüne, wir sind alle gleich.
Bei Wind und Wetter sind wir da, wir alle wollen nur...
Borussia, Borussia, Borussia, Borussia.

Borussia ist Leidenschaft,
eine Leidenschaft, die Freunde schafft.
Borussia, du verkörperst die Region,
für manche von uns sogar Religion.
An dir schauen viele Menschen auf,
du findest immer einen Weg, du stehst immer wieder auf.
Borussia, du bist meisterlich –
und gerade deswegen lieben wir dich.
Borussia...

Natürlich wollen auch Borussen-Fans den Erfolg, aber mit dem Verein und dem Stadionbesuch verbinden sich auch noch andere Ideale. Die Identität der Borussia und ihrer Fans basiert nicht allein auf permanentem Erfolg.

Borussias Bilanz gegen Schalke und Bayern

In der „ewigen" Tabelle der Bundesliga lag der BVB nach dem Ende der 30. Bundesligasaison (1992/93) auf dem 9. Platz, einen Platz vor Schalke 04. Das Punkteverhältnis der Borussia betrug 912:848, das der Schalker 806:886. Der BVB war von diesen 30 Jahren 26 Erstligist, Schalke hatte mit 25 eine Spielzeit weniger aufzuweisen. Beide waren bislang zweimal Vizemeister (Dortmund: 1965/66 und 1991/92; Schalke: 1971/72 und 1976/77), wobei der BVB 1991/92 dem Titel am nächsten kam, als nur das Torverhältnis zugunsten des VfB Stuttgarts entschied.

Im direkten Vergleich führt der BVB nach 45 Derbys (Stand: Hinrunde 1994/95) mit 48:42 Punkten (20 Siege, 8 Unentschieden, 17 Niederlagen). Das Torverhältnis betrug 84:74.

Auffallend ist die geringe Zahl der Begegnungen, die mit einem Remis endeten. Das erste Remis ließ dreizehn Spiele auf sich warten! Von 1963/64 bis 1966/67 war der BVB klar dominant. Von den acht Begegnungen in diesem Zeitraum gewann der BVB sieben, darunter war ein 7:0-Sieg in der Saison 1965/66, der höchste Bundesligasieg der Schwarz-Gelben über die Blau-Weißen. Des weiteren gewann der BVB u.a. zweimal mit 6:2. Mit der Saison 1967/68 wendete sich das Blatt. In den zehn Derbys bis einschließlich 1971/72, der Saison, in der der BVB abstieg, gab es nur einen Dortmunder Sieg, aber fünf Niederlagen.

Nach dem Wiederaufstieg 1976 gewann Dortmund zwölf der 24 Derbys. Schalke gewann acht, vier Begegnungen endeten unentschieden. Aus Schalker Sicht eine recht ordentliche Bilanz, bedenkt man, daß Schalke im Zeitraum 1976/77 bis 1992/93 nicht weniger als dreimal aus der Bundesliga abstieg. In der Saison 1985/86 erzielten die Schalker mit einem 6:1 ihren höchsten Bundesligasieg über die Borussia. Überraschend ist vor allem die Bilanz seit dem Einsetzen des schwarz-gelben Höhenflugs bzw. dem Beginn der Ära Hitzfeld. Seit der BVB-Wende 1986/87 gestaltet sich die Bilanz nämlich zugunsten der Schalker. In zehn Begegnungen gab es aus BVB-Sicht nur vier Siege, aber fünf Niederlagen. Zwei Partien endeten remis.

Allein für die Ära Hitzfeld sieht es wie folgt aus: Von den sieben Derbys (Stand: Hinrunde 1994/95) seit dem Schalker Wiederaufstieg 1991 und dem (zeitgleichen) Amtsantritt Hitzfelds gewann Schalke immerhin drei, darunter ein 5:2 zu Hause (1991/92) und ein 2:0 in Dortmund (1992/93). Der 2:0-Sieg war der erste der Schalker in Dortmund seit 20 Jahren. Die Borussia konnte nur zweimal gewinnen, zwei Partien endeten unentschieden. Bis zum 3:2-Hinrundensieg in der Saison 1994/95 galten die Blau-Weißen als neuer Angstgegner der Borussia. In Schalke selbst konnte der BVB seit März 1983 nicht mehr gewinnen!

Bayern München führte die „ewige" Tabelle nach 30 Spielzeiten souverän mit 1268:644 Punkten an. Die Bayern, die nicht zu den Gründungsmitgliedern der Bundesliga zählten, haben bislang zwei Spielzeiten mehr in der Bundesliga verbracht als die Dortmunder. Von den 51 Bundesligabegegnungen mit den Bayern im Zeitraum 1965/66 bis zur Hinrunde 1994/95 gewann der BVB 14 und verlor 22. 15 Begegnungen endeten mit einem Remis (in Punkten: 43:59, das Torverhältnis: 70:94). Der BVB begann zunächst überlegen und gewann die ersten drei Aufeinandertreffen ohne Gegentor. Die Trendwende erfolgte noch während der Saison 1967/68. In der Hinrunde gewann der BVB noch mit 6:3, aber in der Rückrunde erlitt er beim 0:2 seine (erst) zweite Niederlage gegen die Münchener. Bis zu seinem Abstieg 1972 gewann der BVB kein Spiel mehr gegen die Bayern. Von den acht Begegnungen im Zeitraum 1968/69 bis 1971/72 verlor der BVB sechs und spielte zweimal unentschieden. Den Höhepunkt bildete das 1:11-Desaster in München, die zweithöchste Niederlage in der Bundesligageschichte des BVB.

Von den 37 Begegnungen seit dem Wiederaufstieg 1976 gewann der BVB zehn und verlor 14. Dreizehn Spiele endeten unentschieden. Seit der BVB-Wende ist die Bilanz BVB-Bayern ausgeglichen. Fünf Siegen stehen fünf Niederlagen gegenüber. Siebenmal gab es ein Remis.

Während also die Bilanz gegen Schalke 04 die BVB-Wende nicht widerspiegelt, sieht es bezüglich der Bilanz gegenüber Bayern München anders aus. Aus ihr läßt sich ablesen, daß der BVB zu den Bayern aufgeschlossen hat. Allerdings werden die Bayern wohl noch einige Zeit zu den zehn Vereinen zählen, gegen die Borussias Erstligabilanz negativ ausfällt. Am schlechtesten sieht die BVB-Bilanz gegen Stuttgart aus (39:65 nach der Saison 93/94), gefolgt von der gegen Bremen (42:62) und der gegen den FC Bayern (41:59). Gegen 25 von insgesamt 39 Ex- und Noch-Bundesligisten gestaltet sich die BVB-Bilanz positiv. Allerdings fallen darunter auch so kurze Gastspiele wie die Preußen Münsters, der Stuttgarter Kickers und der Berliner Klubs Tennis Borussia, Tasmania und Blau-Weiß.

BVB-Fan beim Meisterschaftsfinale 1957 in Hannover.

Die Fans

„Was ist Fußball ohne Zuschauer? Nur ein Kick von 22 kurzbehosten Männern im Park mit überdurchschnittlichen Spielern – nicht mehr. Die Zuschauer sind wesentlicher Bestandteil des Spiels. Erst die Zuschauer machen den Fußball zu einem kulturellen Ereignis."
Rogan Taylor, Fußball-Forscher und Mitbegründer der englischen Football Supporters Association

„Die Fans hier haben eine unglaubliche Macht, bei solchen Fans kann man eigentlich gar nicht schlecht spielen."
Andreas Möller nach seinem zweiten Debüt für den BVB

„Du findest in Deutschland kein Publikum wie dieses. Man kriegt bald mit, daß diese Zuneigung einem nur geliehen wird. Die Fans schwärmen nie wirklich für den einzelnen Spieler – es ist immer eine Liebe zu dem Verein."
Michael Rummenigge, Ex-Borusse

„Die Südtribüne ist eine Kultur für sich, und deshalb steht sie unter Denkmalschutz."
BVB-Manager Michael Meier

Was wäre der BVB ohne seine Fans? Erst die Inszenierungen der Südtribüne des Westfalenstadions lassen ein BVB-Spiel zu einem unvergeßlichen Ereignis werden, das Medien und Sponsoren mobilisiert. Die Südtribüne zeigt noch jedem Staatstheater seine Grenzen auf.

Fans unterhalten eine ganz besondere Loyalität zu ihrem Klub, die sie von vielen Funktionären und Spielern unterscheidet. Die Profis sind in der Regel zunächst einmal gegenüber sich selbst, vielleicht auch noch einigen Mitspielern, Funktionären, Trainern, Beratern loyal, nicht aber gegenüber dem Klub als Ganzem. Paßt ihnen irgendetwas nicht, wechseln sie den Arbeitgeber. Spieler mögen einige Klubs gegenüber anderen bevorzugen, mögen positive Erinnerungen an den einen oder anderen Klub behalten; aber mit der Loyalität der Fans ist dies nicht vergleichbar. Äußerungen wie „Ich wollte schon immer für diesen Klub spielen" etc. sind oft purer Opportunismus. Der Profi erhält Geld für seine Darbietungen, der Fan muß dafür bezahlen. Beim englischen Erstligisten Tottenham Hotspur erhielten einige

Spieler gar „Treue-Prämien", da sie während (!) der Saison nicht um einen Transfer baten. Fans erhalten in der Regel keine Prämie für ihre Loyalität. Bestenfalls werden sie mit reduzierten Eintrittspreisen bedacht. Aber oft müssen sie sich auch noch beschimpfen lassen, wenn sie die Vorstellungen der Mannschaft nicht so honorieren, wie es Vorstand und Spieler gerne sehen würden. Der Profi verfügt über Alternativen, der Fan nicht. Befindet sich der Klub in einem ruinösen und perspektivlosen Zustand, sucht der Profi das Weite. Ebenso die Funktionäre, die für diese Situation maßgeblich verantwortlich sind. Profis spielen mitunter für Klubs, die sie eigentlich nicht leiden mögen. Dies ist keine Kritik am Profi, denn Fußballspielen ist sein Beruf. Wer kann sich seinen Arbeitgeber schon frei aussuchen? Nur sollte man die Unterschiede zwischen ihm und dem Fan nicht verwischen. Natürlich gibt es unter den Spielern immer wieder Ausnahmen, beim BVB – jedenfalls in der Vergangenheit – vielleicht sogar mehr als bei einigen anderen Klubs. So beispielsweise Michael Zorc, der einst selbst auf der Südtribüne gestanden hat. Zorc: „Der BVB hat mein Leben bestimmt. Es würde mir schwerfallen, für einen anderen Klub spielen zu müssen."

Produktive Wechselwirkung: Die Zuschauer als 12. Mann

„Die Dortmunder Fans sind ganz sicher einzigartig. Die lassen einen nicht fallen, sie versuchen vielmehr die Spieler wieder aufzubauen. Ich habe das oft erlebt. Sauer werden sie nur, wenn sie spüren, daß man nicht alles versucht, sich nicht voll reinhängt." So Norbert Dickel, Dortmunds Pokalheld von 1989. Dickel ist ein typisches BVB-Phänomen. Wohl selten hat es ein Spieler geschafft, binnen so kurzer Zeit und mit so wenig Einsätzen für die Fans zu einem Denkmal zu werden. Lediglich vier Spielzeiten kickte Dickel beim BVB, in denen er insgesamt 90 Bundesligaspiele bestritt und 40 Tore erzielte. Damit liegt Dickel in der Rangliste der Bundesligaeinsätze für den BVB „nur" an 43. Stelle. Die Tore von Berlin und sein bedingungsloser Einsatz für den BVB, den er mit Sportinvalidität bezahlte, haben dem technisch nicht gerade begnadeten Spieler einen Platz in der Galerie der „Unsterblichen" gesichert. Zu seiner enormen Popularität dürften auch seine bescheidene, zuweilen unbeholfen erscheinende Art beigetragen haben.

Heute fungiert Dickel als Stadionsprecher, mit erstaunlicher Gewandtheit. Wenn Dickel mit dem Mikrophon den Rasen betritt, wird er von der Südtribüne erst einmal ausgiebig gefeiert, bevor er mit seinem Programm beginnen kann.

Auch in den 50ern und 60ern gab es bereits eingefleischte BVB-Fans. Hier der legendäre „Moses", ein Original der damaligen Jahre.

Ähnlich wie Dickel äußert sich auch Karlheinz Riedle. Die Dortmunder Fans seien „sehr fachkundig und objektiv. Malocht man richtig, hat man sie auf seiner Seite." Und noch einmal Michael Zorc: „Das sind Malocher. Da kann dir ruhig mal der Ball über den Spann rutschen, die verzeihen dir das. Unsere Fans wollen Leistung sehen. Die würden sofort pfeifen, wenn sie das Gefühl hätten, wir geben da unten nicht unser Bestes."

„In Dortmund wird der arbeitende Fußballer noch anerkannt", konstatiert BVB-Präsident Niebaum. Auch der Strukturwandel hat daran nichts geändert. Bis heute hält sich ein proletarischer Ethos: „Laumänner", die sich auf Kosten ihrer Kollegen einen angenehmen Tag machten, wurden in den Arbeitskolonnen der Stahlkocher und Bergleute nicht geduldet. Auch wenn auf den Rängen nicht mehr länger die Stahlkocher und Knappen dominieren und sich die Söhne und Enkel im Dienstleistungsgewerbe verdingen: Die traditionelle Haltung zur Arbeit hat überlebt. Kollektivität und Kampf werden im Westfalenstadion auch heute noch hochgehalten. Auch wenn dies zuweilen in die Hose geht. Hauptsache ist, man hat sich sichtbar bemüht. Solange gekämpft wird, agiert das Publikum als zwölfter Mann, das mangelhafte Technik und schlechtes Zusammenspiel ausgleicht und auch schon mal ein Spiel zumindest mitentscheidet.

Die Helden der Südtribüne hießen und heißen u.a. MacLeod, Schulz, Kutowski, Zorc, Chapuisat oder Povlsen. Ein Spieler wie MacLeod konnte in der Bundesliga nur bei Dortmund so große Popularität erlangen. Und wenn ein Kämpfer geht, trauert das Publikum noch mehr, als wenn ein Star den Verein verläßt. Sicherlich hängt das auch damit zusammen, daß die Trennung von den Stars und den Kämpfern in unterschiedlicher Weise erfolgt. Mit einem Andreas Möller mochten sich seinerzeit viele auch deshalb nicht stärker identifizieren, weil sie von vornherein befürchteten, daß er den Verein schon bald wieder verlassen würde. Die Verweildauer der Stars ist in der Regel erheblich kürzer als die der Kämpfer, nicht nur bei der Borussia. Die Stars gehen irgendwann freiwillig, weil sie woanders besser dotiert werden oder sich bessere sportliche Perspektiven ausrechnen. Die Kämpfer werden gegangen, wenn sie ihre Schuldigkeit getan haben.

Über den Kampf erfolgte auch immer wieder die Integration „problematischer" Spielertypen. Das beste Beispiel hierfür ist der zunächst höchst umstrittene Michael Rummenigge. Rummenigge kämpfte sich in die Herzen der schwarz-gelben Fan-Gemeinde, weshalb sie ihm seine im Bayern-Dress getätigten elitären Äußerungen bald verzieh.

Das Dortmunder Spiel ist (gewöhnlich) auf die Fans zugeschnitten. So entsteht eine für Fans und Spieler produktive Wechselwirkung. Es ist kämpferisch offensiv, von der ersten bis zur letzten Minute. Eine defensiv eingestellte, ständig herumtaktierende und den Ball querschlagende Elf käme in Dortmund nicht an. Genauso wenig wie eine zwar technisch und spielerisch perfekte, aber von ihrem Einsatz her faule Truppe. Am Charakter des Dortmunder Spiels hat sich bis heute nicht viel geändert. „Dortmund – das ist nun einmal Kampf", betonte Michael Zorc, als zu Beginn der Saison

1993/94 einige meinten, eine mit Technikern relativ gut bestückte Borussia könnte sich nun allein auf das Spielen verlegen. Sicherlich hat sich das Dortmunder Spiel in der Ära Hitzfeld spielerisch und taktisch verbessert. Aber der Kampf bleibt eine wichtige Säule, und wenn dies geleugnet wird, geht es in der Regel böse aus.

Vor der Saison 1993/94 schrieb die Zeitung „Fußball-Sport" enthusiastisch: „Der Fußball hat sich fortentwickelt. Kaum einer berauscht sich noch am bloßen Gekicke der paarundzwanzig Akteure auf dem rechteckigen Grün. Das Drumherum macht's. Unterhalten werden wollen die Leute. Am besten gut. Die Arenen werden zu Stätten, wo die Fans feiern, nicht staunen wollen. (...) Die Show gehört dazu. Und die Show gestalten Künstler. Die wollen die Fans sehen. Nicht Rackerer und Wühler." Diese Zeilen sind ein typisches Beispiel dafür, wie die Medien vor lauter Quereinsteigern die Existenz der traditionellen Fans ignorieren und vor lauter Stars deren (notwendigen) „Wasserträger" nicht mehr beachten. Daß diese Zeilen in einer Fachzeitschrift erschienen, ist schon fast peinlich. Natürlich erfaßt diese Charakterisierung des Publikumgeschmacks bei weitem nicht das gesamte Zuschauerspektrum. Für einen Teil – das sogenannte „neue Publikum" – trifft die Einschätzung sicherlich zu, in Dortmund dabei weniger als anderswo. Aber der Fußball lebt nicht zuletzt auch von seinen unterschiedlichen Charakteren. Und natürlich sind auch noch die „ehrlichen" Rackerer und Wühler populär.

Die Südtribüne

Zur Borussia zu gehen, ist heute Mode. Zumindest einige von denen, die sich heute als Schwarz-Gelbe präsentieren, dürften morgen nicht mehr dabei sein, sollte wieder Mittelmaß angesagt sein. Sie kommen vor allem wegen der Stars, und weil es heutzutage einfach schick ist, Borusse zu sein. Die Dauerkarte hat in Dortmund mittlerweile den Charakter einer Visitenkarte, die man auch in den Mittelschichten und der besseren Gesellschaft gerne präsentiert. Wer eine der begehrten Jahreskarten besitzt, prahlt nicht selten mit seinen angeblichen oder tatsächlichen Beziehungen zum Verein. In Dortmund herrschen heute Zustände wie in Neapel.

Das Westfalenstadion ist der Ort, wo sich der Norden und der Süden, das traditionelle proletarische Dortmund und das neue Dortmund des Dienstleistungsgewerbes und der Studenten treffen. Auch auf der Südtribüne selbst. Es ist nämlich keineswegs so, daß auf der Südtribüne nur Arbeiter stehen und sich auf den Geraden mit ihren Sitzplätzen nur Mittelklässler ein-

Die Südtribüne in Aktion.

finden würden. Auf der Südtribüne stehen nicht nur Arbeiter und „Kutten-fans" aus dem Norden der Stadt, sondern auch Angestellte und Studenten. Und auch die Dortmunder Alternativen und Linken haben die Südtribüne zum Stammplatz auserkoren. Was die einzelnen Gruppen miteinander verbindet, ist, neben einer außerordentlichen Liebe zur Borussia, das Alter. Umgekehrt gibt es auf den Sitzplätzen auch viele (Fach)arbeiter.

Das eigentliche Kapital des Vereins und der Mannschaft sind nicht die Logen-Besitzer und Inhaber der teuersten Sitzplatzkarten, sondern die Südtribüne, wo die Treuesten der Treuen stehen. 1993/94 hätte der BVB das Spiel gegen den SC Freiburg ohne die Südtribüne glatt verloren. Die Mannschaft lag gegen den Neuling mit 0:1 zurück, und auf den besseren Plätzen machte sich Unmut breit. Einige begannen zu pfeifen und schrien „Aufhören". Insbesondere gegen Stefan Reuter, wahrlich kein begnadeter Techniker, sondern vor allem ein Renner. Die Fans auf den Stehrängen honorierten hingegen Reuters Bemühungen und bauten den Geschmähten wieder auf. Daß der BVB aus einem 0:2-Rückstand dann noch einen 3:2-Sieg machte, verdankte er vor allem der Südtribüne, die die Elf nie aufgab, sondern nach vorne peitschte und sich auch durch die stümperhaftesten Fehler nicht irritieren ließ. Spontan erklärte Trainer Hitzfeld anschließend: „Diesen Sieg widme ich der Südtribüne. Sie hat uns sensationell unterstützt und auch toll reagiert, als einige die Auswechselung von Stefan Reuter forderten." Und Kapitän Zorc: „Ohne die Fans hätten wir verloren". Äußerungen, die man auch als Seitenhiebe gegen die Verwöhnten und Ungeduldigen auf den besseren Plätze verstehen konnte.

Die Spieler registrieren die Veränderungen im Stadion offenbar sehr genau. So berichtete der Ex-Borusse Lusch der Fan-Zeitung seines neuen Klubs 1. FC Kaiserslautern: „In Dortmund war es in letzter Zeit etwas schwer; wenn die Mannschaft hinten lag, kam die Unterstützung nur noch von der Südtribüne. Das war dann relativ schwer für die Mannschaft, die auch noch zum Teil gegen das eigene Publikum ankämpfen mußte."

Die Südtribüne ist für ihren Hang zur Ironie berüchtigt, wovon zuweilen auch das eigene Team nicht verschont bleibt. In Dortmund sind die Haßgesänge weitgehend der Ironie gewichen. Auf der Südtribüne vernimmt man mit die besten Sprüche der Liga. Als in der Saison 1993/94 beim Spiel gegen Dresden der Schiedsrichter eine rote Karte nach der anderen zückte, schallte es nach der vierten: „Einer geht noch, einer geht noch raus." Der Schiedsrichter zeigte sich großzügig und schickte noch einen weiteren Spieler vorzeitig unter die Dusche, was Bundesligarekord bedeutete. Sicherlich, hätte das Spiel auf Messers Schneide gestanden, wäre die Atmosphäre auf den Rängen wohl aggressiver gewesen. Als die Mannschaft gegen Inter Mailand eine miserable Vorstellung bot, rief die Südtribüne die Namen alter Kämpen. Der Frust war so groß, daß nicht nur Burgsmüller, Kostedde und Lippens gefeiert wurden, sondern selbst Jürgen „Kobra" Wegmann. Außerdem wurden angesichts des Versagens der Millionäre mal „mehr Millionäre", mal „mehr Amateure" gefordert.

Fans und Vorstand

Gemessen an den enormen Erwartungen, mit denen der BVB in die Saison 1993/94 startete, verhielt sich das Publikum über die gesamte Saison hinweg sehr geduldig. Letztlich war der Saisonverlauf lange Zeit noch erheblich frustrierender als im letzten Köppel-Jahr. Ein wesentlicher Grund für die Geduld dürfte die Vorstandspolitik gewesen sein. Das ruhige Agieren des Vorstands strahlte auch auf die Zuschauer aus. Die Mannschaft spielte schlecht, aber wenigstens hatte man das Gefühl, daß sich der Klub in guten

Händen befand, weshalb man mit der Enttäuschung besser umgehen konnte. In der Vergangenheit war dies oft anders. Schlechte Leistungen auf dem Spielfeld korrespondierten mit schlechter Vorstandspolitik und vergrößerten so die Misere und den Frust, zumal kein Licht am Ende des Tunnels auszumachen war.

Hinzu kam das Verständnis des Vorstands für den Frust der Fans. Die Fan-Sozialisation von Gerd Niebaum erwies sich einmal mehr als äußerst hilfreich. Nach den Unmuts-Demonstrationen gegen Mailand verstieg sich Niebaum nicht in Beschimpfungen der Fans, wie bei vielen Funktionären in solchen Situationen leider üblich, sondern äußerte stattdessen: „Ich kann unsere Anhänger verstehen. Wenn ich einer von ihnen auf der Südtribüne wäre, würde ich auch so reagieren." Für den im Umgang mit den Fans dünnhäutigeren Meier hatten die Fans hingegen „überzogen".

Die Boykott-Initiative von über 20 Fanklubs verlief im Sande. Die Auffassung der Initiatoren, „daß jetzt beim BVB alles kaputtgeht" (so Rainer Tänzer von den „Ruhrpott-Kanaken"), mochte die Mehrheit der Südtribüne bei allem Frust doch nicht teilen.

Obwohl sich die BVB-Führung auch im Verhältnis gegenüber den Fans von vielen anderen Klubs positiv abhebt, so ist auch in Dortmund nicht alles nur super, wie die folgende Episode dokumentiert. Als ein junger BVB-Fan Flugblätter verteilte, mit denen für den Fan-Kongreß „Reclaim the Game" mobilisiert wurde, alarmierte ein Ordner den BVB-Geschäftsführer Walter Maahs. Maahs belehrte den Fan, daß er keine Erlaubnis für die Verteilung der Flugblätter besitze. Als der Fan vorschlug, den Karton mit den restlichen Flugblättern abzugeben, mußte er feststellen, daß ein Ordner diesen bereits einkassiert hatte. Der Fan mußte auch noch seine Dauerkarte abgeben und wurde gewaltsam des Stadions verwiesen. Von den daran beteiligten Ordnern mußte sich der Betroffene außerdem so saublöde Sprüche wie „Bombenleger wollen wir hier nicht" und „Kannst Dir das Spiel im Fernsehen angucken, bei Borussia hast Du sowieso nichts verloren!" anhören. (Ohne alle Ordner über einen Kamm scheren zu wollen, die ihren Job in der Regel absolut korrekt erledigen: Das Dilemma des Ordnerwesens war und ist, daß dieser Job leider viel zu oft Leute anzieht, die für diese verantwortungsvolle Aufgabe als einzige Qualifikation kräftige Oberarme mitbringen.) Mit dem Rausschmiß wurde der Verteiler eines anti-rassistischen Flugblatts auf eine Stufe mit Gewalttätern gestellt. Es gibt in der Bundesliga Ex-Präsidenten, die ihre Vereine in den Ruin getrieben und deren Ansehen schwer beschädigt haben, aber trotzdem ihren festen Platz auf der Haupttribüne besitzen und sich im VIP-Raum verwöhnen lassen dürfen. Da sollte doch wohl erst recht

Platz im Stadion sein für politisch engagierte Fans. Die beschlagnahmte Dauerkarte erhielt der Fan im übrigen einige Tage nach dem Spiel auf Nachfrage von der Geschäftsstelle zurück.

Rassistische Schmährufer haben aktuell im Westfalenstadion kaum eine Chance, was aber nicht bedeutet, daß es sie nicht geben würde. Die Zeiten, wo die neofaschistische „Borussenfront" das Image des BVB-Anhangs prägen konnte, sind allerdings vorbei. Aufkeimende „Sieg"-Stakkatos und Urwald-Geräusche gegen farbige Spieler werden abgeblockt oder durch Pfiffe übertönt. Das Westfalenstadion gehört zu den wenigen Spielstätten der Bundesliga, wo einem die Reichskriegsfahne erspart bleibt. Sicherlich hat auch die neue Begeisterung, die der Überwindung der administrativen, finanziellen und sportlichen Krise folgte, dazu beigetragen, den Spielraum der Neonazis zu verengen. Ob dies bei fortschreitender Rechtsentwicklung auch weiterhin so bleiben wird, muß sich erst noch zeigen, denn der Schatten der „Borussenfront" bleibt präsent. Beim UEFA-Cup-Halbfinale in Auxerre reisten auch der berüchtigte FAP-Aktivist „SS-Siggi" (Siegfried Borchart) und seine Konsorten mit, im Bus des Fanklubs „Zum Wohlsein". Als sich Mitglieder des Fanklubs „Goldener Oktober", die ebenfalls im Bus saßen, über Musik von „Störkraft" und anderen Nazi-Rockbands beschwerten, bezogen sie von Borchardt Prügel.

Eine unabhängige Fan-Initiative von der Qualität der Schalker Fan-Initiative (Schalker gegen Rassismus), die mittlerweile ihre eigenen Schals, T-Shirts, Aufkleber sowie das ausgezeichnete Fanzine „Schalke Unser" produziert, existiert in Dortmund noch nicht. Wie sich das BVB-Management gegenüber einer derartigen Herausforderung verhalten würde, ist ungewiß, da es hier noch keinen ernsthaften Test bestehen mußte. Die Fanklub-Delegiertentagungen haben heute nach Auffassung einiger Beobachter mehr die Funktion eines Rituals. Ein Teilnehmer: „Die 'Strategie' bei diesen Tagungen liegt darin, daß Herr Meier etwa 30 bis 60 Minuten über Entwicklungen und Situationen referiert (bzgl. Mannschaft und Vorstand), ein prominenter Gast (Spieler, Trainer) balsamiert weiter ein, bis nach ca. zwei Stunden Fan-Themen zur Rede kommen. Die anwesenden Fans – zwei Drittel Sitzplatzpublikum – befinden sich schon fast eine Stunde vor Beginn im Presseraum und erhalten Schnittchen und zwei Freigetränke. Wenn überhaupt kritisiert wird, dann wird überwiegend auf Spieler und Kartenverkäufe gezielt." Auf kritischere Einwände reagiere Meier zuweilen gereizt.

Das Fan-Projekt ist weniger eine Fan-Vertretung wie etwa der Fan-Beirat des 1. FC Kaiserslautern oder der Fan-Laden des FC St. Pauli, sondern vor allem eine „sozialpädagogische" Institution, die sich der Betreuung von Hooligans widmet. Da eigenständige Fan-Vertretungen noch weitgehend fehlen, haben Fan-Projekte wie das Dortmunder eine Zwitterfunktion angenommen. Ein adäquater Ersatz für unabhängige Fan-Politik sind sie jedoch in den seltensten Fällen, da sie vorwiegend die „Gewaltproblematik" interessiert und sie mehr eine Vertretung des Vereins gegenüber den Fans sind als umgekehrt.

Die Fan-Initiative SUBtribüne beobachtet eine „Veränderung des Vereins hin zu einem Wohlstands-/Yuppie-Denken. Allein zwölf verschiedene Sponsoren geben spielspezifische Fakten auf der Anzeige(n)tafel an. Die von Norbert Dickel (hoher Identitätsfaktor) präsentierten Werbeblöcke werden schon teilweise mitgesungen (DAB), durch hohe Phonzahlen bedingt hingenommen. Allein die Lautstärke der Pur-Harmony-CD bei der Präsentation überschritt sogar das lauteste Konzert, das wir je besucht haben. So infiltriert man! Nachdenklich stimmt uns auch, daß der GO-WEST-Abklatsch (Anmerkung: gemeint ist das Lied „Olé, hier kommt der BVB") dieser Dilettanten-Combo mittlerweile das Vereinslied HEJA BVB vor dem Anstoß abgelöst hat. Ganz zu schweigen von den Fan-Artikeln, die in ekelhaftem Neon-(American-Football)-Gelb von den Ständen glänzen."

Was den Einfluß der Sponsoren anbetrifft, so ist das Unbehagen der SUBtribüne verständlich. Wenn bereits die Träger der Bahren, mit denen seit Beginn der Saison 1994/95 verletzte Spieler außerhalb des Spielfelds gebracht werden, T-Shirts vom Hauptsponsor tragen, dann ist die Grenze zur Geschmacklosigkeit überschritten. Nur: wer im Konzert der Großen mitspielen will, kommt heute ohne Sponsoren nicht mehr aus. Streiten kann man dann nur noch über die Form ihrer Präsentation und das exakte Ausmaß ihrer Einflußnahme. Was den GO-WEST-Abklatsch anbelangt, so ist dieser keine Erfindung des Managements, sondern wurde von den Fans selbst kreiert, nämlich während des UEFA-Cup-Spiels bei Bröndby Kopenhagen. Der Song ist tatsächlich nicht besonders originell. Er wird aber mittlerweile in nahezu allen Bundesligastadien gesungen. Zum Saisonstart 1994/95 gab es im Westfalenstadion allerdings wieder das traditionelle „Heja BVB", das freilich auch nicht allen Fans gefällt. Obwohl das Ruhrgebiet kulturell viel zu bieten hat und ein Mekka der Rockmusik ist, entstand hier noch kein Song, der es mit dem berühmten „You'll never walk alone" der Liverpool-Fans aufnehmen könnte.

Fan-Freundschaften

Der BVB unterhält Fan-Freundschaften u.a. mit Glasgow Celtic, Hamburger SV, Hertha BSC, 1860 München und Freiburger SC. Auch zu Juventus Turin unterhält man Beziehungen. Irgendwie reflektieren diese Freundschaften auch den heterogenen Charakter der BVB-Anhängerschaft, da es sich beim HSV und bei Juventus um eher elitäre Klubs handelt. Nicht alle Freundschaften werden von allen Fans geteilt.

Zumindest die Freundschaften mit Hertha BSC und dem HSV könnte man sich ersparen. Was ist das für eine Freundschaft, die im Falle der Herthaner u.a. darin besteht, „Hänschen Rosenthal ist tot" zu singen? Auch die mit den Freiburgern kann man sich schenken, so sympathisch diese auch sind. Dortmunder und Freiburger sind doch etwas ungleiche Partner. Was dann übrig bliebe, wären die Freundschaften mit den Münchener „Löwen" und mit Celtic.

Fan-Freundschaften haben sich in den letzten Jahren zu einer Welle entwickelt. Wenn der gegenwärtige Trend anhält, wird es nicht mehr lange dauern, und es ist jeder mit jedem liiert. Selbst eine BVB-Schalke-Freundschaft erscheint dann nicht mehr ausgeschlossen.

International haben Fan-Freundschaften zweifellos ihren Sinn, allein schon unter dem Aspekt der Völkerverständigung, aber auch, weil man nicht allzu oft aufeinandertrifft. Außerdem haben sie einen ganz praktischen Wert: Die Gastgeber können Unterkünfte organisieren, Stadtrundfahrten anbieten, durch das Stadion führen usw. Auf nationaler Ebene stören Fan-Freundschaften hingegen eher die Atmosphäre.

Wenn es etwas Schlimmeres gibt als ein halbleeres Stadion, dann ist es ein prallgefülltes, in dem alle allen und allem zujubeln, vor lauter aufgesetzter Freundschaft und Begeisterung die Authentizität flöten geht und das Ergebnis nebensächlich wird. Wie soll man ein Spiel emotional verfolgen, wenn man jeder gelungenen Aktion der gegnerischen Mannschaft Beifall zollen muß, wenn man es bei kaum einer Mannschaft mehr als schlimm empfinden darf, wenn sie die eigene Truppe schlägt? Emotionen und eine gewisse Ungezogenheit gehören zum kulturellen Ereignis Fußball einfach dazu. Was ist ein Spiel ohne eigene und gegnerische Schmähgesänge (sofern sie nicht rassistisch sind) und ohne gegnerische Fan-Kurve? Eine gesunde (verbale!) Rivalität gehört zur Fußballkultur nun einmal dazu. Wenn sich Fans verbrüdern wollen, dann sollen sie dies anhand gemeinsamer Interessen tun: Erhalt der Stehplätze, Abbau der Zäune, Anti-Rassismus, Dauerkarten usw. Aber wenn der SC Freiburg den BVB demütigt, mögen wir die

Freiburger mindestens bis Montagmorgen nicht leiden und hoffen für das Rückspiel auf eine erfolgreiche Revanche. Was keineswegs ausschließt, daß man nach dem Spiel ein Bier miteinander trinkt und fachsimpelt.

▷ **E I N W U R F**

Israelische Freundschaft

Seit Dezember 1992 sind sie als Fanclub beim BVB eingetragen. Die sieben wackeren Fans aus Pardes-Hana in Israel. 1989 begann die Liebe zum Verein. Avi Nessimi, der Vorsitzende, kam durch einen Städteaustausch nach Deutschland, um hier zu arbeiten. Und dann war er das erste Mal im Westfalenstadion zum Bundesligaspiel gegen den 1. FC Köln. „Dieses schwarz-gelbe Fahnenmeer, es war überwältigend", erinnert er sich heute noch. „Von einer solchen Atmosphäre und von einem solchen Stadion können wir in Israel nur träumen."

Von 1990 bis 1991 arbeitete Avi auch als Ordner im Westfalenstadion. Seitdem kommt er immer wieder nach Deutschland. Inzwischen hat er viele Freunde hier, aber am meisten freut er sich, wenn er ins Westfalenstadion kann. Auch seine Geschwister und Freunde sind inzwischen Anhänger der Borussia. Die Familie Nessimi hat auch einen guten Kontakt zu unseren Spielern, der letztes Jahr im Trainingslager in Cesaria entstand. Es wurde Freundschaft mit einigen Spielern geschlossen, die auch zu den Nessimis nach Hause eingeladen wurden. Zu Michael Schulz hat die Familie einen besonders guten Kontakt, so daß eine Gegeneinladung ausgesprochen wurde. Im Februar war die Mannschaft wieder in Israel und bei den Nessimis. Bestimmt kommt bald der Gegenbesuch – auch der BVB freut sich auf ein Wiedersehen mit seinen israelischen Fans. *aus: BVB-Magazin*

Von der »Weißen Wiese« zum Westfalenstadion – Der BVB und seine Spielstätten ▬▬

Jeder wahre Fußballfan kennt diese Obsession: Man befindet sich in einer fremden Stadt. Der Anlaß ist nicht Fußball. Und trotzdem sucht man instinktiv nach irgendetwas, was auf den Standort des örtlichen Stadions hinweisen könnte: Flutlichtmasten, ein Stück Tribünendach, das zwischen Häuserreihen hervorlugt, wenigstens ein Hinweisschild, das erahnen läßt, in welcher Richtung man weiter suchen sollte. Verläßt man die Stadt, so folgt man – ganz zufällig natürlich – den Hinweisschildern mit der Aufschrift „Stadion".

Auch das eigene Stadion bleibt von dieser Obsession nie verschont. Wann immer sich die Gelegenheit bietet, stattet man ihm einen Besuch ab. Man spaziert um das Stadion herum, sucht nach einer Stelle, die einen Blick in sein Innenleben gestattet. Ist es geöffnet, besteigt man die leere Tribüne, um auf ein leeres Spielfeld zu blicken und sich vorzustellen, wie es hier in wenigen Tagen wieder zugehen mag. Ein Ritual, von dem man auch noch nach Jahren, wenn man das Stadion mit seinen sämtlichen Nischen und Besonderheiten eigentlich in- und auswendig kennen müßte, nicht lassen mag.

Das Stadion – das eigene wie das fremde – ist wie ein Magnet. Das Stadion des Gegners ist für viele Fans der einzige Eindruck, den sie von der fremden Stadt erhalten. Mönchengladbach reduziert sich für viele BVB-Fans auf den „Bökelberg", Bielefeld auf die „Alm" und Kaiserslautern auf den „Betzenberg".

Viele Fans hängen an ihrem Stadion gar mehr als an ihrem Team. Stadion und Team sind untrennbar miteinander verknüpft, aber während das Stadion einem in der Regel erhalten bleibt, erfährt das Team ständig Veränderungen. Hat man sich gerade mit einem Spieler identifiziert, so droht auch schon wieder dessen Abschied. Gerade weil der Fußball immer schnelllebiger wird, erhält das Stadion eine ganz besondere Bedeutung. Deshalb auch der Widerwillen vieler Fans gegen bauliche Maßnahmen, die den Charakter eines Stadions manchmal bis zur Unkenntlichkeit verändern.

Der englische Architekturhistoriker, Journalist und Fußballfan Simon Inglis hat die Bedeutung des Stadions für den Fan wie folgt beschrieben: „Für viele Fußballfans ist das Fußballstadion der Ort, wo sie sich am häufigsten aufhalten – von der Wohnung und dem Arbeitsplatz mal abgesehen. Oft ist das Stadion wichtiger als die Kirche, das Kino oder die Einkaufsstraße. Ein Ort, der ganz in Identität aufgeht. (...) Das Stadion ist ... die vielleicht letzte Verbindung mit der Vergangenheit einer industriellen Arbeiterklasse. Vielleicht ist das ein Mythos oder eine Legende, denn viele Fans kommen aus der Mittelschicht und hübschen Vorstädten in diese Gegend. Aber vielleicht ist es die letzte Verbindung zu ihrer Kindheit, mit ihren Eltern oder einer Gegend, in der sie aufgewachsen sind. So ist das nicht nur ein Stadion, sondern ein Ort öffentlicher Erinnerung."

Den Fans des englischen Zweitligisten Charlton Athletic war ihr traditionsreiches Stadion „The Valley" so wichtig, daß sie die Spiele ihrer Lieblinge boykottierten, als der Verein – aus Kostengründen – in ein anderes Stadion umzog. Die Fans kandidierten sogar mit einer eigenen Liste („The Valley Party") bei den Kommunalwahlen. Der einzige Programmpunkt lautete „Back to The Valley". Die Liste konnte 10% der abgegebenen Stimmen und empfindliche Einbußen für Labour verbuchen. Aufgrund des enormen Drucks seiner Fans ist Charlton Athletic mittlerweile wieder in seine alte Spielstätte zurückgekehrt. Ähnlich war es auch im Falle des amtierenden irischen Fußballmeisters Shamrock Rovers Dublin. Auch hier mußte eine Umzugsentscheidung nach einer Fan-Kampagne revidiert werden. Die Fans von Charlton Athletic und Shamrock Rovers wehrten sich dagegen, von den finanziellen und politischen Interessen einzelner manipuliert zu werden. Ihr hartnäckiges Engagement ist nur vor dem Hintergrund zu verstehen, daß es um weit mehr ging, als „nur" um ein Fußballstadion: nämlich um die Verteidigung eines Stücks ihrer eigenen Identität.

Aber auch für den Klub ist das Stadion von großer Bedeutung, nicht nur als Einnahmequelle. Große Klubs werden in der Regel nicht einfach geboren, sondern entwickeln sich erst mit der Zeit. Das Stadion spielt dabei eine wichtige Rolle. Es prägt das Image und den Charakter eines Klubs. Große Klubs sind dafür bekannt, daß sie über beeindruckende Arenen verfügen, in denen die Zuschauer dafür sorgen, daß der Gegner die „Hölle auf Erden" erlebt. Die Geschichte der BVB-Spielstätten ist hierfür ein gutes Beispiel.

„Weiße Wiese"

Die erste Heimat des BVB war die „Weiße Wiese" an der Wambeler Straße, nicht weit entfernt vom Borsigplatz. Die „Weiße Wiese" war ein in städtischem Besitz befindlicher Ballspielplatz mit Laufbahn und Sprunggrube. Die Fußballtore bestanden aus Kanthölzern und Querlatten und wurden nach den Spielen stets abgebaut. Heute befindet sich dort das Freibad Stockheide des Hoeschparks.

Der BVB kehrte immer wieder an die alte Stätte zurück, wenn auch in der Regel nur zu Trainingszwecken. Noch 1993/94 erfolgte die Präsentation des neuen Kaders im Hoeschpark, und über 30.000 waren dabei.

Das Problem mit der „Weißen Wiese" war, daß sie – entgegen den Vorschriften des Verbands – nicht eingezäunt war. Der BVB erwog deshalb, mit dem benachbarten Sportverein 08 zu fusionieren, der über eine vorschriftsmäßige Anlage verfügte. Auch der Vorstand des Sportvereins war nicht abgeneigt, aber seine Mitglieder verwarfen den Fusionsgedanken. So blieb dem BVB nichts anderes übrig, als den Ausbau der „Weißen Wiese" zu betreiben.

1923 wurde die „Weiße Wiese" vom BVB angemietet. 1924 wurde die Anlage mit einem Aufwand von 25.000 RM ausgebaut. Das der Vereinskasse entnommene Startkapital betrug 1.000 RM. Hinzu kamen noch Spenden sowie der Erlös aus dem Verkauf von Bausteinen an Mitglieder, Freunde und Gönner. 25.000 RM waren zu dieser Zeit eine erhebliche Summe, und der Ausbau wäre noch teurer gekommen, wären nicht viele Arbeiten von freiwilligen Helfern ausgeführt worden. Das Spielfeld wurde neu hergerichtet und eine 450 m lange und 1,80 m hohe Mauer um die Anlage gebaut. Außerdem wurden Zuschauerwälle sowie Kassen- und Umkleideräume errichtet. Das Fassungsvermögen der Anlage, die im Sommer 1924 eingeweiht wurde, soll 12.000 betragen haben.

Der Bau von Zäunen und Mauern war unvermeidlich, wollten die Vereine an der Entwicklung des Fußballs zum Zuschauersport finanziell profitieren. Die Einhegung der Plätze schränkte deren öffentlichen Charakter zwar ein, erhöhte aber zugleich die Identifikation mit dem Klub. Denn dessen Fans und Mitglieder durften sich nun als „ideelle Eigentümer" des Klubs betrachten.

Platzwart auf der „Weißen Wiese" war das Vereinsmitglied Heinrich Czerkus, der am Karfreitag 1945 von den Nazis ermordet wurde, weil er angeblich Kontakte zu Kommunisten unterhielt. An jenem Karfreitag 1945 ermordete das Regime in der Dortmunder Bittermark 240 Menschen verschiedenster Nationen. Ein Mahnmal erinnert noch heute an diese Bluttat.

Mitte August 1924 konnte der Ausbau der „Weißen Wiese" abgeschlossen werden. Das Foto zeigt die aktivsten Mithelferinnen und Mithelfer vor dem Kassenhäuschen. Im Hintergrund ist die vom Verband geforderte und den Sportplatz abschließende „Umzäunung" zu erkennen.

1934: Die umzäunte „Weiße Wiese" mit dem Umkleidegebäude.

1937, dreizehn Jahre nach dem kostspieligen Ausbau, mußte der BVB die Anlage verlassen, ohne daß er dafür auch nur einen Pfennig Entschädigung erhielt. Heinrich Czerkus soll unter diesem Verlust besonders gelitten haben. Die „Weiße Wiese" fiel dem Bauprogramm der Hoesch AG zum Opfer, die aufgrund der Kriegsrüstung expandierte. Die Verbindungen zur Stadt und zur Hoesch AG funktionierten zu dieser Zeit offensichtlich noch nicht so blendend wie Jahre später. (Man könnte auch sagen: Der Krieg war wichtiger als der Fußball.)

„Rote Erde"

Der BVB war nun ohne eigentliche Heimat. Für seine Spiele mußte der Klub in den Süden der Stadt umziehen, ins 1926 eingeweihte Stadion „Rote Erde", gute 5 km Luftlinie von der alten Anlage entfernt. Allerdings korrespondierte dieser Umzug mit dem Aufstieg des BVB zur Dortmunder Nr.1 und zum städtischen Repräsentationsverein. Vor dem BVB war bereits Dortmunds Traditionsverein DSC 95 heimatlos geworden, dessen Anlage dem neuen städtischen Stadion weichen mußte. Der DSC mußte die „Rote Erde" mit vielen anderen Vereinen teilen. Eine richtige Heimat wurde sie für den Klub nie.

Schalke hatte die Probleme des BVB nicht. Die im September 1928 eingeweihte Glückauf-Kampfbahn wurde, dank der Unterstützung durch die lokale Bergbauindustrie, eigens für Schalke 04 errichtet. Sie war nicht wie die „Rote Erde" Teil eines größeren Veranstaltungskomplexes, der von mehreren Klubs genutzt wurde.In der Schrift „Die blau-weißen Knappen" ist über den Tag der Einweihung der Glückauf-Kampfbahn zu lesen: „Eine knappe Viertelstunde hinter dem Schalker Markt am Rande des Industriereiches, nicht weit vom silbernen Band des Rhein-Herne-Kanals, baut sich der FC Schalke 04 seine Sportstätte. (...) Längst steht der Klub, der zwei Jahrzehnte zuvor vergeblich an die Tür des WSV klopfte, dessen Kassierer mit dem Sammelteller die Groschen zusammenholte, bei der behördlichen Prominenz hoch im Kurs. So ist denn zu Schalkes großem Tag alles da: Oberbürgermeister, Verbandsvertreter, Schuldirektoren, die Präsidenten honoriger Klubs." Soweit waren die Borussen noch nicht. Als das Dortmunder Stadion gebaut wurde, dachte noch niemand daran, daß „Rote Erde" und BVB einmal Synonyme werden würden.

Vater der „Roten Erde" war der Stadtbaurat Dipl. Ing. Hans Strobel. Daß Dortmund heute die vielleicht schönste (und grünste) Stadt im Ruhrgebiet ist, hat die Stadt nicht zuletzt dem Wirken dieses Mannes zu verdanken. Als Strobel im Mai 1914 nach Dortmund kam, hatte er sich bereits in Bremen und Leipzig als moderner Architekt einen Namen gemacht. Der Visionär und Kritiker des Parteienklüngels veröffentlichte 1918 eine Denkschrift, in der er als einer der ersten auf die kommende Wohnungsnot hinwies und entsprechende Vorkehrungen empfahl. Strobel betrieb die Schaffung des Dortmunder Wohnungsamtes und die Gründung der Gemeinnützigen

Am 1. April 1924 begannen die Bauarbeiten für das Stadion „Rote Erde" im Süden der Stadt. Das Foto zeigt die sich entwickelnde Südtribüne mit dem Marathontor.

Siedlungsgesellschaft. Der Stadtbaurat betrieb mit Nachdruck den Bau weiträumiger Siedlungen und die Versorgung sämtlicher Stadtteile mit Kinderspielplätzen. Unter Strobel wurde in Dortmund aber nicht nur fachlich korrekt und zweckmäßig gebaut, sondern auch schön.

Sein größtes Projekt war der Dortmunder Volkspark mit der Kampfbahn „Rote Erde", der Westfalenhalle, dem Schwimmbad und der Volkswiese. Strobel: „Als ich den Zirkelschlag machte, stand mir die zukünftige Gestaltung des Volksparks klar vor Augen: Die Kampfbahn das Herz, die Westfalenhalle die Krone."

Nach seinem Ausscheiden aus dem öffentlichen Dienst (1927) gründete Strobel eine eigene „Baustube für Architektur und Städtebau" in Dortmund.

In seinem Buch „Deutschlands Kampfbahnen" (1928) beschrieb Max Ostrop das Stadion wie folgt: „Die prächtige Gesamterscheinung wird durch die Bauweise und den Baustein erzielt, in dem das gesamte Stadion ausgeführt ist. Bei allen Bauten, auch bei den Stufen des Walls, ist der heimische Ruhrkohlesandstein verwandt worden, der die löbliche Eigenschaft besitzt, um so schöner zu wirken, je weniger man an ihm herumarbeitet. Er besitzt in seinen wundervollen wechselnden Farben, seinen Kohlekristallen und Kernbildungen, bruchrauh verarbeitet, Flächen von Lebendigkeit und Frische, gegen die keine ornamentale oder farbige Behandlung aufkommt, hält sich ganz ausgezeichnet und stempelt die Kampfbahn mit ihren vielen stattlichen Bauten zu einem Prachtstück. In der einfachen, formstrengen Tribüne, dem gegenüberliegenden geschmackvollen Musikhäuschen, den großzügigen Eingangs- und Kassenbauten und dem wieder gegenüberliegenden wuchtigen, burgbrückenartigen Ausgangstorbogen kommt dieser Baustoff reich und wundervoll zur Geltung, jede Zierart ist überflüssig und vermieden... Der Gesamteindruck dieser Kampfbahn ist ganz eigenartig. Wuchtig und trutzig ... wächst sie aus dem Land der roten Erde hervor, selbst ein Sinnbild der Kraft, die in diesem Boden steckt und die zu erhalten dies beitragen soll."

Für das Ruhrgebiet war die „Rote Erde", in deren Nachbarschaft sich weder Industrieanlagen noch Koloniehäuser befanden, eher untypisch.

Noch vor der „Roten Erde" besaß Dortmund mit dem Mendespielplatz am Fredenbaum eine der imposantesten Sportanlagen des Deutschen Reiches. Vater des Platzes war der Buchhändler Wilhelm Mende, der bei seinem Tod der Stadt ein Vermögen von 835.000 RM übereignete. Die Spende war zweckbestimmt. Mit dem größten Teil des Geldes hatte die Stadt eine ausgedehnte Sportplatzanlage zu bauen. Auf dem Mendesportplatz fanden auch Ausscheidungsspiele um die Deutsche Fußball-Meisterschaft statt. Heute wird die Anlage u.a. von der BVB-Jugend benutzt.

„Brackeler Straße"

1959 war der BVB wieder im Besitz einer eigenen Anlage, als der Platz an der Brackeler Straße eingeweiht wurde. Die „Brackeler Straße" diente allerdings – anders als die „Weiße Wiese" – lediglich als Trainingsgelände, aber selbst dafür war sie zu klein. Der BVB hatte nun wieder eine Heimat, die aber keine große Rolle spielte.

1973, der BVB steckte in einer finanziellen und sportlichen Krise, trennte sich der Klub von diesem Vermögen. Heute steht dort der „Metro"-Supermarkt. Die Stadt griff dem BVB unter die Arme, indem sie mittels Baurecht eine Wertsteigerung des Grundstücks erwirkte.

Mit dem Verkauf der „Brackeler Straße" verlor der BVB zwar nicht seine soziale und kulturelle Heimat, wohl aber seine sportliche. Der BVB verfügte nun über keine „eigene Scholle" mehr. Die nächsten Jahre wurden für den BVB zur Odyssee. Die Mannschaft mußte ständig von einem Trainingsplatz zum anderen kutschiert werden.

Die Trainingssituation des BVB war schon immer ein Problem gewesen. Herbert Sandmann: „Mit Trainingsplätzen hatten wir immer schon Thea-

Die Rote Erde während eines BVB-Spieles in den 50er Jahren.

ter. Schon vor 40 Jahren. Hinter der Tribüne der ′Roten Erde′ war damals noch der Aschenplatz. Wenn der Platz weich oder gefroren war, war er eine Katastrophe.“

Nach dem Verkauf der „Brackeler Straße“ bestand das einzige Vereinseigentum im Mannschaftsbus. Dies hat sich mittlerweile wieder geändert. In der Saison 1993/94 eröffnete der BVB eine „vereinseigene“ Geschäftsstelle neben dem Westfalenstadion, ein nüchterner, zweigeschossiger Zweckbau, bei weitem nicht so beeindruckend wie die Bayern-Geschäftsstelle an der Säbener Straße. Erstmalig in der BVB-Geschichte befinden sich alle Abteilungen und alle administrativen und geschäftlichen Aktivitäten des Vereins unter einem Dach. Die Kosten für den Bau dieser „Wertanlage“ (Schatzmeister Freundlieb) beliefen sich auf 3 Mio. DM.

Des weiteren wurde ca. 500 Meter vom Stadion entfernt ein Trainingsplatz mit Umkleide-, Dusch- und Behandlungsräumen angelegt, der sich ebenfalls in Vereinsbesitz befindet. Der Wert dieser Anlage beträgt ca. 2

Mio. DM. Zum ersten Mal seit dem Verkauf der „Brackeler Straße" verfügt der BVB somit wieder über Immobilien. Für Herbert Sandmann ging damit ein Traum in Erfüllung: „Ich habe schon vor 30 Jahren gesagt: 'Laßt uns nicht immer zur Miete wohnen, sondern laßt uns etwas eigenes bauen.'"

Westfalenstadion

Im Gegensatz zu England sind reine Fußballstadien hierzulande die Ausnahme. In der 1. Bundesliga gibt es sie zur Zeit immerhin in Dortmund, Freiburg, Kaiserslautern, Leverkusen, Mönchengladbach und München (TSV 1860), Bochum und Uerdingen. Nicht nur als Live-Erlebnis ist ein reines Fußballstadion besser, sondern auch im Pantoffelkino. Es gibt keine schrecklicheren Fußballberichte als die aus dem Kölner Müngersdorfer-Stadion oder dem Stuttgarter Gottlieb-Daimler-Stadion. Außer dem Spielfeld bekommt man nur noch die Laufbahn zu sehen, nicht aber die Tribünen.

Das Westfalenstadion in seiner ursprünglichen Form, d.h. vor der Versitzplatzung der Nordtribüne.

Zuschauer gehören aber nicht nur im Stadion selbst, sondern auch bei der Fernsehübertragung dazu.

Ohne Zuschauer auf den Rängen ist das in Paletten-Bauweise errichtete Westfalenstadion keine schöne Arena, sondern ein von Zweckmäßigkeit dominierter, karger Betonklotz. Die Kampfbahn „Rote Erde" war in ihrer alten Form – bevor sie zum Leichtathletikstadion umgebaut wurde – sicherlich erheblich schöner. Aber der unschätzbare Vorteil des Westfalenstadions liegt in seiner „englischen Enge", seinem reinen Fußballstadion-Charakter. Das Westfalenstadion ist das „englischste" Stadion der 1. Bundesliga und hat auch das „englischste" Publikum.

Die Konstruktion des Stadions bleibt nicht ohne Einfluß auf die Spielweise des BVB. Michael Rummenigge, der in Dortmund das Kämpfen erlernte: „Durch die gelungene Stadionkonstruktion sehen die Leute dich und deine Arbeit viel besser als beispielsweise im Münchener Olympiastadion. In Dortmund kannst du es dir gar nicht erlauben, auf lau zu machen."

Die Entscheidung für diese Architektur, die gegen die Auflagen des DFB für seine WM-Stadien verstieß, erwies sich im nachhinein als goldrichtig. Die anderen WM-Städte erhielten großzügige Betonschüsseln, gemäß dem damaligen architektonischen Trend, der sich u.a. in der Errichtung von hochgeschossigen Vorstadtsiedlungen äußerte. Atmosphäre kommt dort nur auf, wenn sie bis zum Rand gefüllt sind, was bei ihrer großen Kapazität aber nur selten der Fall ist. Eine solche Stätte nennen auch die Schalke-Fans ihr eigen. Wie man in Gelsenkirchen ein Stadion wie das Parkstadion bauen konnte, ist nur mit der damaligen Mode erklärbar. Als ob Gelsenkirchen ein Mekka der Leichtathletik wäre. Ohne die blau-weißen Fans wäre die Arena die ödeste der Bundesliga. Mit dem Bau des Westfalenstadions machte die Stadt ein glänzendes Geschäft. Das Projekt kostete am Ende 32,7 Mio. DM, worin allerdings auch 1,5 Mio. DM für den Ausbau der „Roten Erde" zu einem Leichtathletikstadion eingeschlossen waren. Vier Fünftel der Kosten kamen von Land, Bund, Glücksspirale, Mehrwertsteuer-Rückerstattung und Spenden. Die Stadt Dortmund mußte nur 6 Mio. DM aufbringen. Die Nachfinanzierung betrug lediglich 800.000 DM. Auch die Folgekosten, vor denen die Gegner des Stadionbaus gewarnt hatten, wurden kein Problem. Mit der vom BVB gezahlten Stadionmiete ließen sich fast sämtliche Unterhaltungskosten bestreiten. Da die Stadionwerbung ebenfalls ins Stadtsäckel wanderte, erwies sich das Westfalenstadion schon bald nicht nur für den BVB, sondern auch für die Stadt als Goldgrube.

Das Westfalenstadion hatte zunächst ein Fassungsvermögen von 54.000. Alle 16.500 Sitzplätze waren überdacht, 80% der 37.500 Stehplätze ebenfalls. Kein Zuschauer befindet sich weiter als 44 Meter vom Spielfeld entfernt.

Der BVB und die Modernisierung der Stadien

Mittlerweile ist auch das Westfalenstadion zu eng, vor allem aufgrund der UEFA-Vorschriften, die den Abbau der Stehplätze fordern. Die heutige BVB-Führung ist darauf bedacht, die Fehler von damals, als man sich dem Problem des zu kleinen Stadions nicht konsequent genug widmete, nicht zu wiederholen. Auch in dieser Hinsicht verfolgt den Vorstand das „Trauma von '66".

Stehplatzränge sind so alt wie die soziale Ausbreitung des Fußballs zum Spiel der „kleinen Leute" und populären Zuschauersport. Die ersten überdachten Sitzgelegenheiten blieben häufig den Gönnern, Funktionären, der lokalen Prominenz aus Wirtschaft und Politik sowie verdienten älteren Vereinsmitgliedern vorbehalten und fielen somit sehr klein aus. Oft kamen die Gönner auch für die Kosten des Tribünenbaus auf. Der Ort des „gemeinen Volkes" war die Gegengerade, die ausschließlich aus Stehplätzen bestand. Die Kurven spielten hingegen zunächst keine Rolle. In der Regel handelte es sich dabei lediglich um aufgeschüttete Wälle ohne Stufen. Mit der Zeit wurden sowohl die Sitztribünen als auch die Kurven ausgebaut.

Gemäß den sozialen Mehrheitsverhältnissen im Fußball blieben die Stehplätze bis in die jüngste Gegenwart hinein in der Überzahl, wenngleich sie stetig abnahmen. Aber niemand regte sich über die „Tribünensitzer" groß auf, auch wenn hier und dort abfällige Bemerkungen fielen. Denn die Sitzplätze bedeuteten keine Verdrängung des Stehplatzpublikums, wie es die jüngsten Modernisierungspläne befürchten lassen. Seine größte Zeit erlebte der Stehplatz in den 50ern, als der Fußball das populärste Freizeitvergnügen der „kleinen Leute" war und kaum Konkurrenz kannte.

Für den Stehplatz gab und gibt es zwei Argumente – ein soziales und ein kulturelles: Stehplätze sind preiswerter, da sich auf ihnen erheblich mehr Menschen unterbringen lassen als auf Sitztribünen. Zu einer Zeit, wo die Fußballbegeisterung ganz überwiegend in den unteren Schichten angesiedelt war und die Budgets der Vereine nahezu ausschließlich aus den Zuschauereinnahmen bestritten wurden, waren diese für die Klubs von existenzieller Bedeutung. Man benötigte möglichst viele Zuschauer, aber die konnten nur angelockt werden, wenn der Stadionbesuch finanziell erschwinglich blieb. Des weiteren bieten Stehränge aber auch bessere Kommunikationsmöglichkeiten als Sitztribünen. In einer Strenge und Disziplin verlangenden Industrie- und Leistungsgesellschaft besteht die Anziehungskraft des Fußballstadions auch darin, daß dieses ein Ort ist, wo man seinen Emotionen freien Lauf lassen darf, eine gewisse Ungezogenheit mit eingeschlossen. Dies hat mit Schlägereien und Alkoholexzessen nichts zu tun. Die größere Freiheit, die der Stehplatz bietet, fördert die Kreativität. Gute Sprüche vernimmt man in der Regel nur auf den Stehrängen, auf den Sitzplätzen dominieren hingegen oft Spießertum und Dumpfsinn. Deshalb gaben sich auf den Stehrängen stets nicht nur Malocher ein Stelldichein. Auch Angestellte und Akademiker zogen es immer wieder vor, sich unter das gemeine Volk zu mischen. Noch mehr als auf den Sitzplatztribünen verschwammen auf den Stehplatztribünen die sozialen Schranken, und es kam zur „klassenübergreifenden" Kommunikation. Der Fußball ließ die Differenzen vergessen, man duzte sich, und auch der Akademiker wurde ein Mensch zum Anfassen.

Zwar waren Stadien schon immer ein Abbild der sozialen Geographie der Städte. Aber die Logen verleihen dieser „Klassenspaltung" nun eine neue Qualität. Sie appellieren offen an das komfortsüchtigste Publikum und sind bei Geschäftsleuten begehrt, die montags gerne davon erzählen, wie sie im angeschlossenen VIP-Raum nur drei Meter neben Matthäus gestanden und vielleicht sogar einige Worte mit dem Star gewechselt haben. Die Logen werden auch für „Geschäftsabschlüsse" genutzt. Man lädt einen

Geschäftspartner ein, beeindruckt ihn mit dem Besitz der Loge und indem man ihn nach dem Spiel mit den Stars und Funktionären zusammenbringt. Die Logen- und VIP-Modelle untergraben also den „klassenübergreifenden" Charakter des Stadionbesuchs. Der Trend zu Logen dokumentiert die wachsende soziale Kälte in diesem Land, wo „oben" immer stärker die Distanz gegenüber „unten" betont.

Das größere Problem ist indes, daß die Logen mehr Geld in die Vereinskassen bringen als die (reduzierten) Stehplätze. Dadurch erfolgt eine Entwertung des normalen Zuschauers. Ganz verschwinden soll er nicht, denn auch mancher VIP will den Rabatz. Allerdings will er ihn aus sicherer räumlicher Distanz genießen. Eine zu weit gehende Vernichtung der Stehplätze würde die Atmosphäre zerstören und damit den Marktwert der Logen drücken. Als vor einigen Jahren beim BVB der Dauerkartenboom begann, waren die begehrtesten Plätze auf der Haupttribüne keineswegs die im Mittelbereich, sondern an dem Ende zur Südtribüne.

Die Rebellion einiger Bundesligaklubs gegen die UEFA-Pläne ist deshalb nicht zuletzt ökonomisch motiviert. Damit besteht aber die Gefahr, daß Stehplätze zu Reservaten degenieren, gefüllt mit Clowns für die Logensitzer. In diesem Zusammenhang wirkt der Begriff „Fan-Kurve" verräterisch. Denn wenn in der Kurve die Fans stehen, wer sitzt dann auf der Haupttribüne?

Für die Modernisierung der Stadien gibt es zwei Motive: Erstens die Erhöhung der Einnahmen (u.a. durch den Verkauf von Logen) und zweitens die Suche nach einem neuen Publikum. Niemand hat letzteres deutlicher kundgetan als FIFA-Generalsekretär Blatter: „Sitzende Leute schlagen sich nicht, und zweitens haben wir, wenn wir nur noch Sitzplätze haben, auch die Zuschauer in den Stadien, die wir wollen." Das Sicherheitsargument ist somit vorgeschoben. In England ist es auch noch nach der Versitzplatzung der Erstligastadien zu Ausschreitungen gekommen. Allerdings reflektiert der Trend zur Versitzplatzung und zu mehr Komfort in den Stadien lediglich allgemeinere gesellschaftliche Veränderungen, die sich auch in der sozialen Zusammensetzung des Fußballpublikums manifestieren. Das traditionelle proletarische Milieu befindet sich im Niedergang, und immer mehr Menschen verdingen sich im Dienstleistungsgewerbe.

Allein schon aus finanziellen Gründen muß der Fußball diesem Umstand Rechnung tragen. Außerdem gehen immer mehr Frauen in die Stadien, was bereits positiv vermerkt wurde. Veränderungen im Geschlechterverhältnis haben überdies zur Folge, daß viele junge Familienväter heute nicht mehr Samstag nachmittags einfach verschwinden können, um dann am späten Abend sternhagelvoll wieder einzulaufen. Die Planung des Wochenendes erfolgt gemeinsam. Also muß die gesamte Familie überzeugt werden, daß sich der Stadionbesuch lohnt. Dafür ist jedoch eine Stehplatz-tribüne mit dem Charme der 50er und 60er Jahre kaum der richtige Ort. Verstärkt wird dieses Problem noch dadurch, daß sich der Fußball heute mit einer erheblich größeren Konkurrenz auf dem Freizeit- und Unterhal-tungssektor auseinandersetzen muß als noch in den 50ern und 60ern.

Das neue Publikum, um das der Fußball buhlt, hat andere Ansprüche als das traditionelle. Neben der bereits an anderer Stelle erörterten Fixierung auf Stars zählt hierzu der Komfort. Die „Neuen" – dies betrifft die Besser-verdienenden wie aber auch viele Frauen, unbesehen ihrer sozialen Zugehö-rigkeit – sind nicht dazu bereit, einen regnerischen und windigen Freitag-abend auf einer unüberdachten Stehtribüne zu verbringen, im Pissoir durch knöchelhohen Urin zu waten, sich in der Pause mit einer lauwarmen Bock-wurst und einem kaum besser temperierten Bier zu vergnügen und nach dem Schlußpfiff die Spielanalyse in einer verrauchten Eckkneipe zu betrei-ben. Die Reize proletarischer Fußballkultur sind ihnen fremd (ganz abgese-hen davon, daß auch große Teile des traditionelle Publikums solche Verhält-nisse eher erdulden als genießen). Die „Neuen" verlangen nach einem Kom-fort, der ihrem sonstigen Freizeitverhalten entspricht. Als ideal wird offen-sichtlich betrachtet, wenn der Besuch eines Fußballspiels mit anderen, im mittelständischen Milieu üblichen Freizeitvergnügungen – wie Shopping und Dinieren – verbunden werden kann. Wenn in Dortmund von der „Erlebniswelt" Westfalenstadion gesprochen wird, dann geht es um diese neue Sorte Zuschauer. Als „Erlebniswelt" kann man auch einen Freizeitpark und ein Spaßbad anpreisen. Für den traditionellen Fan, der auch leidet, zit-tert und flucht, ist ein BVB-Spiel aber weit mehr als nur ein Erlebnis und Konsumgut.

Trotzdem macht die Modernisierung der Stadien oft einen Sinn. Daß der Fußball um zusätzliche Zuschauer wirbt, ist ja nichts Schlechtes, zumal dies auch das Werben um Frauen und junge Familien beinhaltet. Auch Sitz-plätze sind durchaus nützlich. Nicht wenige Sitzplätzler sind ehemalige Stehplätzler, und ihr Wechsel vom Stehrang auf die Sitztribüne reflektiert nicht nur berufliche und familiäre Konsolidierung. Ob man steht oder sitzt, ist heute nicht selten auch eine Generationsfrage. Ältere Menschen halten es nicht mehr über zwei Stunden stehend aus und verlangen deshalb nach etwas mehr Bequemlichkeit. Ganz abgesehen davon, daß das Stehplatzpu-blikum nicht per se gut ist und das Sitzplatzpublikum nicht per se schlecht. Es gibt Vereine, deren Stehplatzpublikum äußerst unangenehm ist, weshalb man auch ohne UEFA-Regelungen auf die Sitztribüne flüchtet. Feste Bestandteile der Stehplatzkultur sind leider immer wieder auch Rassismus und Chauvinismus.

Die eigentliche Frage ist, wie man mit den skizzierten gesellschaftlichen Trends umgeht. Ob man sie lediglich berücksichtigt und dabei Positives von Negativem unterscheidet, oder ob man sich ihnen bedingungslos unterwirft, sie gar forciert, wie es etwa Bremens Trendsetter Willi Lemke tut, der die Stadien am liebsten in gesichtslose Vergnügungsparks nach amerikanischem Vorbild umwandeln würde. Lemke: „Man geht ja auch nicht mehr ins Schwimmbad, um eine Runde zu ziehen, oder ins Lokal, um sich satt zu essen." „Man" ist allerdings eine bestimmte Schicht, die sich den Besuch der teuren Spaßbäder leisten kann, während immer mehr öffentliche Schwimmbäder geschlossen werden. Beim Fußball verhält es sich ähnlich. „Man" will auch beim Kick verwöhnt werden, während andere für den oft überflüssigen Luxus nicht bezahlen können und deshalb außen vor bleiben müssen.

Ein Umbau der Stadien kann – um neuen Bedürfnissen neuer Fangruppen Rechnung zu tragen – durchaus sinnvoll sein. Allerdings nicht um jeden Preis.

Bei einer Modernisierung sollten deshalb folgende Kriterien erfüllt sein:

▷ Die Modernisierung sollte sozial verträglich erfolgen, d.h. eine gewisse Umverteilung beinhalten, vor allem in der Form der Subvention der Stehplätze durch die Logen.

▷ Eine Komfortverbesserung sollte für alle erfolgen. Es geht nicht an, daß die Haupttribüne verhätschelt wird, während es unter den Stehtribünen selbst an einer ausreichenden Zahl von Toiletten mangelt.

▷ Das Stehplatzpublikum darf durch den Ausbau der Sitzkapazitäten nicht verdrängt und auch nicht in ein Reservat abgedrängt werden. Hierzu gehört auch, daß das Gros der angebotenen Sitzplätze erschwinglicher werden muß als bisher. In England hat die Umwandlung der Stadien in reine Sitzplatzarenen teilweise zu einer drastischen Erhöhung der Eintrittspreise geführt, was im übrigen auch unter wirtschaftlichen Gesichtspunkten eine idiotische Politik ist. Wie will man mit horrenden Eintrittspreisen jüngere Menschen anlocken? Aber jedes Publikum ist auf eine Verjüngung angewiesen.

▷ Die besondere Identität des Stadions muß erhalten bleiben. Noch einmal Simon Ingles: „Wir leben in einem Europa, in dem alle Verbindungen zu unserer eigenen Kultur gekappt worden sind. Ich nenne das die 'Benettonisierung Europas'. In jeder Stadt gibt es einen Benetton-Laden oder McDonalds usw. Egal ob man jetzt in Walsall, Grimsby, Gelsenkirchen oder Dortmund ist, überall sieht es gleich aus." Ob vor dem Fernseher oder live: Der Fußballfan will *sein* Stadion, das bereits auf den ersten Blick auch als solches erkennbar ist.

Wenn wir den BVB an diesen Kriterien messen, dann ist zunächst positiv zu vermerken, daß Manager Meier den Blatter-Thesen vehement widerspricht. „Wie kann man künstlich einen 'Homo-Fußballfan' schaffen? Wir wollen genau die Fans, die wir jetzt haben." Tatsächlich könnte sich ein Publikumsaustausch in Dortmund nur als kontraproduktiv erweisen. Die Mobilisierung eines „neuen" Publikums darf hier nicht auf Kosten des „traditionellen" gehen, soll die spezifische Atmosphäre des Westfalenstadions erhalten bleiben.

Der Gedanke, das Westfalenstadion auszubauen, ist in jedem Fall richtig, da seine Kapazität unbestreitbar zu klein ist. Die BVB-Führung kann ihre „teure" Politik nur weiter verfolgen, wenn die Zuschauereinnahmen weiter erhöht werden. Zumal nicht gesichert ist, daß die TV-Gelder auch noch in einigen Jahren im heutigen Umfang fließen werden. Die Kapazität des Stadions ist auch heute schon von erheblicher Bedeutung, denn wenn die Konkurrenz ebenfalls beim Fernsehen abkassiert, gewinnt der Faktor zahlender Zuschauer erneut an Gewicht.

Die Ausbaupläne für das Westfalenstadion sehen eine Überbauung der der Haupt- und Gegentribüne vor, die die Kapazität auf 54.000 steigern soll. Vorbild ist das Mailänder Guiseppe-Meazza-Stadion. Die neuen Oberrangplätze wären ausschließlich Sitzplätze. Dafür soll die „versitzplatzte" Nordtribüne nach Beendigung der Ausbaumaßnahmen wieder mindestens zur Hälfte in eine Stehtribüne zurückverwandelt werden. Am Ende stünden somit mehr Sitzplätze, aber auch mehr Stehplätze. Präsident Niebaum: „Das Festhalten an Sitzplätzen ist nicht mehr zeitgemäß." Für Dortmund stimmt das allemal: Die dortige Fußballbegeisterung übertrifft noch die der 50er und frühen 60er Jahre, als der Stehplatz seine große Zeit hatte.

Natürlich wird es auch in Dortmund VIP- und Business-Plätze geben (insgesamt ca. 2.400). Allerdings, so Niebaum, „ohne Fünf-Gänge-Menü, Fernseher und Glasscheibe". Der Ausbreitung eines Schicki-Micki-Milieus will der BVB-Präsident Grenzen setzen.

Noch in anderer Hinsicht unterscheidet sich das Dortmunder Modell etwa vom Bremer. In Bremen investierte Willi Lemke 10 Mio. DM in den Bau von Logen, ließ aber die Fans in der Ostkurve, im wahrsten Sinne des Wortes, im Regen stehen. Die Ostkurve war Lemke keinen Pfennig wert.

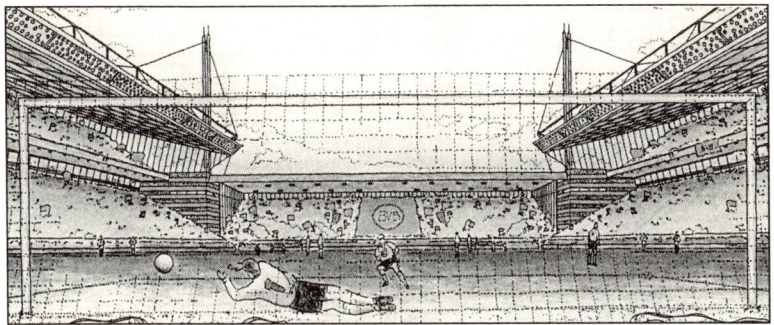

Traum in Schwarz-Gelb: Das ausgebaute Westfalenstadion (Zeichnung)

Da eine Preiserhöhung für Stehplätze nicht in Betracht kommt, hätte sich eine Überdachung der Osttribüne für den Verein finanziell nicht rentiert, und subventionieren möchte Lemke nicht. In Dortmund will man hingegen auch den Komfort für die einfachen Fans verbessern. Niebaum will in den Ausbaumaßnahmen auch ein verbessertes Angebot für den normalen Zuschauer integriert wissen. Den Fans soll – wie den VIPs – die Möglichkeit gegeben werden, sich bereits Stunden vor dem Spiel hinter der Südtribüne zu treffen und auch noch nach dem Schlußpfiff für einen längeren Zeitraum im Stadion zu verweilen, um sich dort u.a. gemeinsam „ran" und „Sportschau" anzuschauen. Niebaum schwebt „so eine Art Zeltstadt" vor, die unter der Woche und an spielfreien Wochenenden auch für Betriebsfeste etc. genutzt werden könnte.

Das Dortmunder Modell ist sicherlich „sanfter" und „sozial-verträglicher" als etwa das Bremer. Dennoch läßt auch das Dortmunder Modell die Tendenz einer immer stärkeren Trennung der verschiedenen Zuschauergruppen erkennen, die nun auch unmittelbar vor und nach dem Spiel ihr Eigenleben führen. Man geht nicht mehr einfach ins Stadion, sondern steuert nur noch zielstrebig einen bestimmten Sektor davon an. Eine Vermischung der verschiedenen Publikumsteile, wie dies in der Vergangenheit zumindest partiell der Fall war, findet dann kaum noch statt.

Verstärkt wird dies möglicherweise noch dadurch, daß das Dortmunder Modell der erste nicht mit öffentlichen Geldern, sondern rein privat finanzierte Stadionausbau werden soll. Der BVB will nicht als alleiniger Träger fungieren. Niebaum: „Wir sind ein Ballverein, kein Bauverein. Diese Summe ist für uns utopisch. Wir würden uns sportlich auf unabsehbare Zeit schwächen." Gedacht ist an ein Konsortium aus Harpener AG, Continentale, BVB und einem weiteren Investor. Allerdings setzt privatwirtschaftliches Engagement voraus, daß es sich bei dem Tribünenneubau um eine marktgerechte Immobilie handelt. Dies ist nicht ganz einfach, da bislang mit der Goldgrube Westfalenstadion das Subventionsobjekt „Rote Erde" quersubventioniert wird. Niebaum: „Im Grunde ist der BVB der größte Förderer der Leichtathletik." So wird nach einer Regelung gesucht, die der Stadt garantiert, auch weiterhin am Westfalenstadion zu partizipieren, ohne daß die Goldgrube deshalb für private Investoren ihren Reiz verliert.

Den Vorwuf, die öffentlichen Kassen zu plündern, wird sich der BVB somit nicht anhören müssen. Trotzdem betrachten wir die Ausbaupläne mit gemischten Gefühlen, stehen sie doch auch für eine weitere Privatisierung des Volkssports und Kulturguts Fußball.

Eine Sache, die in den bisherigen Ausbauplänen fehlt: Der BVB sollte überlegen, im „neuen" Westfalenstadion ein Fußball-Museum einzurichten. Dieses muß sich nicht ausschließlich auf die Geschichte der Borussia konzentrieren. Beispiele für derartige Museen gibt es mittlerweile vor allem in England. Für die Einrichtung eines Fußball-Museums sprechen eine Reihe von Überlegungen:

1. Das Museum wäre eine Form der Traditionspflege, die angesichts der Veränderungen, die der Fußball erfährt, immer wichtiger wird. Viele der heutigen Vereinsführungen interessiert die Tradition ihrer Klubs kaum. Oft wird nicht einmal das Vermarktungspotential, das der Traditionspflege innewohnt, erkannt. Traditionspflege kann außerdem die „corporate identity" zwischen Vereinsführung, Verein, Spielern und Fans verstärken. Das Stadion würde noch mehr zum Ort öffentlicher Erinnerung.

2. Ein Fußball-Museum würde die Attraktivität des Stadions auch zwischen den Heimspielen erhöhen. 3. Stadt und BVB würden vom Museum, das allein schon aufgrund seiner Einmaligkeit eine Attraktion wäre, gleichermaßen profitieren. Seine Einrichtung wäre ein Beitrag zur Imagepflege von Stadt und Verein. Ein Bier-Museum besitzt die Stadt bereits, warum also nicht auch ein Fußball-Museum einrichten? Dortmund ist eine Fußball-Stadt. Der Fußball ist ein bedeutender Teil der sozialen und kulturellen Geschichte Dortmunds und der Identität ihrer Bürger. Daß das Dortmunder Stadtarchiv für die einmalige Sammlung des BVB-Chronisten Gerd Kolbe keine Verwendung hatte, zeugt von der Borniertheit, mit der hierzulande dem Fußball noch begegnet wird. Leider hat auch der BVB bislang kein Interesse an dem Archiv von Gerd Kolbe gezeigt. In England, Schottland oder Italien könnte es sich kein Historiker und Politikjournalist leisten, über den Fußball und seine Geschichte nicht Bescheid zu wissen. Die Geschichte Dortmunds bleibt ohne den Fußball unvollständig.

»Der Klub unserer Träume«

Einige Thesen zum Schluß ━━━━━━━━━━━━━

Wir haben uns an dieses Buch auch deshalb begeben, weil uns die Administration des Profifußballs beschäftigt. Der Profiverein, wie wir ihn uns vorstellen, praktiziert eine Politik des Spagats zwischen Tradition und Moderne, Professionalität und Volksnähe – zum Wohle des Spiels und seiner Fans. Ein Business zwar, weil nur so der Profifußball noch erfolgreich zu betreiben ist, aber eines mit viel „human touch", das die besonderen Gesetze des Fußballs sowie seine kulturelle und soziale Bedeutung anerkennt.

Beurteilt man das Geschäftsgebaren eines Vereins, lautet die entscheidende Frage: Dient der Fußball dem Geschäft oder aber das Geschäft dem Fußball? Steht der Fußball im Mittelpunkt oder ist er lediglich Mittel zum Zweck? Die Balance zwischen Kommerz und Sport ist immer eine Gratwanderung. Kein Verein, der sich den Gesetzen des Profifußballs unterwirft, ist gegen den Absturz in eine reines Kommerz-Unternehmen gefeit, auch der BVB nicht. Doch noch wird hier erkannt, daß der Unternehmenszweck des Vereins nicht Umsätze und Gewinne sind. Vorstände beziehen vielmehr ihr Existenzrecht einzig und allein aus dem Bemühen, die Träume der Fans in die Tat umzusetzen.

Indes: der Normalzustand des Fußballfans besteht im Leiden. Leiden an wenig befriedigenden Darbietungen der Mannschaft, vor allem aber an oft eitlen und arroganten Funktionären, die den Fußball für ihre Profilierungsbestrebungen mißbrauchen, vom Wesen des Spiels und der Kultur des Fußballs aber weniger verstehen als die Stehplatzbesucher. Die Fans sind für sie nur als (zahlende) Staffage von Interesse. Das Hauptaugenmerk vieler Funktionäre gilt nicht den Bedürfnissen der Fans, sondern den Sponsoren und VIPs, mit denen sie sich umgeben. Oftmals sind sie nicht einmal auf dem Gebiet kompetent, das sie gegenüber den Fans als ihr ureigenes reklamieren: dem wirtschaftlichen. Vorgebliche Fachleute reiten Klubs in finanzielle Pleiten und verursachen sportliche Desaster, um sich anschließend achselzuckend zu verziehen. Viele Funktionäre betrachten „ihre" Klubs als persönliches Spielzeug, das sie bei Bedarf – nämlich dann, wenn der Klub sportlich und finanziell ausgepowert ist – wieder abstoßen.

Wenn es bei Fußballspielen zu Ausschreitungen kommt, sind Funktionäre mit Distanzierungen schnell bei der Hand. Hingegen schaden jene rücksichtslos, bar jeder sozialen Verantwortung agierenden Prahlhänse und Mißwirtschafter dem Ruf des Fußballs mehr als jeder Hooligan.

Trotzdem gibt es einige Beispiele in der Bundesliga, die zumindest in Ansätzen positiv ausfallen und an denen sich möglicherweise anknüpfen läßt. Diese Klubs haben gemeinsam, daß ihnen Menschen vorstehen, die keine Profilneurosen plagen, die auch nicht nur Präsidenten-Darsteller sind, sondern sich ihrem Klub gegenüber verpflichtet fühlen.

Was muß ein Präsident heute mitbringen? Geld muß es nicht und sollte es auch nicht sein. Denn dies führt nur dazu, daß der Präsident unantastbar wird bzw. jede Kritik an ihm mit Verweis auf sein finanzielles Engagement abgewürgt werden kann. Ein Wechsel an der Spitze kann dann nur erfolgen, wenn der Präsident von einem Gegenkandidaten finanziell ausgelöst wird. Die Präsidentenposition wird so nicht nach Qualifikation besetzt, sondern allein der Geldbeutel entscheidet. Dies führt immer wieder dazu, daß Vereinen Leute vorsitzen, die weder fachlich noch menschlich dafür geeignet sind. Manche der „Geldpräsidenten" handeln nicht aus Eigennutz, sondern tatsächlich aus Leidenschaft für den Verein. Doch auch deren Wirken wirft eher Probleme auf. Durch das finanzielle und zeitliche Engagement für den Verein können die privaten Geschäfte Schaden nehmen. Plötzlich gerät alles durcheinander, eine Trennung ist nicht mehr aufrecht zu erhalten. Die Probleme des Vereins strahlen in den privaten Bereich hinein, die Probleme in Betrieb oder Geschäft nehmen zu. Dies ist in der Regel der Anfang vom Ende, denn es folgt das Chaos. Der Verein muß ein unabhängiges Unternehmen bleiben, wenn er schon ein Unternehmen sein muß.

Die fähigsten Bundesliga-Präsidenten heißen Niebaum, Thines, Stocker und Böhmert. Keiner von ihnen hat eine nennenswerte Summe in seinen Verein investiert.

Für völlig fehl am Platze halten wir hingegen Leute wie Gerd Voack, der bis vor einigen Monaten die Geschicke des 1. FC Nürnberg diktierte. Der Mann litt offensichtlich unter einer Profilneurose. Selbst die Popularität von Willi Entenmann, alles andere als ein Lautsprecher in der Trainergilde, war Voack schon zu viel. Voack brachte es fertig, Entenmann zu feuern, obwohl dessen Mannschaft nur zwei Tage zuvor das Derby gegen die Bayern gewonnen hatte. Den Spieler Eckstein verkaufte er an Schalke 04, zu diesem Zeitpunkt pikanterweise ein Mitkonkurrent im Abstiegskampf, obwohl sich der Trainer strikt dagegen ausgesprochen hatte und der Spieler ebenfalls einen Wechsel abgelehnt hatte (Eckstein über Voack: „Kleine Männer mit hohen Absätzen sind gefährlich"). Daß die Nürnberger am Ende der Saison 1993/94 abstiegen, war ganz wesentlich das Werk ihres Ex-Präsidenten. Da konnte auch ein Rainer Zobel nichts mehr retten. Aber Präsidenten und Manager entläßt man in den seltensten Fällen. Zunächst sind die Trainer, dann die Spieler dran.

Wichtige Qualifikationen für einen Präsidenten sind: Er sollte persönliche Integrität besitzen und für seriöses und solides Geschäftsgebaren stehen, was das Eingehen gewisser Risiken nicht ausschließen muß. Des weiteren muß er über Qualitäten im Umgang mit den Spielern und den Fans verfügen – d.h.: er muß ein offenes Ohr für deren Belange haben. Vor allem aber sollte er ein echter Fußballfan sein.

Profiklubs sind heute mittelständische Unternehmen. Der „ideale" Profi-Klub ist ein zwar professionell geführtes Unternehmen, das aber nichtsdestotrotz ein Community-Projekt bleibt. Der Community-Charakter hat sich vor allem in den Vereinsstrukturen (z.B. Mitspracherecht von Fans) und in einem praktizierten gesellschaftspolitischen Verantwortungsbewußtsein zu manifestieren. Wo sich so viele Menschen versammeln wie beim Fußball, gibt es auch soziale und gesellschaftspolitische Verpflichtungen. Daß dies von vielen Funktionären geleugnet wird, diskreditiert den Fußball als ignorant und bestätigt diejenigen, die die immensen Summen im Fußballbusiness beklagen.

Die Idee vom Verein als ein soziales Unternehmen ist nicht neu. Das berühmteste Beispiel hierfür ist der schottische Traditionsklub Glasgow Celtic, der seinerzeit in der Absicht gegründet wurde, die Versorgung der Glasgower Ghetto-Kinder zu organisieren. In Deutschland wird sie in jüngster Zeit am konsequentesten vom 1. FC Kaiserslautern verfolgt und ist dort vor allem mit dem Namen Norbert Thines verbunden.

Wie sieht der „ideale Verein" administrativ aus? Ein ehrenamtlich tätiger Präsident sollte alle drei Seiten – die geschäftliche, die soziale und die sportliche – repräsentieren und in seiner Person zusammenführen. Der Vorstand sollte jeweils zur Hälfte aus ehrenamtlichen und hauptamtlichen Mitgliedern bestehen, denn ohne verantwortliche hauptamtliche Kräfte ist ein Profiverein heute nicht mehr vernünftig zu führen. Nicht nur die ehrenamtlichen Vorstandsmitglieder, sondern auch die hauptamtlichen sollten von der Mitgliederversammlung bestätigt werden. In diesem Punkt sehen wir in den neuen Plänen des DFB-Ligaausschusses, nach denen der gesamte Vorstand allein durch den Aufsichtsrat bestimmt werden soll, eine gewisse Gefahr für das demokratische Leben im Verein.

Der Aufsichtsrat, der natürlich – wie auch vom Ligaausschuß vorgeschlagen – von den Mitgliedern gewählt werden muß, zeichnet für die Kontrolle der Vorstandsarbeit zwischen den Mitgliederversammlungen verantwortlich. Seine Zusammensetzung sollte nicht nur – wie gemeinhin üblich – betriebswirtschaftliche Kompetenz berücksichtigen, sondern auch sportliche und soziale bzw. kulturelle.

Daß Manager mit Provisionen belohnt werden, erscheint uns nicht sinnvoll. Nicht nur, weil sich dadurch einzelne Personen am ideellen Gemeingut Verein übermäßig bereichern. Wenn ein Sponsor mit einem Verein einen lukrativen Vertrag abschließt, hat dies weniger mit dem Verhandlungsgeschick des Managers als mit der Attraktivität des Vereins – wofür Spieler und Zuschauer verantwortlich zeichnen – zu tun. Und was für das Privatkonto eines Managers gut sein mag, muß noch lange nicht auch für den Verein von Vorteil sein. Provisionen bedeuten, daß der Fußball nur noch Mittel zum Zweck ist. Das gleiche gilt auch für AG-Modelle mit Gewinnausschüttung.

Der Verein sollte ein offenes Ohr für die Belange der Fans haben. Sicherlich ist es im Profigeschäft kaum machbar, einen Klub als urdemokratische Veranstaltung zu führen, wo Vollversammlungen über Spielertransfers etc. entscheiden. Aber ein Verein darf deshalb nicht vergessen, daß er – wer immer an seiner Spitze steht – kein Privateigentum ist, sondern der Region und seinen Fans gehört. Gerade weil das Tagesgeschäft sich kaum demokratisch organisieren läßt, ist es so wichtig, daß diejenigen, die an seiner Spitze stehen, dem Volkscharakter des Fußballs Rechnung tragen und das Vertrauen, das die Fans in sie investieren, nicht verraten. Vereinsführungen sollten sich so verstehen, daß Fans und Mitglieder ihnen lediglich etwas in die Hände gelegt haben, das sie treuhänderisch im Interesse der Fans zu verwalten und zu führen haben. Zumindest ein ständiger Konsultationsprozeß sollte etabliert werden.

Am besten sollte dem Vorstand ein offizieller, von den Fans in eigener Regie gewählter Fan-Vertreter angehören (mit vollem Stimmrecht). Gleiches gilt auch für den Aufsichtsrat, dessen Bedeutung ja wächst, sofern die Pläne des DFB-Ligaausschusses umgesetzt werden. Für die Integration von Fans in die Entscheidungsstrukturen der Vereine gibt es mittlerweile einige interessante Beispiele aus England und Italien. Mit der Beteiligung von Fans an der offiziellen Vereinspolitik kann der – durch TV-Gelder, Sponsoren etc. bedingten – Entmündigung der Fans am effektivsten begegnet werden. Eine permanente, ungefilterte Kommunikation erleichtert auch die Arbeit der Vereinsführung, da sich so der Willen der Fans besser feststellen läßt.

Auch der Vorstand profitiert davon, wenn Fans das berechtigte Gefühl haben, daß sie ein akzeptierter Teil der Institution sind. Außerdem sind die Fans auch ein wichtiger Faktor bezüglich der Vermarktung von Vereinen. Darüber hinaus sollten Wege gefunden werden, wie Fans auch an der ökonomischen Seite der Vereinspolitik beteiligt werden. Die Fans sind bislang der einzige nicht-bezahlte Teil des Spiels. Hier bietet sich vor allem der Vertrieb von Fan-Artikeln an, eine hierzulande viele Jahre eher unterentwickelte Sparte (sieht man einmal von Bayern München ab). Mit einem anvisierten Umsatz von rund zehn Millionen Mark ist dieser Bereich bei den Bayern mittlerweile zum dritten Standbein der Einnahmepolitik avanciert. Der Vertrieb von Fan-Artikeln ist nicht nur ein (richtig betrieben) einträgliches Geschäft und eine relativ sympathische Form von Kommerz; die Marktbrücke Fan-Artikel fördert überdies eine „corporate identity" zwischen dem Verein und seinen Fans. Es wäre nur recht und billig, wenn die Fans am Vertrieb sowie an den Erlösen daraus beteiligt würden, um so ihre eigene Arbeit und ihre Inszenierungen, von der Verein und Mannschaft ja sportlich wie finanziell profitieren, zu finanzieren.

Nebenbei bemerkt: Es wäre sinnvoll, die Fans einmal zu fragen, welche Art von Fan-Artikeln sie überhaupt wünschen. Vielleicht würde dann weniger Schrott produziert. Die kreativsten Fan-Artikel sind oft die, die von Fans in eigener Regie erstellt werden – siehe beim FC St. Pauli.

Vorstand und Management sollten die Spieler wie mündige Bürger behandeln, anstatt dem unseligen Neubergerschen Denken zu huldigen: „Spieler kann man ersetzen, Funktionäre nicht." Ohne die Spieler und die Zuschauer gäbe es für Funktionäre, zumal für die bezahlten unter ihnen, überhaupt keine Existenzberechtigung. Erst die Spieler und die Zuschauer machen den Funktionär zum Funktionär. In Deutschland ist selbstherrliches Funktionärsdenken leider weit verbreitet.

Die Spieler sollten einen möglichst engen Kontakt zum Publikum pflegen. Sie sollten verpflichtet werden, Einladungen von Fanklubs Folge zu leisten. Eine Anbindung der Spieler kann auch über Modelle der Einnahmebeteiligung laufen. Eine Elf, die arrogant ist und puren Angestelltenkick betreibt, wird kaum Zuschauer mobilisieren.

Bleibt noch das Vereinseigentum. Es wird heute viel über „multifunktionale" Stadien geredet. Dabei steht allerdings stets allein deren kommerzielle Nutzung im Vordergrund. Die Stadien sollten für die Community und die Vereinsfamilie geöffnet werden. Stadien müssen unter der Woche nicht ungenutzt bleiben. Man kann Besichtigungen/Führungen veranstalten (das Stadion und seine Geschichte, Trophäenraum, Geschäftsstelle etc.). Im Stadionbereich können Veranstaltungsräume eingerichtet werden, wo sich Fanklubs und lokale Initiativen treffen: eine Art „Bürgerhaus" im Stadion. Die Identifizierung mit dem Klub erfährt auch dadurch eine Stärkung, wenn das Stadion nicht eine „verbotene Stadt" bleibt, zu der man lediglich samstagnachmittags und gegen Entrichtung eines Obulus Zutritt hat.

Anhang:
Punkte, Tore, Spieler

Jubel um den Cup: Kutowski und Mill nach dem DFB-Pokalfinale 1989.

BV Borussia Dortmund 09

Daten zum Verein ▬▬▬▬▬▬▬▬▬▬▬▬▬▬▬▬

Gegründet: 19. Dezember 1909

Sportarten: Fußball, Handball, Tischtennis

Mitglieder: 3.350 (Juli 1994)

Vereinsfarben: Schwarz-Gelb

Spielkleidung: schwarze Hose, gelbes Hemd, schwarz-gelbe Stutzen

Titel:
Europapokal der Pokalsieger 1966
Deutscher Pokalsieger 1965, 1989
Deutscher Meister 1956, 1957, 1963
Deutscher Vizemeister 1949, 1961, 1966, 1992
Super-Cup-Gewinner 1989

Präsidium:
Präsident: Dr. Gerd Niebaum
Vizepräsident: Dr. Ernst G. Breer
Schatzmeister: Hans-Jürgen Freundlieb

Manager: Michael Meier (Mitglied des Vorstandes)

Hauptgeschäftsführer: Walter Maahs

Presse- und Öffentlichkeitsarbeit: Fritz Lünschermann

Cheftrainer: Ottmar Hitzfeld
Co-Trainer: Michael Henke

Vereinsarzt: Dr. Achim Büscher
Masseure: Hans Weinheimer, Günter Jonczyk, Frank Zöllner
Zeugwart: Hartmut Wiegandt

Anschrift: BV Borussia Dortmund 09
August-Lenz-Haus
Strobelallee
44139 Dortmund
Tel. 0231-90200

Der BVB 1909 bis 1994
Ligenzugehörigkeit, Plazierungen, Meisterschaften ━━━

1911/12: C-Liga (3. Liga), 1. Platz,
Aufstieg in die B-Klasse

1912/13: B-Klasse (2. Liga), 3. Platz

1913/14: B-Klasse, 1. Platz, Aufstieg in
die A-Klasse

1914/15: A-Klasse, 2. Platz

1915/16: Keine Meisterschaftsrunde
wegen 1. Weltkrieg

1916/17: Keine Meisterschaftsrunde
wegen 1. Weltkrieg

1917/18: Meisterschaftsrunde ohne
BVB, da fast alle Spieler einberu-
fen.

1918/19: A-Klasse, 2. Platz

1919/20: A-Klasse (durch Einführung
einer neuen Eliteliga nur noch
2. Liga), 3. Platz

1920/21: A-Klasse, 1. Platz
Endrunde um die Kreismeister-
schaft:
Preußen Bochum - BVB 1:2
BVB - Sprockhövel 0:1
Sprockhövel - Bochum 1:3

1921/22: 1. Kreisliga (2. Liga), 9. Platz

1922/23: 1. Kreisliga, 1. Patz

1923/24: 1. Kreisliga, 13. Platz

1924/25: 1. Kreisliga, 1. Platz

1925/26: 2. Bezirksklasse (2. Liga),
2. Platz (Aufstieg in die 1. Bezirksklasse)

1926/27: 1. Bezirksklasse (1. Liga),
9. Platz (Abstieg in die 2. Bezirksklasse)

1927/28: 2. Bezirksklasse (2. Liga),
2. Platz

1928/29: 2. Bezirksklasse, 7. Platz

1929/30: 2. Bezirksklasse (durch Neu-
einteilung der Ligen nur noch

3. Liga), 4. Platz (Aufstieg in die
1. Bezirksklasse)

1930/31: 1. Bezirksklasse (2. Liga),
7. Platz

1931/32: 1. Bezirksklasse, 1. Platz

1932/33: 1. Bezirksklasse, 2. Platz

1933/34: Bezirksklasse (2. Liga),
6. Platz

1934/35: Bezirksklasse, 1. Platz

1935/36: Bezirksklasse, 1. Platz (Aufstieg in die Gauliga Westfalen)

1936/37: Gauliga Westfalen (1. Liga),
3. Platz

1937/38: Gauliga Westfalen, 2. Platz

1938/39: Gauliga Westfalen, 3. Platz

1939/40: Gauliga Westfalen, 9. Platz

1940/41: Gauliga Westfalen, 4. Platz

1941/42: Gauliga Westfalen, 2. Platz

1942/43: Gauliga Westfalen, 6. Platz

1943/44: Gauliga Westfalen, 3. Platz

1944/45: Wegen des 2. Weltkriegs
Spiele nur auf lokaler Ebene.

1946: Westfalenliga (1. Liga, zweigleisig), 3. Platz

1946/47: Westfalenliga (zweigleisig),
1. Platz
Der BVB qualifiziert sich damit
für die neue Oberliga West
Endspiel um die Westfalenmeister-
schaft: Schalke 04 – BVB 2:3 (in
Herne)
Meisterschaft Britische Zone 1947
Vorrunde: BVB – Werder Bremen
4:2
Zwischenrunde: BVB – VfR Köln
5:4 n.V.
Endspiel: Hamburger SV – BVB
1:0 (in Oberhausen)

1947/48: Oberliga West (1. Liga), 1. Pl.
Meisterschaft Britische Zone 1948
Vorrunde: Werder Bremen – BVB
2:3 n.V.
Zwischenrunde: FC St. Pauli –
BVB 2:2 und 1:0
Spiel um den 3. Platz: BVB – TSV
Braunschweig 2:0
1948/49: Oberliga West, 1. Platz
Deutsche Meisterschaft Endrunde
1949
Vorrunde: Berliner SV 92 – BVB
0:5 Michallek (2), Erdmann, Preiß-
ler, Kasperski
Zwischenrunde: BVB – 1. FC Kai-
serslautern 0:0 (in München)
BVB – 1. FC Kaiserslautern 4:1 (in
Köln) Preißler (2), Michallek,
Erdmann
Endspiel: VfR Mannheim – BVB
3:2 n.V. (in Stuttgart). Erdmann (2)
1949/50: Oberliga West, 1. Platz
Deutsche Meisterschaft Endrunde
1950
VfR Mannheim – BVB 3:1 (in Glad-
beck). Kaperski
1950/51: Oberliga West, 3. Platz
1951/52: Oberliga West, 4. Platz
1952/53: Oberliga West, 1. Platz
Deutsche Meisterschaft Endrunde
1953, Gruppe II
BVB – VfB Stuttgart 2:1 Niepieklo,
Flügel
BVB – Hamburger SV 4:1 Flügel
(2), Preißler, Kasperski
BVB – Union 06 Berlin 4:0 Preißler (2), Sandmann, Flügel
Union 06 Berlin – BVB 0:2 Sandmann (2)
Hamburger SV – BVB 3:4 Preißler
(2), Niepieklo, Farke
VfB Stuttgart – BVB 2:1 Flügel

Tabelle DM '53, II	Tore	Punkte
1. VfB Stuttgart	16:6	10:2
2. BVB	17:7	10:2
3. Hamburger SV	11:15	3:9
4. Union 06 Berlin	4:20	1:11

1953/54: Oberliga West, 5. Platz
1954/55: Oberliga West, 5. Platz
1955/56: Oberliga West, 1. Platz
Deutsche Meisterschaft Endrunde
1956, Gruppe II
BVB – Hamburger SV 5:0 Preißler, Kelbassa, Niepieklo (3)
Hamburger SV – BVB 2:1 Kelbassa
BVB – VfB Stuttgart 4:1 Preißler
(3), Niepieklo
VfB Stuttgart – BVB 0:2 Niepieklo (2)
BVB – Viktoria 89 Berlin 1:1 Niepieklo
Viktoria 89 Berlin – BVB 0:6 Kelbassa (2), Niepieklo (2), Peters,
Bracht

Tabelle DM '56, II	Tore	Punkte
1. BVB	19:4	9:3
2. Hamburger SV	14:10	9:3
3. VfB Stuttgart	9:14	4:8
4. Viktoria 98 Berlin	7:21	2:10

Endspiel: BVB – Karlsruher SC 4:2
(in Berlin) Niepieklo, Kelbassa,
Preißler, Peters

1956/57: Oberliga West, 1. Platz
Deutsche Meisterschaft Endrunde
1957, Gruppe II
BVB – Kickers Offenbach 2:1 (in
Stuttgart) Niepieklo, Schmidt
BVB – 1. FC Kaiserslautern 3:2 (in
Hannover) Kelbassa, Preißler, Kapi-
tulski

BVB – Hertha BSC Berlin 2:1 (in Braunschweig) Niepieklo (2)

Tabelle DM '57, II	Tore	Punkte
1. BVB	7:4	6:0
2. Kickers Offenb.	8:4	4:2
3. 1. FC Kaisersl.	17:8	2:4
4. Hertha BSC Berl.	3:19	0:6

Endspiel: BVB – Hamburger SV 4:1 (in Hannover) Kelbassa (2), Niepieklo (2)

1957/58: Oberliga West, 5. Platz
1958/59: Oberliga West, 5. Platz
1959/60: Oberliga West, 3. Platz
1960/61: Oberliga West, 2. Platz
Deutsche Meisterschaft Endrunde 1961, Gruppe I
BVB – Eintracht Frankfurt 0:1
Eintracht Frankfurt – BVB 1:2 Schmidt, Peters
BVB – Hamburger SV 7:2 Schütz (4), Kelbassa (2), Konietzka
Hamburger SV – BVB 2:5 Kelbassa, Konietzka, Schütz (2), Schmidt
BVB – 1. FC Saarbrücken 2:2 Konietzka, Kelbassa
1. FC Saarbrücken – BVB 4:3 Cyliax (2), Kelbassa

Tabelle DM '61, I	Tore	Punkte
1. BVB	19:2	7:5
2. Eintr. Frankfurt	13:9	7:5
3. Hamburger SV	14:19	6:6
4. 1. FC Saarbrücken	11:17	4:8

Endspiel: 1. FC Nürnberg – BVB 3:0 (in Hannover)

1961/62: Oberliga West, 8. Platz
1962/63: Oberliga West, 2. Platz

Endrunde Deutsche Meisterschaft 1963, Gruppe II
BVB – 1860 München 4:0 Schütz (2), Konietzka (2)
1860 München – BVB 3:2 Wosab, Konietzka
BVB – Borussia Neunkirchen 0:0
Borussia Neunkirchen – BVB 2:5 Schütz, Konietzka (2), Cyliax, Schmidt
BVB – Hamburger SV 3:2 Schmidt, Schütz, Kelbassa
Hamburger SV – BVB 0:1 Schütz

Tabelle DM '63, II	Tore	Punkte
1. BVB	15:7	9:3
2. 1860 München	10:12	6:6
3. Borussia Neunkir.	8:11	6:6
4. Hamburger SV	7:10	3:9

Endspiel: BVB – 1. FC Köln 3:1 (in Stuttgart) Kurrat, Wosab, Schmidt

1963/64: Bundesliga (1. Liga), 4. Platz
1964/65: Bundesliga, 3. Platz
1965/66: Bundesliga, 2. Platz
1966/67: Bundesliga, 3. Platz
1967/68: Bundesliga, 14. Platz
1968/69: Bundesliga, 16. Platz
1969/70: Bundesliga, 5. Platz
1970/71: Bundesliga, 13. Platz
1971/72: Bundesliga, 17. Platz (Abstieg in die Regionalliga)
1972/73: Regionalliga West (2. Liga), 4. Platz
1973/74: Regionalliga West, 6. Platz
1974/75: 2. Bundesliga Gruppe Nord, 6. Platz
1975/76: 2. Bundesliga Gruppe Nord, 2. Platz
Endscheidungsspiele um den Aufstieg in die 1. Bundesliga:
1. FC Nürnberg – BVB 0:1
BVB – 1. FC Nürnberg 3:2

1976/77: 1. Bundesliga, 8. Platz
1977/78: 1. Bundesliga, 11. Platz
1978/79: 1. Bundesliga, 12. Platz
1979/80: 1. Bundesliga, 6. Platz
1980/81: 1. Bundesliga, 7. Platz
1981/82: 1. Bundesliga, 6. Platz
1982/83: 1. Bundesliga, 7. Platz
1983/84: 1. Bundesliga, 13. Platz
1984/85: 1. Bundesliga, 14. Platz
1985/86: 1. Bundesliga, 16. Platz
Relegationsspiele um den Verbleib/
Aufstieg in die 1. Bundesliga:

Fortuna Köln – BVB 2:0
BVB – Fortuna Köln 3:1
BVB – Fortuna Köln 8:0
(in Düsseldorf)
1986/87: 1. Bundesliga, 4. Platz
1987/88: 1. Bundesliga, 13. Platz
1988/89: 1. Bundesliga, 7. Platz
1989/90: 1. Bundesliga, 4. Platz
1990/91: 1. Bundesliga, 10. Platz
1991/92: 1. Bundesliga, 2. Platz
1992/93: 1. Bundesliga, 4. Platz
1993/94: 1. Bundesliga, 4. Platz

Anmerkungen zu den Grafiken zum BVB 1963-1993 (siehe Seite 362, 363)

1963/64: 22.113 Zuschauer
(jeweils Saisondurchschnitt)
1964/65: 24.078 Zuschauer
1965/66: 24.906 Zuschauer, Vizemeisterschaft
1966/67: 26.104 Zuschauer
1967/68: 21.877 Zuschauer
1968/69: 23.096 Zuschauer
1969/70: 18.709 Zuschauer
1970/71: 17.974 Zuschauer
1971/72: 16.011 Zuschauer, Abstieg in die Regionalliga
1972/73: 10.600 Zuschauer, Regionalliga West
1973/74: 8.900 Zuschauer, Regionalliga West
1974/75: 25.400 Zuschauer, 2. Bundesliga Nord und Umzug ins Westfalenstadion
1975/76: 26.800 Zuschauer, Wiederaufstieg in die 1. Bundesliga
1976/77: 42.400 Zuschauer, erste Saison 1. Bundesliga
1977/78: 36.764 Zuschauer

1978/79: 27.403 Zuschauer
1979/80: 34.243 Zuschauer
1980/81: 33.120 Zuschauer
1981/82: 27.409 Zuschauer
1982/83: 26.031 Zuschauer
1983/84: 20.306 Zuschauer
1984/85: 24.512 Zuschauer
1985/86: 22.573 Zusch., Relegation
1986/87: 32.129 Zuschauer, UEFA-Cup-Qualifikation
1987/88: 27.921 Zuschauer
1988/89: 29.176 Zuschauer, DFB-Pokalsieg
1989/90: 34.810 Zuschauer, UEFA-Cup-Qualifikation
1990/91: 33.564 Zuschauer
1991/92: 41.188 Zuschauer, Vizemeisterschaft
1992/93: 40.028 Zuschauer; Kapazitätsverringerung durch Umbau der Nordtribüne; Einzug ins UEFA-Cup-Finale.
1993/94: 40.381 Zuschauer; UEFA-Cup-Qualifikation

BVB-Leistungskurve in der Bundesliga

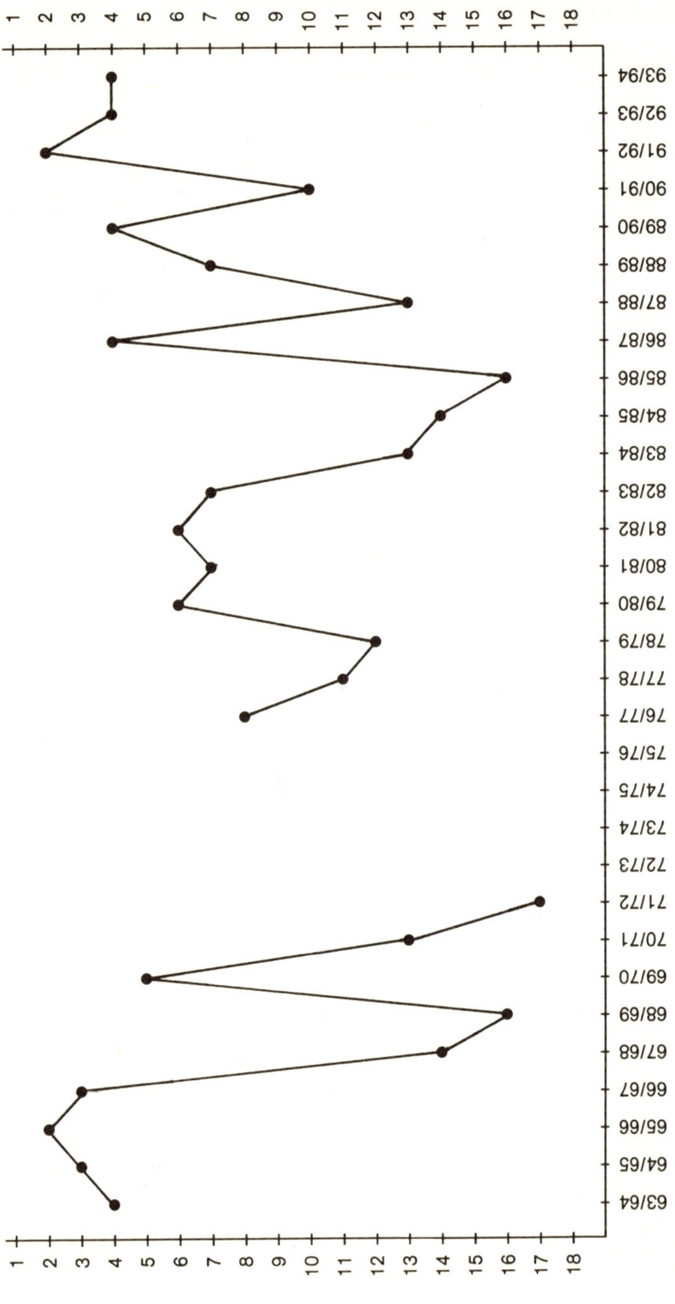

BVB-Zuschauerkurve 1963-1994

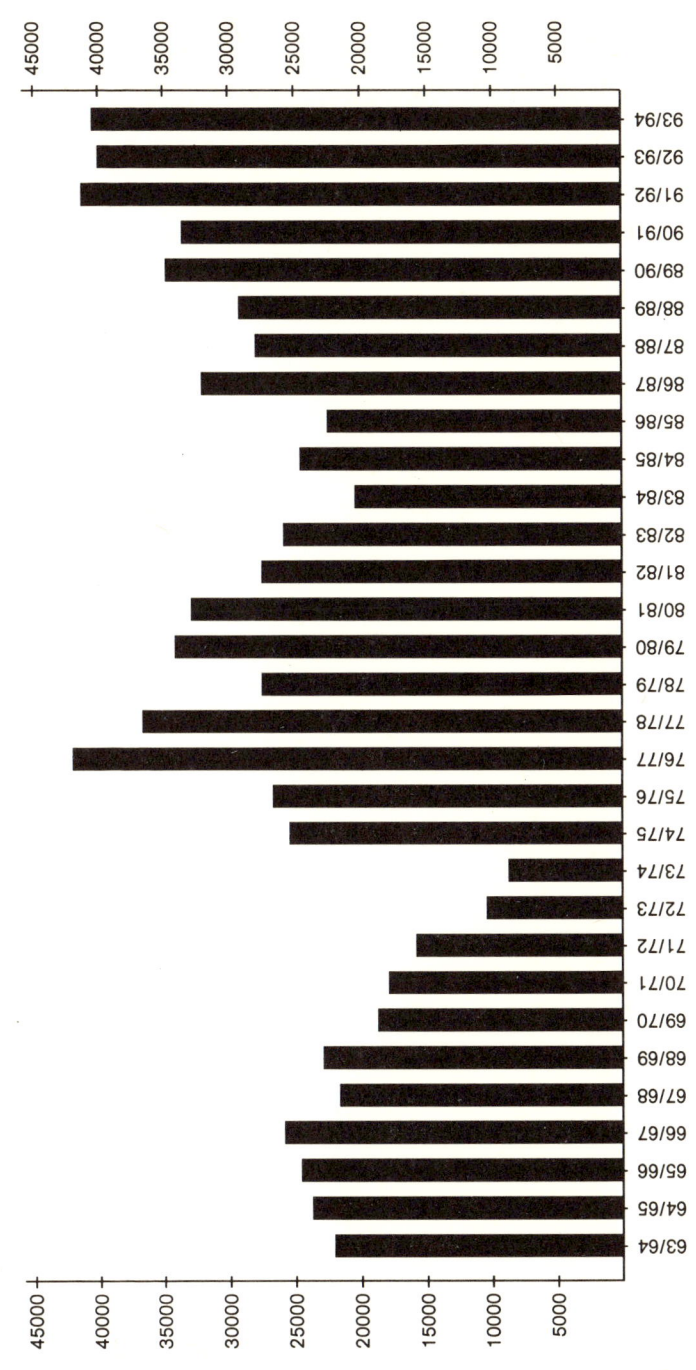

Die BVB-Saisonstarts

Saison	1. Spiel	Punktekonto nach 5 bzw. 10 Spielen	Platzierung Saisonende
1963/64	2:3	3:7 / 9:11	4
1964/65	0:2	6:4 / 12:8	3
1965/66	0:4	8:2 / 16:4	2
1966/67	1:2	3:7 / 9:11	3
1967/68	2:2	8:2 / 13:7	14
1968/69	1:3	3:7 / 7:13	16
1969/70	2:4	3:7 / 10:10	5
1970/71	3:0	5:5 / 8:12	13
1971/72	1:2	3:7 / 7:13	17

Saison	1. Spiel	Punktekonto nach 5 bzw. 10 Spielen	Platzierung Saisonende
1976/77	4:3	6:4 /9:11	8
1977/78	1:3	4:6/10:10	11
1978/79	1:1	6:4/8:12	12
1979/80	1:0	8:2/15:5	6
1980/81	2:1	7:3/12:8	7
1981/82	0:1	5:5/10:10	6
1982/83	1:1	8:2/15:5	7
1983/84	2:2	4:6/8:12	13
1984/85	1:2	2:8/6:14	14
1985/86	1:1	2:8/7:13	16
1986/87	2:2	6:4/10:10	4
1987/88	1:3	4:6/9:11	13
1988/89	1:2	3:7/9:11	7
1989/90	1:0	8:2/12:8	4
1990/91	0:3	5:5/10:10	10
1991/92	2:2	5:5/11:9	2
1992/93	2:2	5:5/13:7	4
1993/94	2:1	6:4/11:9	4
1994/95	4:0	7:3/16:4	?

Der erste erfolgreiche Auftakt des BVB erfolgte erst in der 8. Bundesligasaison (3:0 daheim gegen Neuling Arminia Bielefeld).

Insgesamt gab es in den bislang 28 Bundesligajahren des BVB zum Auftakt 13 Niederlagen gegenüber nur sechs Siegen. Acht Begegnungen endeten mit einem Remis. In Punkten ausgedrückt lautet die Bilanz: 20:34. Eine Mannschaft, die in der „ewigen" Tabelle der Bundesliga immerhin den 9.Platz unter 42 Vereinen belegt, vermutet man dahinter nicht unbedingt.

Dabei fiel die erste Bundesligaperiode des BVB (1963/64 – 1971/72) mit 3:15 Punkten erheblich schlechter aus als die zweite. Seit der Saison 1976/77 lautet die Bilanz 19:19 Punkte, für die Ära Hitzfeld gar 6:2 Punkte. Die Borussia scheint konstanter geworden zu sein, wenngleich die Mannschaft unverändert viel Zeit benötigt, um in Schwung zu kommen und zu ihrem Spiel zu finden. Ein schlechter, zumindest aber hinter den Erwartungen bleibender Saisonstart ist nach wie vor ein „Markenzeichen" des BVB.

1991/92, dem Jahr der Vizemeisterschaft, hatte der BVB auch noch nach dem 11. Spieltag mit 11:11 lediglich ein ausgeglichenes Punktekonto. Am Ende mußte sich der Klub nur aufgrund des schlechteren Torverhältnisses mit der Vizemeisterschaft begnügen. Dem Spätstarter BVB kam in dieser Saison zweifelsohne die wiedervereinigungsbedingte höhere Anzahl der Begegnungen (38 statt wie üblich 34) zugute.

So hatte der BVB vier Spiele mehr, um den schwachen Saisonstart auszugleichen. 1992/93 sah es nach elf Spieltagen mit 15:7 Punkten schon erheblich besser aus. Aber bis zum 9. Spieltag war die Bilanz mit 9:7 nicht gerade berauschend gewesen. Es folgte eine Serie von drei Siegen. Am Ende belegte der BVB den 4. Platz.

Ein Zusammenhang zwischen dem Auftakt und dem weiteren Verlauf der Saison läßt sich im Falle des BVB nur bedingt nachweisen, zumal wenn lediglich das erste Spiel berücksichtigt wird. 1965/66 startete der BVB mit einem 0:4, wurde aber am Ende Vizemeister. 1967/68 gab es erstmals zum Saisonstart keine Niederlage. Nach fünf Spielen hatte der BVB gar 8:2 Punkte und war noch unbesiegt, aber am Ende reichte es nur zum 14. Platz, der zu diesem Zeitpunkt mit Abstand schlechtesten Plazierung des BVB seit der Einführung der Bundesliga. Und umgekehrt: In seiner bis heute besten Bundesligasaison 1991/92 verfügte der BVB nach fünf Spielen lediglich über ein ausgeglichenes Punktekonto. Die beiden Niederlagen in diesen Spielen fielen mit 1:5 bzw. 2:5 überdies äußerst deftig aus. Die Spielzeiten 1979/80 und 1980/81, als der BVB jeweils mit einem Sieg begann, nach fünf Spielen ein Punktekonto von 8:2 bzw. 7:3 aufwies und am Ende die Plätze 6 bzw. 7 belegte, erscheinen somit eher als Ausnahmen. Allerdings: Wäre 1991/92 die erste Saisonphase für den BVB nur etwas besser ausgefallen, hätte die Mannschaft nur etwas schneller Tritt gefaßt, wäre sie vermutlich Meister geworden. Für elf Spielzeiten (63/64, 64/65, 66/67, 69/70, 76/77, 81/82, 84/85, 86/87, 88/89, 91/92, 93/94) gilt, daß der BVB am Ende der Saison mehr oder weniger deutlich besser dastand als nach zehn Spieltagen. Für vier Spielzeiten (67/68, 77/78, 79/80, 87/88) gilt das umgekehrte. Bei zwölf Spielzeiten (65/66, 68/69, 70/71, 71/72, 78/79, 80/81, 82/83, 83/84, 85/86, 89/90, 90/91, 92/93) entsprach die Zwischenbilanz in etwa dem Endresultat.

Für die bitteren Jahre der Zweitklassigkeit (1972/73 – 1975/76) sieht die BVB-Bilanz im übrigen nicht besser aus. Bei vier Saisonstarts gab es eine Niederlage, einen Sieg und zwei Unentschieden. Der erste und einzige Sieg zum Auftakt wurde in der Aufstiegssaison 1975/76 errungen (4:0 daheim gegen Westfalia Herne). Allerdings gestaltete sich die Bilanz nach fünf Spielen mit 9:1, 7:3, 7:3 und 6:4 durchweg positiv. Interessant ist dabei, daß die Saison mit der schlechtesten Bilanz nach fünf Spielen nichtsdestotrotz die erfolgreichste war.

Das traditionelle Anlaufproblem ·der Borussia dokumentiert auch das Abschneiden des Klubs im DFB-Pokal. Seit der Einführung der Bundesliga kam nicht weniger als neunmal das Aus bereits in der 1. Runde (63/64, 65/66, 66/67, 68/69, 71/72, 73/74, 83/84, 90/91, 93/94). Siebenmal war die 2. Runde Endstation.

1989/90 kam das Aus in der 2.Runde im Heimspiel gegen den Zweitligisten Eintracht Braunschweig. In der gleichen Saison erreichte man mit dem 4. Platz die UEFA-Cup-Qualifikation – wie in der Pokal-Pleite-Saison 1993/94, wo man in der 1. Runde zu Hause gegen den Zweitligisten Jena rausflog.

Der Weg nach oben

Der BVB in den Jahren 1984 bis 1994 ▄▄▄▄▄▄▄▄▄

Aus den unteren Tabellen geht hervor, wie sich der BVB in der Ära Niebaum in die Spitzengruppe der Bundesliga vorgearbeitet und sich die Liga in den letzten Jahren verändert hat. Ermittelt wurde zunächst (Tab. 1 und 2) der Durchschnittswert der Punkte, die von den Klubs, die heute als Meisterschafts- oder UEFA-Cup-Platz-Kandidaten gehandelt werden, im Zeitraum von jeweils fünf Spielzeiten erreicht wurden (d.h. also die gesamten Pluspunkte aus dieser Zeit geteilt durch die jeweils fünf Spielzeiten). Anschließend wird in Tabelle 3 die Differenz zwischen Gewinn und Verlust aufgeführt. Hier wird deutlich, daß dem BVB der nach Frankfurt größte Sprung nach vorne gelang. Dabei ist zu berücksichtigen, daß der Aufstieg des BVB bereits während der Jahre 1984/85 - 1988/89 begann, der Frankfurter hingegen später. Vor allem hierauf basiert der Frankfurter Vor-sprung in der Tabelle 3. Des weiteren zeigen die Tabellen, daß die obere Hälfte der Liga leistungsmäßig enger zusammengerückt ist. Der Abstand zwischen Platz 1 und Platz 11 in den Tabellen ist erheblich geschrumpft. Gleiche Beobachtung gilt auch, wenn man die Differenz zwischen Platz 1 und Platz 7 betrachtet. Auch wenn die Bayern unterm Strich unverändert führen, sind sie nicht mehr der souveräne Klassenprimus. Außerdem hat es einen Austausch gegeben. Mannschaften, die einst neben den Bayern die Liga anführten, sind abgerutscht (HSV, Köln, Mönchengladbach, aber auch Bremen). Andere Mannschaften, wie Kaiserslautern, Frankfurt und der BVB sind dafür nun in der Spitzengruppe. Die größte Konstanz, wenngleich nicht auf besonders hohem Niveau, zeigen die Langweiler der Liga, der VfB Stuttgart und Bayer Leverkusen.

Tab. 1: Durchschnittliche Punktezahl für die Spielzeiten 1984/85 - 1988/89		Tab. 2: Durchschnittliche Punktezahl für die Spielzeiten 1989/90 - 1993/94		Tab. 3: Gewinne und Verluste	
1. Bayern München	50,0	1. Bayern München	44,2	1. Frankfurt	+ 13,8
2. Werder Bremen	46,2	2. Frankfurt	42,2	2. Dortmund	+ 8,6
3. Hamburger SV	40,6	3. Dortmund	41,4	3. Karlsruher SC	+ 8,5
4. 1. FC Köln	39,4	4. Kaiserslautern	40,2	4. Kaiserslautern	+ 7,8
5. Mönchengladb.	39,0	5. VfB Stuttgart	39,8	5. Leverkusen	+ 4,0
6. VfB Stuttgart	37,0	6. Werder Bremen	39,6	6. VfB Stuttgart	+ 2,8
7. Leverkusen	35,2	7. Leverkusen	39,2	7. 1. FC Köln	− 2,2
8. Dortmund	32,8	8. 1. FC Köln	37,2	8. Mönchengladb.	− 5,2
9. Kaiserslautern	32,4	9. Karlsruher SC	36,2	9. Bayern München	− 5,8
10. Frankfurt	28,4	10. Hamburger SV	34,0	10. Werder Bremen	− 6,6
11. Karlsruher SC	27,7	11. Mönchengladb.	33,8	11. Hamburger SV	− 6,6
(nur drei Spielzeiten)					

DFB-Pokal
(bis 1944 »Tschammer-Pokal«)

Saison 1932/33
Ruhrbezirkspokal
BVB – Westfalia Herne 0:2

Saison 1935/36
Vorrunden
SV Heeren – BVB 2:4
Westfalia Bochum – BVB 4:2

Saison 1936/37
1. Vorrunde
Paderborn 08 – BVB 0:2
2. Vorrunde
BVB – SpVg. Herten 1:0
3. Vorrunde
BVB – VfL Geseke 3:2 n.V.
1. Hauptrunde
BVB – Hamburger SV 3:1 Lenz (2),
   Stachorra
2. Hauptrunde
Werder Bremen – BVB 3:4 Lenz (2),
   Dunney, Eron
3. Hauptrunde
BVB – Duisburg 08 1:1 n.V. Dunney
Duisburg 08 – BVB 1:3 Lukasche-
   witz (2), Lenz
Viertelfinale
SV Waldhof Mannheim – BVB 4:3
   Lukaschewitz, Lenz, Beerheide

Saison 1937/38
1. Vorrunde
BVB – BV Altenessen 4:0
2. Vorrunde
SF Siegen – BVB 2:4
3. Vorrunde
BVB – RW Oberhausen 2:0
1. Hauptrunde
Phönix Lübeck – BVB 2:1

Saison 1938/39
1. Vorrunde
BVB – VfL Altenbögge 4:0
2. Vorrunde
SW Essen – BVB 1:2 n.V.
3. Vorrunde
BVB – Alemannia Aachen 4:2
1. Hauptrunde
TV Eimsbüttel – BVB 2:3 Janowski
   (2), Erdmann
2. Hauptrunde
BVB – VfL Köln 99 1:6 Erdmann

Saison 1939/40
1. Vorrunde
Gelsenguß Gelsenkirchen – BVB 2:0

Saison 1940/41
1. Vorrunde
Sportring Gevelsberg – BVB 2:7
2. Vorrunde
SF Paderborn – BVB 3:2

Saison 1941/42
1. Vorrunde
BVB – Arminia Marten 4:1
2. Vorrunde
BVB – Phönix Lindenhorst 3:1
3. Vorrunde
LSV Gütersloh – BVB 4:1

Saison 1942/43
1. Vorrunde
Lüdenscheid 08 – BVB 5:4

Saison 1943/44
1. Vorrunde
HSC/VfL Hörde – BVB 1:4

2. Vorrunde
BVB – Bövinghausen 04 2:0
3. Vorrunde
SpVg. Röhlinghausen – BVB 1:0

Saison 1952/53
1. Vorrunde WFV-Pokal
SF Siegen – BVB 1:1 n.V.
BVB – SF Siegen 10:1
2. Vorrunde
SF Neheim – BVB 0:7
3. Vorrunde
Arminia Bielefeld – BVB 0:3
4. Vorrunde
BVB – Rot-Weiß Oberhausen 6:0
1. Hauptrunde
Concordia Hamburg – BVB 4:3
    Kasperski, Niepieklo, Preißler

Saison 1953/54
1. Vorrunde WFV-Pokal
Rhenania Würselen – BVB 0:3
Halbfinale
1. FC Köln – BVB 2:1

Saison 1954/55
1. Vorrunde WFV-Pokal
Menden 09 – BVB 1:1
BVB- Menden 09 2:0
2. Vorrunde
Hamborn 07 – BVB 3:1

Saison 1955/56
1. Vorrunde WFV-Pokal
STV Horst-Emscher – BVB 0:1
2. Vorrunde
BVB – SC Dortmund 95 4:2
3. Vorrunde
BVB – Bergisch-Gladbach 9:2
4. Vorrunde
BVB – Rot-Weiß Essen 0:1

Saison 1956/57
1. Vorrunde WFV-Pokal
Westfalia Herne – BVB 4:2

Saison 1957/58
1. Vorrunde WFV-Pokal
Langendreer 04 – BVB 4:1

Saison 1958/59
1. Vorrunde WFV-Pokal
SpVg. Olpe – BVB 1:6
2. Vorrunde
Bergisch-Gladbach – BVB 3:2

Saison 1959/60
1. Vorrunde WFV-Pokal
VfL Schwerte – BVB 1:10
2. Vorrunde
VfB Bottrop – BVB 2:5
3. Vorrunde
BVB – Hamborn 07 3:2
Halbfinale WFV-Pokal
BVB – Borussia Mönchengladbach 3:4

Saison 1960/61
1. Vorrunde WFV-Pokal
SF Neheim – BVB 2:1
Saison 1961/62
1. Vorrunde WFV-Pokal
VfB Bielefeld – BVB 1:3
2. Vorrunde
BVB – SpVg. Marl 3:2
3. Vorrunde
Fortuna Düsseldorf – BVB 2:1

Saison 1962/63
1. Vorrunde WFV-Pokal
Teutonia Lippstadt – BVB 1:5
2. Vorrunde
Eintr. Gelsenkirchen – BVB 2:2 n.V.
BVB – Eintracht Gelsenkirchen 3:0
3. Vorrunde
BVB – Fortuna Düsseldorf 4:3
4. Vorrunde
Rot-Weiß Oberhausen – BVB 1:2
1. Hauptrunde
BVB – Sportfreunde Saarbrücken 4:2
    Konietzka (2), Bracht, Cyliax

Viertelfinale BVB – 1860 München
3:1 Konietzka, Wosab (2)
Halbfinale
BVB – Werder Bremen 2:0 Konietzka,
Schmidt
Endspiel
BVB – Hamburger SV 0:3

Saison 1963/64
1. Hauptrunde
BVB – 1860 München 0:2

Saison 1964/65
1. Hauptrunde
Preußen Münster – BVB 0:1 Wosab
2. Hauptrunde
Tennis Borussia Berlin – BVB 1:2
Schmidt, Wosab
Viertelfinale
Eintracht Braunschweig – BVB 0:2
Emmerich (2)
Halbfinale
BVB – 1. FC Nürnberg 4:2 Emmerich,
Konietzka (2), Wosab
Endspiel
BVB – Alemannia Aachen 2:0
Schmidt, Emmerich

Saison 1965/66
Qualifikation
Bayern München – BVB 2:0

Saison 1966/67
1. Hauptrunde
BVB–1.FC Köln 2:2 n.V. Emmerich (2)
1. FC Köln – BVB 1:0

Saison 1967/68
1. Hauprunde
VfB Oldenburg – BVB 2:3 Libuda,
Held, Paul
2. Hauptrunde
SSV Reutlingen – BVB 1:3 Neuberger,
Held, Emmerich

Viertelfinale
BVB – Hertha BSC Berlin 2:1 Wosab,
Weber
Halbfinale
1. FC Köln – BVB 3:0

Saison 1968/69
1. Hauptrunde
Eintracht Frankfurt – BVB 6:2 Held,
Weist

Saison 1969/70
1. Hauptrunde
Schwarz-Weiß Essen – BVB 1:2 Neuberger, Peehs
2. Hauptrunde
Kickers Offenbach – BVB 2:1 n.V.
Held

Saison 1970/71
1. Hauptrunde
TSV Westerland – BVB 0:4 Ritschel
(2), Neuberger (2)
2. Hauptrunde
Hamburger SV – BVB 3:1 n.V.
Rieländer

Saison 1971/72
1. Hauptrunde
BVB – Kickers Offenbach 1:1 Meyer
(Eigentor)
Kickers Offenbach – BVB 3:0

Saison 1972/73
BVB nicht für die Hauptrunde qualifiziert

Saison 1973/74
1. Hauptrunde
BVB – Hannover 96 1:4 Stiller
(Eigentor)

Saison 1974/75
1. Hauptrunde
BVB – VfR Heilbronn 3:0 Schildt, Hartl, Wagner
2. Hauptrunde
SpVg. Fürth – BVB 1:1 Wagner
BVB – SpVg. Fürth 1:0 Ackermann
3. Hauptrunde
BVB – Sportfreunde Siegen 2:1 Hartl, Ackermann
Achtelfinale
Viktoria Köln – BVB 0:0
BVB – Viktoria Köln 3:0 Varga, Schildt, Wolf
Viertelfinale
VfB Stuttgart (A) – BVB 0:4 Votava, Segler (3)
Halbfinale
MSV Duisburg – BVB 2:1 n.V. Schildt

Saison 1975/76
1. Hauptrunde
SpVg. Ludwigsburg – BVB 0:6 Huber, Geyer, Wolf, Völge, Kasperski (2)
2. Hauptrunde
Schalke 04 – BVB 2:1 Hartl

Saison 1976/77
1. Hauptrunde
BVB – Concordia Haaren 10:0 Hartl, Kostedde (6), Lippens (2), Nerlinger
2. Hauptrunde
Alemannia Aachen – BVB 0:0
BVB – Alemannia Aachen 2:0 Völge, Baumanns (Eigentor)
3. Hauptrunde
VfL Osnabrück – BVB 3:1 n.V. Lippens

Saison 1977/78
1. Hauptrunde
TSV Ottobrunn – BVB 0:9 Segler, Geyer (3), Kostedde (2), Theis, Völge, Wagner
2. Hauptrunde
Fortuna Düsseldorf – BVB 3:1 Burgsmüller

Saison 1978/79
1. Hauptrunde
BVB – BSV Schwennigen 14:1 Völge (6), Huber, Burgsmüller (3), Siewek (2), Votava, Geyer
2. Hauptrunde
Borussia Neunkirchen – BVB 0:0
BVB – Borussia Neunkirchen 2:0 Augustin, Geyer
3. Hauptrunde
BVB – Kickers Offenbach 6:1 Burgsmüller (2), Geyer (2), Völge, Segler
Achtelfinale
BVB – Eintracht Frankfurt 1:3 Huber

Saison 1979/80
1. Hauptrunde
BVB – Bremer SV 7:0 Burgsmüller (5), Votava, Segler
2. Hauptrunde
FSV Frankfurt – BVB 1:3 n.V. Dörmann, Burgsmüller, Hein
3. Hauptrunde
BVB – Arminia Bielefeld 3:1 n.V. Frank, Burgsmüller, Völge
Achtelfinale
BVB – Bayer Uerdingen 2:1 Burgsmüller, Frank
Viertelfinale
BVB – VfB Stuttgart 3:1 K.H. Förster (Eigentor), Frank, Burgsmüller
Halbfinale
Fortuna Düsseldorf – BVB 3:1 Frank

Saison 1980/81
1. Hauptrunde
VfB Stuttgart (A) – BVB 2:5 n.V.
Abramczik (3), Koch, Geyer
2. Hauptrunde
BVB – 1860 München 3:1 Burgsmüller, Theo Schneider, Votava
3. Hauptrunde
Fortuna Düsseldorf – BVB 3:0

Saison 1981/82
1. Hauptrunde
FC Grone – BVB 0:4 Burgsmüller (2), Theo Schneider, Klotz
2. Hauptrunde
SpVg. Elversberg – BVB 1:4 Burgsmüller (2), Tenhagen, Koch
3. Hauptrunde
Bayern München – BVB 4:0

Saison 1982/83
1. Hauptrunde
Rot-Weiß Essen – BVB 1:3 Abramczik, Burgsmüller (2)
2. Hauptrunde
Rot-Weiß Oberhausen – BVB 0:1 Klotz
Achtelfinale
BVB – Darmstadt 98 4:2 Keser (2), Burgsmüller, Raducanu
Viertelfinale
BVB – VfL Bochum 3:1 n.V. Keser, Raducanu, Schmedding
Halbfinale
Fortuna Köln – BVB 5:0

Saison 1983/84
1. Hauptrunde
Hamburger SV – BVB 4:1 Klotz

Saison 1984/85
1. Hauptrunde
ASC Dudweiler – BVB 1:5 Wegmann (2), Schüler (2), Klotz

2. Hauptrunde
BVB – Schalke 04 1:1 n.V. Dressel
Schalke 04 – BVB 3:2 Anderbrügge, Wegmann

Saison 1985/86
1. Hauptrunde
SC Neunkirchen – BVB 2:9 Schüler (4), Hrubesch (2), Wegmann, Loose, Kutowski
2. Hauptrunde
TuS Paderborn-Neuhaus – BVB 2:4 Simmes, Hupe, Wegmann, Loose
Achtelfinale
FC Homburg – BVB 1:3 n.V. Wegmann (2), Simmes
Viertelfinale
SV Sandhausen – BVB 1:3 Zorc, Wegmann, Bittcher
Halbfinale
VfB Stuttgart – BVB 4:1 Simmes

Saison 1986/87
1. Hauptrunde
Rot-Weiß Oberhausen – BVB 1:3 Dickel (2), Zorc
2. Hauptrunde
Borussia Mönchengladbach – BVB 6:1 Helmer

Saison 1987/88
1. Hauptrunde
FV Offenburg – BVB 3:3 n.V. Raducanu, Banach, Anderbrügge
BVB – FV Offenburg 5:0 Dickel, Mill (2), Lusch, Pagelsdorf
2. Hauptrunde
FSV Salmrohr – BVB 0:1 MacLeod
Achtelfinale
Bayer Uerdingen – BVB 3:3 n.V. Helmer, Hupe, Kutowski
BVB – Bayer Uerdingen 1:2 Dickel

Saison 1988/89
1. Hauptrunde
BVB – Eintracht Braunschweig 6:0
Storck (2), Möller (2), Zorc, Mill
2. Hauptrunde
BVB – FC Homburg 2:1 Breitzke,
Rummenigge
Achtelfinale
Schalke 04 – BVB 2:3 Rummenigge,
Dickel, Zorc
Viertelfinale
BVB – Karlsruher SC 1:0 Zorc
Halbfinale
BVB – VfB Stuttgart 2:0 Zorc, Mill
Endspiel
BVB – Werder Bremen 4:1 Dickel (2),
Mill, Lusch

Saison 1989/90
1. Hauptrunde
BVB – Fortuna Köln 3:0 Rummenigge, Helmer, Zorc
2. Hauptrunde
BVB – Eintracht Braunschweig 2:3
Zorc, Helmer

Saison 1990/91
1. Hauptrunde
SpVg. Fürth – BVB 3:1 Povlsen

Saison 1991/92
1. Hauptrunde
Arminia Bielefeld – BVB 0:2 Rummenigge, Mill
2. Hauptrunde
BVB – Hannover 96 2:3 Schmidt,
Chapuisat

Saison 1992/93
1. Hauptrunde
Hallescher FC – BVB 1:4 Karl (2),
Mill, Sippel

2. Hauptrunde
BVB – Bayern München 2:2 (7:6 nach
Elfmeterschießen). Reinhardt, Cha-
puisat, Elfmeterschießen: Reuter,
Poschner, Reinhardt, Chapuisat,
Zorc
Achtelfinale
SSV Ulm 46 – BVB 1:3 Reinhardt,
Zorc, Lusch
Viertelfinale
Werder Bremen – BVB 2:0

Saison 1993/94
1. Hauptrunde
BVB – Carl Zeiss Jena 0:1

Saison 1994/95
1. Hauptrunde
Altona 93 – BVB 0:2 Möller, Cesar
2. Hauptrunde
1. FC Kaiserslautern – BVB 6:3 n.V.
Chapuisat, Povlsen, Sammer

Der BVB in Europa

Landesmeister 1956/57
1. Runde:
BVB – Spora Luxemburg 4:3 Bracht,
Niepieklo, Preißler (2)
Spora Luxemburg – BVB 2:1 Preißler
BVB – Spora Luxemburg 7:0 Preißler
(2), Kelbassa (3), Simmer, Peters
2. Runde:
Manchester United – BVB 3:2 Kapi-
tulski, Preißler
BVB – Manchester United 0:0

Landesmeister 1957/58
1. Runde:
BVB – Armeeklub Bukarest 4:2 Peters
(3), Niepieklo
Armeeklub Bukarest – BVB 3:1 Nie-
pieklo
BVB – Armeeklub Bukarest 3:1 Dulz,
Kelbassa, Preißler
2. Runde:
BVB – AC Mailand 1:1 Bergamaschi
(Eigentor)
AC Mailand – BVB 4:1 Preißler

Landesmeister 1963/64
1. Runde:
Lyn Oslo – BVB 2:4 Emmerich,
Schmidt, Wosab (2)
BVB – Lyn Oslo 3:1 Konietzka (2),
Cyliax
2. Runde:
Benfica Lissabon – BVB 2:1 Wosab
BVB – Benficia Lissabon 5:0 Brungs
(3), Konietzka, Wosab
3. Runde:
Dukla Prag – BVB 0:4 Brungs,
Konietzka, Wosab (2)
BVB – Dukla Prag 1:3 Rylewicz
4. Runde:
BVB – Inter Mailand 2:2 Brungs (2)
Inter Mailand – BVB 2:0

Messepokal 1964/65
1. Runde:
BVB – Girondins Bordeaux 4:1 Stra-
schitz, Konietzka, Brungs (2)
Girondins Bordeaux – BVB 2:0
2. Runde:
BVB – Manchester United 1:6 Kurrat
Manchester United – BVB 4:0

Pokalsieger 1965/66
1. Runde:
Floriana La Valetta – BVB 1:5
Emmerich, Held, Weber, Wosab
(2)
BVB – Floriana La Valetta 8:0
Emmerich (6), Schmidt (2)
2. Runde:
BVB – CSKA Sofia 3:0 Sturm, Held,
Libuda
CSKA Sofia – BVB 4:2 Held,
Emmerich
3. Runde:
Atletico Madrid – BVB 1:1 Emmerich
BVB – Atletico Madrid 1:0 Emmerich
4. Runde:
West Ham United – BVB 1:2
Emmerich (2)
BVB – West Ham United 3:1
Emmerich (2), Cyliax
Finale:
BVB – FC Liverpool 2:1 n.V. Held,
Libuda

Pokalsieger 1966/67
1. Runde:
Glasgow Rangers – BVB 2:1 Trimhold
BVB – Glasgow Rangers 0:0

UEFA-Pokal 1982/83
BVB – Glasgow Rangers 0:0
Glasgow Rangers – BVB 2:0

UEFA-Pokal 1987/88
1. Runde:
Glasgow Celtic – BVB 2:1 Mill
BVB – Glasgow Celtic 2:0 Dickel (2)
2. Runde:
BVB – Velez Mostar 2:0 Hupe, Dickel
Velez Mostar – BVB 2:1 Mill
3. Runde:
BVB – FC Brügge 3:0 Mill (2), An-
derbrügge
FC Brügge – BVB 5:0 n.v.

Pokalsieger 1989/90
1. Runde:
Besiktas Istanbul – BVB 0:1 Mill
BVB – Besiktas Istanbul 2:1 Driller,
Wegmann
2. Runde:
BVB – Sampdoria Genua 1:1
Wegmann
Sampdoria Genua – BVB 2:0

UEFA-Pokal 1990/91
1. Runde:
BVB – Chemnitzer FC 2:0 Helmer,
Mill
Chemnitzer FC – BVB 0:2 Helmer,
Rummenigge
2. Runde:
Universitatae Craiova – BVB 0:3 Zorc,
Mill (2)
BVB – Universitatae Craiova 1:0 Zorc
3. Runde:
RSC Anderlecht – BVB 1:0
BVB – RSC Anderlecht 2:1 Gorluko-
witsch, Schulz

UEFA-Pokal 1992/93
1. Runde:
FC Floriana La Valetta – BVB 0:1
Rummenigge
BVB – FC Floriana La Valetta 7:2
Zorc, Franck, Rummenigge, Mill
(3), Delia (Eigentor)

2. Runde:
BVB – Glasgow Celtic 1:0 Chapuisat
Glasgow Celtic – BVB 1:2 Chapuisat,
Zorc
3. Runde:
BVB – Real Saragossa 3:1 Chapuisat,
Zorc, Povlsen
Real Saragossa – BVB 2:1 Chapuisat
4. Runde:
AS Rom – BVB 1:0
BVB – AS Rom 2:0 Schulz, Sippel
5. Runde:
BVB – AJ Auxerre 2:0 Karl, Zorc
AJ Auxerre – BVB 2:0 n.v. (Elfmeter-
schießen 6:5 für BVB. Elfmeter-
schützen: Karl, Chapuisat, Rein-
hardt, Schulz, Zorc, Rummenigge)
Finale:
BVB – Juventus Turin 1:3 Rumme-
nigge
Juventus Turin – BVB 3:0

UEFA-Pokal 1993/94
1. Runde:
BVB – Spartak Wladikawkas 0:0
Spartak Wladikawkas – BVB 0:1
Chapuisat
2. Runde:
Branik Maribor – BVB 0:0
BVB – Branik Maribor 2:1
Chapuisat (2)
3. Runde:
Bröndby IF Kopenhagen – BVB 1:1
Chapuisat
BVB – Bröndby IF Kopenhagen 1:0
Zorc
4. Runde:
BVB – Inter Mailand 1:3 Schulz
Inter Mailand – BVB 1:2 Zorc, Ricken

UEFA-Pokal 1994/95
BVB – FC Motherwell 1:0 Möller
FC Motherwell – BVB 0:2 Riedle (2)

Europapokal-Triumph 5. Mai 1966 in Glasgow: Libuda, Emma, Held

Trainer und Präsidenten ━━━━━

Die Präsidenten des BVB

1900 Heinrich Unger
1910 Franz Jacobi
1923 Heinz Schwaben
1928 August Busse
1933 Egon Pentrup
1934 August Busse
1945 Willi Biezek
1946 Rudi Lückert
1952 Dr. Werner Wilms

1964 Kurt Schönherr
1965 Willi Steegmann
1968 Dr. Walter Kliemt
1974 Heinz Günther
1979 Dr. Reinhard Rauball
1982 Jürgen Vogt
1983 Frank Roring
1984 Dr. Reinhard Rauball
1986 Dr. Gerd Niebaum

Die Bundesliga-Trainer des BVB

Hermann Eppenhoff (1963 - 1965)
Willi Multhaup (1965/66)
Heinz Murach (1966 - 10.4.1968)
Oßwald Pfau (18.4.1968 - 16.12.1968)
Helmut Schneider (17.12.1968 - 17.3.1969)
Hermann Lindemann (21.3.1969 - 1970)
Horst Witzler (1970 - 21.12.1971)
Herbert Burdenski (3.1.1972 - 1972)
Otto Rehhagel (1976 - 30.4.1978)
Carl Heinz Rühl (21.5.1978 - 29.4.1979)
Uli Maslo (30.4.1979 - 1979)
Udo Lattek (1979 - 10.5.1981)
Rolf Bock (11.5.1981 - 1981)

Branko Zebec (1981/82)
Karlheinz Feldkamp (1982 - 5.4.1983)
Helmut Witte (6.4.1983 - 1983)
Uli Maslo (1983 - 23.10.1983)
Helmut Witte (24.10. - 30.10.1983)
Horst-Dieter Tippenhauer (31.10. - 15.11.1983)
Horst Franz (16.11.1983 - 1984)
Friedhelm Konietzka (1984 - 24.10.1984)
Erich Ribbeck (28.10.1984 - 1985)
Pal Csernai (1985 - 20.4.1986)
Reinhold Saftig (20.4.1986 - 26.6.1988)
Horst Köppel (27.6.1988 - 1991)
Ottmar Hitzfeld (1991 - ???)

Die BVB-Kader 1947/48-1994/95
Berücksichtigt wurde nur, wer auch zum Einsatz kam ▬▬▬

1947/48: Kronsbein, Michallek, Lenz, Schanko, Ruhmhofer, Koschmieder, Preißler, Halfen, Podgorski, W.Erdmann, H. Erdmann, Janowski, Ibel, Sandmann, Breczinski, Zideller

1948/49: Kronsbein, Ruhmhofer, Halfen, Michallek, Koschmieder, W.Erdmann, H.Erdmann, Ibel, Schanko, Steinforth, Kasperski, Rau, Geitz, Sandmann, Landmann, Buddenberg, Massiske, Preißler, Lenz

1949/50: Rau, Kronsbein, Hammer, Buddenberg, Michallek, Koschmieder, Schanko, W.Erdmann, Kasperski, Preißler, Schulz, Ibel, Halfen, Schweinsberg, Reußert, Otten, Geitz, Frank, Ruhmhofer

1950/51: Rau, Wieding, Ruhmhofer, Halfen, Michallek, Koschmieder, W.Erdmann, Kasperski, Linneweber, Schanko, Flügel, Sahm, Ibel, Mikuda, Palhammer, Frank, Reupert, Wieschner, Meisen, Vogt

1951/52: Rau, Koschmieder, Mikuda, Michallek, Wieding, Schanko, Sandmann, Linneweber, Niepieklo, Schlebrowski, Flügel, Vogt, Wieschner, W.Erdmann, Ibel, Halfen, Kasperski, Geschwind

1952/53: Kwiatkowski, Kasperski, Mikuda, Wieschner, Wieding, Schanko, Falke, Schlebrowski, Niepieklo, Flügel, Michallek, Preißler, Sandmann, Sahm, Koschmieder, Halfen, Linneweber, Burgsmüller, Vogt

1953/54: Kwiatkowski, Burgsmüller, Falke, Michallek, Koschmieder, Schanko, Lindner, Preißler, Sandmann, Niepieklo, Flügel, Wieschner, Schlebrowski, Luckenbach, Kapitulski, Ulrich, Rau

1954/55: Kwiatkowski, Schumacher, Falke, Michallek, Schanko, Sandmann, Peters, Kelbassa, Niepieklo, Flügel, Preißler, Luckenbach, Wieschner, Kapitulski, Schlebrowski, Koschmieder, Rau, Knecht, Burgsmüller

1955/56: Kwiatkowski, Wieschner, Michallek, Sandmann, Burgsmüller, Schlebrowski, Peters, Preißler, Kelbassa, Niepieklo, Kapitulski, Bracht, Remmert, Poltorak, Bering, Flügel, Schanko, Schumacher

1956/57: Kwiatkowski, Burgsmüller, Sandmann, Schlebrowski, Michallek, Bracht, Peters, A.Schmidt, Kelbassa, Kapitulski, Preißler, Flügel, Rau, Simmer, Niepieklo, Wieschner, Bering, Schanko

1957/58: Kwiatkowski, Burgsmüller, Schlebrowski, Michallek, Bracht, Sandmann, Peters, Kelbassa, A.Schmidt, Niepieklo, Bering, Dulz, Meyer, Schumacher, Simmer, Poltorak, Preißler

1958/59: Kwiatkowski, Burgsmüller, Michallek, Bracht, Peters, A.Schmidt, Michel, Schlebrowski, Kelbassa, Dulz, Cieslarczyk, Bering, Preißler, Reckels, Zielasko, Meyer, Koslowski, Konietzka, Niepieklo, Rau, Grau

1959/60: Kwiatkowski, Bracht, Cyliax, Peters, Schütz, Konietzka, A. Schmidt, Kelbassa, Bering, Burgsmüller, Thiemann I, Thiemann II, Sandmann, Michel, Cieslarczyk, Grimm, Schlebrowski, Koslowski, Michallek, Zielasko, Fijalkowski

1960/61: Kwiatkowski, Burgsmüller, Peters, Geisler, Steinkuhl, Cyliax, Schmidt, Kelbassa, Konietzka, Schütz, Bracht, Emmerich, Kurrat, Thiemann I, Pritz, Cieslarczyk

1961/62: Kwiatkowski, Wessel, Burgsmüller, Schmidt, Paul, Peters, Sturm, Schütz, Cyliax, Bracht, Thiemann I, Demond, Konietzka, Geisler, Kelbassa, Emmerich, Kurrat, Cieslarczyk, Steinkuhl

1962/63: Kwiatkowski, Wessel, Geisler, Cyliax, D. Kurrat, Paul, Peters, Wosab, Schmidt, Schütz, Konietzka, Roggensack, Sturm, Burgsmüller, Redder, H.J. Kurrat, Emmerich

1963/64: Tilkowski, Kwiatkowski, Wessel, Burgsmüller, Cyliax, D.Kurrat, H.J. Kurrat, Geisler, Bracht, Brungs, Sturm, Wosab, Konietzka, Emmerich, Redder, Schmidt, Rylewicz, Paul, Pfeiffer

1964/65: Tilkowski, Wessel, Paul, Geisler, D.Kurrat, Assauer, Sturm, Wosab, Schmidt, Brungs, Konietzka, Cyliax, Straschitz, Emmerich, Beyer, Redder, Pfeiffer

1965/66: Tilkowski, Wessel, Sturm, Geisler, Straschitz, Paul, D.Kurrat, Libuda, Schmidt, Wosab, Weber, Emmerich, Redder, Assauer, Held, Groppe, Cyliax

1966/67: Tilkowski, Wessel, Peehs, D.Kurrat, Paul, Assauer, Libuda, Trimhold, Held, Sturm, Emmerich, Cyliax, Wosab, Schmidt, Groppe, Neuberger, Weber, Geisler, Mikulasch

1967/68: Wessel, Köddermann, Cyliax, Peehs, D.Kurrat, Paul, Groppe, Libuda, Trimhold, Neuberger, Sturm, Emmerich, Wosab, Weber, Assauer, Redder, Held, Brakelmann, Hofmeister

1968/69: Günther, Wessel, Wosab, Peehs, Redder, D.Kurrat, Assauer, Brakelmann, Lehmann, Sturm, Neuberger, Held, Trimhold, Emmerich, Weist, Erler, Paul, Szaule, Beckfeld, Hofmeister, Groppe, Heeren

1969/70: Günther, Rynio, Heidkamp, Kohlhäufl, Rasovic, Brakelmann, Peehs, D.Kurrat, Schütz, Sturm, Erler, Weist, Wosab, Held, Neuberger, Trimhold, Assauer, Paul, Bücker, Rieländer, Boduszek, Artmann, Heeren

1970/71: Rynio, Günther, Wosab, Neuberger, Rasovic, Peehs, D.Kurrat, Trimhold, Ritschel, Bücker, Weist, Schütz, Held, Andree, Heidkamp, Weinkauff, Rieländer, Günther, Brakelmann, Boduszek, Sturm

1971/72: Rynio, Bertram, Peehs, Rasovic, Andree, Schütz, Rieländer, Bükker, Weinkauff, Sikora, Köstler, Mathes, Lorant, Mietz, Mensink, Hohnhausen, Ritschel, D.Kurrat, Wilhelm, Peter, Henke

1972/73: Bertram, Rynio, Peehs, Rasovic, Andree, Czernotzky, D.Kurrat, Bertl, Bücker, Nerlinger, Wilhelm, Ondera, Lorant, Köstler, H.Schmidt, Schwarze, Berlau, Mach, Brücken, Pawlowski, Berg, Bakine, Wolf

1973/74: Bertram, Rynio, Czernotzky, Nerlinger, Rasovic, Wolf, Schmidt, Bertl, Bücker, Hartl, Brücken, Mumme, Balcerczak, D.Kurrat, Schwarze, Berg, Segler, Bakine, Berlau, M.Votava, J.Votava, Tschima, Geschwendt

1974/75: Bertram, Brock, Reufert, M. Votava, J. Votava, Wagner, Schwarze, Ackermann, Wolf, Hartl, Schildt, Segler, Savkovic, Grünendahl, Greif, Huber, Goldbach, Berg, Nerlinger, Varga

1975/76: Bertram, Brock, Kammann, Huber, Wagner, Nerlinger, Wolf, M.Votava, Hartl, Kasperski, Schildt, Varga, Geyer, Ackermann, Segler, Vöge, Savkovic, Schwarze

1976/77: Bertram, Huber, Nerlinger, Meyer, Ackermann, Wolf, Wagner, Segler, Hartl, Kasperski, Geyer, Kostedde, Lippens, Vöge, Schildt, M. Votava, Burgsmüller, Schwarze, Krauss

1977/78: Bertram, Huber, Nerlinger, Wagner, M. Votava, Segler, W. Schneider, Burgsmüller, Geyer, Kostedde, Held, Vöge, Wolf, Theiss, Meyer, Akkermann, Lippens, Frank, Endrulat, Hartl

1978/79: Bertram, Immel, W. Schneider, Huber, Theiss, Meyer, Segler, M. Votava, Burgsmüller, Vöge, Wagner, Geyer, Lippens, Held, Runge, Hein, Frank, Ackermann, Wolf, Augustin, T. Schneider

1979/80: Immel, W. Schneider, Dörmann, Theiss, Hein, M.Votava, Meyer, Burgsmüller, Holz, Geyer, Vöge, Runge, Wagner, Frank, Huber, T. Schneider, Augustin, Koch, Freund, Segler

1980/81: Immel, Huber, Dörmann, Koch, Hein, M.Votava, Wagner, Geyer, W. Schneider, Abramczik, Edvaldsson, Burgsmüller, T. Schneider, Holz, Rüßmann, Keser, Augustin, Freund, Bergs, Bönighausen, Sobieray

1981/82: Immel, Huber, Tenhagen, Rüßmann, Hein, M. Votava, Burgsmüller, Abramczik, Klotz, Koch, Sobieray, Keser, Bönighausen, Eggeling, T. Schneider, Zorc, Loose, Wagner, Edvaldsson, Geyer, W. Schneider

1982/83: Immel, Huber, Bönighausen, Rüßmann, Loose, Zorc, Burgsmüller, Abramczik, Keser, Raducanu, Klotz, Koch, Tenhagen, Wagner, Eggeling, Freund, Hein, Schmedding, Horn, Lusch

1983/84: Immel, Meyer, Loose, Rüßmann, Huber, Koch, Tenhagen, Zorc, Raducanu, Keser, Klotz, Reich, Bittcher, Storck, Dressel, Lusch, Konopka, J.Wegmann, Hein, Schaub, Walz, Semlits, Eggeling, Schmedding.

1984/85: Immel, Meyer, Rüßmann, Zorc, Egli, Huber, Schüler, Storck, Loose, Raducanu, Dressel, Simmes, Wegmann, Klotz, Koch, Pagelsdorf, Anderbrügge, Bittcher, Hupe, Kutowski, Lusch, Griehsbach, Michel

1985/86: Immel, Meyer, Zorc, Storck, Hupe, Kutowski, Bittcher, Loose, Schüler, Anderbrügge, Simmes, Raducanu, Hrubesch, Wegmann, Huber, Dressel, Pagelsdorf, Krafft, Lusch

1986/87: de Beer, Meyer, Pagelsdorf, Hupe, Kutowski, Storck, Lusch, Zorc, Raducanu, Helmer, Simmes, Mill, Anderbrügge, Keser, Dickel, Spyrka, Banach, Bittcher, Hahn

1987/88: de Beer, Meyer, Pagelsdorf, Hupe, Kutowski, Kleppinger, Zorc,

MacLeod, Helmer, Simmes, Raducanu, Dickel, Mill, Lusch, Banach, Möller, Storck, Spyrka, Gerl, Wohlert, Anderbrügge

1988/89: de Beer, Meyer, Pagelsdorf, Storck, Helmer, MacLeod, Möller, Zorc, Kroth, Rummenigge, Kutowski, Mill, Dickel, Breitzke, Ruländer, Lusch, Nikolic, Strdal, Conrad, Margetic, Roth

1989/90: de Beer, Meyer, Helmer, Kroth, Kutowski, Schulz, Breitzke, Zorc, Möller, Rummenigge, Wegmann, Mill, MacLeod, Driller, Lusch, Dickel, Nikolic, Strerath, Gorlukowitsch, Karl, Wiercimok, Ritz

1990/91: de Beer, Klos, Helmer, Nikolic, Lusch, Kutowski, Zorc, Franck, MacLeod, Schulz, Mill, Driller, Wegmann, Povlsen, Rummenigge, Poschner, Strerath, Quallo, Breitzke, Gorlukowitsch, Grauer, Hofmann, Plechaty, Karl

1991/92: Klos, de Beer, Helmer, Schmidt, Schulz, Povlsen, Karl, Rummenigge, Poschner, Mill, Chapuisat, Lusch, Breitzke, Gorlukowitsch, Reinhardt, Franck, Kutowski, Zorc, Quallo, Grauer, Homberg, Wegmann

1992/93: Klos, de Beer, Reuter, Kutowski, Schulz, Reinhardt, Franck, Zorc, Lusch, Povlsen, Poschner, Mill, Chapuisat, Grauer, Sippel, Schmidt, Rummenigge, Karl, Zelic, Tretschok, Wegmann, Sammer, Raschke

1993/94: Klos, de Beer, Laux, Grauer, Kutowski, Reuter, Schmidt, Schulz, Zelic, Franck, Freund, Karl, Lusch, Poschner, Reinhardt, Rummenigge, Sammer, Tretschok, Zorc, Chapuisat, Mill, Povlsen, Sippel, Riedle, Rodriguez

1994/95: Klos, de Beer, Cesar, Kree, Kurz, Kutowski, Schmidt, Zelic, Arnold, Franck, Freund, Möller, Reinhardt, Reuter, Ricken, Tanko, Sammer, Tretschok, Zorc, Chapuisat, Povlsen, Riedle

Unser neues ISDN-Kommunikationssystem bietet eine ganze Menge Vorteile. Einer davon heißt Bosch.

Digitale Telekommunikation von Bosch – die schnelle, komfortable und wirtschaftliche Kommunikationslösung für Unternehmen jeder Größe. Individuell, investitionssicher und anwenderfreundlich. So macht zum Beispiel unsere neue Telefon-Generation Integral T1 mit ihrem Dialogsystem die Bedienung so einfach, daß Sie auf Anhieb alle Sonderfunktionen einsetzen können. Weil im Display steht, wie es weitergeht. Unser ISDN-Telekommunikationssystem Integral 3 und die Telefone

der Integral T1-Serie – zusammen sind sie das europäische Telekommunikationssystem der Zukunft. Rufen Sie uns an. Unser Angebot umfaßt die Übertragung von Sprache, Text, Daten, Bildern und die Vernetzung dezentral organisierter Unternehmen – auch über Landesgrenzen hinweg – plus eines flächendeckenden Service.

Telenorma GmbH
Nortkirchenstraße 57
44263 Dortmund
Telefon (02 31) 41 97-0
Telefax (02 31) 41 97-1 15

Es versteht sich von selbst: das neue High-Comfort-Telefon Integral TH 13 aus der Integral T1-Serie

BOSCH

TELENORMA

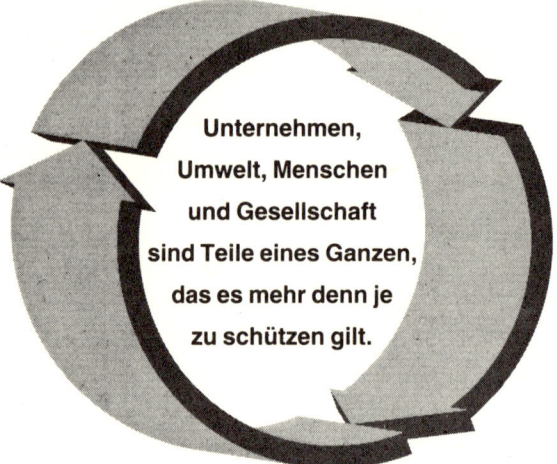

Kleines Lexikon wichtiger und weniger wichtiger Spieler des BVB (1946-94)

Abramczik, Rüdiger (18.2.1956): Der Schalker „Flankengott" spielte 1980-83 beim BVB und erzielte dabei in 90 Bundesligaspielen 30 Tore. Kostete den BVB 1,1 Mio. DM Ablöse. Einer der letzten waschechten Straßenfußballer, die das Revier hervorgebracht hat. Vater Abramczik: „Als Rüdiger fünf bis sechs Jahre alt war, da haben wir zusammen schon ein bißchen gegen den Ball getreten. Hier bei uns auf dem Hof, da ist praktisch ein Rasen, fast ein Fußballplatz. Die Häuser, die sind im Quadrat um den Fußballplatz herumgebaut. Und dann haben die Kinder damals hier untereinander gespielt." Für Schalke bestritt „Abi" 202 Bundesligaspiele, in denen er 44 Tore schoß. 19 A-Länderspiele während seiner blauweißen Jahre.

Ackermann, Klaus (20.3.1946): Der gebürtige Hammenser (Stammverein TuS Germania Hamm) spielte beim BVB 1974-79. Kam vom 1. FC Kaiserslautern. Am Wiederaufstieg des BVB 1976 beteiligt. 56 Einsätze und acht Tore für den BVB in der 2. Bundesliga Gruppe Nord, 43 Einsätze und ein Tor in der 1. Liga.

Anderbrügge, Ingo (2.1.1964): Beim BVB 1985-88. Ein Junge des Ruhrgebiets. Kam von Germania Datteln via SpVg. Erkenschwick. 76 Bundesligaspiele und sieben Tore für den BVB. Heute eine wichtige Spielerpersönlichkeit bei Schalke 04 – leider.

Assauer, Rudi (30.4.1944): Beim BVB 1964-70. Kam von der SpVg. Herten. 119 Bundesligaspiele und acht Tore für den BVB. Europapokalsieger 1966. Hatte seinen Einsatz im Finale einer Verletzung Friedhelm Groppes zu verdanken. Wurde 1970 aus finanziellen Gründen an Werder Bremen verkauft. Heute Manager beim FC Schalke 04.

Banach, Maurice (9.10.1967): Beim BVB 1986-88. 14 Bundesligaspiele und zwei Tore für den BVB. Der Durchbruch gelang ihm erst beim 1. FC Köln, für den er in 49 Bundesligaspielen 24 Tore erzielte. Kam 1992 bei einem Autounfall ums Leben.

Beer de, Wolfgang (2.1.1964): „Teddy" kam zur Saison 1986/87 vom MSV Duisburg. Bislang 173 Bundesligaspiele für den BVB (Stand: 1.8.1994). DFB-Pokalsieger 1989. Wurde 1991/92 von Stefan Klos als Nr. 1 verdrängt. Sein Trainer über ihn: „Es ist beruhigend zu wissen, daß ein solcher Klassemann für den Fall der Fälle auf der Bank sitzt."

Bertram, Horst (16.11.1948): Der gebürtige Münsteraner (Stammverein: SC Münster 08) spielte beim BVB 1971-79. 134 Einsätze in der Regionalliga West und 2. Bundesliga Gruppe Nord sowie 94 in der 1. Liga für den BVB. Am Wiederaufstieg 1976 beteiligt.

Bittcher, Ulrich (10.9.1957): Beim BVB 1983-87. Kam von Schalke. 84

Bundesligaspiele und drei Tore für den BVB.

Böninghausen, Siegfried (20.3. 1955): Beim BVB 1980-83. Kam von Rot-Weiß Essen. 44 Bundesligaspiele und zwei Tore für den BVB.

Bracht, Helmut (11.9.1929): „Jockel" begann seine Laufbahn beim BVB-Nachwuchs. Neben Willi Burgsmüller der einzige Borusse, der bei allen drei Meisterschaften (1956, 1957 und 1963) dabei war. 195 Einsätze und 57 Tore für den BVB in der Oberliga West. Wurde vorher bei der SpVg. Herten geparkt. Beendete seine Karriere nach der ersten Bundesligasaison 1963/64, in der er noch elf Spiele für den BVB absolvierte. Zählt zu den „vergessenen Nationalspielern" des BVB. Diente dem BVB nach dem Ende seiner aktiven Laufbahn u.a. als Fußballobmann. Einer der ersten Kicker, der sich noch während seiner Laufbahn beruflich selbständig machte. Bracht übernahm zunächst die General-Agentur der Deutschen Shell, was ihm den Spitzna-

men „Ölprinz" einbrachte. Später baute er einen Betrieb für Rohrreinigung auf.

Brakelmann, Klaus (10.10.1948): Beim BVB 1967-71. 49 Bundesligaspiele, null Tore.

Breitzke, Günter (29.6.1967): Beim BVB 1988-92. Kam für 33.000 DM Ablöse vom Verbandsligisten SC Brück. 89 Bundesligaspiele und 18 Tore für den BVB. DFB-Pokalsieger 1989. Seine ersten drei Tore für den BVB schoß er beim 6:0-Sieg der Borussen am 26.November 1988 gegen Eintracht Frankfurt.

Brungs, Franz (4.12.1936): Beim BVB 1963-65. Kam von Borussia Mönchengladbach. 54 Bundesligaspiele und 23 Tore für den BVB. Das „Goldköpfchen" erzielte beim legendären 5:0-Sieg gegen das europäische Top-Team Benfica Lissabon (1963/64) innerhalb von nur zwölf Minuten drei Tore. Wechselte zum 1. FC Nürnberg, für den er in drei Spielzeiten 50 Tore erzielte. Anschließend ging er noch für Hertha BSC auf Torejagd.

Bücker, Theo (10.7.1948): Beim BVB 1969-74. 62 Einsätze und 13 Tore für den BVB in der 1. Bundesliga, 50 Einsätze und 19 Tore in der Regionalliga West. Gehörte in der Abstiegssaison 1971/72 zu den wenigen bundesligatauglichen Spielern im BVB-Kader. Wurde in der Saison 1973/74 an den MSV Duisburg verkauft, damit der BVB die Gehälter der anderen Spieler bezahlen konnte.

Burgsmüller,Manfred(22.12.1949): Beim BVB 1976-83. Kam von Rot-Weiß Essen. 224 Bundesligaspiele für den BVB. Mit 135 Toren der Rekordtorschütze des BVB in der Bundesliga. Eckte wiederholt, aber oft zu Recht an. Wurde 1988 im betagten Alter von 38 Jahren mit Werder Bremen Deutscher Meister, nachdem er zwischenzeitlich beim Zweitligisten Rot-Weiß Oberhausen auf der Bank saß.

Absolvierte lediglich drei A-Länderspiele, davon das erste Ende 1977. „Manni" hatte mit Bundestrainer Helmut Schön gewisse Probleme. Schön ließ Burgsmüller wissen, er möge auf dem Teppich bleiben, während der Spieler der Auffassung war, es würde auf Rasen gespielt.

Burgsmüller, Willi (18.1.1932): Mit Helmut Bracht der einzige BVB-Spieler, der an allen drei Meistertiteln beteiligt war. Kapitän der Meisterelf von 1963. Zählt ebenfalls zu den „vergessenen Nationalspielern" des BVB. In der ersten Bundesligasaison 1963/63 kam Burgsmüller noch auf 19 Einsätze für den BVB, bevor er seine Karriere verletzungsbedingt beendete.

Cesar, Julio (8.3.1963): Nach Erwin Kostedde der zweite farbige Lizenzspieler in der BVB – Geschichte. Der Weltklassemann, der seine Mitspieler mit präzisen Pässen über 50 Meter bedient, kam zur Saison 1994/95 von Juventus Turin, im Paket mit Andreas Möller. UEFA-Pokal-Sieger mit „Juve" 1993. 61 Länderspiele für Brasilien. Wollte zunächst nicht zum BVB, da er den Rassismus in Deutschland fürchtete. Leider wurde er darin schon bald bestätigt.

Chapuisat, Stephane (28.6.1969): Beim BVB seit 1991. Kam vom damaligen Absteiger Bayer Uerdingen, wo er in zehn Spielen vier Tore schoß. Zweifellos einer der besten Einkäufe in der Bundesligageschichte des BVB. In 94 Bundesligaspielen für die Borussia erzielte der Linksfüßler bislang 52 Tore (Stand: 1.8.1994). 40 Länderspiele für die Schweiz (Stand: 1.8.1994). Der Publikumsliebling ist ein klassischer Torjäger, der selbst dann, wenn seine Leistung eher mäßig ausfällt, stets für ein Tor gut ist. Spieler mit einem derartigen Drang in Richtung Tor, die selbst auf engstem Raum, von mehreren Gegenspielern umgeben und mit dem Rücken zum Tor noch für Unruhe sorgen, gibt es nur noch ganz wenige. Wenn „Chapi" am Ball ist, endet dies nie ergebnislos. Sofern kein Tor dabei herausspringt, gibt es zumindest einen Freistoß, einen Eckstoß oder einen Einwurf. 1994 belegte Chapuisat in der Scorer-Liste des „Kicker" mit 17 selbst erzielten und neun vorbereiteten Toren den 1. Platz. Damit war der Stürmer in der Saison 1993/94 an über 50% aller Bundesligatore des BVB beteiligt. In der Torschützenliste wurde er 1991/92 Zweiter, 1992/93 Vierter und 1993/94 Dritter. Präsident Niebaum über „Chapi": „Er ist eine Galionsfigur, die wir langfristig halten wollen."

Cyliax, Gerd (23.8.1934): Beim BVB 1959-1968. 74 Einsätze und 13 Tore für den BVB in der Oberliga West, 101 Einsätze und sechs Tore in der Bundesliga. Deutscher Meister 1963, DFB-Pokalsieger 1965 und Europapokalsieger

1966. Ein Junioren-Länderspiel, bei dem er zwei Tore schoß (4:2 gegen Belgien). 1956 im weiteren Olympia-Kreis. Lief die 100 Meter in 10,9 Sekunden. Mit Stefan Reuter weder verwandt noch verschwägert.

Dickel, Norbert (27.11.1961): Beim BVB 1986-90. 90 Bundesligaspiele und 40 Tore für den BVB. Bildete mit Frank Mill ein äußerst erfolgreiches Sturmduo. Der ehemalige Torjäger der Oberliga Westfalen (Sportfreunde Siegen) kam vom 1. FC Köln, wo er nur die Rolle eines Jokers spielen durfte (33 Einsätze, fünf Tore). Schoß im Pokalfinale 1989 zwei Tore und wurde damit „unsterblich". Sportinvalide, seitdem Stadionsprecher beim BVB.

Dreßel, Werner (30.8.1958): Beim BVB 1983-86. 52 Bundesligaspiele, vier Tore.

Driller, Martin (2.1.1970): Beim BVB 1989-91. Kam vom TuS Paderborn-Neuhaus. 41 Bundesligaspiele und fünf Tore für den BVB. Bei seinem ersten Einsatz in der Bundesliga erzielte er bereits nach 58 Sekunden mit seinem ersten Ballkontakt einen Treffer. Kam allerdings über die Rolle des Talents und Jokers nicht hinaus.

Eggeling, Hans-Werner (17.4. 1955): Beim BVB 1981-84. Kam in dieser Zeit aber nur auf 27 Bundesligaeinsätze, in denen er drei Tore schoß. Besser als Bochumer bekannt. Für den VfL absolvierte er immerhin 148 Bundesligaspiele und traf dabei 20mal das Tor.

Egli, André (8.5.1958): Beim BVB 1984-85. 31 Bundesligaspiele, sechs Tore. Der erste Eidgenosse beim BVB.

Emmerich, Lothar (29.11.1941): Dortmunder Eigengewächs aus dem Stadtteil Dorstfeld. Beim BVB 1960-69. 32 Einsätze und elf Tore für den BVB in der Oberliga West, 183 Einsätze und 115 Tore in der Bundesliga. Bundesliga-Torschützenkönig 1966 und 1967 (gemeinsam mit Gerd Müller), DFB-Pokalsieger 1965, Europapokalsieger 1966, Vize-Weltmeister 1966. Beim Europapokalspiel gegen La Valetta schoß er 1965 sechs Tore. Erzielte bei der WM 1966 mit einem Linksschuß aus totem Winkel ein „Jahrhunderttor". Sein Erfolgsrezept: „Abschuß und Einschlag im gleichen Moment, dat wolln die Leute sehn." Verhalf einem Funkenmariechen aus Flensburg zu einer Quelle-Waschmaschine. 1969 wechselte er zum belgischen Klub AC Beerschot.

Endrulat, Peter (10.8.54): Beim BVB 1977-78. Unglücklichster Torwart der BVB-Geschichte. „Hütete" das Tor, als der BVB am letzten Spieltag der Saison 1977/78 gegen Mönchengladbach 0:12 unterlag. Kam von Schalke (vielleicht war es ja das...). Spaß beiseite: der Keeper war weitaus besser, als es sein nach dem 0:12 demolierter Ruf zuließ.

Erdmann, Herbert: Zweifacher Torschütze des BVB in der „Hitzeschlacht von Stuttgart" 1949. „Hebbert" spielte bereits zu Gauligazeiten für die Borussia. In der Oberliga absolvierte der dribbelstarke Außenstürmer mit den genauen Maßflanken noch 18 Einsätze für die Schwarz-Gelben, in denen er acht Tore schoß. Sein jüngerer Bruder Werner kam auf 120 Einsätze und 58 Tore.
Erdmanns Sohn Peter, BVB-Fans als „Erbse" bekannt, wurde 1982 Opfer eines brutalen Überfalls der neofaschistischen „Borussen-Front". Seine Kneipe „Zum Küngelchen", am Borsigplatz gelegen, wurde zertrümmert und „Erbse" schwer verletzt. Sein Vater, der ihm zu Hilfe kam, erhielt Tritte gegen das Schienbein, die nie mehr heilten. Er starb wenige Wochen später im Krankenhaus. Nach telefonisch angekündigten „Störaktionen" mußte die Trauerfeier unter Polizeischutz stattfinden. Der BVB spielte bei der ganzen Angelegenheit eine äußerst traurige Rolle.

Edvaldsson, Atli (3.3.1957): Beim BVB 1980-82. 30 Bundesligaspiele, elf Tore. Der Isländer mußte sich anfangs immer wieder mit Bärenfell, Wikingerhelm und Trinkhorn ablichten lassen. Der Sportlehrer wechselte nach dem Weggang Latteks zu Fortuna Düsseldorf, wo ihm der Durchbruch gelang (122 Bundesligaspiele, 38 Tore).

Flügel, Hans: Beim BVB 1950-57. Der pfeilschnelle Konditor absolvierte für den BVB 122 Spiele in der Oberliga West, in denen er 44 Tore schoß.

Franck, Thomas (24.2.1971): Beim BVB seit 1990. Kam vom SV Waldhof Mannheim und wurde als Super-Talent gehandelt. Bislang 84 Bundesligaspiele und zwei Tore für den BVB (Stand: 1.8.1994). Zwei Einsätze in der Olympia-Auswahl, sieben Einsätze in der U 21.

Frank, Wolfgang (21.2.1951): Beim BVB von 1977-80. Zuvor beim VfB Stuttgart und Eintracht Braunschweig, wo er echte Torjägerqualitäten entwickelte. 34 Bundesligaspiele, zehn Tore für den BVB. Als Trainer von Rot-Weiß Essen 1994 im DFB-Pokalfinale.

Freund, Steffen (19.1.1970): Der jüngste Ex-Schalker im BVB-Trikot. Seit 1993 dabei, konnte sich die Kämpfernatur aus der ehemaligen DDR allerdings zunächst nicht etablieren. In der Saison 1993/94 19 Bundesligaspiele und null Tore für den BVB. Zu Beginn der Saison 1994/95 zeigte Freund eine stark aufsteigende Tendenz. Nicht verwandt und verschwägert mit dem Ex-BVB-Spieler **Horst Freund**, der von 1980-83 acht Bundesligaspiele für den BVB absolvierte.

Geisler, Lothar (8.12.1936): Beim BVB von 1956-67. Kam vom TuS Eving-Lindenhorst. 63 Einsätze und null Tore für den BVB in der Oberliga West, 54 Einsätze und ein Tor in der Bundesliga. Deutscher Meister 1963.

Geyer, Peter (11.12.1952): Kam 1975 vom Bundesligaabsteiger Tennis Borussia Berlin und blieb bis 1982. Beim Wiederaufstieg 1976 dabei. 37 Einsätze und 13 Tore für den BVB in der 2.Bundesliga Gruppe Nord, 159 Einsätze und 25 Tore in der Bundesliga. Gestand später öffentlich ein, zu den Captagon-Schluckern gehört zu haben.

Gorlukowitsch, Serge (18.11.1961): Der erste (und bis heute letzte) Sowjetbürger im BVB-Trikot. Von 1989-92 44 Bundesligaspiele für den BVB. Wurde Opfer der Ausländerbegrenzung, grätscht heute für Bayer Uerdingen.

Groppe, Friedhelm (17.10.1942): Beim BVB 1965-69. 35 Bundesligaspiele und null Tore für den BVB. Hatte sich 1965/66 durch überzeugende Leistungen im Europapokal einen Stammplatz erkämpft, aber eine Verletzung verhinderte seinen Einsatz im Finale.

Günther, Klaus (12.1.1941): Spielte in der DDR-Auswahl, bevor er sich in den Westen absetzte. Zwischen 1968-71 39 Bundesligaspiele für den BVB.

Hartl, Hans-Werner (10.11.1946): Beim BVB 1973-78. Kam vom VfL Bochum. 88 Einsätze und 30 Tore für den BVB in der Regionalliga West und 2.Bundesliga Gruppe Nord, 29 Einsätze und sieben Tore in der Bundesliga. Am Wiederaufstieg 1976 beteiligt.

Heidkamp, Ferdinand (14.9.1944): Beim BVB 1969-71. Kam vom Absteiger Kickers Offenbach. 50 Bundesligaspiele, zwei Tore.

Hein, Herbert (27.3.1954): Beim BVB 1979-84. Kam vom 1.FC Köln. 193 Bundesligaspiele, ein Tor.

Held, Siegfried (7.8.1942; Foto: mit Emmerich): Der Schweigsame fiel als kleiner Junge in den Abwasserkanal einer Augenbrauenfabrik. Beim BVB von 1965-71 und 1977-79. Kam zunächst von Kickers Offenbach. 230 Bundesligaspiele und 44 Tore für den BVB. Europapokalsieger und Vize-Weltmeister 1966. Schoß im EP-Finale in Glasgow wie bei der folgenden WM jeweils das erste Tor. Spielte in der Bundesliga noch für Kickers Offenbach und Bayer Uerdingen. Als Trainer u.a. mit der isländischen Nationalmannschaft, Admira/Wacker Wien und dem FC Dynamo Dresden erfolgreich.

Helmer, Thomas (21.4.1965): Beim BVB 1986-92. 190 Bundesligaspiele und 16 Tore für den BVB. Kam für nur 430.000 DM von Arminia Bielefeld. 1992 wechselte Helmer für ca. 7,5 Mio. DM zum FC Bayern München, bis heute der teuerste Transfer innerhalb der Bundesliga. DFB-Pokalsieger 1989. Repräsentant des heutigen blassen Mainstreams im Profi-Fußball – irgendwie intelligent, aber auch langweilig. Ohne seine Verdienste um den BVB schmälern zu wollen: In München wirkt Helmer irgendwie besser aufgehoben. Mit vier Treffern ist Helmer unverändert der erfolgreichste Eigentorschütze in der BVB-Bundesligageschichte.

Hohnhausen, Walter (3.12.1945): Mit seinen voluminösen Oberschenkeln walzte er nur eine Saison (1971/72) den Rasen der Roten Erde, und dies auch nur 22mal. Die in ihn gesetzten hohen Erwartungen konnte er nur am Tresen erfüllen.

Huber, Lothar (5.5.1952): Beim BVB von 1975-86. Kam vom 1. FC Kaiserslautern (wie zuvor schon Ackermann und später noch Schulz). 38 Einsätze und zehn Tore für den BVB in der 2. Bundesliga Gruppe Nord, 254 Einsätze und 28 Tore in der 1.Bundesliga. Anschließend beim BVB als Co- und Amateur-Trainer engagiert.

Hrubesch, Horst (17.4.1951): Der Europameister (1980) aus Hamm, der dort wie Simmer, Lusch und Ackermann für den TuS Germania kickte, war nur eine Saison (1985/86) beim BVB. Erzielte dort in 17 Ligaspielen zwei Tore.

Hupe, Dirk (29.5.1957): Beim BVB 1985-88. Kam von Arminia Bielefeld. 93 Bundesligaspiele und sechs Tore für den BVB.

Immel, Eike (27.11.1960): Beim BVB 1978-86. 247 Bundesligaspiele für den BVB. Feierte mit 17 Jahren sein Debüt in der Profi-Mannschaft des BVB und wurde mit 19 Jahren der jüngste Nationalkeeper des DFB, als er im November 1980 in Eindhoven gegen die Niederlande eingewechselt wurde. Sein erstes Länderspiel über die volle Distanz absolvierte er 1981 in Dortmund gegen Albanien. Insgesamt bestritt er während seiner Zeit beim BVB vier A-Länderspiele. 1986 wechselte der als „Zokker" verrufene Keeper für 1,7 Mio. DM zum VfB Stuttgart, mit dem er 1992 vor dem BVB Deutscher Meister wurde. Bis zum Wechsel von Oliver Kahn nach München die höchste Summe, die für einen Torhüter in der Bundesliga jemals gezahlt wurde.

Kapitulski, Helmut (29.9.1934): Beim BVB von 1953-57. 76 Einsätze und 15 Tore für den BVB in der Oberliga West. Deutscher Meister 1956 und 1957. Ein A-Länderspiel. Folgte nach dem Gewinn der Meisterschaft 1957 seinem Trainer Schneider zum FK Pirmasens. Zwischen 1964 und 1968 absolvierte Kapitulski noch 98 Bundesligaspiele für den 1. FC Kaiserslautern.

Karl, Steffen (3.2.1970): Beim BVB von 1989-94. 72 Bundesligaspiele und zwei Tore für den BVB, davon ein enorm wichtiges gegen Bayern München in der Saison 1993/94. Nachdem er – gut abgefüllt – mit seinem Auto eine Ampel umgelegt hatte, durfte er noch während der Saison 1993/94 seine Papiere abholen. Die Gegner fürchteten seine strammen Distanzschüsse.

Kasperski, Gerd (25.12.1949): Beim BVB 1975-77. Kam von Hannover 96. 29 Einsätze und 15 Tore für den BVB in der 2. Bundesliga Gruppe Nord, vier Einsätze und null Tore in der 1. Bundesliga. War am Wiederaufstieg 1976 beteiligt. Bereits sein Papa **Edmont „Ede" Kasperski** kickte beim BVB, allerdings deutlich erfolgreicher. Der Mittelstürmer absolvierte 1948-53 124 Einsätze in der Oberliga West, in denen er 62 Tore schoß.

Kelbassa, Alfred (21.4.1925): Beim BVB 1954-62. 183 Einsätze und 114 Tore für den BVB in der Oberliga West. Kam von Horst-Emscher über Preußen

Münster. Ein weiterer Briegel und Leichtathlet beim BVB, der die 100 Meter unter 11 Sekunden lief. Warf den Speer über die 60 Meter-Marke und landete im Weitsprung bei ca. 6,60 Metern. Deutscher Meister 1956 und 1957. Sechs A-Länderspiele und WM-Teilnehmer 1958.

Keser, Erdal (20.6.1961): Beim BVB 1980-84 und 1986-87. 106 Bundesligaspiele, 27 Tore. Trotz der großen türkischen Community in Dortmund bis heute der einzige türkische Lizenzspieler beim BVB.

Klos, Stefan (16.8.1971): Gab sein Bundesligadebüt am 28. Spieltag der Saison 1990/91 gegen Wattenscheid 09, nachdem de Beer sich verletzt hatte. Seit dem 8.Spieltag der Saison 1991/92 die Nr. 1 beim BVB. Teddy de Beer hatte in den sieben Spielen zuvor 14 Gegentreffer kassiert. Dortmunder Eigengewächs, spielte zuvor beim TuS Eving-Lindenhorst und bei Eintracht Dortmund (Ex-DSC 95). Bislang 101 Bundesligaspiele für den BVB (Stand:

1.8.1994). Außerdem spielte Klos bislang 19mal in der U-21-Auswahl des DFB. Ein einziger Elfmeter machte ihn bereits im zarten Alter von 21 Jahren „unsterblich". Beim Halbfinale im UEFA-Cup 1992/93 verhalf Klos mit einer Glanzparade im Elfmeterschießen dem BVB zum Einzug ins Finale.

Klotz, Bernd (8.9.1958): Beim BVB 1981-85. Kam vom VfB Stuttgart. 106 Bundesligaspiele, 27 Tore. Spielte anschließend in der 1. Bundesliga noch für den SV Waldhof Mannheim und Fortuna Düsseldorf. Fünf Einsätze in der Olympiaauswahl während seiner BVB-Zeit

Koch, Meinolf (12.7.1957): Beim BVB 1979-85. 140 Bundesligaspiele, zehn Tore für den BVB. In dieser Zeit einmal in der Olympia-Auswahl.

Konietzka, Friedhelm (2.8.1938): Beim BVB von 1958-65. Kam aus Lünen zum BVB. 110 Einsätze und 79 Tore für den BVB in der Oberliga West, 53 Einsätze und 42 Tore für den BVB in der Bundesliga. Deutscher Meister 1963, DFB-Pokalsieger 1965. Wurde von seinem ehemaligen Trainer Max Merkel zum TSV 1860 München geholt, mit dem er 1966 ebenfalls Deutscher Meister wurde und den BVB auf den 2. Platz verwies. Neun A-Länderspiele, in denen er drei Tore erzielte. Zu seinem Spitznamen „Timo" kam Konietzka aufgrund seines Bürstenhaarschnitts, in dem manche eine Ähnlichkeit mit dem sowjetischen General Timoschenko erkannten. Am 24. August 1963 erzielte Konietzka für den BVB in Bremen das erste Bundesligator überhaupt. Als Trainer (1984) in Dortmund extrem erfolglos.

Konopka, Harald (18.11.1952): Beim BVB 1983-84. Kam vom 1. FC Köln, wo er auch hätte bleiben sollen. 17 Bundesligaspiele, null Tore für den BVB. Einer der dicksten Fehleinkäufe der Bundesligageschichte Borussias, zumal er die Stimmung in der Mannschaft versaute.

Koschmieder, Paul: Kapitän der BVB-Mannschaft, die 1949 das erste Endspiel Borussias um die Deutsche Meisterschaft bestritt. 167 Einsätze und ein Tor in der Oberliga West zwischen 1947 und 1955. „Pat" schoß beidfüßig und zeichnete sich durch sein gutes Kopfballspiel aus.

Kostedde, Erwin (21.5.1946): Spielte beim BVB 1976-78. Erzielte dabei in 48 Bundesligaspielen 18 Tore. Der erste farbige Lizenzspieler der Borussia. Erwin Kostedde lebt!!!

Kurrat, Dieter (15.5.42): In der 1. Mannschaft des BVB von 1960-74. „Hoppy", der nur 1,63 m mißt, spielte 612mal für die Borussia, davon 247mal in der 1. Bundesliga. Kurrat kam aus der eigenen Jugend, mit der er als 15jähriger Westfalenmeister wurde. Das kleine Quadrat war der erste „Terrier" der Liga, noch bevor ein gewisser Herr aus Korschenbroich dieses Etikett erhielt. Deutscher Meister 1963 (Kurrat erzielte im Endspiel das erste Tor), DFB-Pokalsieger 1965, Europapokalsieger 1966. Als der BVB 1972 aus der Bundesliga abstieg, war Kurrat der letzte „Überlebende" aus der glorreichen Elf von '66. „Hoppy" fiel oft die Aufgabe der Sonderbewachung zu. Nachdem er zwischenzeitlich beim krisengeschüttelten BVB auch als Trainer eingesprungen war, wechselte Kurrat 1974 als Spielertrainer zum SV Holzwickede, den er 1976 zur Deutschen Amateurmeisterschaft führte. Ein Juniorenländerspiel.

Kurrat, Hans-Jürgen (7.7.1944): Der unbekanntere und jüngere Bruder von „Hoppy" machte nur ein Bundesligaspiel für den BVB (1963/64). Kam des weiteren einmal im Europacup zum Einsatz. Dafür wurde er 1978 mit seinem berühmten Bruder und anderen Spielern des SV Holzwickede Deutscher Amateurmeister.

Kroth, Thomas (26.8.1959): Beim BVB 1988-90. 53 Bundesligaspiele und null Tore für den BVB. DFB-Pokalsieger 1989. Spielte anschließend noch bei den Amateuren des BVB.

Kronsbein, Willi: Kam vom Lokalrivalen Arminia Marten und gehörte während der Kriegsjahre zum Kader der Nationalmannschaft. In der Oberliga West absolvierte er 46 Einsätze für den BVB.

Kutowski, Günter (2.8.1965): Beim BVB seit 1984. Bislang 277 Bundesligaspiele und drei Tore für den BVB (Stand: 1.8.1994). Nach Zorc aktuell der Dienstälteste im Team. DFB-Pokalsieger 1989. Der letzte Name im BVB-Kader, der dem Ruhrpott-Klischee entspricht und Erinnerungen an frühere Zeiten (Schlebrowski, Kwiatkowski, Tilkowski...) wachruft. Kam allerdings vom FC Paderborn. Kutowski steht unter Denkmalschutz, bis der BVB endlich Meister wird. Es sei denn, es läßt sich ein Besserer mit ähnlich schönem Namen finden. Erhielt 1992/93 den Beinamen „Turban" (wie 1963 bereits Willi Burgsmüller), nachdem er im UEFA-Cup-Spiel gegen Real Saragossa mit einem blutdurchtränkten Kopfverband gespielt hatte. Bei den Fans sehr beliebt. Elf Einsätze in der U-21.

Krauss, Bernd (8.5.1957): Kam vom SV Schüren. Absolvierte nur ein Bundesligaspiel für den BVB (1976/77). Später in Österreich, wo er sogar Nationalspieler wurde, und Mönchengladbach erfolgreicher.

Kwiatkowski, Heinz (16.7.1926): Ein Schalker Junge. Beim BVB 1953-64. Kam von Rot-Weiß Essen. 297 Einsätze für den BVB in der Oberliga West. Deutscher Meister 1956 und 1957. Kapitän des BVB beim DM-Endspiel 1961. Unglücklichster Torwart in der Geschichte der deutschen Nationalmannschaft: Zwei A-Länderspiele, in denen er 14 Tore kassierte. In der Bundesliga absolvierte er 1963/64 noch drei Spiele für den BVB.

Lenz, August (29.11.1910): Erster Nationalspieler des BVB (14 Länderspiele). Mit Lenz gelang 1936 der Aufstieg in die Gauliga. Aufgrund der damaligen Dominanz der Schalker blieb Lenz allerdings ein Titelgewinn verwehrt. War auch noch in den ersten Jahren der Oberliga West Stammspieler des BVB. Kam hier 1947/48 und 1948/49 48mal zum Einsatz und erzielte dabei 32 Tore. Nahm an der Endrunde zur Deutschen Meisterschaft 1949 zwar als 38jähriger noch teil, saß beim Endspiel allerdings auf der Tribüne. Führte 33 Jahre lang am Borsigplatz eine Gastwirtschaft. 1988 verstorben. Die neue Geschäftsstelle des BVB wurde nach ihm benannt.

Libuda, Reinhard (10.10.43): „An Gott kommt keiner vorbei – außer Libuda". Des Ruhrgebiets Anwort auf den amerikanischen Prediger Billy Graham. Beim BVB von 1965-68. 74 Bundesligaspiele und acht Tore für den BVB. Kam von Schalke, wo er 1952 mit dem Kicken begonnen hatte, und ging

Sepp Herberger und der damalige Vorsitzende Egon Pentrup (2.v.r.) verabschieden in der Roten Erde den ersten Nationalspieler des BVB, August Lenz, aus seiner aktiven Laufbahn. Links BVB-Torhüter Willi Kronsbein.

wieder zu Schalke. Schütze des Siegtores beim Europapokalfinale 1966. Schoß die deutsche Nationalmannschaft mit seinem Tor gegen Schottland zur WM in Mexiko 1970. Für Schalke absolvierte „Stan", wie Libuda nach dem legendären Stanley Matthew genannt wurde, 190 Bundesligaspiele, in denen er 20 Tore erzielte.

Linneweber, Josef: Beim BVB 1950-53. Der Mittelstürmer kam vom VfL Geseke. 37 Einsätze und 20 Tore in der Oberliga West. Ein Amateur-Länderspiel.

Lippens, Willi (10.11.1945): Beim BVB 1976-79. 70 Bundesligaspiele und 13 Tore für den BVB. Ein Länderspiel für die Niederlande. Das Bundesliga-Original schlechthin. Trug auch im Westfalenstadion erheblich zur Unterhaltung bei.

Loose, Ralf (5.1.1963): Im Bundesligakader des BVB von 1981-86. 120 Bundesligaspiele und elf Tore für den BVB. 1981 mit den DFB-Junioren Europameister.

Lorant, Werner (21.11.1948): Beim BVB von 1971-73. Kam aus Welver (bei Soest). 23 Bundesligaspiele und 22 Regionalligaspiele ohne Tore für den BVB. Bei Rot-Weiß Essen, dem 1. FC Saarbrücken und Eintracht Frankfurt anschließend deutlich erfolgreicher (284 Bundesligaspiele, 46 Tore). Danach noch 18 Bundesligaeinsätze für Schalke 04. 1994 führte Lorant als Trainer den TSV 1860 München zurück in die Erstklassigkeit.

Lusch, Michael (16.6.1964): Beim BVB von 1982-93. 203 Bundesligaspiele, zehn Tore für den BVB. Wie Acker-mann ursprünglich vom TuS Germania Hamm. DFB-Pokalsieger 1989 und Schütze des vierten Endspieltores. Sein Transfer zum 1.FC Kaiserslautern, mit dem er 1993/94 Vizemeister wurde, wurde von vielen Fans als Fehler gewertet.

MacLeod, Murdoch (24.9.1958): Beim BVB 1987-91. 103 Bundesligaspiele und vier Tore für den BVB. DFB-Pokalsieger 1989. Gehörte in diesen Jahren zu den Publikumslieblingen. Kam von Glasgow Celtic. Bevor Mac Leod Profi wurde, arbeitete er in einer Whiskey-Brennerei. Heute Trainer im schottischen Profi-Fußball. Zehn A-Länderspiele für Schottland.

Meyer, Herbert (12.6.1948): Beim BVB von 1976-80. Kam von Hannover 96. 79 Bundesligaspiele und zwei Tore für den BVB.

Michallek, Max (29.8.1922): Kopf der BVB-Meistermannschaft von 1956 und 1957. Der modern spielende Supertechniker war mit seinen schnellen raumgreifenden Vorstößen der Netzer der 50er Jahre, auch wenn er eher die Rolle eines Liberos spielte. Wurde nie Nationalspieler. Zwischen 1947/48 und 1959/60 293 Einsätze und 17 Tore für den BVB in der Oberliga West. 1985 verstorben.

Meyer, Rolf (3.10.1955): Der Torhüter drückte 1983-90 zwar fast nur die Bank (nur fünf Bundesligaspiele!), war aber in der Regel topfit, wenn er an der Reihe war. Zum Trost durfte er 1989 mit dem BVB den Super-Cup gewinnen. Daß er nie die Nummer 1 wurde, lag an einer komplizierten Fingerverletzung, die er sich nach dem Weggang von Eike Immel zuzog. Als er wieder genesen war, stand bereits Teddy de Beer im Tor.

Mikuda, Alfred: Der Allroundspieler absolvierte zwischen 1950 und 1953 für den BVB 76 Spiele in der Oberliga West.

Mill, Frank (23.7.1958): Beim BVB 1986-94. Kam von Borussia Mönchengladbach. Ein Kind des Ruhrgebiets, das aus Essen stammt. Mit Rot-Weiß Essen 1981 Torschützenkönig der 2.Liga. Mit seiner Verpflichtung begann beim BVB der sportliche Aufschwung. Seine Ernennung zum Mannschaftskapitän veranlaßte Trainer Saftig 1988 zur Kündigung. 187 Bundesligaspiele und 47 Tore für den BVB. Bildete mit Norbert Dickel das beste Sturmduo seit den Tagen von „Emma" und „Sigi". DFB-Pokalsieger 1989. 17 A-Länderspiele (davon sieben während seiner Zeit beim BVB) und 12 Einsätze in der Olympia-Auswahl, mit der er 1988 in Seoul die Bronzemedaille gewann. Wechselte 1994 zum Zweitligaaufsteiger Fortuna Düsseldorf.

Möller, Andreas (2.9.1967): Beim BVB von 1987-90 und 1994-???. Seine Rückkehr zu Eintracht Frankfurt verursachte 1990 erheblichen Wirbel, da die Fans von einem Bleiben Möllers ausgegangen waren und ihm Wortbruch vorwarfen. Mittlerweile haben sie ihm längst verziehen. Von 1987-90 75 Bundesligaspiele und 24 Tore für den BVB. DFB-Pokalsieger 1989. 44 A-Länderspiele (Stand: 1.8. 1994).

Nerlinger, Helmut (27.2.1948): Beim BVB 1972-78. 116 Einsätze und 15 Tore für den BVB in der Regionalliga West und 2. Bundesliga Gruppe Nord, 36 Einsätze und ein Tor in der Bundesliga. Am Wiederaufstieg 1976 mit elf Toren als Abwehrchef (!) beteiligt. Wurde noch in Dortmund Vater eines Sohnes, mit dem er jedoch zurück nach Bayern zog.

Neuberger, Willi (15.4.1946): Beim BVB 1966-71. Wurde über Major Ottmar Rhein vermittelt. Der beste Einkauf der Borussen nach ihrem Europapokaltriumph. 148 Bundesligaspiele und 29 Tore für den BVB. Mußte – wie

Assauer und Weist – an Werder Bremen verscherbelt werden. Spielte später noch für den Wuppertaler SV und die Frankfurter Eintracht. Mit insgesamt 520 Bundesligaeinsätzen im erlauchten „Fünfhunderter-Klub" der Liga. Während seiner Zeit beim BVB zwei A-Länderspiele.

Niepieklo, Alfred (11.6.1927): Kam 1950 von Castrop 02 zum BVB. 175 Spiele und 94 Tore für den BVB in der Oberliga West. Deutscher Meister 1956 und 1957. Spielte im Trio der „drei Alfredos" die Rolle des linken Flügelflitzers. Sein Lieblingsgegner war der Hamburger SV, gegen den er beim Endrundenspiel 1956 und beim Finale 1957 jeweils drei Tore schoß.

Nikolic, Robert (1.8.1968): Beim BVB 1988-91. Kam von Bayer Leverkusen und sollte eigentlich nur die BVB-Amateure verstärken. 51 Bundesligaspiele, null Tore. Erfolgreicher Bewacher von Jürgen Klinsmann im DFB-Pokalhalbfinale 1989. Wechselte 1991 zum FC St. Pauli.

Pagelsdorf, Frank (5.2.1958): Beim BVB 1984-90. Kam von Arminia Bielefeld. 192 Bundesligaspiele, neun Tore.

Paul, Wolfgang (25.1.1940): Beim BVB von 1961-70. Kam vom VfL Schwerte. 50 Spiele und ein Tor für den BVB in der Oberliga West, 148 Spiele und sechs Tore in der 1. Bundesliga. Deutscher Meister 1963, DFB-Pokalsieger 1965 und Europapokalsieger 1966. Der 1,86 m große Recke begann als Halbstürmer, bevor ihn Hermann Eppenhof zu einem erfolgreichen Vorstopper und Abwehrorganisator umfunktionierte. Paul zählte zwar zum WM-Aufgebot 1966, absolvierte jedoch nie ein Länderspiel, da der Bundestrainer Willi Schulz den Vorzug gab. Wurde oft mit Werner Liebrich, dem Weltmeister-Stopper von 1954, verglichen. In den 60ern einer der härtesten Abwehrspieler der Bundesliga. 1968 ereilte ihn bei einem Spiel gegen den 1.FC Kaiserslautern eine schwere Verletzung, von der er sich nie mehr richtig erholte.

Peehs, Gerd (21.1.1942): Beim BVB 1966-73. Kam von Borussia Neunkirchen. 170 Spiele und vier Tore für den BVB in der Bundesliga, elf Einsätze und null Tore in der Regionalliga West.

Peters, Wolfgang (8.1.1929): Beim BVB 1954-63. Kam vom ÖSG Viktoria Dortmund. Der schmächtige, aber wieselflinke Flügelflitzer absolvierte 209 Spiele für den BVB in der Oberliga West, in denen er 19 Tore schoß. Deutscher Meister 1956 und 1957. Ein A-Länderspiel. Eine Meniskusverletzung verhinderte eine weitere Nationalspielerkarriere.

Povlsen, Flemming (3.12.1966): Kam zur Saison 1990/91 vom PSV Eindhoven zum BVB und kostete damals ca. 4 Mio. DM. Bislang 110 Bundesligaspiele und 19 Tore für den BVB (Stand: 1.8.1994). Mit seinem kämpferischen Einsatz und seiner Antriebskraft ein wichtiger Teil der Seele des BVB-Spiels. Manager Meier: „Der trifft für einen Stürmer nun wirklich ziemlich selten das Tor. Aber die Leute feuern ihn an, die Fans mögen ihn. Denn der läuft das ganze Spiel den Platz rauf und runter wie ein Verrückter, und dann sagen die Dortmunder eben: Macht nix, is' in Ordnung, Flemming!" Mit Dänemark 1992 Europameister. 58 Länderspiele für Dänemark (Stand: 1.8.1994). Erlitt innerhalb von 1 1/2 Jahren zwei Kreuzbandrisse und ist augenblicklich der Pechvogel des BVB schlechthin.

Poschner, Gerd (23.9.1969). Beim BVB von 1990-94. Kam vom VfB Stuttgart. Dem exzellenten Techniker gelang es trotz einer Reihe von brillanten Vorstellungen nicht, zu einer Führungsperson des BVB-Spiels zu avancieren. 156 Bundesligaspiele und 14 Tore für den BVB, zwei Einsätze in der Olympia-Auswahl. Nach der Saison 1993/94 verließ der Schwarm vieler weiblicher BVB-Teenies den Klub und kehrte zum VfB zurück.

Preißler, Alfred (9.4.1921): Beim BVB bis 1959. Ein Sportjournalist beschrieb ihn als „einer der gescheitesten Spieler, die je über eine Fußballwiese gelaufen sind". Wechselte nach der Saison 1949/50 für zwei Spielzeiten zu Preußen Münster, mit denen er 1951 Deutscher Vizemeister wurde, der bis heute größte Erfolg in der Geschichte des Vereins. Für den BVB 241 Spiele

und 145 Tore in der Oberliga West. Torschützenkönig der Liga 1949 und 1950. Kapitän der Meistermannschaft von 1956 und 1957. 2 A-Länderspiele (während seiner Zeit bei den Preußen). 1969-71 Bundesligatrainer bei Rot-Weiß Oberhausen.

Rau, Günter „Bubi": Hütete das Tor während des Finales 1949. Der Nachfolger von Willi Kronsbein war mit 20 Jahren der jüngste Torwart der Oberliga West. 68 Einsätze für den BVB in der Oberliga West. Wäre beinahe bei Tottenham Hotspur gelandet. Einige ältere Semester halten ihn für den besten Keeper, der beim BVB jemals zwischen den Pfosten stand.

Raducanu, Marcel (21.10.1954): Beim BVB von 1982-88. 163 Bundesligaspiele, 31 Tore. Der geniale rumänische Spielmacher spielte vor seiner Flucht für Steaua Bukarest. 1988 wechselte Raducanu für 200.000 DM zum FC Zürich.

Rasovic, Branco (11.4.1942): Beim BVB 1969-74. 79 Einsätze und null To-

Der überragende Bubi Rau (rechts) stoppt den Mittelstürmer des 1. FC Kaiserslautern, Ottmar Walter. Im Hintergrund: Max Michallek.

re für den BVB in der 1. Bundesliga, 30 Einsätze und ebenfalls null Tore in der Regionalliga West.

Redder, Theo (19.11.1941): Beim BVB 1962-69. Der Abwehrspieler kam von Preußen Werl. Zwei Einsätze für den BVB in der Oberliga West, 115 Einsätze und zwei Tore für den BVB in der Bundesliga. DFB-Pokalsieger 1965 und Europapokalsieger 1966.

Reinhardt, Knut (27.4.1968): Beim BVB seit der Saison 1991/92. Kam von Bayer Leverkusen. Bislang 86 Bundesligaspiele und vier Tore für den BVB (Stand: 1.8.1994). 7 A-Länderspiele. Soll als junger Spieler zuviel in Zaubertrank gebadet und übermäßig Krafttraining absolviert haben, was ihm heute zuweilen gesundheitliche Probleme bereitet.

Reuter, Stefan (16.10.1966): Der erste Ex-Italien-Legionär im Westfalenstadion. Kam 1992 von Juventus Turin zum BVB und sollte Thomas Helmer auf der Liberoposition ersetzen. Zuvor beim 1. FC Nürnberg und beim FC Bayern München, der ihn für 5 Mio. DM nach Italien verkaufte. Bis zum Sai-

sonende 1993/94 47 Bundesligaspiele und null Tore für den BVB. Bekannt für seinen „Raketenantritt", während seine fußballtechnischen Fähigkeiten höchst unterschiedlich beurteilt werden. Legt sich zuweilen den Ball zu weit vor. Weltmeister 1990, 38 A-Länderspiele (Stand: 1.8.1994). In der Saison 1994/95 feierte Reuter, der seit seiner Ankunft in Dortmund von zahlreichen Verletzungen geplagt wurde, ein Comeback und dokumentierte eindrucksvoll, wie wertvoll er für den BVB sein kann. Gegen Leverkusen schoß er sein erstes Bundesligator für den BVB überhaupt. Beim Revierderby gegen Schalke wurde er sogar dabei beobachtet, wie er seinen Gegenspieler „tunnelte".

Ricken, Lars (10.7.1976): Eigentlich noch viel zu jung, um hier bereits aufgeführt zu werden, aber man kann ja nie wissen. Das Supertalent kam während der Bundesligasaison 1993/94 fünfmal zum Einsatz und erzielte ein Tor. Des weiteren wußte er auch im UEFA-Cup zu glänzen, wo er bei Inter Mailand ein Tor schoß. Mit der BVB-Jugend 1994 Deutscher Meister der

A-Junioren. Kam 1990 als Jugendspieler vom TuS Eving-Lindenhorst, bei dem schon Klos und Zorc groß wurden. Ricken ist ein Borusse durch und durch, wie das folgende Zitat belegt: „Michael Zorc, Stefan Klos und ich sind alle mit der Rivalität zu Schalke groß geworden. Uns bedeutet ein Sieg gegen Schalke nicht nur zwei Punkte, sondern auch Genugtuung."

Riedle, Karlheinz (16.9.1965): Beim BVB seit 1993. In der Saison 1993/94 22 Bundesligaspiele und vier Tore. Wurde für ca. 9,5 Mio. DM, bis heute die höchste Summe, die ein Bundesligaverein jemals für einen Neueinkauf auf den Tisch gelegt hat, von Lazio Rom gekauft. In der 1. Bundesliga kickte der kleine, aber sprunggewaltige Allgäuer zunächst für Blau-Weiß Berlin, bevor ihn Otto Rehhagel 1987 nach Bremen holte. Mit Werder 1988 Deutscher Meister und mit 18 Toren Zweiter in der Torjägerliste. Bislang insgesamt 144 Bundesligaspiele und 52 Tore (Stand: 1.8.1994). 41 A-Länderspiele, 17 Tore (Stand: 1.8.1994). Weltmeister 1990.

Rieländer, Theodor (24.7.1950): Beim BVB 1969-72. 40 Bundesligaspiele und sechs Tore für den BVB.

Ritschel, Manfred (7.6.1946): Beim BVB 1970-72. Zählte im Abstiegsjahr zu den wenigen bundesligatauglichen Spielern im Borussen-Kader'. 57 Bundesligaspiele und sieben Tore für den BVB. Anschließend noch 174 Bundesligaspiele und sieben Tore für Kickers Offenbach, 1. FC Kaiserslautern und Schalke 04.

Rodriguez (27.8.1966): Der Argentinier tauchte während der Saison 1993/94 urplötzlich im Westfalenstadion auf und schlug einige blitzgescheite Pässe, bevor er wieder in der Versenkung verschwand.

Rüßmann, Rolf (13.10.1950): Spielte beim BVB 1980-85. Mit 149 Spielen (18 Tore) ist Rüßmann bis heute der Ex-Schalker mit den meisten Bundesligaeinsätzen für den BVB.

Ruhmhofer, Heinz: Der Verteidiger, der bereits vor 1946 dabeigewesen war, absolvierte von 1947-1951 für den BVB 70 Einsätze in der Oberliga West. Endspielteilnehmer 1945.

Ruländer, Matthias (16.8.1964): Einer der größten Pechvögel in der BVB-Geschichte. Nachdem sich der Ex-Bremer in der Saison 1988/89 einen Stammplatz erkämpft hatte, zog er sich bei einem Zusammenprall mit Karlheinz Riedle einen Kreuzbandriß zu. Deshalb im Pokalfinale 1989 nicht dabei. 11 Bundesligaspiele für den BVB.

Rummenigge, Michael (3.2.1964): Beim BVB von 1988-93. 157 Bundesligaspiele und 36 Tore für den BVB. Seine Verpflichtung provozierte seinerzeit im proletarischen Dortmund erheblichen Wirbel, der sich jedoch bald legte. Der gebürtige Lippstädter entwickelte sich – vor allem unter Hitzfeld – zu einem wichtigen Leistungsträger. DFB-Pokalsieger 1989. Wurde nach den ersten Spielen der Saison 1993/94 für 3,5 Mio. DM an den japanischen Klub Urawa Red Diamonds verkauft.

Rynio, Jürgen (1.4.1948): Ein großartiger Torhüter, aber wo er unterschrieb, war die Seuche – sprich: der Abstieg – in der Regel nicht weit. Zwischen 1969-72 81 Bundesligaspiele für den BVB.

Außer mit dem BVB stieg Rynio noch mit den folgenden Vereinen ab: Karlsruher SC (1968), 1. FC Nürnberg (1969), FC St. Pauli (1978) und Hannover 96 (1986).

Sahm, Kurt: Kam 1950 vom STV Horst-Emscher. Galt als Prototyp des modernen Aufbaustürmers. 38 Einsätze und vier Tore für den BVB in der Oberliga West.

Sammer, Matthias (5.9.1967): Der ehemalige DDR-Auswahlspieler (23 Länderspiele) kam während der Saison 1992/93 via Inter Mailand zum BVB. Mit einer Ablösesumme von 8,5 Mio. DM der damals teuerste Einkauf in der BVB-Geschichte. Bislang 46 Bundesligaspiele und zehn Tore für den BVB (Stand: 1.8.1994). 1992 führte er den VFB Stuttgart zur Meisterschaft. 28 A-Länderspiele für den DFB (Stand: 1.8.1994). War nach der Wiedervereinigung der erste Ex-DDR'ler, der das DFB-Trikot trug. Lief zu Beginn der Saison 1994/95 auf der Liberoposition zur Form seines Lebens auf. Aktuell interpretiert niemand die Rolle des Liberos moderner als Sammer. Vergeßt den teutonischen Kraftfußballer Matthäus, wählt Matthias Sammer! Mannschaftskamerad Stefan Reuter über den neuen Leithammel des BVB: „Matthes macht sich Tag und Nacht Gedanken über Fußball, der wird später bestimmt Trainer."

Sandmann, Herbert (20.6.1928): 183 Spiele und 38 Tore für den BVB in der Oberliga West. Nach einem Beinbruch wechselte der Verteidiger 1949 für zwei Spielzeiten zu Schalke 04, wo er sogar zum Publikumsliebling avancierte. „Ich bin zur BVB-Versammlung gegangen und habe Tage später gegen Dortmund gespielt." Deutscher Meister 1956 und 1957. Ein B-Länderspiel. Sein Wackelknie brachte ihn 1958 um die WM-Teilnahme. 1960 zwang es ihn zur Beendigung seiner Karriere. Danach noch als Obmann für den BVB tätig und in dieser Funktion u.a. für die Verpflichtung von Tilkowski und Wosab verantwortlich.

Savkovic, Ernst (23.8.1953): Löste Rasovic ab. Beim BVB 1974-76. 52 Spiele für den BVB in der 2. Bundesliga Gruppe Nord. Am Wiederaufstieg 1976 beteiligt. Anschließend noch Bundesligaspieler beim MSV Duisburg und Tennis Borussia Berlin.

Schanko, Erich (4.10.1919): Kam 1947 von Bövinghausen 04 zum BVB. Der linke Läufer zählte in den 50ern zu den populärsten Spielern des BVB, war jedoch an keinem der Titelgewinne beteiligt. In den Spielzeiten 1947/48 - 1956/57 208 Einsätze und elf Tore für den BVB in der Oberliga West. 14 A-Länderspiele. Im März 1954 an der

Qualifikation der BRD für die WM beteiligt (3:1 gegen das Saarland), aber danach hörte er vom DFB nichts mehr. Statt Schanko ließ Herberger bei der WM den Fürther Karl Mai spielen.

Schildt, Hans-Gerd (12.6.1952): Beim BVB 1974-77. Kam von Werder Bremen. 67 Spiele und 13 Tore für den BVB in der 2.Bundesliga Gruppe Nord, acht Spiele und null Tore in der 1. Bundesliga. Wechselte anschließend zu Arminia Bielefeld. Am Wiederaufstieg 1976 beteiligt.

Schlebrowski, Elwin (31.8.1925): Beim BVB von 1950-60. Der im ostpreußischen Klein-Kamionken geborene Dauerläufer kam von Wanne-Eickel. Sein Vorname war umstritten. Hieß er nun Erwin, Albin oder Elwin? Man einigte sich schließlich auf „Schlebro". 184 Einsätze und 15 Tore für den BVB in der Oberliga West. Deutscher Meister 1956 und 1957. Zwei A-Länderspiele. Ein Journalist charakterisierte den Halbstürmer und Außenläufer als einen „Fußballbesessenen".

Schmidt, Alfred (5.9.1935): Beim BVB von 1956-67. Kam vom Vorortklub Berghofen. 195 Einsätze und 57 Tore für den BVB in der Oberliga West, 81 Einsätze und 19 Tore für den BVB in der Bundesliga. Deutscher Meister 1963, DFB-Pokalsieger 1965 und Europapokalsieger 1966. Obwohl „Aki" beim DM-Finale 1957 nur auf der Bank saß, ist er der einzige Borusse, der beide Glanzzeiten des BVB zwischen 1956 und 1966 miterlebte. 25 A-Länderspiele. Arbeitete anschließend eine kurze Zeit als Trainer. Holte in dieser Funktion mit dem Zweitligisten Kickers Offenbach 1970 den DFB-Pokal. Danach als Sportlehrer tätig.

Schmidt, Bodo (3.9.1967): Der Namenlose im Team der Stars, der seinen Stammplatz trotzdem bislang erfolgreich verteidigen konnte. Unauffällig, aber effektiv. Sein Stammverein heißt TSV Rot-Weiß Niebüll, unweit der deutsch-dänischen Grenze. Vom hohen Norden wechselte das Kind einer Lehrerfamilie in den tiefen Süden der Republik, zunächst zu den Amateuren des FC Bayern und anschließend zur SpVgg. Unterhaching; von dort dann zur Saison 1991/92 ins Herz der Republik, das bekanntlich Ruhrgebiet heißt. Bislang 69 Bundesligaspiele und zwei Tore für den BVB (Stand: 1.8.1994). Der Manndecker über seine Wahl-Heimat: „Das einzige, was mir in Dortmund ein wenig fehlt, ist das Meer."

Schneider, Theo (23.6.1960): Beim BVB 1978-82. Kam aus Werne a.d.Lippe. 44 Bundesligaspiele und vier Tore für den BVB. Spielte später noch u.a. für den Dortmunder Amateuroberligisten VfR Sölde.

Schneider, Werner (26.7.1954): Beim BVB 1977-82. Kam vom MSV Duisburg. 122 Bundesligaspiele, 7 Tore.

Schüler, Wolfgang (17.2.1958): Beim BVB 1984-86. Kam vom Karlsruher SC. 54 Bundesligaspiele und zehn Tore.

Schütz, Jürgen (1.7.1939): Beim BVB 1959-1963 und 1969-72. Kam von Urania Lütgendortmund. 113 Einsätze und 87 Tore für den BVB in der Oberliga West, 73 Einsätze und 26 Tore für den BVB in der Bundesliga. 1960, 1961 und 1963 Torschützenkönig der Oberliga West. Bildete mit Timo Konietzka ein gefürchtetes Sturmduo. 1963 gehörte „Charly" Schütz zu den ersten deutschen Kickern, die ins italienische Lira-Paradies abwanderten. Für 600.000 DM ließ der BVB den Spieler zum AS Rom ziehen. Anschließend spielte er in Italien noch beim AC Turin und bei AC Brescia. Deutscher Meister 1963. Sechs A-Länderspiele.

Schulz, Michael (3.9.1961): Beim BVB von 1989-94. Kam – wie vor ihm Ackermann und Huber – vom 1. FC Kaiserslautern. Die Ablösesumme betrug 2 Mio. DM. 133 Bundesligaspiele und fünf Tore für den BVB. Der vielseitig verwendbare Abwehrrecke wurde beim BVB 1991 A-Nationalspieler. 1992 im DFB-Aufgebot für die EM in Schweden. Da er bei der WM 1990 nicht dabei war, wurde er von Vogts für die WM 1994 nicht berücksichtigt. 1988 war Schulz im Olympia-Aufgebot, das in Südkorea die Bronzemedaille gewann. Schulz ist ein Spätzünder unter den Bundesligaprofis. Erst 1987 unterschrieb er seinen ersten Profivertrag, als er vom VfB Oldenburg nach Kaiserslautern wechselte. Einst der „böse Bube" der Liga, auf den jeder Schiri ein besonders scharfes Auge warf. Unvergessen bleibt die Szene, als er nach einem Platzverweis in Karlsruhe einen Wassereimer umtrat. Auch die Tür einer Schiedsrichterkabine hielt seinen Tritten nicht stand. Lernte jedoch mit der Zeit sich zu beherrschen. Trotzdem ist der Ex-Polizist unverändert der BVB-Bundesligaspieler mit den meisten Platzverweisen. 1994 war Schulz endlich alt genug, um das Interesse Otto Rehhagels zu wecken. Nach eher mäßiger Saison und Disputen mit Trainer Hitzfeld wechselte „der Lange" zum SV Werder Bremen. Aufgrund seines kämpferischen Einsatzes war Schulz in seinen Jahren beim BVB ein wichtiger Teil der Seele des Borussen-Spiels.

Schulz, Rudolf (8.9.1926): Kam 1949 aus Wettmar. Leider nur eine Saison (1949/50) beim BVB, in der er in 30 Oberligaspielen zehn Tore schoß. Wechselte dann zu Preußen Münster. Galt als einer der besten Läufer in Westdeutschland.

Segler, Burkhard (5.3.1951): Beim BVB 1973-80. Kam via Bayern München vom VfL Osnabrück. 88 Spiele und 32 Tore für den BVB in der Regionalliga West und 2. Bundesliga Gruppe Nord, 88 Spiele und 13 Tore in der 1. Bundesliga. Am Wiederaufstieg 1976 beteiligt. Ein B-Länderspiel.

Simmer, Heinz: Beim BVB von 1956-58. Vier Einsätze und ein Tor für den BVB in der Oberliga West. Lernte das Kicken, wie Ackermann, Hrubesch und Lusch, beim TuS Germania Hamm. Ein Riesentalent, das beim BVB jedoch nicht zurecht kam. Simmer, von Hause aus Linksaußen, wurde wiederholt in die Abwehr beordert, wo er verkümmerte. Frustriert beendete er 1958 seine Vertragsspielerkarriere und ging in den Hammer Westen zurück. War 1954 beim FIFA-Jugendturnier dabei und war Sturmpartner von Uwe Seeler im Endspiel gegen Spanien.

Simmes, Daniel (12.8.1966): Beim BVB von 1984-88. Kam aus dem Dortmunder Stadtteil Dorstfeld. 106 Bundesligaspiele und sechs Tore für den BVB. Erzielte am 6. Oktober 1984 gegen Leverkusen eines der schönsten Tore der bisherigen Bundesligageschichte des BVB, das später auch zum „Tor des Monats" gewählt wurde. Danach lief allerdings nicht mehr viel.

Sippel, Lothar (9.5.1965): Beim BVB 1992-94. 39 Bundesligaspiele und fünf Tore für den BVB. Sein wichtigstes Tor erzielte er allerdings beim 2:0 gegen den AS Rom im UEFA-Cup 1992/93. Das war es dann aber auch schon. Sippel, der von Frankfurt nach Dortmund gewechselt war, um Stammspieler zu werden, erlangte beim BVB – von seiner Großtat im UEFA-Cup abgesehen – nicht einmal die Rolle des erfolgreichen Jokers. Der smarte Betreiber einer Werbeagentur wechselte 1994 zum Zweitligisten Hannover 96.

Storck, Bernd (25.1.1963): Beim BVB 1983-89. Kam vom VfL Bochum. 147 Bundesligaspiele und sieben Tore für den BVB. DFB-Pokalsieger 1989. Plagte sich oft mit Verletzungen herum.

Straschitz, Hermann (17.8.1940): Beim BVB 1964-66. Kam von Fortuna Düsseldorf, wo er der Torjäger war. 24 Bundesligaspiele und vier Tore für den BVB. Der „Blaue", wie Straschitz aufgrund seiner Haare genannt wurde, konnte in Dortmund die in ihn gesetzten hohen Erwartungen nicht erfüllen. DFB-Pokalsieger 1965. Wechselte 1966 zu Hannover 96, wo er eine wertvolle Stütze wurde.

Sturm, Willi (8.2.1940): Beim BVB 1961-71. 53 Einsätze und neun Tore für den BVB in der Oberliga West, 186 Einsätze und zwölf Tore in der Bundesliga. Der vielfach verwendbare Spieler wurde 1965 DFB-Pokalsieger und 1966 Europapokalsieger. Ein A-Länderspiel.

Tanko, Ibrahim (25.7.1977): Ein Riesentalent. Wurde 1994 mit der A-Jugend des BVB Deutscher Meister. Sein Bundesligadebüt feierte er als 17jähriger am 6. Spieltag der Saison 1994/95, als er gegen den VfB Stuttgart eingewechselt wurde.

Tenhagen, Josef (31.10.1952): Beim BVB 1981-84. 87 Bundesligaspiele und null Tore für den BVB. Wird mehr mit dem VfL Bochum identifiziert, für den er vor und nach seinem Engagement in Dortmund 306 Bundesligaspiele absolvierte.

Theis, Amand (19.11.1949): Beim BVB 1977-80. Kam von Kickers Offenbach. 84 Bundesligaspiele und sechs Tore für den BVB. Wechselte anschließend zu Fortuna Düsseldorf.

Tilkowski, Hans (12.7.1935): Spielte zunächst u.a. für den SuS Kaiserau und Westfalia Herne. Beim BVB von 1963-67. 81 Bundesligaspiele. DFB-Pokalsieger 1965, Europapokalsieger 1966 und Vize-Weltmeister 1966. Mit 39 Länderspielen der erfolgreichste der Nationaltorhüter des BVB. Wechselte 1967 zu Eintracht Frankfurt. 1965 wurde „Til" als bis heute einziger Torwart zum „Fußballer des Jahres" gewählt.

Trimhold, Horst (4.2.1941): Beim BVB von 1966-71. Der teuerste Einkauf in der Saison nach dem Europapokaltriumph. Kam von Eintracht Frankfurt, stammt aber ursprünglich aus Essen (ETB Schwarz-Weiß). 96 Bundesligaspiele und zwölf Tore für den BVB.

Varga, Zoltan (1.1.1945): Einer der genialsten Spieler, die jemals das BVB-Trikot getragen haben. Im benachbarten Kamen wurde sogar ein Hund nach ihm benannt. Kam von Ajax Amsterdam. Zuvor hatte der Flüchtling aus Ungarn im Westen für Hertha BSC Berlin und den FC Aberdeen gekickt. Beim BVB 1974-76. Spielte für den BVB nur in der 2. Bundesliga Nord (53 Einsätze, zehn Tore). Der Spielmacher hatte am sportlichen Aufschwung erheblichen Anteil.

Vöge, Wolfgang (15.9.1955): Beim BVB 1975-80. Kam aus Ahlen (Westfalen). 14 Einsätze und ein Tor für den BVB in der 2. Bundesliga Gruppe Nord, 98 Einsätze und 20 Tore in der 1. Bundesliga. Am Wiederaufstieg 1976 beteiligt. In der Saison 1978/79 erzielte Vöge beim DFB-Pokalspiel gegen den BSC Schwennigen sechs Tore. Wechselte 1980 zu Bayer Leverkusen, wo er vier Jahre lang zur Stammformation gehörte.

Votava, Miroslav (25.4.1956): Beim BVB 1973-82. 78 Spiele und drei Tore für den BVB in der Regionalliga/2. Bundesliga, 189 Spiele und 25 Tore für den BVB in der Bundesliga. Sein talentierter Bruder **Joschi**, der vor Mirko beim BVB unterzeichnete, war mit 13 Einsätzen in der Zweitklassigkeit deutlich weniger erfolgreich. Die Votava-Brüder kamen ursprünglich aus der ehemaligen CSSR. Die Familie war nach der Niederschlagung des Prager Frühlings in den Westen geflüchtet. Nach seiner Einbürgerung 1978 spielte Mirko fünfmal in der deutschen Nationalelf. Votava wechselte 1982 für 900.000 DM zu Atletico Madrid. 1985 kehrte er in die Bundesliga zurück und gewann seither mit Werder Bremen je zweimal die Deutsche Meisterschaft und den DFB-Pokal sowie einmal den Europapokal der Pokalsieger.

Wagner, Joachim (31.1.1955): Beim BVB von 1974-83. Kam von der Schalker A-Jugend. 72 Einsätze und drei Tore in der 2.Bundesliga Gruppe Nord, 149 Einsätze und sechs Tore in der 1.Bundesliga. War am Wiederaufstieg 1976 beteiligt.

Weber, Jürgen (29.6.1944): Beim BVB von 1965-68. 18 Bundesligaspiele und drei Tore für den BVB. Wechselte anschließend zu Hertha BSC Berlin, wo er Stammspieler wurde.

Wegmann, Jürgen (31.3.1964): Beim BVB von 1983-86 und 1989-93. Kam 1983 für 600.000 DM von Rot-Weiß Essen. 117 Bundesligaspiele und 33 Tore für den BVB. Rettete 1986 mit seinem Tor zum 3:1 in der letzten Sekunde des Relegationsspiel gegen Fortuna Köln ein drittes Spiel auf neutralem Boden und somit den Klassenerhalt. 1986 Wechsel zum FC Bayern München, mit dem er 1989 Deutscher Meister wurde. Trotzdem verlernte er in München das Kicken. Bei seiner Rückkehr ins Westfalenstadion sprach er zwar von einer „Mission", brachte dann aber kaum noch etwas zustande.

Weinkauff, Dieter: Kam 1970 aus Pirmasens zum BVB. Einer von vielen Einkäufen dieser Jahre, die sich als kaum bundesligatauglich erwiesen. In 46 Bundesligaspielen für den BVB von 1970-72 schoß Weinkauff 12 Tore. Der Stürmer hatte erhebliche Probleme mit der Umstellung von der Pfalz auf das Ruhrgebiet und säbelte im angetrunkenen Zustand u.a. einige Zapfsäulen um.

Weist, Werner (11.3.1949): Beim BVB 1968-71. 72 Bundesligaspiele und 34 Tore für den BVB. Sollte der Nachfolger von „Emma" werden, wurde aber von den finanzkräftigeren Bremern abgeworben.

Wessel, Bernhard (20.8.1936): Im Meisterteam von 1963. Nur seine geringe Körpergröße hinderte ihn daran, daß er ein ganz Großer wurde. Zwischen 1963-69 87 Bundesligaspiele für den BVB.

Wieschener, Ewald: Der Außenläufer kam 1950 vom STV Horst-Emscher. Zwischen 1950 und 1957 in der Oberliga West 97 Einsätze und vier Tore.

Wolf, Egwin (28.1.1951): Beim BVB 1972-79. 120 Spiele und 23 Tore für den BVB in der Regionalliga West und 2.Bundesliga Gruppe Nord, 40 Spiele und ein Tor in der 1. Bundesliga. Am Wiederaufstieg 1976 beteiligt.

Wosab, Reinhold (25.2.1938): Beim BVB 1962-71. 29 Einsätze und 13 Tore für den BVB in der Oberliga West, 198

Spiele und 61 Tore in der Bundesliga. DFB-Pokalsieger 1965. Die Schalker wollten ihn nicht haben. Wurde vom BVB zu früh verkauft. Absolvierte anschließend noch zwei Spielzeiten beim VfL Bochum, wo er eine tragende Rolle spielte.

Zelic, Nedijelko (4.7.1971): Beim BVB seit der Saison 1992/93. Bislang 37 Bundesligaspiele und ein Tor für den BVB (Stand: 1.8.1994). Der erste Australier in der Bundesliga. „Ned" ist ein wunderbarer Techniker, der an guten Tagen an Franz Beckenbauer erinnert. Leider sehr verletzungsanfällig. Bislang 8 Länderspiele für Australien (Stand: 1.8.1994).

Zideller, August: Spielte bereits in der Gauliga für den BVB. In der Oberliga West 1947/48 noch ein Einsatz und ein Tor. Derzeit das älteste Mitglied des BVB-Ältestenrates.

Eving-Lindenhorst. Mit bislang 348 Bundesligaspielen für den BVB (Stand: 1.8.1994), in denen er 93 Tore erzielte, Bundesliga-Rekordspieler des BVB. Außerdem verwandelte Zorc bislang mit Abstand die meisten Elfmeter für den Verein in der Bundesliga (bis Oktober 1994: 39 Treffer bei 46 Versuchen). DFB-Pokalsieger 1989. 7 Länderspiele. Zorcs Vater ist der 32malige Amateurnationalspieler Dieter Zorc, der ebenfalls für den TuS Eving-Lindenhorst sowie den Lüner SV spielte.

Zorc, Michael (25.8.1962): Dortmunder Eigengewächs und Urgestein. Kam 1978 noch als Jugendspieler zum BVB. Sein Stammverein ist der TuS

KESTING

Schlüsselfertigbau	Hochbau, Fertigteile
Projekt-	und Garagenbau
Engineering	Sanierung
Projekt-	Modernisierung
Management	Immobilien

Hauptverwaltung

LÜNEN DORTMUND HANNOVER ERFURT BERLIN VELTEN ORANIENBURG WARSCHAU MOSKAU

**Bauunternehmung und Betonwerke
Lorenz Kesting GmbH & Co. KG
Brechtener Straße 18 · 44536 Lünen**
Telefon (0231) 9874-0
Telefax (0231) 9874-213
Telex   822373 kebra d

Literatur

Hans-Dieter Baroth, „Jungens, Euch gehört der Himmel!" – Die Geschichte der Oberliga West 1947 – 1963, Essen 1988

Dietmar Beiersdorfer u.a., Fußball und Rassismus, Göttingen 1993

Helmut Böttiger, Kein Mann, kein Schuß, kein Tor – Das Drama des deutschen Fußballs, München 1993

Siegfried Gehrmann, Fußball, Verein, Politik – Zur Sozialgeschichte des Reviers 1900 – 1940, Essen 1988

Ullrich Homann (Hg.), Bauernköppe, Bergleute und ein Pascha – Die Geschichte der Regionalliga West 1963 – 1974, Band 1, Essen 1991

Manfred Jüttner/Wilfried Wittke/Alfred Heymann, Die schwarz-gelben Triumphe, Essen 1989

Matthias Kropp, Deutschlands große Fußballmannschaften – Borussia Dortmund 1945 – 1993, Kassel 1993

ders., Deutschlands große Fußballmannschaften – Schalke 04 (1920 – 1992)

Harald Landefeld/Achim Nöllenheidt (Hg.), „Helmut, erzähl mich dat Tor..." – Neue Geschichten und Porträts aus der Oberliga West 1947 – 1963, Essen 1993

Rolf Lindner, Heinrich Th. Breuer, „Sind doch nicht alles Beckenbauers", Frankfurt/M. 1982

Uwe Nuttelmann, Die Oberliga West 1947 – 1963 (alle Ergebnisse, Abschluß-tabellen, Aufstellungen, Torschützen, Zuschauerzahlen und Schiedsrichter), Jade 1993

ders., Faszination Bundesliga 1963 – 1992 (alle Ergebnisse, Abschlußtabellen, Aufstellungen, Torschützen, Zuschauerzahlen und Schiedsrichter), Jade 1992

Rainer Raap (Hrsg.), Die Fußballfans aus dem Revier, Köln 1993

Freddie Röckenhaus, Kennen Sie Borussia? 365 trickreiche Fragen für echte BVB-Fans, Frankfurt 1993

Dietrich Schulze-Marmeling, Der gezähmte Fußball – Zur Geschichte eines subversiven Sports, Göttingen 1992

ders., „Für Fußball hättest Du mich nachts wecken können" – Zur Geschichte von Arbeit und Sport in der Region Hamm, Göttingen/Hamm 1992

Frank Steffan (Hrsg.), „So ein Tag..." – Die Spielberichte über die legendären Spiele des BV Borussia Dortmund von 1963 bis 1992 aus der „Westfälischen Rundschau", Köln 1992 (Edition Steffan)

Wilfried Wittke/Ulrich Werner (Hg.), Borussia & Dortmund, Dortmund 1992

Wilfried Wittke, Gert Kolbe u.a.: 75 Jahre Borussia Dortmund, Dortmund 1984

Fotonachweis ━━━━━━━━━━━━━━━

BVB-Archiv Gerd Kolbe:
Seiten 21, 29, 31, 35, 36, 37, 39, 40, 41, 43, 45, 48, 49, 55, 59, 61, 63 (unten),
65, 72 (unten), 76, 82/83, 97, 99, 105, 107, 113, 119, 131, 134, 137, 144, 291, 321,
334, 336, 338/339, 393, 398

Archiv Herbert Sandmann:
Seiten 63 (oben), 79, 87, 92, 103, 117

Archiv Heinz Hilse:
Seiten 67, 70, 72 (oben), 112, 122, 318, 375

Horst Müller:
Seiten 9, 146, 157, 165, 173, 191, 200, 213, 268, 271, 283, 355

Foto Dax:
Seiten 177, 179, 180, 185, 194, 324

Weitere:
Sven Simon: Titelfoto, S. 15
Bodo Goeke: Seite 139
„Schalker Kreisel": Seite 124

Zu den Autoren ━━━━━━━━━━━━━━━

Dietrich Schulze-Marmeling

Geboren 1956 in Kamen. Arbeitet als Autor und Lektor. Der Borussia ist er seit der Saison 1965/66 verbunden. Zahlreiche Buchveröffentlichungen, u.a. „Der gezähmte Fußball – Zur Geschichte eines subversiven Spiels" (Göttingen 1992), mit dem laut Schweizer „Wochenzeitung" ein „neuer Typ von Sportbuch" geschaffen wurde.

Werner Steffen

Geboren 1954 in Dortmund. Arbeitet als Sozialpädagoge und freier Autor in Dortmund und besucht die Borussia seit der Saison 1964/65.

textile group
Ihr Partner
          für
Heimtextil und Freizeit

Bebbelsdorf 83
58454 Witten
Telefon: 023 02 / 8 10 65
Telefax: 023 02 /   16 51

DIETRICH SCHULZE-MARMELING

Der gezähmte Fußball

Zur Geschichte eines subversiven Sports

VERLAG DIE WERKSTATT

Die politische, soziale und natürlich spielerische Geschichte des Fußballsports: seine Anfänge in der englichen Oberschicht, sein Siegeszug in der Arbeiterklasse, sein Mißbrauch durch die Nazis, seine Kommerzialisierung im modernen Profigeschäft. Die taz urteilte: „Manchmal schlägt man ein Buch auf und fragt sich am Ende einer durchlesenen Nacht, warum es das nicht schon vorher gegeben hat." 336 Seiten mit zahlreichen Fotos, DM 32,–, ISBN 3-923478-68-2

VERLAG DIE WERKSTATT

LOTZESTR. 24A
37083 GÖTTINGEN